»Der deutsche Angriff auf die Sowjetunion im Sommer 1941 ist in der bisherigen Forschung irrtümlicherweise als Wasserscheide zwischen einer herkömmlichen deutschen Kriegsführung und dem Vernichtungskrieg im Osten interpretiert worden. In Wirklichkeit wies bereits der erste kurze Einsatz der Wehrmacht alle wesentlichen Merkmale des Vernichtungskrieges auf: Die Wehrmacht erschoss dort im großen Stil Zivilisten und Kriegsgefangene, und sie kooperierte mit den Einsatzgruppen im Rahmen der ›Befriedung‹ der eroberten Gebiete und der Ermordung und Vertreibung der polnischen Juden. Proteste einzelner Militärs nach Abklingen der Kampfhandlungen vermögen nicht darüber hinwegzutäuschen, dass wesentliche Konstituenten der nationalsozialistischen ›Volkstumspolitik‹ bereits im Spätsommer 1939 mit der Wehrmacht abgesprochen und mit ihrer Hilfe in die Tat umgesetzt wurden.

Die auf dem polnischen Kriegsschauplatz gesammelten Erfahrungen dienten im Vorfeld des deutschen Angriffes auf die Sowjetunion als Raster sowohl für die Verabschiedung der ›verbrecherischen Befehle‹ als auch für die einvernehmliche Regelung der Verwendung der Einsatzgruppen der Sicherheitspolizei. Daher bildete nicht der Angriff auf die Sowjetunion im Sommer 1941, sondern vielmehr der erste Einsatz der Wehrmacht in Polen im September 1939 den Auftakt zum Vernichtungskrieg.« (Jochen Böhler)

Jochen Böhler, geboren 1969, studierte in Köln Mittlere und Neuere Geschichte sowie Ethnologie und Volkswirtschaft. Er erhielt im Jahre 2000 für seine Magisterarbeit »Verbrechen der Wehrmacht in Polen im September 1939« den Fakultätspreis der Philosophischen Fakultät der Universität zu Köln sowie im Jahre 2005 für das Manuskript zu diesem Buch den »Förderpreis der Generalkonsulin der Republik Polen in Köln – Sonderpreis anlässlich des 60. Jahrestages der Beendigung des Zweiten Weltkrieges«. Er ist Mitglied im Arbeitskreis Militärgeschichte und des Deutschen Komitees für die Geschichte des Zweiten Weltkrieges. Seit 2000 arbeitet er als wissenschaftlicher Mitarbeiter am Deutschen Historischen Institut Warschau.

Unsere Adressen im Internet: www.fischerverlage.de
www.hochschule.fischerverlage.de

Jochen Böhler

Auftakt zum Vernichtungskrieg

Die Wehrmacht in Polen 1939

Fischer Taschenbuch Verlag

Die Zeit des Nationalsozialismus
Eine Buchreihe
Herausgegeben von Walter H. Pehle

Eine Publikation des Deutschen Historischen Instituts Warschau

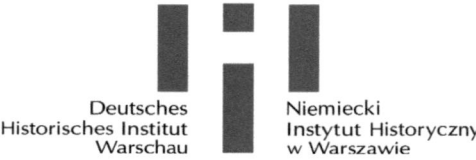

Deutsches
Historisches Institut
Warschau

Niemiecki
Instytut Historyczny
w Warszawie

3. Auflage

Originalausgabe
© 2025 S. Fischer Verlag GmbH,
Hedderichstr. 114, 60596 Frankfurt am Main
Die Nutzung unserer Werke für Text- und Data-Mining
im Sinne von § 44b UrhG behalten wir uns explizit vor.
Printed in Germany
ISBN 978-3-596-15521-5

Kontaktadresse nach EU-Produktsicherheitsverordnung:
produktsicherheit@fischerverlage.de

Inhalt

»Und wir haben die traurigen Bilder gesehen und miterlebt, dass deutsche Soldaten sengen, brennen, morden, plündern, ohne sich etwas dabei zu denken. Erwachsene Menschen, die sich nicht einmal dessen bewusst sind, was sie tun, die – ohne sich ein Gewissen daraus zu machen – gegen gegebene Gesetze und Vorschriften und gegen die Ehre des deutschen Soldaten verstoßen.«

Vortrag des Kdr. der III./AR 31 für den Dienstunterricht v. 12. 10. 1939, BA-MA, RH41/1177

Einleitung

Vor über vierzig Jahren charakterisierte der junge Ernst Nolte die deutsche Kriegsführung ab 1941 als den »ungeheuerlichste[n] Eroberungs-, Versklavungs- und Vernichtungskrieg [...], den die moderne Geschichte kennt.«[1] Der Begriff des Vernichtungskrieges ist in der Historiografie des Zweiten Weltkrieges seither zum Synonym für die brutale, die Dimensionen alles bisher Dagewesenen sprengende nationalsozialistische Kriegsführung geworden, die sich nicht nur gegen die Angehörigen der gegnerischen Streitkräfte richtete. In der Sowjetunion, in Serbien und in Griechenland fielen Millionen Zivilisten und Kriegsgefangene einem schier unvorstellbaren Terror zum Opfer. Auch Italien und Frankreich blieben von ähnlichen Entwicklungen nicht verschont.[2] Mittlerweile ist eine Fülle an Forschungsliteratur publiziert worden, in der die Rolle der deutschen Streitkräfte, SS- und Polizeiformationen im Vernichtungskrieg eingehend untersucht wurde.[3]

Über den zeitlichen Rahmen dieses Vernichtungskrieges schien dabei bis dato wenig Diskussionsbedarf zu bestehen: Er setzte nach bisheriger Lesart mit dem deutschen Angriff auf die Sowjetunion am 22. Juni 1941 ein und endete mit dem Rückzug der deutschen Truppen aus den besetzten Gebieten mit der Jahreswende 1944/45. Diese letzte Zäsur vermag zu überzeugen, denn die nationalsozialistische Gewalt- und Vernichtungspolitik im besetzten Europa konnte sich nur im Windschatten der die Frontlinien haltenden deutschen Streitkräfte entfalten. Ihr wurde erst durch den steten Vormarsch der alliierten Streitkräfte, der das Kriegsgeschehen letztendlich auf

---

1 Nolte, Faschismus, S. 436. Jahrzehnte später vertrat Nolte freilich eine andere Linie, als er die Vernichtung der Juden als »die aus Angst geborene Reaktion auf die Vernichtungsvorgänge der Russischen Revolution« bezeichnete und somit den »Historikerstreit« auslöste; Nolte, Vergangenheit.
2 Manoschek, »Serbien ist judenfrei!«; Mazower, Gewalt; Klinkhammer, Bündnis; Meyer, Besatzung.
3 Forschungsüberblick bei Kühne, Vernichtungskrieg, besonders S. 620–662; Müller/Ueberschär, Krieg. Zur Wehrmacht im Vernichtungskrieg gegen die Sowjetunion neuerdings Hartmann, Krieg.

das Gebiet des Deutschen Reiches reduzierte, ein Ende gesetzt.[4] Weniger stichhaltig ist es dagegen, das Jahr 1941 als Wendepunkt von einer herkömmlichen hin zu einer aus den Fugen geratenen deutschen Besatzungspolitik und Kriegsführung zu deuten.

Vor allem zwei Argumente haben maßgeblich zu dieser tradierten Sichtweise beigetragen: Zum einen waren im Vorfeld des »Unternehmens Barbarossa«[5] die »verbrecherischen Befehle« in Abstimmung mit dem Oberkommando des Heeres (OKH) ausgearbeitet worden, die in ihrer Konsequenz die Zivilbevölkerung und die Kriegsgefangenen in den zu erobernden Gebieten für vogelfrei erklärten.[6] Durch diese Erlasse wurde der Vernichtungskrieg im Einklang mit den militärischen Entscheidungsträgern abgesegnet, den die in der Sowjetunion eingesetzten Truppen dann vor Ort in die Tat umsetzen sollten. Zum anderen trat die nationalsozialistische Judenverfolgung durch den Angriff auf die Sowjetunion in ein neues Stadium ein: In der zweiten Jahreshälfte 1941 initiierten Einsatzgruppen der Sicherheitspolizei – mit Unterstützung der Wehrmacht und einheimischer Hilfskräfte – im Baltikum und in der Sowjetunion Massenerschießungen an der jüdischen Bevölkerung.[7] Zeitgleich errichteten die deutschen Besatzer die ersten Vernichtungslager auf polnischem Boden, in denen im Verlauf der kommenden Jahre Millionen europäischer Juden den Tod fanden.[8] Ähnliche Entwicklungen waren in Serbien zu beobachten: Im Rahmen der Partisanenbekämpfung ermordeten mobile Jagdkommandos, die sich aus Wehrmacht-, Polizei- und SD-Angehörigen zusammensetzten, ab dem Sommer 1941 tausende Zivilisten und setzten zahlreiche Ortschaften in Brand. Im Verlauf des Jahres wurden dort nahezu sämtliche jüdische Männer von deutschen Soldaten im Rahmen von »Sühnemaßnahmen« aus den Internierungslagern zu den Erschießungsgruben geführt. Die Liquidierung jüdischer Frauen und Kinder in Gaswagen überließ man anschließend der SS.[9]

Aufgrund dieses im Jahr 1941 einsetzenden Gewaltschubes in Ost- und Südosteuropa hat der erste Einsatzort der deutschen Wehrmacht im bisherigen Konzept des Vernichtungskrieges keinen Platz gefunden. Dabei ließ die

---

4 So wurde etwa die »Endlösung« in Ungarn zwischen 1944 und 1945 unter deutscher Ägide durchgeführt, Gerlach/Aly, Kapitel.
5 So der Deckname für den deutschen Angriff auf die Sowjetunion, der am 22. 6. 1941 einsetzte.
6 Streit, Keine Kameraden, S. 28–50.
7 Krausnick/Wilhelm, Truppe; Kwiet, »Juden und Banditen«; Ogorrek, Einsatzgruppen; Mallmann, Türöffner.
8 Musial, »Aktion Reinhardt«.
9 Manoschek, »Serbien ist judenfrei!«; ders., Kriegsverbrechen.

Haltung der Wehrmachtführung zur nationalsozialistischen »Volkstums-politik« in Polen 1939/40 bereits Unheilvolles für die Zukunft ahnen: Sie teilte Hitlers Revanchegelüste gegen Polen und seinen Traum vom deutschen Lebensraum im Osten. Nachdem sich die Exzesse der Einsatzgruppen und der kurzfristig ins Leben gerufenen Miliz des »Volksdeutschen Selbstschutzes«[10] bereits im September als Teil eines Gesamtplans zur politischen und ethnischen »Säuberung« des eroberten Gebietes entpuppten, zog sie es zwar vor, die Verantwortung dafür möglichst bald abzugeben, indem sie die Militärverwaltung vorzeitig abbrach. Selbst aus einigen Protestschreiben führender Militärs geht aber hervor, dass ihre Bedenken eher den angewandten Methoden galten als der Zielrichtung des im Winter 1939/40 weiter andauernden Mordprogramms.

Es reicht freilich nicht aus, auf die Haltung der Wehrmachtführung angesichts der Ermordung weiter Teile der polnischen Gesellschaft hinzuweisen, um die Ereignisse in Polen im Spätsommer 1939 als Auftakt zum Vernichtungskrieg zu klassifizieren. Ein anderes Charakteristikum des polnischen Kriegsschauplatzes legt es nahe, die herkömmliche Sichtweise zu hinterfragen, nach der der Vernichtungskrieg im Sommer 1941 in einer Art Urknall über Ost- und Südosteuropa hereinbrach: Parallel zu den Massenexekutionen durch Einsatzgruppen, SS-Einheiten und »Volksdeutschem Selbstschutz« fanden im September 1939 überall im Lande Erschießungen durch reguläre Einheiten des deutschen Heeres statt, denen tausende polnischer und jüdischer Zivilisten und Kriegsgefangener zum Opfer fielen. Dazu konstatierte Dieter Pohl zutreffend: »Bis heute fehlt eine integrale Darstellung des Polenfeldzuges und der dabei verübten Morde. Die Ähnlichkeiten mit der Gewaltentfesselung im Sommer 1941 sind frappierend, Unterschiede müssten noch analysiert werden. Deutsche und polnische Forschung klaffen hier weit auseinander.«[11] Dieses Defizit ist drei Grundproblemen geschuldet, die nach wie vor die Erforschung nationalsozialistischer Gewaltverbrechen in Ost- und Südosteuropa erschweren: Der jeweiligen spezifischen Quellenlage, der ideologischen Färbung vieler Arbeiten, die in den Ländern beiderseits des Eisernen Vorhangs bis in die späten 1980er Jahre veröffentlicht wurden, sowie einer bei im Westen beheimateten Wissenschaftlern nach wie vor weit verbreiteten Unkenntnis der in den ehemals besetzten Ländern verbreiteten Sprachen.

---

10 Eine paramilitärische SS-Einheit, die sich aus Angehörigen der deutschen Minderheit zusammensetzte.

11 Pohl, Holocaust-Forschung, S. 44.

Westliche und östliche Forschungslandschaften

Dieser Umstand trug maßgeblich dazu bei, dass die westliche Forschung[12] bis in die jüngste Zeit kaum Erkenntnisse zu den Erschießungen, die die Wehrmacht abseits der Kampfhandlungen im September 1939 durchführte, geliefert hat. Die wenigen im Westen publizierten Arbeiten zu diesem Thema stützten sich in erster Linie auf in den Nürnberger Prozessen präsentierte Dokumente und zogen gelegentlich veröffentlichte Memoiren[13] und unveröffentlichte Zeugnisse von ranghohen Kriegsteilnehmern[14] sowie einige wenige Quelleneditionen[15] zu Rate. Sie waren somit schon von vorneherein dazu angelegt, die Perspektive der ehemaligen Täter einzunehmen.

Es nimmt daher nicht Wunder, dass Historiker wie Hans Krannhals oder Martin Broszat in ihren Veröffentlichungen zur deutschen Besatzung und Wehrmacht in Polen die gewalttätigen Übergriffe des deutschen Heeres während des Polenkrieges nicht einmal thematisierten.[16] Bei Richard Lukas und Omer Bartov fanden sie zwar Erwähnung, allerdings verkannten beide Autoren die Bedeutung, die diesen Vorgängen im Rahmen des deutschen Vernichtungskrieges im Osten zukam.[17] Lediglich Gerald Reitlinger, Hans Umbreit und Jürgen Förster räumten die umfangreiche Tatbeteiligung der Wehrmacht an Massenerschießungen im Spätsommer 1939 ein, ohne sie jedoch einer eingehenderen Analyse zu unterziehen.[18] Keiner der genannten Autoren rezipierte die zahlreichen polnischsprachigen Publikationen zum Thema, geschweige denn das umfangreiche, in polnischen Archiven lagernde Quellenmaterial.

In der östlichen Forschung[19] spiegeln sich die Unzulänglichkeiten der westlichen Forschung wider. Viele Akten lokaler deutscher Besatzungsbehörden, aber nur wenige Akten der Wehrmacht und Zentraler Reichsbehörden waren nach Kriegsende im Land verblieben. Polnische Historiker

---

12 Westdeutsche und angelsächsische Arbeiten werden im Folgenden der Einfachheit halber verkürzend als »westliche Forschung« bezeichnet.

13 Guderian, Erinnerungen; Kesselring, Soldat; Manstein, Verlorene Siege.

14 Dabei stützten sich die Autoren hauptsächlich auf mündlich bzw. schriftlich eingeholte Auskünfte von Zeitzeugen sowie auf im Institut für Zeitgeschichte gesammeltes Zeugenschrifttum.

15 Wagner, Generalquartiermeister; Krausnick/Deutsch, Groscurth; Jacobsen; Halder (Bd. 1); Kotze, Heeresadjutant; Gerbet, Bock.

16 Broszat, Polenpolitik; Krannhals, Judenvernichtung.

17 Lukas, Holocaust, S. 1–5; Bartov, Wehrmacht, S. 104; ders., War, S. 16–17.

18 Reitlinger, Endlösung, S. 36–37; Umbreit, Militärverwaltungen, S. 141–142; Förster, Complicity, S. 271.

19 »Östliche Forschung« steht hier für Veröffentlichungen polnischsprachiger Autoren.

griffen daher mitunter auf mikroverfilmte Akten aus dem westlichen Ausland und in DDR-Archiven zugängige Bestände zurück. Die Hauptquelle polnischer Veröffentlichungen zur deutschen Besatzung stellen aber Augenzeugenberichte von Überlebenden dar.

Noch vor Kriegsende erschienen außerhalb Polens die ersten Veröffentlichungen zu den Anfängen der deutschen Herrschaft in Polen, die – trotz ihrer beabsichtigten propagandistischen Wirkung – auch im Abgleich mit späteren Erkenntnissen der Forschung zur deutschen Gewaltherrschaft in Polen die damals vorherrschenden Verhältnisse vor Ort weitgehend realistisch wiedergeben.[20] Die ersten wissenschaftlichen Arbeiten zu Massenerschießungen der Wehrmacht im September und Oktober 1939 wurden von Szymon Datner publiziert. Im Jahr 1967 legte er die Ergebnisse seiner Forschungen zu der 55 Tage währenden deutschen Militärverwaltung in Polen in Form einer umfangreichen Materialsammlung vor, in der er chronologisch Massenerschießungen auf polnischem Boden im betrachteten Zeitraum auflistete.[21] Der Erkenntniswert dieser Studie wird dadurch geschmälert, dass sie sich überwiegend auf Augenzeugenberichte stützt, in denen die Täterzuschreibung häufig unbestimmt oder gar widersprüchlich ist. Der Autor suchte einen Ausweg aus diesem Dilemma, indem er konstatierte, die Wehrmacht sei in den besetzten Gebieten zur Zeit der Militärverwaltung auch für Übergriffe von Polizei- und SS-Formationen verantwortlich gewesen, und diese dementsprechend kurzerhand zu Wehrmachtverbrechen erklärte. Trotz dieser Einschränkung kann Datner aufgrund des von ihm hinterlassenen Gesamtwerkes als Nestor der polnischen Forschung zu Gewalttaten der Wehrmacht im Polenkrieg bezeichnet werden.[22] Obwohl er bereits in den 1960er Jahren auch in englischer Sprache publizierte[23], wurde er im Westen nicht rezipiert.

Neben Datner befasste sich eine große Zahl polnischer Autoren mit der Zeit der Militärverwaltung und der Rolle der Wehrmacht in Polen, deren Ergebnisse in polnischen Zeitschriften veröffentlicht wurden.[24] Stellvertretend seien hier die Arbeiten von Barbara Bojarska, Karol Marian Pospieszalski, Adam Rutkowski und Tatiana Berenstein genannt. Bojarska und

---

20 Polish Ministry, German Invasion; dass., New Order; dass., Black Book; Lustiger, Black Book.

21 Datner, 55 dni. Das deutsch besetzte Polen unterstand vom 1.9.–25. 10. 1939 der Militärverwaltung.

22 Datner, Wehrmacht; ders., Zbrodnie (1964); ders., Zbrodnie (1974).

23 Ders., Crimes against POWs; ders., Crimes Committed by the Wehrmacht; ders., Crimes of the Wehrmacht.

24 V. a. PZ, BŻIH, BGK, WPH und NDP.

Pospieszalski, beide Mitarbeiter des polnischen Westinstituts in Posen (Poznań), interviewten in den 1950er und 1960er Jahren Überlebende in Ortschaften, in denen im September 1939 Brandstiftungen, Erschießungen und Bombardements durch die Wehrmacht stattgefunden hatten, und publizierten auszugsweise die so gewonnenen Zeugenaussagen, wobei sie diese um Hintergrundinformationen aus polnischen Veröffentlichungen und Archivquellen ergänzten.[25] Intensiv beschäftigte sich das Autorenpaar Berenstein und Rutkowski mit der kurzen Phase der Militärverwaltung in Polen, wobei sie ihre Aufmerksamkeit speziellen Themenbereichen widmeten, die bis dato in der polnischen Septemberliteratur kaum Beachtung gefunden hatten, wie etwa der Verfolgung und Ermordung der polnischen Juden, den Plünderungen und Raubzügen deutscher Soldaten, militärischer und staatlicher Stellen sowie der Struktur der deutschen Militärverwaltung.[26]

Ebenfalls hervorzuheben sind einige übergreifende Gesamtdarstellungen zur deutschen Besatzungszeit in Polen, die auch die ersten beiden Monate des Zweiten Weltkrieges ausgiebiger behandeln. Czesław Madajczyks zweibändige Arbeit zu der Besatzungspolitik des Dritten Reiches im besetzten Polen von 1970 ist noch heute ein Standardwerk und liefert einen guten Einstieg in das Thema.[27] Detaillierter ist die von Mieczysław Ciepliewicz Ende der 1970er Jahre im Auftrag des Militärhistorischen Instituts in Warschau (Warszawa) herausgegebene Studie zu polnischen bewaffneten Formationen im Zweiten Weltkrieg, in deren erstem Band während des Polenkrieges von der Wehrmacht verübte Verbrechen ausführlich behandelt werden.[28] Stanisław Nawrocki und Jan Pietrzykowski veröffentlichten mehrere Studien zu den Anfängen der deutschen Besatzung in Großpolen und im Raum Tschenstochau (Częstochowa), denen Hinweise auf die Rolle der Wehrmacht in den ersten Wochen des Krieges zu entnehmen sind.[29] Zuletzt erschien eine knappe Abhandlung von Czesław Madajczyk, die zwar Arbeiten der westlichen Forschung berücksichtigt, insgesamt aber hinter deren bisherigem Stand zurückbleibt.[30] Seit Mitte der 1980er Jahre sind in Polen kaum substantielle Beiträge zur Wehrmacht im Spätsommer 1939 veröffentlicht worden.

25 Bojarska, Zniszczenie; dies., Zbrodnie (1962); dies., Nalot; dies., Zbrodnie (1964); dies., Zbrodnie (1966); dies., Napaść; dies., Zbrodnie (1987); Pospieszalski, Dzień; ders., Z masowych egzekucji; ders./Serwański, Materiały.

26 Berenstein/Rutkowski, Prześladowanie; diess., Grabieża; diess., Administracja.

27 Madajczyk, Polityka (Bd. 1), S. 27–63.

28 Ciepliewicz, Polski czyn zbrojne (Bd. 1), S. 796–845.

29 Nawrocki, Okupacja; ders., Terror; Pietrzykowski, Hitlerowcy; ders., Cień Swastyki.

30 Madajczyk, Verantwortung.

Obwohl sich aus den polnischen Veröffentlichungen Muster hinsichtlich der von der Wehrmacht zu Kriegsbeginn ausgeübten Gewalt herauslesen lassen, sind diese von ihren Autoren nicht näher analysiert worden. Das Hauptanliegen der polnischen Forschung bestand zur Zeit des Kalten Krieges in der Auflistung nationalsozialistischer Gewaltverbrechen. Die ihnen zugrunde liegenden Mechanismen interessierten dabei nur am Rande. Eine wesentliche Verfeinerung des Bildes lässt sich erst durch Hinzuziehung bisher weitgehend ungenutzter Quellen deutscher Provenienz erzielen.

Dazu zählen die Akten zeitgenössischer Untersuchungen deutscher Kriegsgerichte und Polizeistellen, deren Überlieferung allerdings zu dünn ist, um über die Begleitumstände weniger Einzelfälle hinauszuweisen. Ergiebiger ist hingegen das Konvolut an offiziellen Aufzeichnungen deutscher Einheiten über den Verlauf des Einmarsches im September 1939 in Polen. Doch auch die dichte Dokumentation des Vormarsches in Befehlssammlungen und Kriegstagebüchern reicht nicht aus, um das gewalttätige Verhalten deutscher Soldaten gegen die polnische Bevölkerung nachzuzeichnen. Übergriffe, die die Besetzung polnischer Ortschaften im September 1939 durch deutsche Truppen begleiteten, finden darin zumeist keine Erwähnung, oder sie verbergen sich hinter militärischen Formeln wie »Pazifizierung« oder »Säuberung«, ohne dass die näheren Begleitumstände dabei erörtert würden – solch vage gehaltene Umschreibungen wurden von der Wehrmacht nicht erst ab Sommer 1941 zur Verschleierung von gewalttätigen Aktionen verwendet.[31] Offener gehalten sind die Erlebnisberichte, die deutsche Soldaten über ihren ersten Einsatz verfassten[32], sowie private Aufzeichnungen von Mannschaftssoldaten und Offizieren. Konkrete Anhaltspunkte für Akte der Gewalt im Spätsommer 1939 finden sich in den von der Wehrmacht hinterlassenen Quellen dennoch insgesamt nur sporadisch. Allerdings wurden einige ehemalige Kriegsteilnehmer später im Rahmen von westdeutschen Nachkriegsuntersuchungen vernommen, wodurch Sammlungen von Beweismaterial und Zeugenaussagen entstanden, von denen die Forschung bisher kaum Kenntnis genommen hat.

Dieser recht heterogenen Quellensammlung auf deutscher Seite steht in der polnischen Überlieferung ein monolithischer Block von Berichten und Zeugenaussagen polnischer und jüdischer Überlebender aus der Kriegs- und Nachkriegszeit gegenüber. Ihre detaillierten Schilderungen von Übergriffen deutscher Soldaten, SS-Männer und Polizisten vermitteln einen Ein-

---

31 Vgl. Heer, Verschwinden, S. 67–104.
32 Rossino, Impulses.

druck von der ungehemmten Welle der Gewalt, die sich Anfang September 1939 über Polen entlud. Dennoch können auch sie nicht ungefiltert zur Erhellung der Abläufe vor Ort herangezogen werden, denn schon die Identifizierung der Täter allein anhand dieser Quellengattung gestaltet sich aufgrund der darin verwendeten diffusen, oft stark ideologisch gefärbten Terminologie als schwierig. Die Täter werden dort als »Deutsche«, »Faschisten«, »Okkupanten« oder »Hitleristen« bezeichnet, die Begriffe »deutsche Soldaten«, »SS«- oder »Gestapomänner« werden weitgehend synonym verwendet. Widerstrebend ist man geneigt, Reginald Thomas Paget, Verteidiger im Hamburger Manstein-Prozess, zuzustimmen, der ausführte »dass die von den polnischen Kommissionen nach dem Krieg durchgeführten Untersuchungen wenig Beweiskraft besitzen. Sie bestehen meist aus isolierten Darstellungen von Einzelpersonen, die kaum je durch andere Beweisquellen bestätigt wurden.«[33]

Im Spannungsfeld von Motivation und Situation

Es verging mehr als ein halbes Jahrhundert, bis das von Paget formulierte Desiderat eingelöst wurde. Indem Alexander B. Rossino in seiner Studie zu Erschießungen von SS, Polizei und Wehrmacht im Spätsommer 1939 sowohl die Ebene der militärischen Entscheidungsträger als auch die der Mannschaftssoldaten im Einsatz eingehend untersuchte und polnische Zeugenaussagen hinzuzog, nutzte er die bisher nur isoliert betrachteten Quellensammlungen der westlichen und östlichen Forschung.[34] Den Schwerpunkt seiner Betrachtung legte er hierbei auf die ideologischen Einflüsse, die die Gewaltbereitschaft von Wehrmachtoffizieren und -mannschaften sowie von Einsatzgruppenführern vor 1939 gegenüber Polen und seinen Bewohnern gesteigert und sich dann auf dem polnischen Kriegsschauplatz entladen hätten.

Mit diesem Ansatz bewegt sich Rossino in ebenjener Strömung der Holocaust- und Täterforschung, die durch Daniel Jonah Goldhagens Buch »Hitlers willige Vollstrecker« Anfang der 1990er Jahre einen wichtigen Impuls erfahren hat.[35] Goldhagen führte damals die Ermordung der europäischen Juden während des Zweiten Weltkrieges auf einen in Deutschland be-

33 Reitlinger, Endlösung, S. 37. Zum Manstein-Prozess vgl. Wrochem, Fall.
34 Rossino, Hitler. Polnischsprachige Veröffentlichungen zum Thema werden von Rossino allerdings ebenfalls kaum herangezogen.
35 Goldhagen, Vollstrecker.

reits seit Jahrhunderten virulenten »eliminatorischen Antisemitismus« zurück. Auch Rossino leitete die Übergriffe deutscher Soldaten und Polizisten in erster Linie aus deren ideologischer Disposition ab, argumentierte dabei allerdings differenzierter als Goldhagen: Die Vorprägung mit nationalsozialistischem Gedankengut habe in den 1930er Jahren das Gros der im Polenkrieg eingesetzten Wehrmachtsoldaten erfasst und im Verbund mit antisemitischen und antislawischen Vorurteilen eine Gewaltbereitschaft bei der Truppe erzeugt, die sich noch während der oder unmittelbar im Anschluss an die Kampfhandlungen gegen die Landeseinwohner richtete.[36] Somit räumte er der Frage, was deutsche Soldaten 1939 zur Gewaltanwendung motivierte, einen zentralen Stellenwert ein.

Der monokausale Erklärungsansatz Goldhagens löste in der westlichen Forschung eine Kontroverse aus, die nach wie vor den wissenschaftlichen Diskurs bestimmt. Christopher Browning, der – ebenso wie Goldhagen – am Beispiel des ab Mitte 1942 im Raum Lublin eingesetzten Reservepolizeibataillons 101 der Frage nachging, was die Mitglieder dieser Einheit dazu veranlasst hatte, polnische Juden zu ermorden, kam zu anderen Ergebnissen. Goldhagens Modell des »eliminatorischen Antisemitismus«, der von »willigen Vollstreckern« in die Tat umgesetzt worden sei, stellte Browning ein vielschichtigeres Konzept gegenüber, in dem neben motivierenden Faktoren – Antisemitismus, Obrigkeitshörigkeit und Karrieredenken – auch situative Momente – wie etwa Anpassungsdruck sowie Kriegs- und Gewalterfahrung als Dauerzustand – Einfluss auf das Verhalten »ganz normaler Männer« ausübten.[37] Ähnlich wie Browning in Bezug auf deutsche Polizeieinheiten hatte Omer Bartov bereits Mitte der 1980er Jahre in seinen Studien über das gewalttätige Verhalten deutscher Fronttruppen der Wehrmacht in der Sowjetunion Indoktrination und Antisemitismus als Triebfeder angeführt. Zugleich hatte er den Stellenwert einer zunehmenden Brutalisierung der Männer, die der Frontalltag mit sich brachte, sowie der kriegsbedingten Atomisierung des engeren kameradschaftlichen Umfeldes durch den ständigen personellen Austausch an der Ostfront hervorgehoben.[38] Goldhagens Thesen stießen nicht nur innerhalb der historischen Zunft auf Widerspruch.[39] Auch führende Vertreter der Sozialpsychologie lehnten die

---

36 Rossino, Hitler, S. 191–226.
37 Goldhagen, Vollstrecker; Browning, Männer. Vgl. dazu Kühne, Vernichtungskrieg, S. 605–614.
38 Bartov, Front; ders., Wehrmacht. Vgl. dazu Kühne, Vernichtungskrieg, S. 625–629.
39 Pohl, Holocaust-Forschung; Klundt, Geschichtspolitik, S. 18–44.

zugespitzte These »Nice people don't commit genocide, only Nazis do«[40], die aus Goldhagens Ausführungen hervortrat, ab. Zwar ist allgemein unbestritten, dass die mentale Disposition einer Tätergruppe – im Falle der Goldhagen-Studie also der im Dritten Reich grassierende Antisemitismus, der auch innerhalb des Polizeibataillons 101 anzutreffen war – einen entscheidenden Einfluss auf ihr Verhalten gegenüber ausgewählten Opfergruppen ausübt. Leonard S. Newman führte jedoch zu Recht aus, dass motivierende Faktoren alleine Täterhandlungen nicht hinreichend erklären können.[41] Anstatt, wie Goldhagen, ein kognitives Erklärungsmodell einem situativen gegenüberzustellen und anschließend Ersteres zum tragfähigeren zu erklären, müssten vielmehr beide Ansätze miteinander verbunden werden. Die Einstellung (»attitude«) von Personen und ihr Verhalten in bestimmten Situationen sind keine voneinander zu trennenden Phänomene. Dass sie sich vielmehr gegenseitig beeinflussen ist eine Erkenntnis, die sich in der Sozialpsychologie bereits in den 1960er Jahren durchgesetzt hat.[42]

Daher ist neben der ideologischen Vorprägung von Wehrmachtoffizieren und Mannschaftssoldaten – also der Frage nach deren Motivation zur Anwendung von Gewalt – ein Hauptaugenmerk auf die den deutschen Einmarsch begleitenden Umstände – also auf die jeweilige Situation – zu richten, in der die Gewaltanwendung stattfand. Wie nahmen deutsche Soldaten Polen und seine Bevölkerung im Spätsommer 1939 wahr, und durch welche bereits vorhandenen Vorstellungen und unmittelbar vor dem Angriff ausgegebenen Weisungen militärischer Stellen wurde diese Wahrnehmung beeinflusst, die entscheidend auf ihre Gewaltbereitschaft einwirkte? Antisemitismus und Antislawismus beeinflussten, wie von Rossino schlüssig nachgewiesen, maßgeblich das Denken und Handeln deutscher Befehlshaber und Soldaten in Polen. Brownings und Bartovs situative Erklärungsansätze für gewalttätiges Verhalten helfen dagegen bei der Beurteilung der Abläufe auf dem polnischen Kriegsschauplatz kaum weiter. Deutsche Soldaten töteten 1939 nicht – wie das Polizeibataillon 101 in Polen oder Wehrmachtverbände in der Sowjetunion – auf höhere Weisung. Von einer allmählichen Gewöhnung an den Krieg als Dauerzustand kann im Hinblick auf den wenige Wochen andauernden Polenkrieg ebenso wenig die Rede sein wie von einer Brutalisierung der Soldaten oder einer allmählichen Auflösung der kameradschaftlichen Verbände.

---

40 Diamond, Chimpanzee, S. 227.
41 Newman, Account, S. 48.
42 Ebd., S. 50–52.

Den Einfluss situativer Faktoren auf das Verhalten deutscher Soldaten im Spätsommer 1939 nachzeichnen heißt demnach Grundlagenforschung betreiben. Auf dem polnischen Schauplatz verbanden sich die bereits vorhandenen Vorstellungen deutscher Soldaten zusammen mit den Eindrücken des Vormarsches und der ungewohnten Situation des ersten Einsatzes zu einer gefährlichen Mixtur. Ein Großteil der Erschießungen polnischer Zivilisten durch deutsche Soldaten im September 1939 ist darauf zurückzuführen, dass die Truppe die Einwohner von Ortschaften an der Vormarschstraße verdächtigte, sich an den Kampfhandlungen zu beteiligen. Tatsächlich kämpfte die Wehrmacht hier jedoch nicht gegen einen realen Gegner, sondern gegen eine Schimäre. Eine Partisanenbewegung, an der sich große Teile der polnischen Bevölkerung beteiligten, hat es in Polen zu Beginn des Zweiten Weltkrieges nicht gegeben. Die angenommene Bedrohung, der sich die deutschen Soldaten ausgesetzt fühlten, lässt sich in Wirklichkeit auf einen »Freischärlerwahn« zurückführen.[43] Vielerorts kam es in den ersten Septembertagen zu unkontrollierten Schusswechseln, die aus der Nervosität unerfahrener Rekruten entstanden, für die dann die polnische Bevölkerung verantwortlich gemacht und abgestraft wurde. Solche situativen Aspekte wurden bei Rossino in seiner Studie zur Rolle der Wehrmacht in Polen 1939 zwar thematisiert, er schrieb ihnen jedoch lediglich eine untergeordnete Bedeutung zu. Indem er die Gefährdung der deutschen Truppen durch polnische Partisanen als tatsächlich gegeben ansah und somit gar den umgehend eingeleiteten Erschießungen ein gewisses Verständnis entgegenbrachte, erlag er selber dieser Sinnestäuschung.[44]

Auch die Liquidierung polnischer Soldaten direkt im Anschluss an ihre Gefangennahme ist nicht ohne Berücksichtigung situativer Aspekte zu erklären. Vor allem die Kampftaktik des polnischen Heeres, das im hinhaltenden Rückzug oft dem Wald- und Häuserkampf gegenüber der offenen Schlacht den Vorzug gab, generierte auf der deutschen Seite ein Gefühl der

---

43 Der Begriff »Freischärler« bezeichnet eine Person, die nicht in einem zum Kampf berechtigten Verband organisiert ist und dennoch Waffen mit sich führt, um sie gegen die feindliche Streitmacht zu gebrauchen. Im Herbst 1939 wurde er in der Wehrmacht noch – analog zum Sprachgebrauch im Ersten Weltkrieg – anstelle der ab Spätsommer 1941 allgemein verwendeten Bezeichnung »Partisan« verwendet. In der Literatur und in einigen Quellen wird der Begriff »Freischärlerpsychose« für die unzutreffende Vorstellung einer allgegenwärtigen Partisanengefahr bei Invasionsheeren verwendet. In der vorliegenden Studie wird stattdessen dem Begriff »Freischärlerwahn« der Vorzug gegeben. Während »Psychose« eine »schwere geistig-seelische Störung« beschreibt, steht »Wahn« für eine »in der realen Umwelt nicht zu begründende zwanghafte Einbildung«, Duden. Deutsches Universalwörterbuch, Mannheim 2001. Letztere Umschreibung trifft den Sachverhalt genauer.
44 Rossino, Hitler, S. 204–205.

Verbitterung über diese zwar legitime, aber als »hinterhältig« empfundene Art der Kriegsführung, die man auf den angeblich »minderwertigen Charakter der Slawen« zurückführte. Aus Rache für in solchen Kämpfen erlittene deutsche Verluste wurden hunderte polnische Gefangene unmittelbar nach dem Abklingen der Kampfhandlungen erschossen. Hinter den schnell vorrückenden deutschen Fronttruppen blieben des Weiteren tausende polnische Soldaten zurück, die von der Wehrmacht nun nicht mehr als Kombattanten angesehen, sondern zu Partisanen erklärt wurden. Das deutsche Kriegsgefangenenwesen war angesichts der Masse an polnischen Gefangenen von Beginn des Krieges an hoffnungslos überfordert. Im Hinterland fehlte es an Sicherungs- und Polizeikräften, die diese hätten übernehmen können. Dadurch stieg die Gefahr, dass zurückströmende Gefangenengruppen sich auf ihrem Marsch in die rückwärtigen Gebiete mit dort noch herumliegenden Waffen versorgten und den Kampf wieder aufnahmen. Zum Teil wurde von den Armeen nicht einmal ihre Versorgung ausreichend gewährleistet.

Die unmenschliche Behandlung durch Wehrmachtsoldaten, der speziell polnische Juden während des Polenkrieges ausgesetzt waren – Demütigung und Arbeitszwang, Misshandlung, Vergewaltigung, Raub und Mord –, lässt sich allerdings nur mit einem virulenten Antisemitismus erklären. Diese Form der Gewalt bestand in ihrem ganzen Ausmaß von Beginn des Krieges an, unterlag also keiner durch situative Einflüsse bedingten Steigerung und wurde sowohl von Soldaten als auch von Teilen der Wehrmachtführung als etwas Selbstverständliches angesehen. Die gemeinsam mit den Einsatzgruppen der Sicherheitspolizei durchgeführte Vertreibung von Juden aus den deutsch besetzten Räumen stellte des Weiteren eine neue Dimension der nationalsozialistischen Judenverfolgung dar, die dann im Vernichtungskrieg ab 1941 im besetzten Ost- und Südosteuropa in der Ermordung von Millionen Juden in Gruben und Gaskammern mündete.

Neben und hinter der kämpfenden Truppe waren im Spätsommer 1939 paramilitärische Einheiten – SS-Verfügungstruppe und Totenkopfverbände, Einsatzgruppen der Sicherheitspolizei und »Volksdeutscher Selbstschutz« – eingesetzt, die systematisch auf höheren Befehl hin Polen und Juden ermordeten. Gegen solche Exzesse von SS und Polizei richteten sich Protestschreiben höherer Wehrmachtoffiziere im Winter 1939/40, die bis heute als Beleg dafür angeführt werden, die Wehrmachtführung habe sich zu diesem Zeitpunkt noch zur Einhaltung moralischer und völkerrechtlicher Normen verpflichtet gefühlt. Doch nicht nur die zeitgleich stattfindenden Massenerschießungen der Wehrmacht, die an selber Stelle nicht auf Kritik stießen, stellen diese Interpretation in Frage. Auch das Verhältnis zwischen paramilitärischen Verbänden und Wehrmachtdienststellen vor Ort gestaltete sich eher pragmatisch. Die Verstärkung der Sicherheitskräfte durch die Milizen wurde ausdrücklich befürwortet, Exzesse wurden nur dann gerügt, wenn sie den militärischen Kommandostellen als Disziplinlosigkeit erschienen. Sobald sich abzeichnete, dass die Übergriffe auf höhere Weisungen zurückgingen, verstummte die Kritik.

In allen genannten Fällen – den Übergriffen der Wehrmacht gegen als Partisanen verdächtigte Zivilisten, der Tötung von Kriegsgefangenen, den Plünderungen, der antisemitischen Gewaltwelle und dem ambivalenten Verhältnis zu den Paramilitärs – erscheint die Rolle der Täter in Wehrmachtuniform in Polen 1939 in einem Spannungsfeld zwischen innerer Disposition und äußeren Rahmenbedingungen, zwischen Motivation und Situation. Dieses Spannungsfeld in seinen Facetten auszuloten, ist die Zielsetzung der vorliegenden Untersuchung. Dabei wird gewalttätiges oder Gewalt billigendes Verhalten deutscher Soldaten und Offiziere während des September 1939 dargestellt und analysiert. Wo es die Quellenlage zulässt, wird nachgezeichnet, in welchen Situationen die Gewaltbereitschaft der Männer in konkrete Gewalthandlungen umschlug und inwieweit dabei ihre zuvor untersuchte Motivation handlungsleitend war. Anordnungen von höherer militärischer Ebene werden mit einbezogen, soweit sie direkten Einfluss auf das Verhalten der Soldaten nahmen, indem sie Gewaltanwendung vor Ort anordneten, steigerten oder versuchten, ihr entgegenzuwirken. Der Vorzug aber wird dem Blickwinkel der unmittelbar betroffenen Soldaten und Einheiten gegeben, da hier die Gewaltanwendung im Spannungsfeld von Motivation und Situation am deutlichsten zutage tritt. Ihre dichte Beschreibung beleuchtet eine bisher weitgehend unbekannte Seite des Polenkrieges und ermöglicht durch einen Abgleich mit polnischen Zeugenaussagen und den Untersuchungen polnischer Autoren eine differenzierte Beurteilung der Vorgänge.

Sowohl die Haltung militärischer Entscheidungsträger als auch die Handlungen einfacher Mannschaftssoldaten mündeten für die polnische Bevölkerung im Spätsommer 1939 in Formen der Gewalt, die sich signifikant von den Besatzungserfahrungen des Ersten Weltkrieges unterschieden.[45] Man verschließt sich jedoch wertvollen Einsichten, wenn man die Gewaltentwicklung, die durch die nationalsozialistische Kriegsführung in Gang gesetzt wurde, isoliert von historischen Parallelen betrachtet. Damit

---

45 Król, Besatzungsherrschaft.

soll nicht einem willkürlichen Rückgriff auf andere europäische Kriegsschauplätze vom Mittelalter bis in die Moderne das Wort geredet werden. Solche Vergleiche bergen in sich die Gefahr, das singuläre Gewaltpotential des Vernichtungskrieges im Osten zu bagatellisieren oder gar – etwa unter Berufung auf ein postuliertes universales »Gesetz des Krieges« – zu nivellieren.[46]

Vielmehr lohnt es sich, das Augenmerk auf die Entwicklung der deutschen Militärdoktrin und Kriegsführung vom ausgehenden 19. Jahrhundert bis zum Zweiten Weltkrieg zu richten. Vor allem der Einmarsch der deutschen Reichswehr 1914 in Belgien und Frankreich war von massiven Gewaltausbrüchen gegen Zivilisten begleitet, die der Partisanentätigkeit verdächtigt wurden.[47]

Doch auch wenn die auf dem polnischen Kriegsschauplatz im Spätsommer 1939 zu beobachtenden Abläufe nicht losgelöst von allgemeinen Tendenzen der deutschen Kriegsführung im Zeitalter des »Totalen Krieges« betrachtet werden sollten, so verbietet es sich, daraus auf eine universelle und unumkehrbare Entwicklung zu schließen, an deren Endpunkt eben der nationalsozialistische Vernichtungskrieg stand. Vielmehr bildeten die Erfahrungen des Ersten Weltkrieges, die in der Zwischenkriegszeit im Deutschen Reich zu beobachtende »Vergesellschaftung der Gewalt«[48] sowie die ab 1933 einsetzende propagandistische Beeinflussung der Massen – die in Bezug auf die östlichen Nachbarvölker auf weit verbreitete Vorurteile aufbauen konnte – die Matrix des Vernichtungskrieges. Die deutschen Pläne zur Eroberung von Lebensraum im Osten sahen bereits im Sommer 1939 die Ausrottung großer Teile der dort lebenden Bevölkerung und die Unterdrückung der Überlebenden vor. Über dieses Programm war die deutsche Wehrmacht bereits zu Kriegsbeginn informiert, und sie beteiligte sich aktiv an dessen Verwirklichung. Das innerhalb der Truppe vorherrschende negative Slawen- und Judenbild tat sein Übriges, um die Gewaltspirale auf dem polnischen Kriegsschauplatz weiterzudrehen. Der Zweite Weltkrieg im Osten demaskiert sich vor diesem Hintergrund tat-

---

46 Friedrich, Gesetz; dazu kritisch Heer, Verschwinden, S. 274–279; Müller/Ueberschär, Krieg, S. 229; Kühne, Vernichtungskrieg, S. 660–661. Zur Kontinuitätsthese der deutschen Kriegsführung seit dem Mittelalter vgl. auch Mayer, Krieg.
47 Daher wäre eine Darstellung entsprechender Übergriffe im September 1939 unvollständig, wenn sie nicht Bezug auf John Horne und Alan Kramer nehmen würde, die mit ihrer verdienstvollen Studie zu den Anfängen des Ersten Weltkrieges Erkenntnisse zum Einfluss von motivierenden und situativen Faktoren auf kampfunerfahrene Soldaten geliefert haben. Horne/Kramer, Kriegsgreuel.
48 Vgl. hierzu Ziemann, »Vergesellschaftung der Gewalt«.

sächlich als der barbarische Zivilisationsbruch, als den ihn Ernst Nolte einst charakterisiert hat. Der Gewaltschub des Sommers 1941 war daher nicht die Initialzündung des Vernichtungskrieges. Vielmehr warf dieser im Spätsommer 1939 auf dem polnischen Kriegsschauplatz bereits unverkennbar seine Schatten voraus.

1. Kapitel: Feindbilder und Vorurteile

Die deutsche militärische Elite zwischen den Kriegen

Die deutsche militärische Führungsschicht des Zweiten Weltkrieges war durch die Erschütterungen des Ersten Weltkrieges stark geprägt worden.[49] Zwischen 1914 und 1918 hatte sie auf den Kriegsschauplätzen von Frankreich bis Russland erste Erfahrungen in Schützengräben und Stabsquartieren gesammelt. Spätere Wehrmachtoffiziere und -generäle erlebten hier zum ersten Mal am eigenen Leib die Auswirkungen einer allgegenwärtigen Verwundungsgefahr und Todesnähe. Diese persönlichen Erfahrungen mussten bei jedem Einzelnen von ihnen unauslöschliche Spuren hinterlassen.

Darüber hinaus machten sie aber auch erste Bekanntschaft mit den Begleiterscheinungen eines »Totalen Krieges«, der nicht nur die Abgrenzung von Front und Heimat auf Dauer nivellierte, sondern auch die Zivilbevölkerung der besetzten Länder – so bei den Vormärschen der Reichswehr in Belgien und Frankreich oder des russischen Heeres in Ostpreußen im Jahr 1914 – durch gezielte Übergriffe der feindlichen Truppen unmittelbar in Mitleidenschaft zog.[50] Beide Besatzungsmächte begründeten hierbei ihre jeweiligen Gegenmaßnahmen mit einer Beteiligung der Zivilbevölkerung am Kampf, die in Wirklichkeit – zumindest in einem die Repressalien rechtfertigenden Umfang – nicht stattgefunden hatte. Bezeichnenderweise wurden diese beiden zwar nicht hinsichtlich ihrer Intensität, aber den ihnen zugrunde liegenden Mechanismen vergleichbaren Vergeltungsaktionen von späteren Wehrmachtgenerälen unterschiedlich beurteilt. Während die Erschießungen der Reichswehr in Belgien mit dem Argument gerechtfertigt wurden, die neuen Dimensionen des »Totalen Krieges« implizierten einen Bruch mit traditionellen Werten, wurden die im Vergleich geringfügigeren

---

49 Zu den folgenden Ausführungen vgl. Hürter, Kriegserfahrung.
50 Horne/Kramer, War.

Übergriffe in Ostpreußen im Rückblick mit der »asiatischen Kriegsführung« der Russen erklärt.[51] Die Unterteilung in rechtmäßige und rechtswidrige Kriegshandlungen hing hier offenbar maßgeblich von der jeweiligen Perspektive ab. Bezeichnenderweise wurden die Gegner an der Westfront ungeachtet aller Vorbehalte noch als Vertreter hoch stehender Kulturnationen angesehen, während die Wahrnehmung der Bevölkerung im Osten durch spätere Wehrmachtbefehlshaber stark von ethnisch ausgerichteten Ressentiments bestimmt war. Das betraf neben Russen auch Polen, »Ostjuden« und Serben. Die Wahrnehmung der östlichen Landstriche als »dreckig« und »zurückgeblieben« entbehrte dabei nicht einer sozialhygienischen Komponente.[52]

Auf die Mitglieder des deutschen Adels, der traditionsgemäß den Hauptteil der deutschen militärischen Elite stellte, wirkten sich Erster Weltkrieg und unmittelbare Nachkriegszeit besonders prägend aus. Als Offiziere hatten sie den Krieg an der Front »als Spezialisten, Organisatoren und/oder Aus-Führer und Antreiber des militärischen Tötens« erfahren. Mehr noch als andere Bevölkerungsschichten waren sie einer mit den Gewaltexzessen des Weltkrieges einhergehenden Brutalisierung unterworfen, viele von ihnen fanden nach der Auflösung des Heeres neuen Halt im Freikorpsmilieu.[53] Die spätere »Teilidentität der Ziele«[54] von Wehrmachtelite und Nationalsozialismus ist nicht zuletzt darauf zurückzuführen, dass in Adelskreisen bereits vor 1933 eine hohe Affinität zum Programm der NSDAP zu verzeichnen war.

Die nationalsozialistischen Eroberungs- und Siedlungspläne ließen sich mit der alten ordensritterlichen Formel vom »Ritt gen Ostland« in Einklang bringen und eröffneten einem modernen Raubrittertum völlig neue Perspektiven.[55] Die Einrichtung eines polnischen Grenzstreifens als Pufferzone zwischen dem Deutschen Reich und Russland war bereits zwischen 1914 und 1918 ein integraler Bestandteil deutscher Kriegszielpolitik.[56] Der Leiter der politischen Abteilung OberOst, Wilhelm Freiherr von Gayl, regte noch Ende 1917 in einem Memorandum an, das besetzte Litauen zu einer Militärbasis des Deutschen Reiches auszubauen, von der aus zukünftige Operationen gegen Polen und Russland durchgeführt werden könnten. In

51 Hürter, Kriegserfahrung, S. 767–769. Zur deutschen Besatzung im Osten während des Ersten Weltkrieges vgl. Liulevicius, Kriegsland; Kossert, Masuren, 225–241.
52 Vgl. hierzu Pöhlmann, Sargdeckel, S. 166–169.
53 Malinowski, König, S. 216.
54 Messerschmidt, Wehrmacht, S. 1.
55 Malinowski, König, S. 476–504.
56 Geiss, Grenzstreifen.

Kaunas (Kowno) sollte nach von Gayls Plänen eine deutsche Mustersied-lung für die deutschen Besatzungstruppen gegründet und die Herausbildung eines »geistigen Proletariats« in der einheimischen Bevölkerung verhindert werden.[57] Nachdem derartige imperialistische Traumbilder mit der deut-schen Niederlage in weite Ferne gerückt waren, sahen die militärischen Eli-ten im Reich mit Verbitterung auf den neu entstehenden polnischen Staat, dem gar Teile des Reichsgebietes geopfert werden mussten. Der Chef der deutschen Heeresleitung Hans von Seeckt sagte bereits 1922 voraus: »Po-lens Existenz ist unerträglich, unvereinbar mit den Lebensbedingungen Deutschlands. Es muss verschwinden und wird verschwinden durch eigene, innere Schwäche und durch Russland – mit unserer Hilfe.«[58] Ewald von Kleist-Schmenzin bemerkte vier Jahre später: »Welch ein Jungbrunnen öst-lich unserer Grenze erworbenes Kolonialland bei unbeschränkten Sied-lungsmöglichkeiten wäre, bedarf keiner Ausführung.«[59] Solche Ansichten waren im deutschen Adel nach 1918 ebenso salonfähig wie ein aggressiver Antisemitismus.[60]

Insgesamt erweiterten die Erfahrungen des Ersten Weltkrieges und die als traumatisch empfundenen chaotischen Verhältnisse im Zuge von Nieder-lage und Revolution das traditionelle Feindbild deutscher Offiziere, die spä-ter in der Wehrmacht dienten, auf die Topoi »Sozialisten, Juden, Slawen, ›Freischärler‹«, und förderten ihre Sehnsucht nach einer geeinten Volks-gemeinschaft, sprich Wehrgemeinschaft.[61] Der Einfluss des Ersten Welt-krieges auf das Denken und Handeln der zukünftigen Wehrmachtelite kann daher nicht hoch genug eingeschätzt werden. Johannes Hürter ist beizu-pflichten, dass »zwischen dem Einsatz des jungen Offiziers im Ersten Welt-krieg und der Einstellung des Generals etwa zum ideologischen ›Vernich-tungskrieg‹ in Polen, in der Sowjetunion und auf dem Balkan [...] eine Verbindung, eine Kontinuität sowohl der militärischen Erfahrung als auch der moralischen Deformation« besteht.[62]

Die revisionistische Grundhaltung führender Militärs trug maßgeblich dazu bei, dass sie die Ernennung von Adolf Hitler zum Reichskanzler im Ja-nuar 1933 nicht als Katastrophe, sondern als Chance ansahen. Durch sie rückte die von Hitler unverhohlen propagierte und von der Reichswehr seit

57 Liulevicius, Kriegsland, S. 253–254.
58 Pross, Zerstörung, S. 298. Zum Verhältnis der deutschen Streitkräfte zur Politik vom Ende des Ersten bis zum Ende des Zweiten Weltkrieges vgl. Wheeler-Bennett, Nemesis.
59 Malinowski, König, S. 500.
60 Ebd., S. 157–170, S. 482–488.
61 Hürter, Kriegserfahrung, S. 769.
62 Ebd., S. 759.

langem angestrebte Aufrüstung – unter offenem Bruch der Versailler Vertragsklauseln – in greifbare Nähe, auf eine territoriale Neuordnung im Osten konnte man weiterhin hoffen. Zudem schienen wesentliche Teile des nationalsozialistischen Programms geeignet, das spätestens seit dem Ende des Ersten Weltkrieges erstrebte Ideal einer geeinten Nation Wirklichkeit werden zu lassen. Die militärische Aufrüstung, die Etablierung eines Volksheeres und die Herstellung der Wehrgemeinschaft waren für die erfolgreiche Führung eines totalen Zukunftskrieges unabdingbar.[63]

Schon am dritten Tag nach der Machtübernahme versicherte Hitler den Befehlshabern der Reichswehr und der Reichsmarine in einer geheimen Besprechung, dass sie diesbezüglich auf ihn zählen konnten. Er werde durch straffste autoritäre Staatsführung und mit allen Mitteln die Wehrhaftigkeit der Nation herstellen, das System von Versailles revidieren und die autonome Stellung der Reichswehr garantieren.[64] »Gemessen an ihren traditionellen Zielen geradezu ein Idealprogramm für die Militär-Elite!«, wie Klaus-Jürgen Müller zutreffend feststellte.[65] Im gleichen Atemzug enthüllte Hitler seine längerfristigen Zukunftspläne: »Eroberung neuen Lebensraumes im Osten und dessen rücksichtslose Germanisierung.«[66] Am selben Tag bezeichnete Reichswehrminister Werner von Blomberg das neue Kabinett als »Verwirklichung dessen, was viele der Besten seit Jahren angestrebt« hätten und nannte die »Wehrhaftmachung des breiten Volkes« als eine von drei zukünftigen Hauptaufgaben.[67]

Die Reichswehr dankte Hitler sein Entgegenkommen. In der Folgezeit hielt sie sich nicht nur gemäß ihrem traditionellen Selbstverständnis aus politischen Fragen heraus, sondern stellte gar ihre Kompatibilität mit den Zielsetzungen des Nationalsozialismus in vorauseilendem Gehorsam unter Beweis.[68] Äußerlich brachte sie dies Anfang 1934 durch die Einführung des NSDAP-Hoheitsabzeichens bei der Reichswehr als Zeichen der »Verbundenheit der Wehrmacht mit Volk und Staat« zum Ausdruck.[69] Vom 2. August 1934 an wurden auf Initiative von Blombergs nach dem Tod Hindenburgs alle Soldaten auf den »Führer des Deutschen Reiches und Volkes

---

63 Pöhlmann, Versailles, S. 390; Müller, Militär-Elite.

64 Müller, Rede, S. 74–75.

65 Müller, Militär-Elite, S. 259–260.

66 Müller, Rede, S. 75.

67 Ausführungen des Reichswehrministers von Blomberg am 3. 2. 1933 vor den Gruppen- und Wehrkreisbefehlshabern im Reichswehrministerium, abgedruckt bei Vogelsang, Dokumente, S. 432–434.

68 Vgl. hierzu und zum Folgenden generell Messerschmidt, Wehrmacht.

69 Absolon, Wehrmacht (Bd. 1), S. 80, S. 192.

Adolf Hitler, den Oberbefehlshaber der Wehrmacht«, persönlich vereidigt.[70] In der militärischen Wehrgemeinschaft galten dieselben Mechanismen der Ausgrenzung von »Staatsfeinden« wie in allen anderen gesell-
schaftlichen Bereichen des Dritten Reiches.[71] In Anwendung des im Gesetz
zur Wiederherstellung des Berufsbeamtentums vom 7. April 1933 formulierten »Arierparagraphen« begann man ab 1934 mit dem Ausschluss von
Juden aus der Reichswehr.[72] Der Durchdringung des Offizierskorps der
Reichswehr – die ab dem 1. Juni 1935 offiziell Wehrmacht hieß – mit nationalsozialistischem Gedankengut wurde durch politische Schulungen bewusst Vorschub geleistet. Der Oberbefehlshaber des Heeres drückte die
Zielsetzung dieser Maßnahme ein Jahr vor Kriegsbeginn wie folgt aus: »In
der Reinheit und Echtheit nationalsozialistischer Weltanschauung darf sich
das Offizierskorps von niemandem übertreffen lassen. [. . .] Es ist selbstverständlich, dass der Offizier in jeder Lage den Anschauungen des Dritten
Reiches gemäß handelt, auch dann, wenn solche Anschauungen nicht in ge-
setzlichen Bestimmungen, Verordnungen oder dienstlichen Befehlen fest-
gelegt sind.«[73] Auf dem Lehrplan der Berliner Kriegsakademie, dem Aus-
bildungszentrum für Generalstabsoffiziere des Heeres, standen zu diesem
Zeitpunkt Themen wie »Der Bolschewismus – Die Freimaurerei – Das
Weltjudentum – Die politische Kirche – Der Kampf gegen Staatsfeinde –
Grundsätze der NS-Rassenpolitik – Die Wehrmacht innerhalb der nationalsozialistischen Erziehungsordnung«.[74]

Im Jahr vor dem Angriff auf Polen war außerdem in den Reihen der Wehrmachtführung eine Verschärfung des antisemitischen Tones zu verzeichnen.
Nach der bereits massiv betriebenen Ausgrenzung von Juden aus den deutschen Streitkräften bekannte sie sich nun ungeniert zum rassisch begründeten Antisemitismus. Der Chef der Heeresleitung der Jahre 1935 bis 1938,
Werner Freiherr von Fritsch, bezeichnete noch nach seinem Sturz infolge einer nationalsozialistischen Intrige im Dezember 1938 den »Kampf gegen
die Juden« als den schwersten Kampf, den Deutschland auf dem Weg zur
Wiedererlangung seiner ursprünglichen Stärke auszufechten habe.[75] Kurz
nach Hitlers Reichstagsrede vom 30. Januar 1939, in der er »die Vernichtung der jüdischen Rasse in Europa« als Ergebnis eines kommenden Welt-

70 Ebd., S. 163–170.
71 Messerschmidt, Reflex, S. 200.
72 Messerschmidt, Wehrmacht, S. 40–47, sowie Absolon, Wehrmacht (Bd. 3), S. 101–104.
73 Geheimer Erlass des OBdH über die Erziehung des Offizierskorps, 18. 12. 1938, zit. nach
Müller, Armee, S. 181.
74 Messerschmidt, Reflex, S. 210.
75 Reynolds, Fritsch-Brief.

krieges angekündigt hatte[76], vermerkte man in einer vom Oberkommando der Wehrmacht (OKW) herausgegebenen Broschüre: »Das Weltjudentum bekämpfen wir, wie man einen giftigen Parasiten bekämpfen muss; wir treffen in ihm nicht nur den Feind unseres Volkes, sondern auch eine Plage aller Völker. Der Kampf gegen das Judentum ist ein sittlicher Kampf um die Reinheit und Gesundheit des gottgewollten Volkstums und für eine neue gerechtere Ordnung der Welt.«[77] Nach Einschätzung des Militärhistorikers Wolfram Wette wurden diese Richtlinien in sämtlichen Wehrmachteinheiten zum Gegenstand der politischen Unterrichtung gemacht.[78]

In der ersten Jahreshälfte 1939 kam Hitler in mehreren Reden vor Wehrmachtoffizieren erneut auf seine sechs Jahre zuvor formulierten Fernziele zu sprechen. Am 18. Januar führte er vor dem jüngsten Offizierslehrgang aus, das deutsche Volk sei das stärkste der Welt, die Wehrmacht wolle er nun zwecks »augenblicklichen Einsatz[es]« zur stärksten Armee der Welt ausbauen.[79] Eine Woche später sagte er vor den höheren Befehlshabern die Eroberung der Weltherrschaft durch die Arier voraus.[80] Am 10. Februar lauschten die versammelten Truppenkommandeure der Wehrmacht geduldig, als er die deutsche Nation als »das stärkste Volk nicht nur Europas, sondern [. . .] praktisch der Welt« bezeichnete und daraus die Verpflichtung ableitete, das »Schicksal unserer Rasse« nun endlich in die Hand zu nehmen: »Der nächste Kampf wird ein reiner Weltanschauungskrieg sein, d. h. bewusst ein Volks- und ein Rassenkrieg sein.«[81] Das deutsche Volk habe »eine entscheidende Mission auf dieser Erde zu erfüllen«, zu der es »1. der Volkswert an sich unserer Rasse, 2. die ziffernmäßige Stärke unserer Rasse und 3. die absolut erwiesene kämpferische Bewährung unserer Rasse« befähige.[82]

Hitlers Ausführungen mögen zum damaligen Zeitpunkt noch von seiner Hoffnung geprägt gewesen sein, Polen – mit dem das Deutsche Reich 1934 einen Nichtangriffspakt abgeschlossen hatte – als Juniorpartner in ein Kriegsbündnis gegen die Sowjetunion einzubinden und dort in den nächsten Jahren weite Landstriche zu erobern, die zu deutschem Siedlungsgebiet aus-

76 Reichstagsrede, 30. 1. 1939, zit. nach Hofer, Nationalsozialismus, S. 277.
77 Dr. C. A. Hoberg, Die Juden in der deutschen Geschichte, in: Schulungshefte für den Unterricht über nationalsozialistische Weltanschauung und nationalsozialistische Zielsetzung, hg. v. OKW, 1/1939 (5), zit. nach Wette, Wehrmacht, S. 90–93.
78 Wette, Wehrmacht, S. 91.
79 Thies, Architekt, S. 119.
80 Ebd.
81 Ebd., S. 115.
82 Ebd., 119–120.

gebaut werden sollten. Da er aber spätestens im März 1939 diese Pläne als gescheitert ansehen musste, kündigte er das Zweckbündnis mit Polen am 28. April 1939 auf und richtete seine Aufmerksamkeit nun ganz auf den östlichen Nachbarstaat.[83]

Am 25. März 1939 eröffnete Hitler dem Oberbefehlshaber des Heeres, Generaloberst Walter von Brauchitsch, die neuen, kurzfristigeren Ziele seiner Ostpolitik: Polen solle »so niedergeschlagen werden, dass es in den nächsten Jahrzehnten als politischer Faktor nicht mehr in Rechnung gestellt zu werden brauche. Der Führer denkt bei dieser Lösung an eine vom Ostrand Ostpreußens bis zur Ostspitze Schlesiens vorgeschobene Grenze. Aus- und Umsiedlung sind noch offen stehende Fragen.«[84] Als Hitler zwei Monate später vor den Oberbefehlshabern der Wehrmachtteile ausführte, der geplante Angriff auf Polen ziele nicht lediglich auf die Rückgewinnung ehemals deutscher Gebiete ab (»Danzig ist nicht das Objekt, um das es geht«), sondern vielmehr auf die »Erweiterung des Lebensraumes im Osten und Sicherstellung der Ernährung sowie die Lösung des Baltikum-Problems«[85], dürfte dies keinen der Anwesenden mehr sonderlich überrascht haben.

Die Wehrmachtführung meldete gegen Hitlers Expansionspläne keinerlei Vorbehalte an, weil sie keine hegte. Vielmehr deckten sich die Planspiele des Reichskanzlers und Obersten Befehlshabers der Wehrmacht weitgehend mit den Wunschvorstellungen der deutschen militärischen Elite. Mit den Worten des Generalstabschefs des Heeres, Franz Halder: »[...] hier glaube ich, vielen von Ihnen[86] aus der Seele zu sprechen, wenn ich sage, dass uns mit dem Ende des ›Freundschaftsverhältnisses‹ mit Polen (bei dem ja auf beiden Seiten nicht die Herzen engagiert waren) ein Stein vom Herzen gefallen ist.«[87] Von der Notwendigkeit der »Bereinigung« eines »Polenproblems« ging man im deutschen Offizierskorps allgemein aus, auch wenn die konkreten Angriffspläne im Sommer 1939 aufgrund der ihnen innewohnenden Gefahr einer Kriegserklärung seitens Englands und Frankreichs nicht mit Enthusiasmus begrüßt wurden. Diese ambivalente Haltung schlug sich auch in den privaten Aufzeichnungen des Abwehroffiziers Helmuth Groscurth – einer zentralen Figur des militärischen Widerstandes – nieder,

---

83 Żerko, Stosunki.

84 Vermerk des GenSt-Offiziers v. Siewert über die Mitteilungen Hitlers an von Brauchitsch am 25. 3. 1939, abgedruckt in IMG, Bd. 38 (1949), S. 274–276.

85 Ber. Schmundts über Besprechung Hitlers mit führenden Militärs am 23. 5. 1939, abgedruckt in Hofer, Entfesselung, S. 62.

86 Halder sprach vor versammelten Generälen und GenSt-Offizieren der Wehrmacht.

87 Hartmann/Slutsch, Halder, S. 482–483.

der zwar am 31. August 1939 den unmittelbar bevorstehenden Angriff als Wahnsinn bezeichnete[88], drei Monate zuvor jedoch fatalistisch angemerkt hatte: »Immerhin muss ja wohl die Frage ›Polen‹ irgendwie gelöst werden. Nur wird diese Lösung wohl kaum so glatt gehen wie im Fall ›CSR‹.«[89] Auch der Oberst im Generalstab Eduard Wagner bezeichnete den deutschen Einmarsch am 1. September 1939 als »naturgegeben« und gab der Hoffnung Ausdruck, der Westen werde schon stillhalten.[90]

Sollten moralische Bedenken hinsichtlich Hitlers aggressiver Expansionspolitik gegenüber Polen im Sommer 1939 bei einzelnen Militärs bestanden haben, so führten sie jedenfalls nicht zu einer Verweigerungshaltung oder gar einem klaren Gegenkurs seitens der Wehrmachtführung. In seiner Sommerresidenz auf dem Obersalzberg bei Berchtesgaden machte Hitler am 22. August 1939 den versammelten Oberbefehlshabern und Armeeführern klar, was er im Rahmen des bevorstehenden Angriffs von ihnen erwartete: »Herz verschließen gegen Mitleid. Brutales Vorgehen. 80 Millionen [deutsche] Menschen müssen ihr Recht bekommen. Ihre Existenz muss gesichert werden. Der Stärkere hat das Recht. Größte Härte.«[91] Unter dem Eindruck der sich in der letzten Friedenswoche überstürzenden Entwicklungen auf internationalem Parkett[92] sollte, um die Schuld am kommenden Waffengang Polen anzulasten, nach außen zwar bis zuletzt der Eindruck aufrechterhalten werden, Deutschland sei zu einer friedlichen Einigung mit Polen im kleinen Rahmen – eine exterritoriale Verkehrsverbindung nach Ostpreußen, den Anschluss Danzigs an das Reich und den Beitritt Polens zum Antikominternpakt – weiterhin bereit. Tatsächlich aber war Hitler zum Angriff entschlossen, als er am 29. August 1939 die zu verfolgende Taktik Generalstabschef Halder in kurzen Worten skizzierte: »30.8. Polen in Berlin. 31.8. Zerplatzen [der Verhandlungen]. 1.9. Gewaltanwendung.«[93] Über Hitlers Pläne für einen Angriffskrieg war die Wehrmachtführung lange vor dem deutschen Einmarsch in Polen im Bilde. Die damit implizierte Verlet-

88 Krausnick/Deutsch, Groscurth, S. 195.

89 Ebd., S. 175.

90 Wagner, Generalquartiermeister, S. 112–113 (1. 9. 1939).

91 Zweite Ansprache des Führers am 22. 8. 1939, abgedruckt in ADAP, Serie D (Bd. 5), S. 172. Bereits in der Besprechung am 23. 5. 1939 hatte Hitler ausgeführt, »es handle sich nicht mehr um Recht und Unrecht, sondern um Sein oder Nichtsein von 80 Millionen Menschen. [...] Es wird zum Kampf kommen«; Kuby, Polen, S. 56.

92 England hatte am 25. 8. 1939 unter dem Eindruck der deutschen Mobilmachung einen Beistandspakt mit Polen abgeschlossen. Hitler ließ daraufhin die bereits an der deutsch-polnischen Grenze zum Angriff zusammengezogenen Truppen stoppen. Das verbündete Italien erklärte am selben Tag, nicht für einen Krieg gerüstet zu sein.

93 Jacobsen, Halder (Bd. 1), S. 42 (29. 9. 1939).

zung des Völkerrechts nahm man in ihren Reihen angesichts der zu erwartenden territorialen Wieder- und Zugewinne billigend in Kauf.

Ideologische Beeinflussung der Mannschaftssoldaten

Die Mannschaftssoldaten, die in den 1930er Jahren in der Reichswehr bzw. Wehrmacht dienten, wiesen ein anderes Sozialprofil auf als die Angehörigen des deutschen Offizierskorps. Dies gilt in besonderem Maße für die Angehörigen der Fronttruppen, die im September 1939 als Erste in polnische Städte und Dörfer einmarschierten. In den Reihen des ehemaligen 100 000-Mann-Heeres dienten im Herbst 1934 bereits 240 000 Berufssoldaten.[94] Am 21. Mai 1935 wurde mit der Verabschiedung des Wehrgesetzes die allgemeine Wehrpflicht eingeführt.[95] Der aktive Wehrdienst wurde dabei zunächst auf ein Jahr festgesetzt und im August 1936 auf zwei Jahre erhöht.[96] Am Vorabend des Krieges standen im Deutschen Reich über 4,5 Millionen Männer unter Waffen.[97] 1,5 Millionen von ihnen marschierten mit der ersten Mobilmachungswelle im September 1939 in Polen ein, von denen wiederum 1,1 Millionen der aktiven Truppe angehörten, die sich vor allem aus den Jahrgängen 1915 bis 1917 rekrutierte.[98]

Das Gros der Wehrmachtsoldaten, mit denen die polnische Bevölkerung 1939 erstmalig in Berührung kam, waren folglich junge Männer im Alter von 22 bis 24 Jahren. Sie hatten am Ersten Weltkrieg nicht teilgenommen, ihre Kindheit, viele auch ihre Jugend, in den unruhigen Zeiten der Weimarer Republik verlebt und zwischen 1933 und 1939 das Erwachsenenalter erreicht. Sie verfügten über einschlägige Erfahrungen mit Gewaltprozessen bzw. -diskursen[99], denn diese Zeitabschnitte der deutschen Geschichte wa-

94 Absolon, Wehrmacht (Bd. 2), S. 148.
95 Absolon, Wehrmacht (Bd. 3), S. 6–7.
96 Ebd., S. 84.
97 Kroener, Ressourcen, S. 726–727.
98 Ebd., S. 726–731. Der Jahrgang 1910 wurde nur in Ostpreußen eingezogen, stellte aber ebenfalls einen kleinen Teil der aktiven Truppe. Die »weißen Jahrgänge« zwischen 1911 und 1914 waren aufgrund der Bestimmungen des Versailler Vertrages in der Weimarer Republik nicht eingezogen worden und hatten 1935 das Alter für die aktive Dienstpflicht bereits überschritten, Absolon, Wehrmacht (Bd. 3), S. 84–85. Die meisten von ihnen blieben unausgebildet, einige wenige erhielten 1936 eine notdürftige dreimonatige Grundausbildung und wurden nur in der Reserve verwendet, Kroener, Ressourcen, S. 727–729. Exemplarisch hat Rossino diese Altersstruktur für die im Polenkrieg eingesetzte 10. ID nachgewiesen, Rossino, Hitler, S. 217.
99 Zum Einfluss der Erfahrungen des Ersten Weltkrieges auf ältere Teilnehmer des Polenkrieges vgl. Ziemann, »Fronterlebnis«, S. 43–82; Krassnitzer, Geburt.

ren von einer Atmosphäre bestimmt, in der physische Gewalt zum Teil mit eigenen Augen wahrgenommen oder am eigenen Leib erlebt wurde, zumindest aber als gesamtgesellschaftliche Erfahrung in den Köpfen allgegenwärtig präsent war.[100] Auch nachdem die Kämpfe auf den Schlachtfeldern abgeklungen waren, verzeichnete das Deutsche Reich an der nun enger gezogenen östlichen Reichsgrenze bis in die frühen 1920er Jahre hinein erbitterte Auseinandersetzungen zwischen deutschen Freikorps und polnischen Kampfverbänden, im Reichsinneren erfreuten sich Wehrverbände eines regen Zulaufs.[101] Solche paramilitärischen Vereinigungen betrachteten »Politik als Kampf und quasimilitärische Veranstaltung«.[102] Blutige Zusammenstöße zwischen radikalen Linken und Rechten sowie Polizeitruppen waren in den späten 1920er Jahren zumindest in den Großstädten ein nahezu alltägliches Schauspiel.[103] Dass bei der Jugend der Weimarer Republik – unabhängig von sozialen Klassen und Schichten – ein »kriegsbezogene[r] Gewaltkult« zu verzeichnen war, ist nicht verwunderlich.[104]

Im Anschluss an die Machtübernahme durch die Nationalsozialisten wurde diese innere Disposition deutscher Jugendlicher und junger Erwachsener in der Wehrmacht und in zahlreichen militaristisch ausgerichteten Organisationen und Verbänden kanalisiert und mit der Vermittlung nationalsozialistischer Weltanschauung verbunden. Eine große Bedeutung kam dabei den Massenorganisationen des Dritten Reiches zu: der Hitlerjugend, dem Reichsarbeitsdienst, der SA und der Wehrmacht. Im vierten Quartal des Jahres 1939 lag der Anteil der Mitglieder nationalsozialistischer Organisationen in den Reihen einer durchschnittlichen Infanteriedivision bei 31 Prozent.[105] Jeder fünfte Soldat war dabei ein ehemaliger Hitlerjunge, jeder Siebte war Mitglied in der SA, jeder Zweite bis Dritte war im Reichsarbeitsdienst tätig gewesen. Alle waren ausnahmslos ein bis zwei Jahre im Rahmen ihrer militärischen Ausbildung auf ihren Einsatz vorbereitet worden. Die ideologi-

100 Bereits im Kaiserreich vor 1914 war eine »nervöse« Atmosphäre im Banne eines baldig erwarteten Krieges allgegenwärtig gewesen und hatte die deutsche Gesellschaft maßgeblich geprägt, Radkau, Zeitalter.
101 Allein die Vereinigung ehemaliger Frontsoldaten »Stahlhelm« verzeichnete ab Mitte der 1920er Jahre zwischen 400 000 und 500 000 Mitglieder, Wette, Ideologien, S. 38.
102 Balistier, Gewalt, S. 166.
103 Zum Phänomen paramilitärischer Verbände nach Ende des Ersten Weltkrieges vgl. Waite, Vanguard; Schulze, Freikorps; Theweleit, Männerphantasien (Bd. 1 u. 2); Sauer, »Mythos«; Liulevicius, Kriegsland, S. 278–300; Berghahn, Stahlhelm; Mauch, Wehrorganisationen. Weiterführende Analysen zum Gewaltdiskurs in der Weimarer Republik in Schumann, Gewalt; Dülffer/Krumeich, Frieden.
104 Rusinek, Kult, S. 171–197.
105 Die folgenden Berechnungen stützen sich auf die Studie von Rass, »Menschenmaterial«, S. 123; S. 429, Tabelle-A 13; S. 43, Tabelle-A 16.

sche Einflussnahme in den jeweiligen Organisationen musste sich zwangsläufig auf die Denkart der jungen Rekruten auswirken.[106]

Eine Imprägnierung der im Polenkrieg 1939 eingesetzten Frontsoldaten
mit nationalsozialistischem Gedankengut fand demnach bereits in Institutionen statt, die dem aktiven Wehrdienst in der Regel vorgeschaltet waren.[107] Sie verkörperten wie keine andere gesellschaftliche Gruppierung des
Dritten Reiches das nationalsozialistische Ideal der militarisierten Volksge-
meinschaft, in der »jeder deutsche Mensch, Mann und Frau zwischen 14
und 65 Jahren [...] eine Mobilmachungsorder in der Tasche haben«
sollte.[108] Bereits am 21. August 1933 hatte Reichswehrminister von Blomberg die Anschaffung von Hitlers »Mein Kampf« für die Mannschafts-
büchereien angeordnet und den Soldaten den Erwerb des Buches ans Herz
gelegt.[109] Allen Truppenteilen gingen ab Juni 1934 die Hefte der Monats-
zeitschrift »Volk und Heimat – Rüstzeug für die nationalsozialistische
Volkstumsarbeit und Volkswerdung« kostenlos zu.[110] Einen Monat später
wurde bestimmt, dass von nun an jeder Wehrmachtsoldat folgenden Treue-
schwur zu leisten hatte: »Ich schwöre bei Gott diesen heiligen Eid, dass ich
dem Führer des Deutschen Reiches und Volkes, Adolf Hitler, dem obersten
Befehlshaber der Wehrmacht, unbedingt Gehorsam leisten und als tapferer
Soldat bereit sein will, jederzeit für diesen Eid mein Leben einzusetzen.«[111]
Ende des Jahres 1934 konstatierte von Blomberg zufrieden: »Die Mehrzahl
der jungen Soldaten kommt heute schon aus dem Arbeitsdienst, der Hitlerjugend, der SA und der SS in die Wehrmacht. Sie sind in der Weltanschauung des Nationalsozialismus erzogen.«[112]

Der im Wehrgesetz vom Mai 1935 geregelte Ausschluss von Juden aus
der Wehrmacht machte sich bei den Soldaten nicht nur dadurch bemerkbar,
dass ehemalige Kameraden von heute auf morgen nicht mehr der Truppe angehörten. Vielmehr war nun jeder Soldat persönlich – in der Regel zum
ersten Mal – dazu angehalten, einen »Ariernachweis« zu erbringen.[113] Die

---

106 Wette, Ideologien, S. 171–172.
107 Tenorth konstatiert allerdings zu Recht, dass die Wirkungen dieser Sozialisation bezogen auf Gewaltbereitschaft späterer Soldaten im Krieg eher in einer »Disposition für Verhalten«
als einer »Determination des Handelns« zu suchen sind. Tenorth, Pädagogik, S. 28.
108 So der Beauftragte für den Vierjahresplan, Hermann Göring, in einer Sitzung des
Reichsverteidigungsrates am 18. 11. 1938, zit. nach Wette, Ideologien, S. 168.
109 Absolon, Wehrmacht (Bd. 1), S. 79.
110 Ebd., S. 84.
111 Rass, »Menschenmaterial«, S. 311.
112 Geheimer Erlass des Reichswehrministers, 18. 12. 1934 über die Pflichten des jungen
Offiziers, zit. nach Müller, Armee, S. 169.
113 Rass, »Menschenmaterial«, S. 311.

Ausgrenzungsmechanismen des Dritten Reiches gegenüber »Volksfeinden« mussten jedem Rekruten spätestens mit der Leistung seiner Unterschrift unter diese Erklärung bewusst werden. Zwei Monate nach der Einführung des Wehrgesetzes erklärte von Blomberg, deutsche Soldaten hätten im Sinne einer »Bejahung der nationalsozialistischen Weltanschauung« jüdische Händler zu boykottieren.[114]

Auch wenn die Sozialisation von Soldaten in der Hitlerjugend, dem Reichsarbeitsdienst, der SA und der Grundausbildung in der Wehrmacht noch nicht hinreichend erforscht ist, so lässt sich konstatieren: Auf die eine oder andere Weise war jeder Wehrmachtsoldat bereits vor Kriegsbeginn mit Missionierungsversuchen im Sinne des Nationalsozialismus in Berührung gekommen. Nach Rass hatte seit dem Geburtsjahrgang 1913 »bis Kriegsbeginn die überwiegende Mehrheit jeden Jahrgangs einen Teil des nationalsozialistischen Erziehungssystems durchlaufen«.[115]

Propagandistische Einstimmung auf den Angriff

Die Vermittlung nationalsozialistischer und antisemitischer Inhalte durch die verschiedenen Institutionen, die ein junger Mann im Dritten Reich durchlief, musste sich auch auf sein Bild von Polen und seiner Bevölkerung auswirken. Immerhin waren 1939 etwa 10 % der polnischen Bevölkerung (3,5 Millionen Menschen) jüdischen Glaubens.[116] Zudem wurde seitens der Medien vor allem in den letzten Monaten vor Kriegsausbruch versucht, Einfluss auf das Polenbild der Deutschen zu nehmen. Neben der Verbreitung antisemitischer Stereotype, die ohnehin seit Jahren im Reich praktiziert wurde, versuchte die deutsche Propaganda im Sommer 1939, der Öffentlichkeit plausibel zu machen, warum man sich auf eine kriegerische Auseinandersetzung mit einem Staat zubewegte, mit dem in den letzten fünf Jahren ein Nichtangriffsvertrag bestanden hatte.[117] Polen wurde im Zuge dieser Bemühungen zu einer von Frankreich und England abhängigen Marionette stilisiert und als »Raub«- oder »Saisonstaat« bezeichnet.[118]

---

114 Erlass des Reichskriegsministers und OB der Wehrmacht Nr. 3799/35 J (Ia), 16. 6. 1935, zit. nach Absolon, Wehrmacht (Bd. 3), S. 388.

115 Rass, »Menschenmaterial«, S. 132.

116 Golczewski, Polen, S. 417.

117 In dieser Zeitspanne vom 26. 1. 1934 bis zum 28. 4. 1939 war die deutsche Propaganda durchaus polenfreundlich eingestellt, Roschke, »Urfeind«. Zum deutschen Polenbild allgemein Feindt, Studien; Herweg, Un-Nation.

118 Szarota, Poland, S. 230–231.

Doch vermochten solche auf die politischen Aspekte der sich anbahnenden Krise zugeschnittenen Argumente die Zielgruppe offensichtlich nicht zu überzeugen. Von einer Kriegsbegeisterung war Anfang September 1939 – außer bei den »der nationalsozialistischen Indoktrination in besonderem Maße ausgesetzten Jugendlichen« – bei der deutschen Bevölkerung wenig zu spüren.[119] In weiten Kreisen der deutschen Gesellschaft befürchtete man vielmehr ein Eingreifen der Westmächte im Falle eines deutschen Angriffes auf Polen.[120]

Von größerer Wirkung scheint ein chauvinistisch geprägtes Polenbild gewesen zu sein, das nicht erst künstlich erzeugt werden musste, da man sich mit ihm auf jahrhundertealte Ressentiments berufen konnte: das Vorurteil des »Kulturgefälles« von Westen nach Osten, das sich in Polen angeblich anhand einer allgemeinen Zurückgebliebenheit und Unfähigkeit zu eigenständigen kulturellen Leistungen belegen ließ.[121] Der Begriff »polnische Wirtschaft« als Synonym für chaotische Zustände lebte wieder auf[122], für die man dem »degenerierten Adel und einem in starkem Masse [sic] jüdisch durchsetzten Bürgertum« die Schuld gab.[123] Mit dem kulturellen Niedergang, den man bei der polnischen Nation insgesamt zu beobachten meinte, assoziierte man des Weiteren vorgeblich niedrige Charaktereigenschaften der Bevölkerung. Nachdem im Frühjahr 1939 Polen als Angriffsziel ins deutsche Visier geraten war, setzte in überregionalen deutschen Zeitungen eine Propagandaoffensive gegen den Nachbarstaat ein.[124] Im Mittelpunkt standen Themen wie der »deutsche Charakter« Danzigs, polnische Grenzverletzungen und Übergriffe gegen Angehörige der deutschen Minderheit, wobei etwa die Schließung von deutschen Kindergärten als »Ausrottung« bezeichnet wurde.[125]

Am 12. August veröffentlichte die Essener »Nationalzeitung«, das Hausblatt Görings, einen Artikel, der im Wortlaut vom »Völkischen Beobachter« und der »Frankfurter Zeitung« übernommen wurde. Darin war von 204 angeblichen polnischen Gewaltakten auf in Polen lebende Deutsche in den vergangenen fünf Monaten die Rede, die sechs Todesopfer gefordert hätten. »In erster Linie zeigt sich bei den *viehischen Überfällen* auf Deutsche das

---

119 Sywottek, Mobilmachung, S. 235.
120 Kershaw, Überfall; Deist, Überlegungen.
121 Szarota, Poland; Herweg, Un-Nation, S. 218.
122 Orłowski, »Polnische Wirtschaft«.
123 Broschüre »Polen oder Polacken?«, Berlin 1939, S. 4, zit. nach Szarota, Poland, S. 235, Anmerkung 23.
124 Kees, »Polnische Greuel«, S. 68–83.
125 Ebd., S. 77.

wahre Wesen der Polen«, kommentierte der Autor der Abhandlung.[126] Auch wenn die oft übertriebenen Berichte sicherlich nicht uneingeschränkt für bare Münze genommen wurden, musste durch die Lenkung der Presse durch Goebbels dennoch in der deutschen Öffentlichkeit – und somit sicherlich auch bei den für den bevorstehenden Überfall eingezogenen Mannschaftssoldaten – »der Eindruck entstehen, Polen sinne auf Krieg und die Konnationalen jenseits der Grenze litten unter nicht länger hinnehmbaren Gewaltakten«.[127]

Da neben dem Wunsch nach der Rückgewinnung ehemals deutscher Gebiete antisemitische und antislawische Vorurteile das Denken der Wehrmachtführung bestimmten, begann man auch in ihren Reihen ab dem Frühjahr 1939 damit, sich auf die bevorstehende Auseinandersetzung mit Polen einzustimmen. Als Generalstabschef Franz Halder im April 1939 einige »Erwägungen zum kommenden Krieg gegen Polen« vortrug, führte er unter anderem aus, beim polnischen Heer handele es sich »nur um große Haufen notdürftig ausgebildeter Mannschaften, die im Kriege gegen das deutsche Reichsheer gar keine Chancen haben. Hier sprechen auch Fragen der Allgemeinbildung mit – der polnische Soldat ist wohl der dümmste in Europa, wenn man etwa von Rumänien absieht.«[128] Etwas differenzierter, aber in der Tendenz ähnlich, bemerkte man im Generalstab des Heeres Anfang August 1939 zum polnischen Heer: »Die Mannschaften, soweit sie Polen sind, besitzen gute soldatische Anlagen: Vaterlandsliebe, Mut, Ausdauer und große Anspruchslosigkeit. Bei ihrer mangelhaften Allgemeinbildung und Unselbständigkeit bedürfen sie jedoch steter Führung. [...] Die Eigenschaften des polnischen Volkscharakters können leicht zu extremen Stimmungen führen.«[129] Im Mai fasste man beim OKH die Erfahrungen des Ersten Weltkrieges auf dem polnischen Kriegsschauplatz im Hinblick auf die kommende Auseinandersetzung noch einmal zusammen: Besonders des Nachts sei Vorsicht geboten, es sei zu »bedenken, dass die Landbevölkerung ebenso gutmütig wie dumm und stupid« sei. Die »kleinen Judenstädte« zeichneten sich durch »Gestank und Schmutz« aus, der Kriegsschauplatz fordere »scharfes Gewöhnen an primitive Einfachheit«.[130] Darüber hinaus kombinierte man das chauvinistische Polenbild des Sommers 1939 mit dem

---

126 Ebd., S. 79. Hervorhebung im Original.
127 Ebd., S. 83
128 Hartmann/Slutsch, Halder, S. 485–486.
129 Ebd., S. 485–486, Anm. 26.
130 Geheime Kdo-Sache, 7. 5. 1939 (abfassende Stelle wegen Brandschadens unleserlich), Verteiler 1. Arbeitsstab Rundstedt, 2. O.Qu. I, BA-MA, RH19-I/91, Bl. 6–7.

nationalsozialistischen Begriff der »Judenfrage«, als man sich Ende August zum Thema »Polen – Staatsgebiet und Bevölkerung« äußerte: »Die Judenfrage ist in Polen vorläufig noch nicht zu lösen, da das Kapital sich völlig in jüdischen Händen befindet [...]. Grausamkeiten, Brutalität, Hinterlist und Lüge sind Kampfmittel, die [der polnische Mensch] an Stelle der ruhigen Kraft in der Erregung gebraucht.«[131]

Antisemitismus und Ressentiments gegen die polnische Bevölkerung seitens der Wehrmachtführung äußerten sich nicht nur in allgemein gehaltenen chauvinistischen Betrachtungen. Sie schlugen sich auch in konkreten Weisungen nieder, die noch vor Beginn der Kampfhandlungen erlassen wurden und teilweise den Bestimmungen der Haager Landkriegsordnung[132] widersprachen, die man im Zuge des »Fall Weiß«[133] allenfalls »sinngemäß« gelten lassen wollte.[134] Bereits am 16. Februar 1939 war verfügt worden, Kriegsgefangene bei ihrer Ankunft in den Gefangenenlagern nach »rassischen« Gesichtspunkten zu trennen.[135] Ein halbes Jahr später, am 9. August 1939, wurde angeordnet, im Mobilmachungsfall »die Wehrfähigen polnischer und jüdischer Nationalität im Alter von 17 bis 45 Jahren, sobald die Kriegslage es gestattet, zu internieren und wie Kriegsgefangene (jedoch getrennt von diesen) zu behandeln«.[136] Viele von ihnen fanden sich kurz nach ihrer Festnahme in Sammellagern – wie etwa dem »Warthelager« bei Posen – wieder[137], andere wurden in Internierungslager auf Reichsgebiet überführt.[138]

Anlass für eine derartig radikale Weisung war die Überzeugung, die gesamte polnische Zivilbevölkerung werde sich aufgrund der ihr unterstellten

131 OKW, Merkblatt »Geheim! Polen – Staatsgebiet und Bevölkerung«, verteilt bis zu den Div. und gleichgestellten Kdo-Stellen, Eingang bei der Abt. Ic der 17. ID am 28. 8. 1939, BA-MA, RH26-17/77.
132 Dülffer, Regeln.
133 So lautete der Deckname für den geplanten Angriff auf Polen.
134 OKH, Sonderbestimmungen zu den Anordn. f. d. Vers., 9. 8. 1939, Abschnitt 1.c), BA-MA, RH19-I/91, Bl. 20.
135 Krakowski, Fate (1977), S. 301.
136 OKH, Sonderbestimmungen zu den Anordn. f. d. Vers., 9. 8. 1939, Abschnitt 5.a), BA-MA, RH19-I/91, Bl. 22–23. Gemeint sind nicht feindliche Soldaten, sondern Zivilisten.
137 Das Warthelager wurde etwa 10 Km. nördlich von Posen am 18. 9. 1939 errichtet. Zu den Zuständen im Warthelager vgl. AP Poznań, 298/34 u. 298/47, sowie BA-MA, RH19-I/179 u. RH19-I/193–195.
138 Erst am 18. 9. 1939 stoppte man wegen Überfüllung des Auffanglagers in Nürnberg den Abschub von polnischen Frauen und Kindern in das Reichsgebiet, GenStdH, Fernschreiben an AOK 8, 18. 9. 1939, NA, RG 242, T-312, R. 41, Fr. 7551437. Am selben Tag ließ der Leiter der Abt. Kriegsgefangenenwesen im OKW, Major Breyer, verlauten, »dass auf unmittelbaren Befehl des Führers Volksdeutsche und Juden sofort nach Polen zurückzubefördern sind. Weitere Juden sollen nicht mehr abgeschoben werden. In den Lagern befinden sich mehr Zivilisten als Soldaten, darunter Leute über 65 Jahre und Frauen mit 3 Monate alten Kindern«, Krausnick/Deutsch, Groscurth, S. 272.

Mentalität aktiv an den Kampfhandlungen beteiligen. Am 1. Juli warnte das OKH, die Polen seien »fanatisch verhetzt«, mit Sabotage sei zu rechnen. »Zuvorkommende Behandlung wird bald als Schwäche ausgelegt. Träger der nationalen Hetze ist im Allgemeinen die katholische Geistlichkeit [...]. Die zahlreichen Juden sehen in den Deutschen ihre persönlichen Feinde, sind jedoch gegen Geld zu allem fähig. [...] Mit Vernichtung und Vergiftung der Lebensmittelvorräte ist zu rechnen.«[139] Polen und Juden im zu erobernden Gebiet sei daher nicht zu trauen, sie seien als feindlich anzusehen und entsprechend zu behandeln.[140] Kurz vor Angriffsbeginn wies das OKW die deutschen Truppen nochmals ausdrücklich darauf hin, dass »Unterdrückungsmaßnahmen und Terror [...] gegen die Volksdeutschen« in Polen in jüngster Vergangenheit »die krassesten Formen angenommen« hätten.[141]

Auch auf Divisionsebene ging man vielerorts von derartigen Szenarien aus. Eine Woche vor Angriffsbeginn warnte man bei der 27. Infanteriedivision davor, »der Pole« neige aufgrund seines Charakters zu Überfällen und zur Freischärlerei.[142] Am 26. August vermerkte der Ic-Offizier der 208. Infanteriedivision: »Dem hinterhältigen Charakter des Slawen ent[spre]chend wird der Pole versuchen, dem Feind durch [...] Sabotageakte Abbruch zu tun. Träger des Franktireurkrieges[143] werden in vielen [Fällen] die Geistlichen sein, die als fanatische Deut[schen]hasser bekannt sind. [...] Auch von Seiten der wei[teren] Bevölkerung muss hetzerische Tätigkeit erwart[et werden]. Behandlung der Bevölkerung streng [...], *gegebenenfalls rücksichtsloses Durchgreifen.*«[144] Der Befehlshaber der 7. Infanteriedivision hielt ebenfalls die polnische Bevölkerung für »fanatisch, verhetzt und zur Sabotage sowie zu Überfällen fähig, mit Kleinkriegunternehmungen ist zu rechnen«, und wies die Truppe an, sie solle »bei Überfällen, Sabotageakten der Bevölkerung tatkräftigst durchgreifen«. Verdächtig erschienen ihm dabei vor allem »zurückgebliebene polnische Soldaten in Zivil [...], ebenfalls

---

139 OKH, GenStdH, 12. Abt. (III), Nr. 1343/39 geh., Merkblatt über Eigenarten der polnischen Kriegsführung, 1.7.1939, NA, RG 242, T-312, R. 115, Fr. 7644803; vgl. Rossino, Hitler, S. 25–26.

140 AOK 8, Bes. Anordn. f. d. rückw. Dienste Nr. 1, 24.8.1939, Anl. 1, Merkblatt zur Bekanntgabe an die gegen Polen eingesetzten Truppen, NA, RG 242, T-312, R. 39, Fr. 7548862.

141 OKW Abt. IVa, 1220/39 geh., Orientierungsmaterial für Unterrichtung der Truppe, betr. Volkstumspolitik, Wirtschaft, Wehrmacht, 23.8.1939, NA, RG 242, T-312, R. 46, Fr. 7558115.

142 27. ID, Ia, Nr. 1753/39 geh. (»nach Ausgabe des Mob.Befehls: ›offen‹«), 24.8.1939, Merkblatt für das Verhalten in Feindesland, Ziffer 12, BA-MA, RH37/1381, Bl. 221.

143 Der Begriff »Franktireur« wurde im Polenkrieg synonym für den Begriff »Freischärler« verwendet.

144 208. ID, Merkblatt für Nachrichtengewinnung und Auswertung, Spionageabwehr und Polen [sic], 26.8.1939, BA-MA, RH26-208/5. Hervorhebung im Original.

katholische Geistliche, Intelligenzler und Halbintelligenzler«.[145] In einem
»Taschenbuch: Polnisches Heer«, das im Juli 1939 in den Reihen der 10. Infanteriedivision kursierte, wurden die polnischen Juden als »bolsche-
wistenfreundlich und Deutschenhasser«, die Radiosender Warschau und
Lodz (Łódź) als »stark verjudet« bezeichnet.[146] Im weiteren Verlauf des Polenkrieges wirkten sich die rassistisch motivierten Vorurteile und Warnungen vor Kriegsbeginn in fataler Weise auf das Verhalten der in Polen eingesetzten Truppen aus.

145 XVIII. AK, Kurze Übersicht über das polnische Kampfverhalten und unser Verhalten,
28. 8. 1939, BA-MA, RH26-7/60.
146 10. ID, Ia, Nr. 947 Gen.Kdo, Taschenbuch: Polnisches Heer, Regensburg, 24. 6. 1939,
NA, RG242, T-79, R. 131, Fr. 595; vgl. Rossino, Hitler, S. 23–24.

2. Kapitel: Land und Leute in den Augen deutscher Soldaten

Für die meisten der im Polenkrieg eingesetzten deutschen Soldaten bedeutete die Überschreitung der Reichsgrenze zugleich den Eintritt in eine neue Welt. Reisen in andere Länder waren in der ersten Hälfte des 20. Jahrhunderts ein Luxus, den sich nur wenige leisten konnten. Das Deutsche Reich bildete da keine Ausnahme. Die Massenreisen der der Deutschen Arbeitsfront unterstehenden Organisation »Kraft durch Freude« boten zwar weiten Teilen der deutschen Bevölkerung erstmals die Möglichkeit, das gewohnte heimische Umfeld für einige Zeit zu verlassen.[147] Nach Polen führten die KDF-Reisen allerdings kaum einen deutschen Staatsbürger. Der Beginn des Zweiten Weltkrieges markierte zugleich den Beginn einer Ära der Mobilität zumindest für diejenigen deutschen Soldaten, die im Verlauf der nächsten fünf Jahre in Frankreich, Skandinavien, im Baltikum, in Griechenland, auf dem Balkan, in Italien, Nordafrika, Weißrussland, auf der Krim oder in der Ukraine eingesetzt waren. Polen wurde zum ersten »Reiseland« der Wehrmacht.[148]

Aufgrund dieser neuen Erfahrung benötigten die deutschen Soldaten ein Koordinatensystem, in dem sie die neuen Eindrücke verorten konnten, um sich in diesem weitgehend unbekannten Land zurechtzufinden. Dieses bot sich ihnen in Form des hartnäckigen Stereotyps eines west-östlichen »Kulturgefälles«. Eine wichtige kulturelle Funktion von Stereotypen besteht darin, dem Fremden und Unbekannten das Bedrohliche und den Schrecken durch Rückbezug auf vermeintlich verbrieftes Wissen zu nehmen, das die Realität häufig nur in groben Vereinfachungen wiedergibt.[149] Genau auf diese Weise wirkte die »Kulturgefälle«-Theorie 1939 im deutschen Invasionsheer. Die in vielen ländlichen Gegenden Polens tatsächlich anzutreffenden einfachen Lebensverhältnisse trugen dazu bei, ihr in den Augen deutscher Soldaten Geltung zu verschaffen. Kritisch wurde dies in dem

---

147 Weiß, Ideologie.
148 Latzel, Tourismus.
149 Dichanz, Stereotype, S. 43.

Augenblick, in dem aufgrund dieser äußerlichen Beobachtungen Rück-
schlüsse auf die Geisteshaltung der Bewohner dieser Landstriche gezogen
wurden, die viele Rekruten dann mit der Minderwertigkeit des »hinterhältigen slawischen Charakters« gleichsetzten, vor dem sie vor Angriffsbeginn
ausdrücklich gewarnt worden waren.

Die ersten Eindrücke, die die 1939 in Polen einmarschierenden deutschen
Soldaten von Land und Leuten gewannen, beeinflussten entscheidend ihre
Gewaltbereitschaft gegenüber der polnischen Bevölkerung. Aus der noch
unbekannten Gegebenheit des Einsatzes resultierte eine gewisse Orientie-
rungslosigkeit sowohl in den neuen Situationen als auch in den neuen Räumen, in denen sie sich befanden. Aus dem Gefühl, fremden Impulsen und
Mächten ausgeliefert zu sein, speisten sich Angst und Aggression gleichermaßen. Die Vorurteile, die die Soldaten gegen Polen und seine Bevölkerung
hegten, dienten ihnen nun dazu, die neuen Impressionen in ihrem Weltbild
zu verorten. Indem sie ihrem Gegenüber Kultur und Menschlichkeit absprachen, sank bei ihnen die Hemmschwelle für Übergriffe, die wiederum
als Ventil für angestaute Wut und Frustration dienen konnten.

»Kulturgefälle«

Beim Anblick polnischer Dörfer und Kleinstädte, die sie als »schrecklich
schmutzig und kulturell weit zurück«[150] ansahen, machten deutsche Soldaten ihren Aversionen unumwunden Luft. Hier trafen sie auf Einheimische in
deren ureigenem Milieu und assoziierten die vorgefundenen, für ärmliche
und bäuerlich geprägte Gebiete typischen einfachen Verhältnisse mit einer
postulierten Verkommenheit ihrer Bewohner: »Weitermarsch bis zum Gut
Rokszyce. Überall echt polnische Wirtschaft. Die Gutsbesitzer haben die
Polen bis aufs Blut ausgesogen, haben ihre Wirtschaften, Güter und Schlös-
ser verludern lassen und scheinbar, wenn man nach den zahlreichen vorgefundenen Fotos urteilt, hauptsächlich ihr Leben an der Riviera zugebracht«,
schrieb ein deutscher Artillerist am 4. September 1939.[151] Einem Regi-
mentsveterinär erschien das katholische Kloster in Chyrów als kulturelle
Insel in einem Meer aus Dreck[152], und ein Schütze des Infanterieregiments
217 kommentierte die vorgefundenen einfachen Wohnverhältnisse in Dolna
wie folgt: »Hier hatten wir Gelegenheit, das häusliche Leben und Treiben

---

150 Brief des Soldaten R. T., 17.9.1939, BfZ, Sammlung Sterz 28774.
151 Zugführer (AR 31), Ber. über den PF, 4.9.1939, BA-MA, Msg2/5817, Bl. 152.
152 Rossino, Impulses, S. 354.

der Polen kennen zu lernen. Man kann sich kaum eine Vorstellung machen, in welchem Dreck die Polen sich wohl fühlen. Eine Wohnkultur, wie sie der ärmste Deutsche beansprucht, kennt der Pole nicht.«[153] Ein Gebirgsjäger vom XVIII. Armeekorps kommentierte die Verhältnisse in Südpolen:»Das Äußere des Menschen ist der Spiegel seines Inneren [...]. In einem polnischen und deutschen Haus siehst du nicht nur den Unterschied zwischen den Menschen, du erkennst auch den Unterschied zwischen den Völkern!«[154] Ein Korpskamerad bemerkte etwa zeitgleich:»Komarno war eine ganz ansehnliche Stadt, nur ihr polnisches Gepräge konnte sie nicht verleugnen. Verdreckte Straßen, Juden und was noch alles dazugehört, waren hier vorhanden.«[155]

In seiner Beschreibung »Ein polnisches Dorf! (Quartiermachererlebnis)« hielt der Unteroffizier H. vom Infanterieregiment 67 angewidert seine Eindrücke vom Besuch zweier Ortschaften östlich von Thorn (Toruń) fest: »Nach Stunden erscheint vor uns wie eine Fata Morgana das weiße Häuserbild einer Stadt. – Staviski [Stawiska]! – Irgendwie wird man an Reisebeschreibungen aus dem Orient erinnert. Feldsteinpflaster, schmutzige, flache Lehmhäuser ohne Hausschwelle und Flur, oft nur Löcher als Fensteröffnungen, und vor ihren Behausungen sitzen sie, die in Lumpen gehüllten, schmutzigen Gestalten.«[156]

Nachdem ihn eine Frau in der nahe gelegenen Ortschaft Wilczewo angeblich angefleht hatte, »ihr Kind nicht zu braten«, resümierte der Unteroffizier, dass er es hier mit »in ihrer Primitivität fast den Negern gleichenden Menschen« zu tun habe, und folgerte daraus, »dass dieses Volk nie auf sich selbst angewiesen sein darf, sondern immer eine herrschende Hand braucht, die die niedrigen Instinkte in Schach hält«.[157] Deutlich tritt die verhängnisvolle Mischung aus Abscheu und Überlegenheitsgefühl angesichts der in polnischen Orten zu beobachtenden Einfachheit im Bericht des Hauptmanns von L. zutage, der sich am 16. September mit dem Infanterieregiment 67 in Tykocin befand:

»Die [...] Bevölkerung [...] war zur Verhinderung von Spionage, Sabotage und Überfällen in der Kirche eingesperrt. [...] Bei der Kontrolle der Posten betrete ich die Kirche. In ihr feindselige schachernde Juden. Eine

153 Uffz. H. (IR 217), Ber. »Der PF wie ich ihn erlebte«, in: BA-MA, RH53-18/152.
154 Ber. von Franz A. (XVIII. AK), »Auf deutschen Spuren im Osten«, Krieg 1939/40, NA, RG 242, T-314, R. 1643, F. 454–455; vgl. Rossino, Impulses, S. 355.
155 GJR 136 (2. GD), Poln. Feldzug (nach TB), 17. 9. 1939, BA-MA, RH37/6891, Bl. 22.
156 Uffz. H. (IR 67), Ber. »Ein polnisches Dorf! (Quartiermachererlebnis)«, BA-MA, RH37/5024.
157 Ebd.

polnische Frau kniet vor einem Altar. Das Innere der Kirche, Barockstiel [sic], prächtig und dreckig. Über dem Jahrmarkt ertönt Orgelspiel. Doch das sind lutherische Weisen. Ich gehe zur Orgelempore hinauf. Der Aufgang, verfallen und verschmutzt. An der Orgel treffe ich zwei Soldaten. Ich befehle ihnen, recht bald die Kirche zu verlassen, damit sie sich nicht mit Ungeziefer vom verdreckten Volk dort unten zuziehen [sic]. Als ich wieder im Kirchenschiff stehe, ertönt feierlich und getragen über dem ganzen Schmutz und Schacher sieghaft das Deutschlandlied und das Lied der Bewegung. Ich habe mich noch nie so Herr gefühlt und bin nie so stolz gewesen auf den deutschen Soldaten wie in diesem Augenblick.«[158]

Die abwertende Beurteilung der Lebensbedingungen der polnischen Bevölkerung war des Weiteren dazu angetan, die deutschen Soldaten für deren Leiden unempfänglich zu machen. Dies ist etwa einem Brief des Unteroffiziers Udo D. an seine Eltern zu entnehmen: »Weit und breit sah man nur noch Öfen, wo mal ein Haus rundherum gestanden hatte. Von Dörfern waren nur noch ein oder zwei Häuser nachgeblieben. Man bedauert es nicht. Im Gegenteil, gut, dass die Wanzenunterkünfte weg sind.«[159]

Antisemitismus

Stärker noch als die allgemein abwertende bis rassistische Wahrnehmung Polens und seiner Bewohner lassen sich bei deutschen Soldaten spezifisch antisemitische Vorstellungen ausmachen, die sich – wie noch darzulegen sein wird – fatal auf ihr Verhalten gegenüber polnischen Juden auswirken sollten. Mit ihnen assoziierte man in Deutschland vor allem das Bild des »Ostjuden«, das dort schon seit dem Ersten Weltkrieg virulent war.[160] Ein entscheidender Aspekt dieses spezifischen Vorurteils war, dass es untrennbar mit den typischen äußeren Merkmalen orthodoxer »Ostjuden« verknüpft war, mit ihrem »traditionellen Äußeren: [...] Kleidung und Barttracht, aber auch Sprache und Bräuche sowie ihre[n] auffallende[n] Namen«.[161] Wo man bei polnischen Juden ein entsprechendes Erscheinungsbild antraf, wurden auch automatisch die damit verbundenen Ressentiments wachgerufen, wie beispielsweise das Vorurteil vom »jüdischen Bol-

158 Hptm. v. L. (IR 67), »Kurze Erl.Ber. für die Rgt.-Geschichte«, BA-MA, RH37/5024.
159 Feldpostbrief von Uffz. Udo D. (IR 69) über den PF (Abschrift), Ber. vom 9.9.1939, BA-MA, MSg2/5352.
160 Vgl. hierzu Pohl, »Judenpolitik«, S. 17–20, sowie generell Haumann, Geschichte.
161 Pohl, »Judenpolitik«, S. 18.

schewismus«[162], das gegen den Nationalstaat Polen im Jahr 1939 jedoch nicht so umfassend propagandistisch eingesetzt werden konnte wie später im Krieg gegen die Sowjetunion.

Deutsche Soldaten schilderten stereotyp ihre ersten, beim Einmarsch in polnische Ortschaften und Städte gewonnenen Eindrücke als eine Mischung aus Belustigung und Abscheu gegenüber der jüdischen Bevölkerung, die dort ihrer Wahrnehmung nach stark überrepräsentiert war, so beispielsweise in Krzępice[163], Mława[164], Maków[165], Petrikau (Piotrków Trybunalski)[166], Neu Sandez (Nowy Sącz)[167], Zduńska Wola[168], Stopnica[169], Tarnów[170], Lipno[171], Biecz[172], Sierpc[173], Krosno[174], Rawa Mazo-

162 Ebd.

163 »Interessiert betrachten wir die vielen Juden, die schmutzstarrende Bevölkerung«, Zugführer (AR 31), Ber. über den PF, 1. 9. 1939, BA-MA, Msg2/5817, Bl. 151.

164 »Die Stadt brannte an mehreren Stellen, vom Feinde war nichts zu sehen. Nur Juden wimmelten durch die Gassen, begrüßten unsere Truppen mit ›Chail Chitler‹ und plünderten in den Häusern«, Das IR 151, 1939–1942 (Regimentsgeschichte, Manuskript 1944), 4. 9. 1939, BA-MA, RH37/2785, Bl. 26.

165 »Eine Judenstadt […]. Schmutzig, verdreckt und verkommen. Reparaturen schienen nicht notwendig zu sein. Und dies alles bei der herrlichen Sonne Gottes! Ihr verdrecktes, auserwähltes Volk!«, Die 9. Kp. (IR 22) während des Feldzuges in Polen, 5. 9. 1939, BA-MA, RH37/7379, Bl. 21–22.

166 »Auffallend sind die vielen widerlichen Judengestalten«, KTB der 31. ID, Feldzug in Polen, 6. 9. 1939, BA-MA, RH26-31/1.

167 »Das Stadtbild war typisch polnisch. An allen Straßenecken standen Juden und sahen mit gemischten Gefühlen unserem Durchmarsch zu. Manche zogen respektvoll den Hut, einige sprachen Prophezeiungen aus ›Israel siegt doch‹. Diese Salonarier waren sichtlich in der Mehrheit. Isak Buchsbaum, Aron Leiber, Israel Fischlib und ähnliche Namen auf den Geschäftsaushängeschildern bezeugten die Rassenreinheit jener Genossen«, GJR 136 (2. GD), Poln. Feldzug (nach TB), 6. 9. 1939, BA-MA, RH37/6891, Bl. 11.

168 »Ein trostloses Judenkaff«, 6. 9. 1939, Die I. Abt./AR 10 in Polen, Regensburg (o. J.), S. 44.

169 »Judenstadt«, deren »ungezählte Judenschar uns katzenfreundlich gekochte Eier schenken wollte«, III./AR 29, 1. Kriegs-Ber. im Feldzug gegen Polen. 7. 9. 1939, BA-MA, RH41/1012.

170 »Die Einnahme […] vollzieht sich in völliger Ruhe. Die Einwohner (95 % Juden) stehen dicht gedrängt auf den Straßen. Der Regimentskommandeur befiehlt zur Sicherheit die Festsetzung von Geiseln«, SR 11, KTB PF, 7. 9. 1939, BA-MA, RH37/7272.

171 »Ein elendes Kaff voller Juden!«, Wachtmeister F., Ber. »Die 6. Battr. des AR 3 im polnischen Feldzug«, 8. 9. 1939, BA-MA, RH41/745, Bl. 30.

172 »Hier meint ein Unschuldsengel das muss doch eine deutsche Stadt sein und deutet auf die Schilder mit den schönen deutschen Namen wie Rosenblatt und Osterduft. Dann bekommen wir auch einige dieser Exemplare zu Gesicht. Saujuden, mit Kaftan und Paikeles, so wie man es nicht mal im Stürmer zu sehen bekommt«, Jg. Robert L. (Dienststelle 19216), Ber. »10 Tage aus dem TB eines Gebirgsjägers«, 8. 9. 1939, BA-MA, RH53-18/151.

173 »[Die Stadt entpuppte sich] bei einer abendlichen Requirierung als ein verfallenes, dörflich anmutendes Judenstädtchen«, Rgt.-Nachrichtenzug IR 94 im PF (KTB), 9. 9. 1939, BA-MA, Msg2/2924, Bl. 18.

174 »Juden waren gut vertreten. Überall standen diese komischen Figuren, verdreckt und mit den unmöglichsten Bekleidungsstücken angetan«, GJR 136 (2. GD), Poln. Feldzug (nach TB), 9. 9. 1939, BA-MA, RH37/6891, Bl. 15.

wiecka und Mszczonów[175], Rymanów[176], Raciąż[177], Węgrów[178], Lubraniec[179], Krakau (Kraków)[180], Szydłowiec[181], Kraśnik[182], Żelechów[183], Lubien[184], Jaroslau (Jarosław)[185], Piątek[186], Włodowa[187], Tarnów und Rzeszów[188], Zarszyn[189], Łuków[190], bei Lemberg (Lwów)[191], in den Erdölfeldern von Drohobycz[192] und generell auf den Vormarschstraßen.[193]

175 »Judenstädte«, Zugführer (AR 31), Ber. über den PF, 4.–12. 9. 1939, BA-MA, Msg 2/ 5817, Bl. 152.

176 »Wahrlich Prachttypen echt galizischer Juden, der Zeichner für den ›Stürmer‹ hätte seine helle Freude daran haben müssen, diese Musterexemplare in ihrer Angst und Verfassung zu beobachten, als deutsche Gebirgstruppen mit Windeseile in ihr Nest einzogen«, Gruppe »Wintergerst«, Gef.Ber., 9. 9. 1939, BA-MA, RH 28-1/255.

177 »[Eine kleine] Judenstadt übelster Sorte. Die Fußstaffel marschiert durch die Stadt auf dem Bürgersteig; wie die Affen weicht das Judenpack aus und klettert an seinen käfigartigen Behausungen hoch«, Rgt.-Nachrichtenzug IR 94 im PF (KTB), 10. 9. 1939, BA-MA, Msg 2/2924, Bl. 18. »Heute marschieren wir durch die kleine polnische Stadt Raciąż, einem [sic] ausgesprochenen Judennest. So viele Juden auf einmal haben wir alle wohl noch nie gesehen! Stadt kann man diese Dreckbudenkolonie eigentlich nicht nennen. Undenkbar für kultivierte Menschen, in diesen über alle Maaßen [sic] schmutzigen Buden wohnen zu können! Manch hartes, aber charakteristisches Wort fliegt aus der Marschkolonne den Einwohnern zu, die stumpfsinnig auf die Truppe starren«, Kp.-Führer Hptm. Heinrich D., TB »Mit der 6. Kp. des Schöpfler-Rgt. (IR 400) von Elbling bis Warschau«, 11. 9. 1939, BA-MA, RH 37/3094, Bl. 13.

178 »Am Rande der Stadt blieben wir liegen und schliefen auf den Höfen und Häusern dieser Judenstadt, die an Schmutzigkeit und Typenvielfalt die erste Stadt, Maków, weit übertraf«, Die 9. Kp. (IR 22) während des Feldzuges in Polen, 11. 9. 1939, BA-MA, RH 37/7379, Bl. 30.

179 »Ein polnisches Nest, das anscheinend nur von Juden bewohnt wird. Rings um den Markt einstöckige Gebäude, die eher Baracken als Häuser sind«, Stab Pi 208, Ber. »Marsch gegen Polen«, 11. 9. 1939, BA-MA, RH 12-5/475.

180 »Besichtigt wurde [...] das Judenviertel, wo uns so richtig zu Bewusstsein kam, wie überaus wichtig und notwendig das von unserem Führer geschaffene Rassengesetz ist«, Kl. Kartenstelle (mot.) der 62. ID (KTB), 13. 9. 1939, BA-MA, RH 26-62/3.

181 »Ein entsetzliches Judennest [...] mit prächtigen Bärten), das mit seinem verkommenen Judenfriedhof und seinen völlig verfallenen Häusern einen trostlosen Eindruck macht«, III./AR 29, Kriegs-Ber. im Feldzug gegen Polen, 14. 9. 1939, BA-MA, RH 41/1012.

182 »Eine große Judenstadt, [...] alles andere als einladend. Übler Kloakengeruch strömte allerwärts entgegen, ein Zeichen der Unsauberkeit und mangelnder Kanalisation. Wie sich Menschen dabei wohl fühlen können, blieb uns ein Rätsel. Bei allen Razzien ging die Truppe auch vorsichtig zu Werke, damit kein neuer Feind, Wanzen und Läuse, auftauchte«, 15. 9. 1939, Kriegs-Ber. d. MG-Btl. 7 v. PF 1939, (o. O. o. J.), S. 11.

183 »[Die] Stadt [...] war gegenüber den anderen [Städten] noch voll bewohnt, darunter [sic] naturgemäß viele Juden«, Die 9. Kp. (IR 22) während des Feldzuges in Polen, 16. 9. 1939, BA-MA, RH 37/7379, Bl. 40.

184 »Die Juden, die auch hier in reichlicher Anzahl vorhanden sind, werden bereits mit Aufräumungsarbeiten beschäftigt. Im Übrigen ist die Bevölkerung deutschfreundlich«, Stab Pi 208, Ber. »Marsch gegen Polen«, 16. 9. 1939, BA-MA, RH 12-5/475.

185 »Unheimlich viel Juden«, Brief des Soldaten R. T., 17. 9. 1939, BfZ, Sammlung Sterz 28774.

186 »Die vielen Juden, üble Typen«, Hptm. K., 1. Ord. Offz. beim X. AK, TB-Aufz. »Der Feldzug in Polen«, 17. 9. 1939, BA-MA, RH 24-10/554.

187 »Eine unerfreuliche Judenstadt«, Kdr. Gen.Lt. a. D. Freiherr Geyr v. Schweppenburg, Ber. »Einsatz der 3. PD im PF«, ca. 17. 9. 1939, BA-MA, RH 27-3/243, Bl. 24.

Von der Verbreitung irrationaler Vorstellungen von den polnischen Juden bei deutschen Soldaten zeugt ebenfalls die oftmals geäußerte Überzeugung, die Juden beherrschten »seit Jahrhunderten«[194] den polnischen Handel, ein Vorurteil, das in diametralem Gegensatz zu der gleichzeitig vielerorts in den jüdischen Gemeinden beobachteten Armut stand.[195] Des Weiteren rief das ungewohnte Erscheinungsbild orthodoxer Juden häufig unbestimmte Angstzustände hervor, die den bereits vorhandenen Antisemitismus bei Soldaten noch verstärkten: »In Bircza erkannten wir die Notwendigkeit einer radikalen Lösung der Judenfrage. Hier konnte man diese Bestien in Menschengestalt hausen sehen. In ihren Bärten und Kaftanen, mit ihren teuflischen Fratzen machten sie auf uns einen scheußlichen Eindruck. Jeder, der noch nicht ein radikaler Judengegner war, musste es hier werden.«[196]

Diese Furcht äußerte sich auch deutlich in der Neigung deutscher Soldaten, die jüdischen Einwohner der Ortschaften, in die man einmarschierte, kollektiv der Teilnahme an subversiven Aktionen zu verdächtigen. Dies konnte unterschwellig dadurch zum Ausdruck gebracht werden, dass im Zu-

188 »Die Städte ohne Arier – überall hocken sie vor den Haustüren in ihren langen schwarzen Gewändern mit langen Bärten und unterlaufenen Augen«, 24. 9. 1939, Latzel, Soldaten, S. 153.

189 »Wie überall in Polen ließen die hygienischen Einrichtungen zu wünschen übrig. Die Häuser, hauptsächlich die der Juden waren schwer heruntergekommen und strotzten von Wanzen und Ungeziefer«, Kameraden der 6. Kp. (IR 199), »Unser PF«, 28. 9. 1939, BA-MA, RH53-18/18.

190 »Ein fürchterliches Judenkaff, obgleich bereits 1000 Juden mit den Russen abgezogen sind«, III./AR 29, 3. Kriegs-Ber. im Feldzug gegen Polen, 8. 10. 1939, BA-MA, RH41/1012.

191 »Immer weiter ging der Vormarsch an den Kampfstätten unserer Truppe vorbei, durch oft armselige Gegenden und durch Städte, in denen man fast keine anderen Menschen, als nur Juden und nur Juden sah«, »Der Einsatz des Feldpostamtes (67) der 2. GD im PF«, BA-MA, RH53-18/151.

192 »Die Juden und das Petroleum waren [...] die auffallendsten Erscheinungen [...]. Wir erleben den Auszug der Kinder Israels ins gelobte Land«, TB-Auszug der Pz.-Abwehr-Abt. 157 (tatsächlich nur Albumblätter mit Bildunterschriften, aber ohne Fotografien), BA-MA, RH53-18/152.

193 »Polnische Juden, schmierig und dreckig, schleichen vorbei, kriecherisch die Hand zum deutschen Gruß gekrümmt und Heil Hitler murmelnd«, PR 35 (KTB), 3. 9. 1939, BA-MA, RH39/372; »Flüchtlingsstrom [...], bei dem besonders die vielen Kaftanjuden auffielen«, San.-Kp. 2/30, Tät.Ber., 6. 9. 1939, BA-MA, RH26-30/78; »Auffallend ist die große Zahl widerlichster Typen von Ostjuden; ihre Erscheinungen sind der beste Anschauungsunterricht, den unsere Leute in der Judenfrage haben können«, 31. ID, Feldzug in Polen (KTB), 8. 9. 1939, BA-MA, RH26-31/1; »Ohne Ende ist der Flüchtlingsstrom, der uns entgegenkommt. Polnische Bauern und Städter, darunter eine Menge Juden mit langen Bärten und Pelzmütze [sic], ziehen zu Fuß oder zumeist in Panjewagen ins Hinterland«, 6. 9. 1939, Die I. Abt./AR 10 in Polen, Regensburg (o. J.), S. 44.

194 OB der 14. A., Anl. zum Tagesbefehl, 19. 9. 1939, BA-MA, RH26-7/63.

195 Rossino, Impulses, S. 356.

196 Gefr. G. (7/GAR 111), Ber. »Erinnerung an den PF«, BA-MA, RH53-18/17.

sammenhang mit der Schilderung von Angriffen auf deutsche Soldaten aus dem Hinterhalt auf den hohen Anteil von Juden an der Gesamtbevölkerung hingewiesen wurde: »Um Verluste durch Insurgenten zu vermeiden, wird die gesamte Bevölkerung [von Brześć Kujawski] auf dem Markt zusammengetrieben, auf Waffen untersucht und die Männer in die Kirche gesperrt. [...] Ein Schuss fällt auf einen Radfahrspähtrupp. Sonst keinerlei Widerstand. Viel Juden.«[197]

Oft wurde auch ganz offen ausgesprochen, dass man die jüdischen Einwohner polnischer Ortschaften kollektiv für Freischärlerangriffe verantwortlich machte. Ein Gefreiter konstatierte wie selbstverständlich, alle Juden – einschließlich der Frauen und Kinder – seien bewaffnet.[198] Ein Armeeveterinär bemerkte beim Einmarsch in Przemyśl, vor allem die Juden hätten hinterhältig aus den Häusern geschossen.[199] Beim VI. Armeekorps schrieb man den Anstieg von Angriffen auf die Truppe dem hohen Prozentsatz an Juden im Einsatzgebiet zu.[200] Der Kommandeur des III. Bataillons des Infanterieregiments 63 vermerkte zum vermeintlichen Auftreten von Freischärlern am 18. September in Biłgoraj: »Judengefahr.«[201] In Jasło setzte man aus diesem Grund während des Vormarsches prophylaktisch die gesamte jüdische Bevölkerung fest[202], während man der »größtenteils jüdischen Einwohnerschaft« Żelechóws[203] und der gesamten jüdischen Bevölkerung von Rawa Mazowiecka[204] unterstellte, Feuerüberfälle auf deutsche Soldaten ausgeführt zu haben. »Die Truppe erwiderte [in Rawa Mazowiecka] das Feuer und steckte die Häuser, aus denen geschossen wurde in Brand.«[205] Auch in Brok am Bug kommentierte man den Erfolg deutscher

197 IR 122 (KTB), 11.9.1939, BA-MA, RH37/6360. »Insurgenten« war eine im Herbst 1939 im deutschen Heer weniger gebräuchliche Bezeichnung für »Freischärler«. Ähnlich vermerkt ein Maj. d. Res. in Poddębice: »Ein freundlich anmutendes Städtchen! Zivil, vornehmlich Juden, promenierte in der Morgensonne, als ob tiefster Frieden sei [...]. Die Artillerie hatte den Ort eben hinter sich, als plötzlich aus Kellern und Dachluken Feuer aus allen Arten von Handwaffen eröffnet wurde, wobei die Spitze der Infanterie erfasst wurde und die ersten Gefallenen und Verwundeten einbüßen musste. Die Infanterie griff an und säuberte den Ort mit unzweifelhaften Mitteln, die den Hass und die Wut nicht ausschalteten«, Kriegserinnerungen des Maj. d. Res. A. (III./AR 31) aus dem PF, 17.9.1939, BA-MA, RH41/315, Bl. 24.
198 Rossino, Impulses, S. 356.
199 Ebd.
200 Rossino, September 1939, S. 116.
201 Kdr. des III./IR 63, »Ber. über das Verfolgungs- (Wald-)Gefecht bei G. Stupy am 18.9. 1939«, BA-MA, RH26-27/13.
202 Rossino, Impulses, S. 356.
203 SS-Pz.-Rgt. »Deutschland« (KTB), 12.9.1939, BA-MA, M843/A5.
204 XXIV. AK, Abt. Ic, Auszug aus den gemeldeten »Besonderen Vorkommnissen«, 10.9. 1939, BA-MA, RH24-11/113.
205 Ebd.

Truppen im Häuserkampf mit den Worten: »Das Judenvolk zieht sich zurück. [...] Auf dem Dorfplatz werden nunmehr alle Einwohner, insbesondere sind dies hier Juden, zusammengetrieben.«[206]

Allgemeines Misstrauen

Der Argwohn der deutschen Truppen bezüglich einer von ihnen angenommenen Beteiligung der Einwohner polnischer Ortschaften am Kampf beschränkte sich allerdings nicht allein auf die jüdische Minderheit. Auch andere Gesellschaftsgruppen standen in Übereinstimmung mit den vor dem Angriff ergangenen Warnungen der Wehrmachtführung unter Generalverdacht. Als beispielsweise am 2. September 1939 in Rudniki nach einer nächtlichen Schießerei verwundete Frauen und Kinder auf dem Heeresverwundetenplatz der 18. Infanteriedivision eingeliefert wurden, nahm man den Pfarrer und den Kaplan des Ortes als Geiseln, da sie »nachgewiesenermaßen die Bevölkerung verhetzten und den Krieg gegen Deutsche als ›heiligen Krieg‹ predigten«.[207] Ebenfalls mit Misstrauen begegnete man den Angehörigen der polnischen Arbeiterschaft: »Marxistische Widerstände dürften nur von der Industriearbeiterschaft Lembergs und dem jüdischen Proletariat des Erdölgebietes Borysław–Drohobycz zu erwarten sein«, hieß es in einem Merkblatt über die Bevölkerungsverhältnisse im Einsatzgebiet des Armeeoberkommandos (AOK) 14.[208] Ihren Niederschlag fanden die einmal etablierten Feindbilder häufig – wie in Rudniki – in der Auswahl der Geiseln, die zur Sicherung eines eroberten Gebietes festgesetzt wurden. In Kalisch (Kalisz) wurden kurz nach dem Einmarsch deutscher Truppen und nach vorangegangenen Schießereien, an denen sich angeblich auch Zivilisten beteiligt hatten, »Juden, Pfaffen und freigelassene Zuchthäusler sowie viel großstädtisches Proletariat« als Geiseln genommen und in einer Turnhalle zusammengetrieben.[209]

Deutsche Soldaten zeigten sich darüber hinaus allerdings von Beginn des Überfalls an bereit, kollektive Gewaltmaßnahmen – jenseits der eng umgrenzten Feindbilder (Juden, katholische Geistliche, Kommunisten) – auf die gesamte Bevölkerung im Einsatzgebiet auszudehnen. Diese Ausweitung

206 1. Kav.-Brigade, Ber. »Flussübergang und Ortsgefecht am Bug!«, 9. 9. 1939, BA-MA, RH29–1/59, Bl. 50.
207 Div.-Arzt 18. ID (KTB), 2. 9. 1939, BA-MA, RH26-18/75.
208 AOK 14, Merkblatt über die »Bevölkerungsverhältnisse im Raum San – Karpaten – Russische Grenze – Südrand der Polesischen Sümpfe«, 14. 9. 1939, BA-MA, RH26-7/2.
209 I./IR 26 (KTB), 5. 9. 1939, BA-MA, RH37/7492, Bl. 13.

des Kreises der potentiellen Opfer fand in Situationen statt, in denen die Truppe sich bedroht fühlte oder für vermeintliche Übergriffe der polnischen Bevölkerung Vergeltung üben wollte. In solchen Fällen gesellte sich – verstärkt durch die emotionale Aufladung der jeweiligen Situation – zu der pejorativen Wahrnehmung der osteuropäischen Landschaft und Kultur eine Abwertung der polnischen Bevölkerung insgesamt, durch die die Gewaltbereitschaft vieler deutscher Soldaten gesteigert wurde: Kriegsgefangene benahmen sich in ihren Augen »uneuropäisch« oder gar »unmenschlich«, der Begriff »Polacke« fand häufige Verwendung, Zivilisten wurden mit Begriffen wie »polnischer Hund« oder »verdammtes Zivilistenschwein« bezeichnet, vermeintliche Gräueltaten der Bevölkerung wurden als Ausdruck von »Untermenschentum« angesehen.[210] Hier zeigte das propagandistisch vermittelte Polenbild Wirkung und senkte bei einigen Wehrmachtsoldaten die Hemmschwelle für Übergriffe gegenüber der gesamten polnischen Bevölkerung.

In manchen Landstrichen schufen Vegetation oder Topographie noch zusätzlich unübersichtliche Verhältnisse und steigerten somit die nervöse Spannung innerhalb der kampfunerfahrenen Truppe. Im Süden des Landes arbeiteten sich deutsche Gebirgstruppen durch das zerklüftete Bergmassiv der westlichen Beskiden vor: »Wir sind im Feindesland! – [...] Wir marschieren wie vorher, kein Schuss fällt und trotzdem... Der Gedanke, dass jeden Augenblick die erste Kugel pfeifen kann, sorgt für eine außerordentliche Spannung. Aufmerksam beobachtet jeder die Gegend, man überlegt sich: ›Wie wäre das jetzt, wenn wir angreifen müssten?‹ Dass die Polen dieses Gelände nicht verteidigen, ist uns unfassbar.«[211] In den Wäldern Nordpolens war es den deutschen Soldaten ebenfalls nicht geheuer: »Nach allen Seiten dehnten sich endlose Wälder aus. Undurchdringliche Dickungen und eng verfilzte Fichtenbestände verliehen dem Wald etwas Struppiges und Geheimnisvolles. Wo er sich ein wenig lichtete, hingen Nebelfetzen zwischen den Kiefern und den kleinen, geduckten Wacholderbüschen und hüllten alles in ihre grauen Schleier. Größere Wege oder Häuser, an denen man sich hätte orientieren können, fehlten ganz.«[212] Vor allem die ausgedehnten Waldungen der Tucheler Heide (Bory Tucholskie) nördlich von Bromberg (Bydgoszcz) bildeten einen idealen Nährboden für Nervosität und Gerüchte: »Es war wirklich keine unbeschwerte Spazierfahrt«, vermerkte Willibald R. vom Artillerieregiment 217, »denn in den mageren Wäldern und

210 Alle vier vorangegangenen Zitate nach Rossino, Impulses, S. 355.
211 Lt. d. Res. R. S. (GJR 98), Ber. »Fahrt ins Feindesland«, BA-MA, Msg2/3471, Bl. 57.
212 Strecker, Feldzug, S. 9 (2. 9. 1939).

hinter den Hecken lauerte die Gefahr eines hinterhältigen Überfalles. In dem Dickicht haben sich tausende von polnischen Soldaten und Terroristen verborgen, um durch Meuchelmorde den aussichtslosen Kampf fortzusetzen. [...] Aber kein Pole lässt sich blicken. Sie sind ebenso feige wie grausam.« Die Bewohner dieser Landschaft seien des Weiteren »[verhetzte] Polen, [...] bei denen schon vor dem Weltkriege die meisten Walddiebereien und Förstermorde zu verzeichnen waren«.[213] Auch in vom Feind geräumten Ortschaften sah man an allen Ecken und Enden bewaffnete Zivilisten: »Die ehemalige deutsche Stadt Ostrowo [...] machte auf uns einen so genannten ›verschlagenen‹ Eindruck. Man spürte, dass die Bevölkerung uns nicht sehr freundlich gesinnt war. Fast alle Geschäfte waren geschlossen, die Fenster durch Jalousien wie zugenagelt, und die Haustüren ebenso verschlossen. Auf den Straßen sah man kaum Menschen, höchstens verdächtige Gestalten herumstehen. Man bekam den Eindruck, als ob aus dem Hinterhalt, aus Kellerfenstern und Dachluken jeden Augenblick Feuer mit allerlei Handfeuerwaffen eröffnet werden konnte.«[214]

Wie im Lehrbuch lässt sich das Zusammenspiel von Misstrauen gegenüber der Bevölkerung, Eindrücken der ersten Stunden und Tage des Vormarsches und typischer Situationen eines ersten Kriegseinsatzes am Beispiel des II. Bataillons des Panzerregiments 11 veranschaulichen, das in der ersten Septemberhälfte 1939 von Schlesien aus in Richtung Warschau marschierte. In den frühen Morgenstunden des 2. September, unmittelbar vor Grenzübertritt, zeichnet sich ein leichtes Ansteigen der Spannung ab, das in der Landschaftsbeschreibung des Tagebuchschreibers anklingt und einen Zusammenhang von Dunkelheit, unübersichtlichem Gelände und Nervosität suggeriert: »Der dunkle Wald, der Vollmond und schwacher Bodennebel boten ein phantastisches Bild.«[215] Eineinhalb Stunden später überquerte das Regiment das Grenzflüsschen Prosna. Die ersten Zivilgefangenen, denen die Soldaten des Panzerregiments begegneten, waren in ihren Augen »gefangene Freischärler auf einem Wagen festgebunden [...]. Sie haben am Abend des gestrigen Tages auf deutsche Soldaten geschossen. Es sind verhetzte, übel aussehende Kreaturen.«[216] Die Schuld der Gefangenen stand für

213 Pfarrer Willibald R., Ber. »Kriegsbilder – Aus dem Erleben der 12. Battr. des AR 173«, BA-MA, MSg2/5512, Bl. 11–12.
214 I./AR 213, Kriegserinnerungen an die Feldzüge in Polen, Frankreich und Russland 1939–1944, 8. 9. 1939, BA-MA, RH41/315, Bl. 21. Die Erinnerungen wurden 1958 in der Rückschau abgefasst. Die spannungsgeladene Atmosphäre des Einmarsches war dem Verfasser noch nach knapp 20 Jahren präsent.
215 II./PR 11, KTB Polen, 2. 9. 1939, BA-MA, RH39/618.
216 Ebd.

sie fest, obwohl sie über deren angebliche Heimtücke allenfalls gerüchteweise informiert sein konnten. Wie im gesamten Einsatzgebiet kursierten auch an der Prosna Spekulationen über eine Teilnahme der polnischen Bevölkerung am Kampf gegen die deutsche Wehrmacht.

Die Überzeugung deutscher Soldaten, einer kämpfenden Bevölkerung gegenüberzustehen, hatte zwar keinerlei Entsprechung in der Wirklichkeit; in der Vorstellung der Angehörigen des Regiments jedoch waren polnische Freischärler eine bedrohliche Realität, mit der sie sich selbst in der kommenden Nacht in der kleinen Ortschaft Kadłub konfrontiert sahen. Hier tritt zugleich deutlich die Assoziation des polnischen Juden als Partisanen zutage, der der Wehrmacht als erbitterter Todfeind gegenübersteht: »Die Bevölkerung, vielfach sogar die Frauen, sind heimtückisch und gefährlich. Verschiedene Zivilisten wurden erschossen, als sie versuchten, Benzinflaschen in Häuser zu werfen und auf Soldaten zu schießen. Es fällt auf, dass die meisten Zurückgebliebenen Juden sind, typische[217] Galizier mit Kaftan und Locken.«[218] Auch die Wirkung des »Kulturgefälle«-Stereotyps ist den Aufzeichnungen des Tagebuchschreibers zu entnehmen. Die Gegend, die das Regiment auf dem weiteren Vormarsch in Richtung Warschau durchquerte, schien ihm wenig kultiviert. Zum negativen Eindruck trug dabei offenbar auch das Bild der Zerstörung bei, das sich den Soldaten allerorten bot: »Die Dörfer sind meist niedergebrannt. Besonders schlimm sieht Tarczyn aus. Erstaunlich ist der Kinderreichtum. Vor allen Häusern Scharen von Kindern, allerdings meist sehr verlumpt.«[219]

Die Masse der deutschen Soldaten war durch alte Vorurteile gegenüber dem Osten, durch ihre Sozialisation in den Zeiten der Weimarer Republik und des Dritten Reiches, durch das von der nationalsozialistischen Propaganda verschärfte »Polen«- und »Judenbild« und durch die von vorgesetzten Stellen herausgegebenen Warnungen vor einer Bevölkerung, der nicht zu trauen sei, unmittelbar vor Angriffsbeginn auf den Krieg als Ernstfall vorbereitet worden. Die Ausnahmesituation des bevorstehenden ersten Einsatzes generierte in ihren Reihen eine nervöse Spannung, die sie gerade für die Eindrücke der ersten Septembertage in besonderer Weise empfänglich machte. Die Wahrnehmung Polens und seiner Bevölkerung wurde dann durch Interpretationsmuster – allen voran das Stereotyp des »Kulturgefälles« von West nach Ost und antipolnisch-antisemitische Ressentiments – im bereits bestehenden Weltbild verortet.

217 Ursprünglich »türkische«.
218 II./PR 11, KTB Polen, 2./3. 9. 1939, BA-MA, RH39/618.
219 Ebd., 16. 9. 1939.

3. Kapitel: »Freischärlerwahn«

In den frühen Morgenstunden des 1. September überschritten die deutschen Bodentruppen im Norden und Süden die polnische Grenze. Da keine Kriegserklärung erfolgt war, wurden die deutschen Operationen in Polen im Deutschen Reich in den ersten Wochen des Krieges gelegentlich noch als »Polizeiaktionen« und »Vergeltungsmaßnahmen« ausgegeben.[220] Der polnische Aufmarschplan – in dem ein Angriff seitens der Sowjetunion nicht vorgesehen war – konzentrierte sich auf eine hinhaltende Verteidigung der zentralpolnischen Gebiete bis zu einem erwarteten Eingreifen der Briten und Franzosen an der deutschen Westgrenze. Diese Strategie sollte sich bald als folgenschwerer Fehler erweisen.

Die deutschen Streitkräfte umgingen das Gros des im grenznahen Bereich aufgestellten polnischen Heeres (bestehend aus den Armeen »Pommern«, »Posen«, »Modlin«, »Lodz«, »Preußen« und »Krakau«[221]), das durch die deutschen Luftangriffe der ersten Tage zunehmend von seinen rückwärtigen Verbindungen abgeschnitten wurde[222], und stießen bei relativ schwacher polnischer Gegenwehr[223] in einer Zangenbewegung von Norden und Süden in Richtung Warschau vor.[224] Weder die englische und französische Kriegserklärung, die am 3. September erfolgten, noch der eher symbolische Aufmarsch der französischen 4. Armee an der deutschen Westgrenze am 6. Sep-

---

220 Rhode, »Blitzkrieg«, S. 111.

221 »Pomorze«, »Poznań«, »Modlin«, »Łódź«, »Prusy« und »Kraków«. Zusammen mit der »Karpaten«-Armee (Armia »Karpaty«), die an der polnisch-slowakischen Grenze Aufstellung bezogen hatte und in den ersten Septembertagen haltend kämpfend vor den Gebirgstruppen der deutschen 14. A. zurückwich, und der Operationsgruppe »Narew« und kleineren Heeresreserven wies das polnische Heer eine Gesamtstärke von 1,3 Millionen Mann auf.

222 Zur Rolle der deutschen Luftstreitkräfte im Polenkrieg vgl. generell Gen. d. Flieger a. D. Wilhelm Speidel, Die Luftwaffe im PF 1939, Karlsruher Studie (1956) in wesentlicher Anlehnung an die »Kriegsgeschichtliche Studie über den PF 1939«, BA-MA, Studie Lw/2a.

223 Jurga, Bitwa; Sławiński, Bitwa; Przemsza-Zieliński, Bitwy.

224 Hierzu sowie generell zum Verlauf des Polenkrieges vgl. Kennedy, Campaign; Vormann, Feldzug; Rhode, »Blitzkrieg«; Gerbet, Bock; Cieplewicz, Polski czyn zbrojne. In der militärhistorischen Fachzeitschrift WPH erschienen des Weiteren seit den 1950er Jahren zahlreiche Einzelbeiträge zu militärhistorischen Aspekten des Polenkriegs.

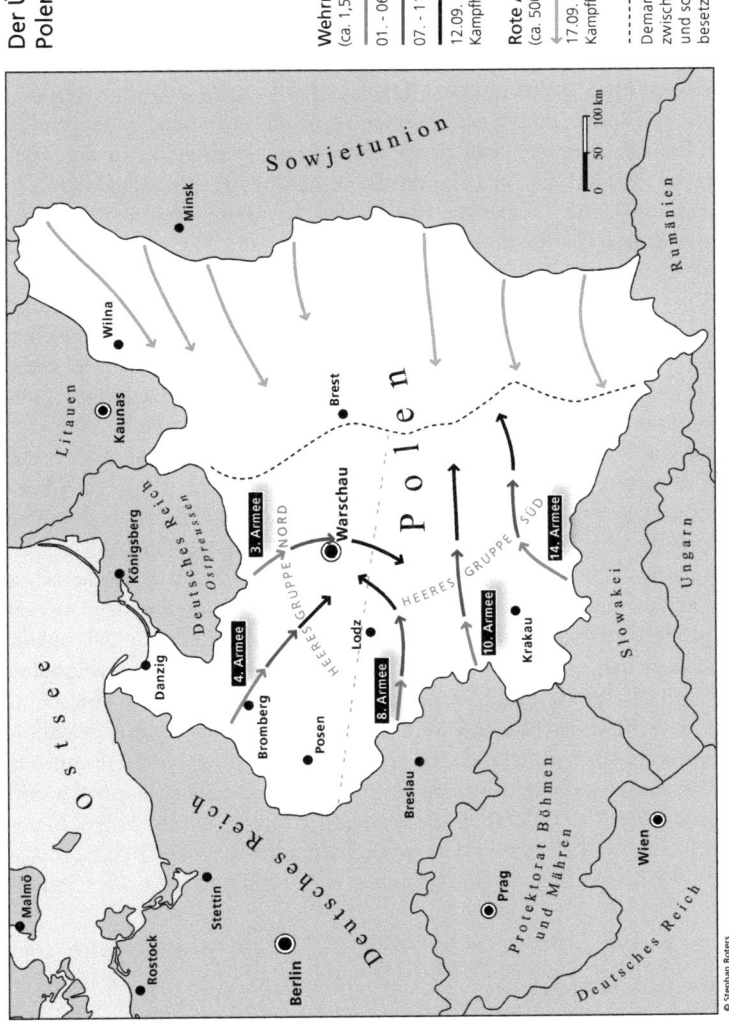

Der Überfall auf Polen 1939

Wehrmacht
(ca. 1,5 Mio. Mann)
01. – 06.09.
07. – 11.09.
12.09. bis Ende der Kampfhandlungen

Rote Armee
(ca. 500.000 Mann)
17.09. bis Ende der Kampfhandlungen

Demarkationslinie zwischen deutsch und sowjetisch besetztem Polen

© Stephan Roters

Abb. 1: Aufstellung und Marschrichtung der deutschen Armeen am Vorabend des Polenkrieges

tember vermochten die Wucht des deutschen Vormarsches abzubremsen. Noch am selben Tag wurde Krakau von der Heeresgruppe Süd eingenommen, zwei Tage später erreichten die ersten Einheiten der 4. Panzerdivision die Vororte der polnischen Hauptstadt.[225]

Somit hatte die Wehrmacht in der ersten Woche der Kampfhandlungen bereits weite Landstriche Polens erobert. Dennoch gaben die polnischen Streitkräfte nicht kampflos auf. Teile der Armeen »Pommern« und »Posen« brachten westlich von Warschau Einheiten der deutschen Armeen 4, 8 und 10 zwischen dem 9. und dem 22. September in der »Schlacht an der Bzura« – der Entscheidungsschlacht des Polenkrieges – zeitweilig in arge Bedrängnis.[226] Tatsächlich aber war das Schicksal Polens spätestens besiegelt, nachdem am 17. September die Rote Armee – offiziell zum Schutz der in Ostpolen ansässigen Ukrainer und Weißrussen – die sowjetisch-polnische Grenze überschritt.[227] Die polnische Regierung floh noch am selben Tag nach Rumänien.[228] Die Hauptstadt Warschau und die nahe gelegene Festung Modlin kapitulierten am 28. September, versprengte Reste des polnischen Heeres, denen es gelungen war, nach Ostpolen durchzubrechen, leisteten noch bis in den Oktober hinein zähen Widerstand. Am 5. Oktober 1939 streckten die letzten polnischen Truppen bei Kock die Waffen.[229]

Ohne die zögerliche Haltung der Westmächte und den Einmarsch der Roten Armee in Ostpolen, der den polnischen Truppen die letzte Rückzugsmöglichkeit nahm, wäre der Polenkrieg vermutlich nicht als der erste »Blitzkrieg« der Wehrmacht in die Geschichte eingegangen. Der rasche Sieg täuschte darüber hinweg, dass während des deutschen Vormarsches auch Defizite zutage getreten waren. Vor allem die Versorgung der Truppen über größere Distanzen bereitete teilweise unüberwindbare Schwierigkeiten. Zudem ließ die Ausbildung der eingesetzten Truppen zu wünschen übrig. Mit Nervosität und Überreaktionen der Truppe im Falle eines Einsatzes hatte die deutsche Heeresführung bereits nach Auswertung des Sommermanövers 1939 gerechnet. Das Heeresgruppenkommando 1 resümierte am 19. August, im ersten Gefecht »sieht die Truppe leicht Gespenster und verliert die Nerven. Wilde Schießereien und Verluste sind die Folge. In der Nacht ist diese Gefahr besonders groß; Luftangriffe, feindselige Bevölkerung und Heckenschützen sind geeignet, sie zu steigern.« Als Gegenmaß-

225 Jacobsen, Halder (Bd. 1), S. 66 (8. 9. 1939): »17.15 h 4. PD in Warschau eingedrungen.«
226 Godlewski, Bitwy; Elble, Schlacht.
227 Rhode, »Blitzkrieg«, S. 126.
228 Ebd.
229 Podhorski, Bitwa.

nahmen empfahl man ruhiges Handeln und die Unterbindung von Gerüchtebildung.[230] Diese Erkenntnis wurde freilich zu einem recht späten Zeitpunkt formuliert. Keine zwei Wochen später übertraf das Verhalten deutscher Frontsoldaten bereits bei weitem die hier geäußerten Bedenken. Die vor Angriffsbeginn verlesenen Warnungen vor »slawischer Heimtücke« taten ihr Übriges, die angeprangerten Missstände noch zu verschärfen. Dabei schienen sie zunächst durchaus ihre Berechtigung zu haben. Bereits in den ersten Stunden des deutschen Überfalls wurde aus allen Einsatzgebieten gemeldet, die polnische Bevölkerung habe den bewaffneten Kampf mit der Wehrmacht aufgenommen.[231]

Polnischer »Freischärlerkrieg« 1939: Realität oder Chimäre?

Die polnische Haltung zum angeblichen Partisanenkampf im Polenkrieg 1939 ist eindeutig: In keiner Zeugenaussage, in keiner wissenschaftlichen Abhandlung ist dort von einer Erhebung der Bevölkerung die Rede, diese wird im Gegenteil vehement bestritten. Weder die polnische Martyrologie noch der polnische Heldenkult verzeichnen unter ihren Idolen Zivilisten, die sich dem deutschen Überfall spontan entgegengestellt hätten. Dabei dürstete die polnische Nachkriegsgesellschaft, wie die Flut an Veröffentlichungen zum Thema zeigt, zum einen nach Erklärungen für die bis heute nicht verwundene Niederlage im September 1939, zum anderen nach Heroen, die sie der Schmach hätte entgegenstellen können: Die polnischen Truppen, die wochenlang den Danziger Militärstützpunkt Westerplatte im deutschen Artilleriefeuer hielten, die Verteidiger der Danziger Post, die Warschauer Zivilbevölkerung, die deutschen Bombenhagel erduldete – diese Figuren bevölkern den Pantheon des polnischen Erinnerungskultes an den Polenkrieg. Eine heroisch kämpfende Zivilbevölkerung, die sich dem Feind geschlossen entgegengestellt hätte, ist dort nicht vertreten. Hätte es sie gegeben, wäre ihr in diesem Ensemble ein Ehrenplatz gewiss gewesen.

---

230 HGR-Kdo 1, Bemerkungen zum Sommerkriegsspiel 1939, 19. 8. 1939, BA-MA, RH19-II/353, Bl. 274.

231 Noch Mitte der 1970er Jahre postulierte ein westdeutscher Militärhistoriker, die Wehrmacht sei am Vorabend des Zweiten Weltkrieges mit ihren zum Misstrauen mahnenden Direktiven lediglich ihrer Informationspflicht gegenüber ihren Soldaten nachgekommen, Elble, Schlacht, S. 206. Elble, der auch an anderer Stelle deutsche Gewaltanwendung 1939 mit polnischer Partisanentätigkeit rechtfertigte (siehe S. 108), kam in seiner Untersuchung zu dem Schluss, die polnische Bevölkerung habe sich in der Tat umfangreich am Kampf beteiligt, weshalb die Warnungen gerechtfertigt gewesen seien. Einen entsprechenden Nachweis blieb er indes schuldig.

Polnische Partisanenverbände spielten während der deutschen Besatzung im Zweiten Weltkrieg zwar eine bedeutende Rolle, sie formierten sich aber erst ab dem Winter 1939/40, wobei sich die ersten Einheiten aus versprengten Einheiten des polnischen Heeres rekrutierten.[232] Hier fand also – lange nach Abklingen der Kampfhandlungen – tatsächlich ein Übergang von regulärer Truppe zu irregulären Verbänden statt. Kein Zivilist, sondern ein Offizier namens Henryk Dobrzański, genannt »Hubal«, erlangte als erster polnischer Partisan des Zweiten Weltkrieges Kultstatus. »Hubal« und seine Männer begannen im Oktober 1939 mit ihrer subversiven Tätigkeit.[233]

Vergleicht man die Flut an Freischärlermeldungen, die von den ersten Stunden des Polenkrieges an bei allen deutschen Kommandostäben eingingen, mit der Zahl der tatsächlich überführten Freischärler, die den zeitgenössischen deutschen Ermittlungsakten zu entnehmen ist, ergibt sich eine erstaunliche Bilanz. Entsprächen die deutschen Feindlageberichte in diesem Punkt den tatsächlichen Gegebenheiten vor Ort, so hätten eigentlich tausende polnische Zivilisten mit der Waffe in der Hand im Land umherziehen müssen. In den Akten deutscher militärischer und polizeilicher Stellen findet sich dagegen kein Name eines polnischen Zivilisten, der mit der Waffe in der Hand im Kampf gegen die Wehrmacht gefasst worden wäre. Dies ist sicherlich nicht zuletzt dem Umstand geschuldet, dass die Truppe vor Ort offenbar keinen Wert auf die zur Einleitung gerichtlicher Untersuchungen notwendige Beweissicherung legte. Wurden vermeintliche Freischärler nicht sofort liquidiert, sondern einem Gericht überführt, reichten die Beweise häufig nicht für eine Verurteilung. Beim Gericht des XVII. Armeekorps führte man am 7. September Klage, dass der »Nachweis der Freischärlerei« sehr schwer zu führen sei: »Die Truppe ist etwas nervös und trifft selbst nicht die erforderlichen Feststellungen an Ort und Stelle. Keine Angaben, ob und bei wem Waffenbesitz festgestellt worden ist, ob das be-

232 Auch der Zeithistoriker Tomasz Strzembosz, ausgewiesener Experte der Geschichte des polnischen Widerstandes, bestätigt, dass die ersten Partisaneneinheiten auf polnischem Boden erst Ende September aus versprengten Truppenteilen hervorgingen, Strzembosz, »Hubal«, S. 20.
233 Kosztyła, Oddział; Szymański, Oddział; Jacobmayer, Henryk Dobrzański. Einen Sonderfall bildet die Gegend um Kattowitz (Katowice). Sie wurde Anfang September 1939 tatsächlich von bewaffneten polnischen Organisationen verteidigt, der allerdings keine Wehrmachteinheiten, sondern ebenfalls irreguläre deutsche Kampf-Organisationen gegenüberstanden, die die Aufgabe hatten, »Zerstörungen [im Industriegebiet] durch die Polen zu verhindern, polnische Objekte in die Hand zu nehmen und im Kleinkrieg einzelne Postierungen oder kleine Abteilungen der polnischen Wehrmacht zu überfallen [!]«, Schindler, Mosty, S. 20. Vgl. zu diesem Spezialfall den kurzen Abriss bei Rossino, Hitler, S. 75–80, der wesentliche Fragen und Quellen allerdings weitgehend unberücksichtigt lässt. Vgl. des Weiteren von polnischer Seite Dubiel, Wrzesień. Gedruckte Quellen zu deutschen Kampf- und Sabotage-Organisationen im ostoberschlesischen Industriegebiet im Herbst 1939 finden sich in Szefer, Działalność.

treffende Haus nach Waffen durchsucht worden ist und mit welchem Ergebnis.«[234] Am selben Tag wies die Heeresgruppe Süd in einem Telegramm an die Armeen 14, 10 und 8 darauf hin, dass zwar täglich Berichte über »Terrorakte polnischer Aufständischer gegen Wehrmachtangehörige« eingingen, eine Weitergabe aber nicht erfolgen könne, da »einschlägige Meldungen der betroffenen Truppenteile« fehlten.[235]

Aber auch bei gründlicherer Untersuchung lösten sich die Verdächtigungen gegen die polnische Bevölkerung bald in Luft auf. Im Hinterland wurden Gruppen der Geheimen Feldpolizei eingesetzt, die durch Zeugenbefragungen und Erkundungsfahrten gemeldeten Fällen von Bandentätigkeit und Waffenfunden nachgingen. Dem AOK 14 wurde in der ersten Septemberwoche durch die Geheime Feldpolizei ein nächtlicher Freischärlerüberfall mit anschließendem Schusswechsel in Bielitz (Wapienica) gemeldet. Die sofort eingeleitete Untersuchung ergab, dass randalierende polnische Soldaten ein Haus in der Ortschaft angezündet hatten, was zu einer Panik bei der Bevölkerung geführt hatte.[236] Dem AOK 10 war die Geheime Feldpolizei (GFP)-Gruppe 520, dem AOK 8 die GFP-Gruppe 540 zugeteilt. Beide Formationen führten im September 1939 umfangreiche Ermittlungen gegen polnische Zivilisten durch, in keinem Fall jedoch ergaben sich konkrete Hinweise auf eine Beteiligung der Bevölkerung am Kampf gegen die deutsche Wehrmacht.[237]

Warnungen vor polnischen Terror-Organisationen, wie sie das OKH auch noch unmittelbar nach Angriffsbeginn an die Truppe ausgab, entbehrten

234 Gericht des XVII. AK (KTB), 7. 9. 1939, BA-MA, RH24-17/232, Bl. 6. Das Gericht verurteilte während seines Einsatzes in Polen keinen polnischen Zivilisten wegen Freischärlerei. Ein Beschuldigter wurde Ende September freigesprochen, da sich seine Unschuld herausgestellt hatte, vgl. ebd., 25. 9. 1939, Bl. 7. Auch beim VIII. AK kritisierte man die allzu laxe Haltung der Truppe bei der Sicherstellung von Beweisen für Freischärlerei: »Die zum Transport eingeteilten Soldaten sind zumeist nicht diejenigen, welche die Freischärler gefangen haben. Diese Soldaten können aber oft keine Auskunft über die Umstände geben, die zur Gefangennahme der Freischärler geführt hat [sic]. In einem Falle sollen den Freischärlern Waffen abgenommen worden sein. Der die Freischärler überführende Offizier wusste aber weder, wo sich die Waffen befanden noch *welche* Art. Abt. die angeblichen Freischärler gefangen hatte. Auf Freischärlerei steht grundsätzlich die Todesstrafe. Soweit Freischärler nicht im Kampfe sofort erledigt und nach hinten abtransportiert werden, bedarf es der Sicherstellung der Beweise, damit sie das Kriegsgericht aburteilen kann.« Gen.Kdo VIII, Korpstagesbefehl Nr. 10, 6. 9. 1939, BA-MA, RH24-8/97. Hervorhebung im Original.
235 HGR Süd, Fernschreiben an d. AOK 8, 10 u. 14, 7. 9. 1939, NA, RG 242, T-312, R. 45, Fr. 7557358.
236 AOK 14, Aufgenommene Meldungen, ca. Ende erste Septemberwoche 1939, NA, RG 242, T-312, R. 479, Fr. 8069502–8069504.
237 Ermittlungsakten der GFP-Gruppe 540 in BA-MA, RH20-8/294, Bd. 1 und 2, der GFP-Gruppe 520 in BA-MA, RH19-I/111, besonders Bl. 49–66, sowie BA-MA, RH19-I/112.

jeder Grundlage und waren nur dazu angetan, die Nervosität und Bereitschaft zur Gewaltanwendung bei den Soldaten zusätzlich zu steigern.[238] Auch die an alle Armeen vom OKW am 3. September zur Kenntnis versandte »Erklärung für den ausländischen Nachrichtendienst«, der zufolge »die polnische Zivilbevölkerung sich als Franktireur« betätige und »an vielen Orten mit der Waffe in der Hand am Kampf« teilnehme, hatte in der Wirklichkeit keine Entsprechung, führte aber mitunter zu rigorosem Vorgehen in den Einsatzorten.

Freischärlermeldungen

In der ersten Septemberwoche marschierten drei deutsche Gebirgsdivisionen in den Reihen des XXII. und des XVIII. Armeekorps am rechten Flügel der 14. Armee in Polen ein.[239] Sie waren im Verlauf der Mobilmachung in den grenznahen Räumen Böhmens und Mährens sowie der Slowakei in Stellung gebracht worden und überwanden nun im Süden des Landes die Höhenzüge der Hohen Tatra und der westlichen Beskiden. Im Einsatzbereich des XVIII. Armeekorps, an dessen linkem Flügel die 3. Gebirgsdivision nach Überschreiten der slowakisch-polnischen Grenze in der Gegend von Nowy Targ nach Norden auf Rabka – eine Kleinstadt, die sich im ausgehenden 19. Jahrhundert als Kurort einen Namen gemacht hatte – zumarschierte, war in den ersten Septembertagen eine nervöse Spannung zu beobachten. Der Jäger S. vom II. Bataillon des Gebirgsjägerregiments 138 lieferte ein Stimmungsbild der ersten Kampftage bei der 3. Gebirgsdivision, aus dem sich vor allem die gesteigerte Nervosität der Soldaten ablesen lässt: »[...] Vom Feind keine Spur. Gegner unsichtbar. Nur nachts, an der einsamen Landstraße, in den kleinen Fenstern tückisch sich zu ducken scheinender Holzhütten, in der schwarzen, gähnenden Leere, die die halbgeöffnete Tür einer verlassenen Lehmkate offen lässt, hinter Buschzeilen am Dorfausgang lauert der Hinterhalt, sitzt sprungbereit der tückische Überfall.«[240] Leutnant G. vom Stab des XVIII. Armeekorps, der am 2. September 1939 im Schulgebäude von Jabłonka stationiert war, hielt in seinem Bericht fest:

---

238 Korpskommando VII. AK, »Das OKH teilt mit«, 2. 9. 1939, BA-MA, RH37/1381. Am 10. 9. 1939 schickte die Abwehrstelle im Wehrkreis VIII eine Warnung vor einer polnischen Aufstandsorganisation, die angeblich »Attentate auf den Führer« plante, u. a. an die HGR Süd und das AOK 8, NA, RG 242, T-312, R. 47, Fr. 7559336.
239 Die 1. und 2. GD unterstanden dabei dem XVIII. AK, die 3. GD dem XXII. AK.
240 Jg. S. (II./GJR 138), Ber. »Der unsichtbare Feind«, 4. 9. 1939, BA-MA, RH-18/145.

»Will man 100 Meter durch's Dorf, so muss man mindestens fünfmal das Kennwort sagen. Sogar bei ganz harmlosen Gängen bis hinters Haus braucht man die Parole.«[241] Diese Anspannung der Mannschaften hatte einen entscheidenden Einfluss auf ihre Schießbereitschaft: »Unsere Männer sind noch etwas unruhig. Die ausgestellten Posten sehen hinter jedem Busch einen Heckenschützen. Es kommt vor, dass ein ganz Nervöser auf seinen eigenen Schatten schießt. Und wehe, wenn ein Schuss fällt, dann knallt alles, was Patronen hat. Jeder benimmt sich in der ersten Zeit, als müsse er allein eine Division umzingeln.«[242] Leutnant G. nahm in Jabłonka die eingehenden Funksprüche auf und hatte somit einen guten Überblick über die allgemeine Lage. Sein Bericht belegt, dass es in den ersten Tagen des deutschen Einmarsches bei der 3. Gebirgsdivision keines Kontaktes mit feindlichen Soldaten oder Zivilisten bedurfte, um panikartige Schießereien auszulösen.

Wie aber mussten solche Zwischenfälle auf Soldaten wirken, die sich unmittelbar vor Ort befanden und über die Ursache des Schusswechsels nicht im Bilde waren? Und wie wurde ihre Wahrnehmung in Fällen beeinflusst, wo tatsächlich eine Feindberührung mit polnischen Soldaten stattfand? Nördlich von Jabłonka wurde die Einheit eines Unteroffiziers K. in der Nacht vom 1. auf den 2. September von Kradfahrern aufgehalten, die berichteten, wie sie aus einer Ortschaft heraus Feuer erhalten hatten. Für den weiteren Vormarsch notierte K.: »Leise vibrieren die Nerven. Es ist weder Angst noch Furcht, nur die ungeheure Spannung. [...] Scharf wird nach allen Seiten beobachtet. War dort nicht eine zusammengekauerte Gestalt? – Schon sind wir vorbei. [...] Irgendwo fällt ein Schuss. [...] Hinter uns steigt Brandröte auf. Die Strafe der polnischen Fenster- und Heckenschützen setzt ein. Ihre Richter waren die beschossenen Kradmelder.«[243]

»Fenster-« und »Heckenschützen« – hinter diesen Begriffen verbirgt sich eine der wichtigsten Erkenntnisse, die im Zusammenspiel von Wahrnehmung und Kampfsituation Aufklärung über das rücksichtslose Vorgehen deutscher Soldaten gegen die polnische Zivilbevölkerung im September 1939 gibt. Die deutschen Truppen, die großteils noch keine Kampferfahrung hatten, hegten naive Erwartungen an den ersten Einsatz: Der Feind hatte sich ihnen in offener Schlacht entgegenzustellen. Diese Erwartung erfüllten die polnischen Truppen jedoch selten: Gerade in den ersten Septem-

241 Lt. G. (Feldpost-Nr. 18088), Ber. »Erlebnisse in Polen«, BA-MA, RH53-18/146.
242 Ebd.
243 Uffz. K. (Feldpost-Nr. 18088), Ber. »Erl.Ber. aus dem Polenkrieg«, BA-MA, RH53-18/146.

bertagen, als sich die polnische Verteidigungstaktik als Fehlplanung entpuppte und die schnell ins Landesinnere vordringenden deutschen Truppen
die gegnerischen Verbände vor sich hertrieben, gingen diese dazu über, im
steten Rückzug begriffen aus der Deckung heraus zu agieren: Ortschaften,
Hecken, Wälder und sonstige Geländevorteile wurden ausgenutzt, um die
offen zutage tretende technische und oft auch zahlenmäßige Unterlegen-
heit auszugleichen und den deutschen Vormarsch zumindest bis zum er-
hofften Eingreifen der Westmächte zu hemmen. Die tatsächlichen Verluste,
die dieser Kampf aus dem Verborgenen auf deutscher Seite hervorrief,
waren minimal, der Erfolg insgesamt gering. Die psychischen Auswirkungen
auf die deutschen Soldaten jedoch waren zermürbend. Im steten Marschieren begriffen, erlebten sie den polnischen Gegner als unsichtbaren
Feind, der nach ihrem Empfinden feige und heimtückisch aus dem Verborgenen kämpfte. In der konkreten Gefahrensituation schienen sich somit die
Warnungen ihrer Vorgesetzten vor den »hinterhältigen Slawen« zu bestätigen.[244]

Allerdings projizierten die deutschen Soldaten in polnischen Ortschaften
ihren Zorn über diese als unehrlich empfundene Kampfweise oft nicht auf
die polnischen Soldaten, die eben noch auf sie geschossen hatten, sondern
auf die Ortseinwohner. Die Ortschaft nördlich von Jabłonka ging nicht im
Rahmen der Kampfhandlungen in Flammen auf – sondern als »Strafe«
dafür, dass aus Fenstern heraus und hinter Hecken hervor auf deutsche Soldaten gefeuert worden war. Wer in diesen Häusern wohnte und ob sich die
Bewohner selber am Kampf beteiligt hatten oder lediglich zwischen die
Fronten geraten waren – dies waren Fragen, mit deren Klärung sich die dort
eingesetzten Wehrmachteinheiten nicht lange aufhielten.

Einheiten der am Nordrand der Slowakei stationierten 2. Gebirgsdivision
marschierten in den ersten Septembertagen an der rechten Flanke der 3. Gebirgsdivision in Richtung Norden. Sie gingen dabei entlang des Flusses
Dunajec vor, der unterhalb der Kleinstadt Krościenko die slowakisch-polnische Grenze bildet, woraufhin er im rechten Winkel nach Norden ab-
knickt, um später in nordöstlicher Richtung nach Neu Sandez zu fließen.
Die Landschaft der westlichen Beskiden ist durch steile Berghänge und
enge Täler geprägt. Obwohl diese Gegend den polnischen Truppen somit
hervorragende Verteidigungsmöglichkeiten bot, trafen die deutschen Ge-

---

244 In den deutschen Kriegstagebüchern des September 1939 firmierten aus der Deckung
schießende polnische Soldaten durchweg als »Heckenschützen«, »Baumschützen«, »Dach-
schützen«, »Kellerschützen« oder »Fensterschützen«, wobei die Verfasser in der Regel gleichzeitig ihrer Ablehnung dieser Art des Kampfes Ausdruck gaben.

birgsjäger auf ihrem Weg nach Krościenko nur auf geringen Widerstand und lieferten sich lediglich vereinzelte Schießereien mit der sich vor ihnen zurückziehenden polnischen Grenzwacht.[245] An der Grenze zur Slowakei hatte die »Karpaten«-Armee[246] nur vereinzelte schwache Verteidigungsverbände – darunter Einheiten der »Obrona Narodowa« eingesetzt, einer polnischen Wehrorganisation, die sich aus Reservisten zusammensetzte und in den Reihen des Heeres zu Abwehrmaßnahmen in vielen Landesteilen eingesetzt wurde.[247] Spätestens am Morgen des 2. September war man seitens des XVIII. Armeekorps über diese spezifische Feindlage im Bilde, als man der 14. Armee meldete: »Die Gefangenen waren alle Angehörige des [sic] Obrona Narodowa [...]. Bisher keine aktive Truppe festgestellt.«[248] Das Gros der am Dunajec stationierten polnischen Einheiten wich in den ersten Tagen haltend kämpfend vor dem Gegner nach Nordosten zurück.[249]

Die Erfahrungen der ersten Kampftage in diesem Gebiet sind in etlichen Berichten von Wehrmachtsoldaten nachzulesen, die es ermöglichen, die Atmosphäre nachzuzeichnen, in der deutsche Gebirgsjäger diese ersten Begegnungen mit Einheiten der »Karpaten«-Armee erlebten.[250] Sie zeugen von einem tiefen Misstrauen der deutschen Soldaten gegenüber der einheimischen Bevölkerung, von Unsicherheit und Nervosität sowie den generellen Schwierigkeiten, den Feind in unübersichtlichen Situationen genauer auszumachen. »Das war ein Einzug in dieses schmutzige Nest!«, kommentierte der Gefreite Sepp K. den Anblick des ersten polnischen Grenzdorfes, das er betrat: »Plärrende kreischende Weiber standen umher; die zerlumpten Kinder sahen uns scheu und verängstigt an. Die Männer fehlten. Die hatten sich an verschiedensten Stellen des engen Tales eingenistet, schossen mit MG und Gewehr auf unsere tapfere Aufklärung [...]. Nur zwei Männer sah ich – die beiden Herren Pfarrer! [...] Die beiden sauberen Herren, die kurz vorher auf unsere Vorhutmänner geschossen hatten, zeigten das schein-

245 Dalecki, Armia »Karpaty«, S. 31.

246 Armia »Karpaty«.

247 Radomski, Kampania, S. 265–267. Die »Obrona Narodowa« erfüllte die völkerrechtlichen Voraussetzungen, die den Kombattantenstatus sicherstellen sollten: Ihre Mitglieder waren uniformiert und trugen die Waffen offen.

248 XVIII. AK, Morgenmeldung, 2. 9. 1939, 8.00 h, NA, RG 242 T-312 R. 478, Fr. 8068444.

249 Die um Krakau versammelte Armee »Krakau« war in den ersten Septembertagen in Bedrängnis geraten; Einheiten der »Karpaten«-Armee sollten ihr Erleichterung verschaffen und zugleich wichtige Transportwege bei Dębica sichern, Dalecki, Armia »Karpaty«, S. 32–36.

250 Die zitierten Berichte schildern die Ereignisse im Raum Krościenko – Neu Sandez zwischen dem 1. u. 5. 9. 1939, lassen aber oft keine auf den Tag genauen Datierungen zu. Die Anordnung der Zitate im Text entspricht daher nicht stringent einem chronologischen Ablauf, sondern folgt weitgehend der Lage der Einsatzorte auf der deutschen Marschroute von Süden nach Norden.

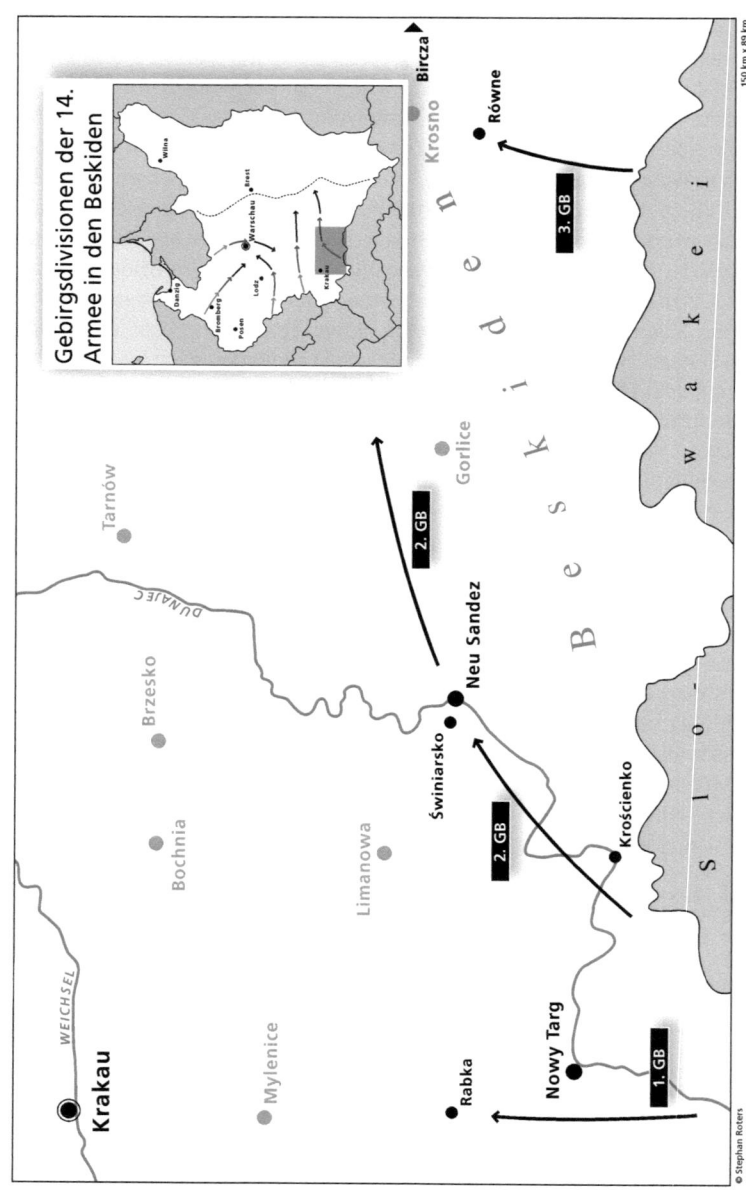

Abb. 2: Gebirgsdivisionen der 14. Armee in den Beskiden

heiligste Gesicht. Glaubten wahrscheinlich ihr Kleid schützt sie vor der gerechten Strafe. Ihre Augen sagten alles. Zu viel Hinterlist und Hass lag da drinnen.«[251]

Den Verdacht, den der Gefreite K. hier gegen die abwesende männliche Bevölkerung und gegen die beiden verbliebenen Priester äußerte, begründete er nicht weiter. Er schien sich dabei auf seine eigenen Vermutungen oder auf Gerüchte zu stützen. Des Weiteren mögen ihn die Eindrücke, die er in den nächsten Tagen auf dem Weitermarsch nach Norden gewann, bei dieser Schilderung beeinflusst haben.[252] Der Reiter Fritz G. von der Aufklärungsabteilung 11 befand sich am 1. September in Krościenko. Seine noch kampfunerfahrene Einheit sah den Feind an allen Ecken und Enden der Kleinstadt lauern: »Die Nerven sind gespannt und eine unheimliche Ruhe ist plötzlich eingetreten. Doch schon geht es wieder weiter, weiter flussaufwärts. Die ersten Aufklärer haben die Brücke erreicht. [...]. Gewiss liegt der Feind drüben bereit?! Irgendwo muss er ja sein? Mit doppelter Vorsicht arbeitet man sich Meter für Meter vorwärts. Man erreicht das Brückenende, man dringt in den Ort ein und noch immer kein Schuss? Es ist doch Krieg! [...] Plötzlich fallen einige Schüsse. Von wo kommen sie? Hier von den Häusern – nein dort vom nahen Wald –, man sah nur einige Bauern und Kinder! Die können es doch nicht gewesen sein! Kaum hat jedoch die Spitze die letzten Häuser erreicht, als wir plötzlich starkes MG-Feuer erhielten.«[253]

Man spürt nahezu die Erleichterung des Reiters, der in den Reihen der Aufklärungsabteilung 11 Krościenko auskundschaftete, als ihm der Feind endlich gegenüberstand. Die Stadt war von der polnischen Grenzwacht unter Korporal Marszałek besetzt, die am nächsten Tag von den deutschen Truppen überwältigt wurde.[254] Doch die nervöse Spannung der deutschen Soldaten, die als Erste eine polnische Stadt betraten, generierte Gerüchte über eine Beteiligung der Einwohner am Kampf. Die 12. Kompanie des Gebirgsjägerregiments 137 nahm am 2. September nördlich von Krościenko »fünf Zivilisten mit, die uns verdächtig erschienen«.[255] Am Vormittag des 3. September überschritt der Gefreite Hubert P. in den Reihen des Pionierbataillons 82 der 2. Gebirgsdivision den Dunajec, erreichte kurz darauf Krościenko und erfuhr gerüchteweise von Freischärlern im Einsatzgebiet:

251 Gefr. Sepp K. (Pi 82), Ber. »Ein Tag im PF«, BA-MA, RH53-18/151.
252 Der Bericht wurde am 1. 12. 1939 verfasst.
253 Reiter Fritz G. (AA 11), Ber. »Unsere Feuertaufe«, BA-MA, RH53-18/151.
254 Dalecki, Armia »Karpaty«, S. 33.
255 Oberjäger Andre H. (12./GJR 137), »Frontbericht«, BA-MA, RH53-18/146.

»Berichte von den ersten Kämpfen und von der fanatischen Zivilbevölkerung. Frauen schossen auf Soldaten.«[256] Als die Einheit in den frühen Morgenstunden des nächsten Tages durch eine kleinere Ortschaft kam, erhielt sie aus einem der Häuser Feuer. Das Dorf wurde durchsucht, einige polnische Soldaten gefangen genommen »und die ganze Zivilbevölkerung [...] unter großem Geschrei und Wehklagen nach hinten geführt. Einige Häuser leuchteten als brennende Mahnungen in [den] Himmel. Der Weg war frei [...].«[257] Der Gefreite G. befand sich mit dem Gebirgsartillerie-Regiment 111 ebenfalls einige Kilometer nördlich von Krościenko im ersten Einsatz. Feindliche MG erschwerten den deutschen Truppen den Vormarsch, dazu wurden sie aus Häusern beschossen. Dies reichte aus, um die Zivilbevölkerung unter Generalverdacht zu stellen:»Einzelne, berittene Truppen machten Jagd auf diese Franctireurs. Wir von der Artillerie verfolgten mit Spannung diese Menschenjagd. Doch dauerte es nicht lange bis auch wir aus einem Hause, das sich in unmittelbarer Nähe der Feuerstellung befand, Feuer erhielten. Die Nervosität, von der jeder Soldat bei den ersten scharfen Schüssen befallen wird, wurde schnell abgelegt, das Haus umstellt und durchsucht. Außer zwei Frauen wurde nichts Verdächtiges gefunden. Die Frauen leugneten. Doch da mit Sicherheit festgestellt worden ist, dass aus dem Haus geschossen wurde, hat unser Chef die beiden Frauen der Feldpolizei übergeben.«[258] Die Anwesenheit der Frauen in dem Haus war den Soldaten Schuldbeweis genug, obwohl keine Waffen entdeckt wurden. Die Einheit des Jägers Robert L. war am 3. September in Krościenko mit Granaten beschossen worden. Nach Einbruch der Dunkelheit fanden in der Stadt Schießereien statt, für den Jäger verursacht durch »die freundliche Zivilbevölkerung [...]. Haben aber nichts getroffen!«[259] Während der Einsatz von Granatwerfern den Verfasser des Berichtes nicht zu dem nahe liegenden Schluss führte, dass man hier polnischem Militär gegenüberstand, meinte er trotz der Unübersichtlichkeit des Einsatzgebietes bei Nacht, in den Gegnern feindliche Zivilisten zu erkennen. Und auch dem Kanonier Klaus H. war die Gegend nicht geheuer:»Manchmal hörte man wilde Rufe,

---

256 Gefr. Hubert P. (2. GD), Ber. »Der Siegeszug der Pioniere der 2. GD«, 3. 9. 1939, BA-MA, RH53-18/151. P. berichtet von einer kleinen Stadt, ohne den Namen zu nennen. Die erste Kleinstadt, die die Einheiten der 2. GD nach Überschreiten der Grenze erreichten, war Krościenko.
257 Ebd.
258 Gefr. G. (7/GAR 111), Ber. »Erinnerung an den PF«, BA-MA, RH53-18/17. Die zitierte Passage wurde nachträglich gestrichen.
259 Jg. Robert L. (Dienststelle 19216), Ber. »10 Tage aus dem TB eines Gebirgsjägers«, 3. 9. 1939, BA-MA, RH53-18/151.

dann wieder ein paar Schüsse. Sie hatten etwas Unheimliches, Drohendes, diese kleinen Hütten, aus denen der Tod lauerte.«[260]

Von Krościenko aus marschierten die Einheiten der 2. Gebirgsdivision am Dunajec entlang in Richtung Neu Sandez. Rückblickend hielt der Tragtierführer Hans O. seine ganz persönlichen Überlegungen zum vermeintlichen Franktireurkrieg fest, der den Vormarsch der 2. Gebirgsdivision in seinen Augen ständig begleitet hatte: »Der Widerstand, auf den unsere Truppen gestoßen sind, wurde überhaupt nur von der Zivilbevölkerung geleistet. Wo eigentlich die polnische Armee steckt, weiß man nicht. Es ist gar viel gesprochen worden, von dem Kleinkrieg der Zivilbevölkerung. Man hat den Polen als feige und heimtückisch bezeichnet.«[261] Die Bevölkerung, so Hans O., habe es nicht besser wissen können, sie sei von ihrer Regierung aufgehetzt worden. »So konnte es mich nicht wundern, wenn am Felde arbeitende Bauern plötzlich zu Gewehren griffen und am helllichten Tage auf wenige Schritte Entfernung in die marschierende Kolonne der deutschen Truppen schossen. Merkwürdigerweise, getroffen haben sie nie!«[262]

Der Tragtierführer ist nicht der einzige Soldat aus den Reihen der 2. Gebirgsdivision, der sein Erstaunen darüber äußerte, dass, obwohl angeblich die gesamte polnische Bevölkerung der deutschen Truppe Schaden zufügen wollte, kaum ein deutscher Soldat solchen Angriffen zum Opfer fiel. Ähnliches hielt der Jäger Robert L. am 4. September fest: »Nachmittags veranstaltete die liebe Zivilbevölkerung uns zu Ehren wieder ein Preisschießen aus den Wäldern heraus, durch die wir marschierten, doch trafen sie nichts.« Erst am nächsten Tag hatte seine Kompanie – als Folge des Beschusses durch reguläre polnische Truppen – den ersten Verwundeten zu beklagen.[263]

Hans O. scheint dieser offenbare Widerspruch zwischen Wahrnehmung und Wirklichkeit keine Schwierigkeiten bereitet zu haben. Wenn er anschließend das brutale Vorgehen deutscher Soldaten schildert, dann drängt sich der Verdacht auf, dass der von dem Tragtierführer zuvor bemühte »Partisanenkrieg« zumindest unterbewusst als Rechtfertigung herhalten soll: »Die Folge [...] war, dass unsere Leute auch schossen, doch mit einem anderen Ergebnis: In wenigen Minuten lag wieder ein Bündel armseliger menschlicher Fetzen auf ihrer Scholle! Am häufigsten ereigneten sich der-

260 Kanonier H. K. (GJR 137), Ber. »Franktireurkrieg«, BA-MA, RH53-18/149.
261 Soldat Hans O. (13./GJR 137), Ber. »Als Tragtierführer quer durch Polen«, BA-MA, RH53-18/151.
262 Ebd.
263 Jg. Robert L. (Dienststelle 19216), Ber. »10 Tage aus dem TB eines Gebirgsjägers«, 4.9. u. 5.9.1939, BA-MA, RH53-18/151. Am 3.9.1939 hatten die angeblichen Freischärler in Krościenko ebenfalls »nichts getroffen«, siehe S. 66.

artige Überfälle bei Einbruch der Dämmerung von fast vereinzelt liegenden Gehöften aus. Diese wurden dann meistens in Brand geschossen und das dürre Strohdach, das viele ausgetrocknete Holz brannte lichterloh, schaurige Fackeln menschlicher Armut in Dürftigkeit.«[264]

Östlich des Einsatzgebietes der 2. Gebirgsdivision verlief die Marschroute der 1. Gebirgsdivision. In ihren Reihen marschierte auch das Gebirgsjägerregiment 98 unter Oberst Ferdinand Schörner.[265] Da das Regiment – wie das Gros der Division – erst am 7. September im Quellgebiet der Wisłoka die slowakisch-polnische Grenze überschritt, stellten sich bei ihm die ersten Eindrücke im Feindesland im Vergleich zu den Einheiten der Schwesterdivisionen um eine Woche versetzt ein: Ohne bisher mit den polnischen Streitkräften in Berührung gekommen zu sein, sahen die Gebirgsjäger die Gefahr überall lauern.[266] Nachdem das Gebirgsjägerregiment 98 ohne nennenswerten Feindwiderstand weit nach Norden vorgedrungen war, erhielt es in der Nacht vom 8. auf den 9. September in der kleinen Ortschaft Równe bei Krosno seine Feuertaufe. Der Gefechtsbericht des Regiments hielt kommentierend fest: »Die 98sten machten ihre ersten Erfahrungen im zähen Kampf mit tückischem Feind, der den Franktireurkrieg in einer nicht erwarteten Weise beherrschte.«[267]

In Wirklichkeit hatten die Soldaten der 12. und der 6. Kompanie des Regiments in ihrem ersten Gefecht vollkommen versagt.[268] Obwohl Równe als feindbesetzt gemeldet worden war, bot die zu eng aufgerückte 6. Kompanie den östlich von Równe stationierten polnischen Truppen ein vortreffliches Ziel, woraufhin diese sämtliche Offiziere der Kompanie kampfunfähig schossen. Eine Panikschießerei, die innerhalb der 12. Kompanie ausgelöst wurde, griff alsbald auf die gesamte sich in Równe befindliche deutsche Truppe über. Wie durch ein Wunder hatte sie trotz heftigen »friendly fire« nur zwei Ausfälle, darunter ein Oberstleutnant, in der Ortschaft zu beklagen. Über Festnahmen von polnischen Zivilisten, denen eine Beteiligung am Kampf nachgewiesen worden wäre, schweigt sich der Bericht dagegen aus.

264 Soldat Hans O. (13./GJR 137), Ber. »Als Tragtierführer quer durch Polen«, BA-MA, RH53-18/151.

265 Schörner war seit seinem Einsatz an den Fronten des Ersten Weltkrieges Träger des Pour-le-Mérite-Ordens. Er avancierte im Laufe des Krieges zum Generalfeldmarschall und war maßgeblich an der Radikalisierung der Strafrechtsordnung der Wehrmacht im Sinne der nationalsozialistischen Weltanschauung beteiligt, Messerschmidt, Wehrmacht, S. 379–382.

266 Siehe S. 51, Anm. 211.

267 GJR 98, Gef.Ber. »Feldzug in Polen und Vorgeschichte«, BA-MA, RH28-1/255.

268 Hierzu und zum Folgenden siehe GJR 98, Ber. »Gefecht bei Równe 8./9. 9. 1939«, BA-MA, RH28-1/255.

Dass im Gefechtsbericht dennoch von einem Freischärlerkrieg die Rede ist, der in der Ortschaft getobt hätte, ist auf zwei Faktoren zurückzuführen: Zum einen musste für den so gründlich misslungenen ersten Einsatz des Regiments eine zufrieden stellende Erklärung gefunden werden. Eine solche wäre etwa die Anwesenheit bewaffneter Zivilisten in der Ortschaft, womit zumindest ein Teil der Verantwortung für die ungeordnete nächtliche Schießerei den Soldaten der 12. und 6. Kompanie abgenommen worden wäre. Auch der Tod eines Oberstleutnants durch eigenen Beschuss wäre den vorgesetzten Stellen sicherlich nur schwer zu vermitteln gewesen. Zum anderen spielte im Kampf um Równe eine entscheidende Rolle, dass die deutschen Truppen dort nicht fähig waren, den Gegner zu lokalisieren. Dieser schien nur aus Häusern, Kellern und Gärten zu feuern. Ob in der Ortschaft auch nur ein polnischer Soldat gesichtet wurde, geht aus dem Gefechtsbericht nicht hervor, ebenso bleibt unklar, ob dort Gefangene gemacht wurden.

Übergriffe gegen die Einwohner von Równe in dieser Nacht sind nicht überliefert, obwohl laut Gefechtsbericht der letzte »Widerstand der polnischen Soldaten und Franktireure« in »unsagbarer Wut [...] rücksichtslos mit Seitengewehr und Handgranaten« gebrochen wurde, was durchaus Raum für Spekulationen lässt.[269] Im nahe gelegenen Besko töteten deutsche Soldaten in derselben Nacht etwa 20 junge Männer und eine Frau, da sie angeblich die Wehrmacht bei Kampfhandlungen behindert und Sabotage verübt hätten.[270] Die Täter gehörten nach polnischen Ermittlungen der »Gruppe Geiger« vom Gebirgsjägerregiment 99 an.[271]

Die Soldaten der in Südpolen eingesetzten Gebirgsdivisionen waren in den ersten Tagen ihres Einsatzes von einer nervösen Spannung ergriffen. Diese rührte zum einen aus ihrer Unerfahrenheit, zum anderen aus den neuen Eindrücken in einer ihnen unbekannten Welt, die von Menschen bewohnt wurde, die sie für minderwertig und heimtückisch hielten. Im Verein mit einer polnischen Kampfesweise, bei der ihnen der Gegner selten Auge in Auge gegenüberstand, erzeugte diese Gemengelage ein abgrundtiefes Misstrauen der Gebirgsjäger gegenüber den polnischen Zivilisten, denen sie begegneten und die sie kollektiv der Teilnahme am Kampf verdächtigten. Die Armeeführung gab den Einheiten offenbar keine Richtlinien vor, wie sie sich in dieser Situation verhalten sollten.[272] Die Soldaten ergriffen selbst die

---

269 Ebd.

270 Datner, 55 dni, S. 355, der als Datum irrtümlich den 11. 9. 1939 angibt.

271 Zabierowski, Zbrodnie, S. 184–185, dort die Namen von 19 der Opfer; vgl. dazu Liste mit 20 Namen (mit leichten Abweichungen) bei Datner, 55 dni, S. 355.

272 Entsprechende Anordnungen sind in den Akten des AOK 14 nicht überliefert.

Initiative. Es kam im Anschluss zu willkürlichen Erschießungen und Brandstiftungen im Durchmarschgebiet der Gebirgsdivisionen, auf die noch näher einzugehen sein wird.[273] Eine reale Gefahr, die von den Landeseinwohnern für die deutsche Truppe ausgegangen wäre, lässt sich aus den Quellen nicht herauslesen. Am 10. September konstatierte das AOK 14: »Bevölkerung im besetzten Gebiet verhält sich ruhig und ist durch Haltung unserer Truppe stark beeindruckt [...]. Bewaffnete[r] Widerstand durch die Zivilbevölkerung nicht zu befürchten.«[274] Der spätere Kommandeur der 1. Gebirgsdivision, General Hubert Lanz, der den Polenkrieg in ihren Reihen erlebt hatte, vermerkte Anfang der 1950er Jahre: »Im ersten Jahr des letzten Krieges spielte der Kampf gegen Partisanen keine wesentliche Rolle.«[275]

Entsprechendes lässt sich für alle anderen Einsatzgebiete der Wehrmacht im September 1939 nachweisen. Nordwestlich der Marschroute deutscher Gebirgseinheiten kämpften sich Einheiten des XI. Armeekorps der Heeresgruppe Süd in den ersten zwei Tagen des Krieges am linken Flügel der 10. Armee zwischen den Flüssen Warthe und Liswarthe nach Osten vor. Die beiden polnischen Dörfchen Parzymiechy und Zimnowoda liegen etwa 20 Kilometer östlich der ehemaligen deutschen Reichsgrenze. Die ersten Einheiten der 19. Infanteriedivision erreichten am Morgen des 1. September 1939 zwischen 8.30 und 9.00 Uhr den Dorfrand von Parzymiechy.[276] Die in ihren Reihen marschierenden Soldaten waren seit den ersten Morgenstunden dieses Freitages in heftige Kämpfe mit dem polnischen 83. Infanterieregiment – einem Verband der Armee »Lodz«[277] – verwickelt.[278] Die deutschen Quellen verzeichnen am Morgen des 1. September »aus Richtung Parzymiechy starkes Feuer«[279], am Nachmittag war »in Parzymiechy noch immer keine Ruhe eingetreten«.[280] Zimnowoda dagegen wurde von Einheiten der deutschen 19. Infanteriedivision am Morgen des 1. September gegen 8.30 Uhr erreicht, »schwacher Feindwiderstand [...] gebrochen«[281],

273 Siehe S. 77–84.
274 AOK 14, Ia, Feindlage vor der Front der 14. A., 10. 9. 1939, BA-MA, RH24-8/82, Bl. 77.
275 H. Lanz, Studie »Partisanenkampf im Gebirge auf Grund der Erfahrungen in Griechenland und Südalbanien 1943/44«, BA-MA, ZA-1/1951, Bl. 179. Für diesen Hinweis Dank an Henning Küppers.
276 19. ID, Führungs-Abt. Ia (KTB Polen), 1. 9. 1939, BA-MA, RH26-19/2, Bl. 3; Bojarska, Zbrodnie, S. 219. Die beiden Ortschaften liegen etwa 1 km voneinander entfernt.
277 Armia »Łódź«.
278 Bojarska, Zbrodnie, S. 219; Rómmel, Armia »Łódź«, S. 245–246; Ćwierdziński, O właściwą ocenę.
279 II./AR 19, KTB Nr. 1, 1. 9. 1939, BA-MA, RH41/738.
280 Ebd. Vgl. Hierzu Kulesza, Nad Prosną, S. 173.
281 19. ID, Führungs-Abt. Ia (KTB Polen), 1. 9. 1939, BA-MA, RH26-19/2, Bl. 3.

beide Ortschaften lagen allerdings noch im Verlauf des 1. September unter polnischem Artilleriefeuer.[282] Die Gefechte, die in der Umgebung von Parzymiechy auf beiden Seiten hohe Verluste gefordert hatten, dauerten noch den ganzen Tag an.

Den an der Liswarthe eingesetzten Einheiten gelang es in den ersten Tagen des Angriffs nicht, ihren Gegner eindeutig zu bestimmen. Sprach man im Kriegstagebuch des Artillerieregiments 19, das teilweise in die Ortskämpfe mit einbezogen worden war, zunächst von »Infanteriefeuer von Zivilisten, die aus Häusern und aus Bäumen auf die nichts ahnenden Truppen schießen«, so wurden die Schützen kurz darauf als »[hinterhältige] Zivilisten« identifiziert, die »anscheinend alle in Zivilkleidung gesteckte Soldaten« waren. In der Nacht vom 1. auf den 2. September wiederum war an selber Stelle von »Straßenkämpfe[n] mit Zivilisten in Zimnowoda und Parzymiechy« die Rede.[283] Auf dem weiter westlich gelegenen Divisionsgefechtsstand schienen der Führungsabteilung der 19. Infanteriedivision die widersprüchlichen Nachrichten aus dem Gefechtsgebiet jedoch keine Probleme zu bereiten: »Alle Meldungen besagen eindeutig [!], dass aus den Häusern und Hecken von Zimnowoda und Parzymiechy nur von Zivilisten, teils auch weiblichen, meist von rückwärts geschossen wird. Zudem liegt feindliches Artilleriefeuer auf den Ortschaften.«[284] Am nächsten Tag meldete die Panzerabwehr-Abteilung 18 aus Parzymiechy »wiederholte Feuerüberfälle durch Zivilisten und versprengte Soldaten«.[285]

Die Gerüchte, es handele sich beim Gegner zum großen Teil um bewaffnete Ortseinwohner, verbreiteten sich unter den an der Liswarthe in den ersten Septembertagen eingesetzten deutschen Formationen wie ein Lauffeuer.[286] Aus ihren Meldungen lässt sich zwar ablesen, dass die Überzeu-

282 Ebd. Dabei kam der Kdr. des I./IR73 am 1. 9. 1939 in Zimnowoda durch Artillerieeinschlag ums Leben.

283 KTB Nr. 1 der II./AR 19, 1. 9. 1939, BA-MA, RH41/738.

284 19. ID, Führungs-Abt. Ia (KTB Polen), 1. 9. 1939, BA-MA, RH26-19/2, Bl. 4.

285 Pz.-Abwehr-Abt. 18 im PF, 2. 9. 1939, BA-MA, RH39/598.

286 »Truppe in einigen Dörfern von vereinzelten Zivilisten [Brandlücke]«, 4. ID (KTB), 1. 9. 1939, BA-MA, RH26-4/1; »Vereinzelte[r] Widerstand und heimtückische Überfälle der Bevölkerung«, AR 14, Einsatz in Polen und Verwendung im Westen (KTBmäßige Aufz.), 1. 9. 1939, BA-MA, RH41/119; »Dąbrowa und Wiecki werden durch schnelles und sicheres Vorwärtsstürmen von bewaffneten Einwohnern gesäubert«, Uffz. T., Ber. »Der Kp.-Trupp der 3. (mot.)/ Pi 19 führt eine gewaltsame Erkundung über den Wartheübergang der 19. Div. durch«, BA-MA, RH12-5/359D; »Franktireurs schießen auf rückwärtige Verbindungen«, 19. ID (KTB PF/Westfeldzug), 2. 9. 1939, BA-MA, RH26-19/32; »Meldung der 2. Sanitätskompanie über Feuerüberfälle der Franktireurs«, Div.-Arzt 19. ID (KTB), 3. 9. 1939, 1.15 h, BA-MA, RH26-19/ 13; »Verwundetentransporte werden in der Nacht von Freischärlern angegriffen«, Div.-Arzt 14. ID (KTB), 2. 9. 1939, BA-MA, RH26-14/74.

gung, von bewaffneten Zivilisten angegriffen zu werden, unter den an der Liswarthe eingesetzten Einheiten weit verbreitet war. Als gesicherte Erkenntnis kann dies allerdings nicht gelten, denn dafür sind die Unschärfen bei der Beschreibung des Gegners zu augenfällig. Es drängt sich vielmehr der Verdacht auf, dass aufgrund der unübersichtlichen Verhältnisse und der Erregung der Soldaten auf eine Unterscheidung zwischen polnischen Soldaten und Zivilisten kein allzu großer Wert gelegt wurde.

Tatsächlich wurde in weiteren Meldungen darauf hingewiesen, dass bei den deutschen Einheiten – auch aufgrund der Kampfweise des polnischen Gegners, der häufig aus dem Verborgenen heraus agierte und daher nicht eindeutig zu identifizieren war – eine gewisse Nervosität um sich griff. Die 31. Infanteriedivision verzeichnete »während der Nacht mehrfach lebhafte Schießereien, besonders in Opatów und Krzępice, teils einwandfrei hervorgerufen durch bewaffnete Landeseinwohner, teils durch Nervosität der Truppe«.[287] Die rückwärtigen Dienste der 4. Panzerdivision berichteten zeitgleich von »Beschießungen durch polnische Heckenschützen [...], so dass auch unter den Soldaten der rückwärtigen Dienste ziemliche Nervosität Platz greift. Durch Nachschubkolonnen und Teile des Feldgendarmerie-Trupps wird eine Säuberung des Ortes Opatów vorgenommen.«[288]

Bei der 10. Infanteriedivision vermerkte man am 2. September: »Es ist einwandfrei festgestellt, dass der Freischärlerkampf von polnischer Seite planmäßig organisiert ist und durchgeführt wird. Heute wurden an mehreren Stellen weit hinter der vorderen Linie polnische Soldaten in voller Uniform und Ausrüstung gefangen genommen.«[289] Die Aussage, die in diesem Divisionsbefehl gemacht wird, ist in ihrer Bedeutung nicht hoch genug zu bewerten, denn nach Auffassung der ausgebenden Stelle waren polnische Soldaten, die im deutschen Operationsgebiet zurückblieben, keine ebenbürtigen Kombattanten mehr, sondern Freischärler – selbst wenn sie den Kampf uniformiert fortführten. Diese Einschätzung gibt einen Hinweis darauf, nach welchen Kriterien die im betrachteten Raum eingesetzten deutschen Soldaten den Gegner in reguläre bzw. irreguläre Kämpfer unterteilten: Ausschlaggebend war hier nicht die Frage, ob man Zivilisten oder Soldaten gegenüberstand, sondern vielmehr die Art und Weise des Kamp-

---

287 31. ID, Feldzug in Polen (KTB), 1./2.9.1939 nachts, BA-MA, RH26-31/1. In dieser Gegend waren am 1.9.1939 reguläre Einheiten der polnischen Armee »Lodz« im ständigen Kampf mit den vorrückenden Verbänden der Wehrmacht verwickelt, Rómmel, Armia »Łódź«, S. 244–245.
288 KTB für die rückwärtigen Dienste der 4. PD, 2.9.1939, BA-MA, RH27–4/197. Zur »Säuberung« des Ortes Opatów siehe S. 90.
289 10. ID, Div.-Befehl, 2.9.1939, BA-MA, RH26-10/477.

fes. Polnische Soldaten in geschlossenen Formationen, denen man in offener Feldschlacht gegenüberstand, wurden als Kombattanten betrachtet, während versprengte Einheiten, die hinter der Front zurückblieben und den Kampf dort fortsetzten, zu Freischärlern erklärt wurden.

Auch bei den Divisionen und untergeordneten Einheiten der 8. Armee waren Anfang September 1939 Nervosität und Unsicherheit hinsichtlich der Identifizierung des Gegners zu beobachten. In Grabów, so vermerkte es das Kriegstagebuch der 24. Infanteriedivision am 2. September 1939, schossen angeblich Freischärler aus Kellern, aus Fenstern und von Dächern auf die in die Ortschaft eingedrungene Truppe.[290] Ein Augenzeuge führte dazu in den 1950er Jahren aus: »›Freischärler‹ ein Irrtum. Unerfahrene empfanden den Geschossknall von polnischen Gewehr- und MG-Schüssen von jenseits der Prosna als Abschüsse im Ort. Ich war einer der Ersten in Grabów [...], und habe s. Zt. den Irrtum bereits aufgeklärt.«[291] Leutnant Hans W. vom Infanterieregiment 102 hielt am Abend des 2. September in seinem persönlichen Kriegstagebuch fest: »Eben peitschen Schüsse durchs Dorf [Bukownica]. Vielleicht ist ein Posten nervös geworden, es war drüben bei der 12. [Kompanie]. [...] Es war ein Überfall mit viel Geschieße und Geschrei auf zwei von unsern [sic] Autos. Nun werden die Häuser durchsucht, und nichts [kann] gefunden werden.«[292]

Nicht weit entfernt vermeldete man am selben Tag beim Infanterieregiment 85: »Alles schießt wie wild in der Gegend herum. Die Offiziere haben Mühe, die Leute, die in ihrer blinden Nervosität sich selbst gefährden, zu beruhigen und zum Einstellen des Feuers zu zwingen.« Sechs Pferde waren infolge des Zwischenfalls durchgegangen, sonstige Verluste wurden nicht verzeichnet.[293] Ähnliche Erfahrungen machte man zeitgleich beim Artillerieregiment 10, das gerade aus Osów aufbrach. Auch hier schossen deutsche Soldaten blind aufeinander. »Vorerst macht es Mühe, ihnen beizubringen, dass es keinen Sinn hat, einfach in die Luft zu knallen. [...] Es ist fast ein Wunder, dass unsere Pferde unverletzt bleiben.«[294] In der Nacht vom 3. auf den 4. September befand sich der bereits zitierte Leutnant W. mit dem Infanterieregiment 102 in Błaszki:

290 »Ber. über die Kämpfe der 24. ID in Polen 1939«, 2. 9. 1939, BA-MA, RH26-24/1.
291 Oberst a. D. Hans L., »Bemerkungen zu Ber. Olbricht über PF (usw.)«, 5. 4. 1954, BA-MA, RH37/7535.
292 Lt. Hans W., KTB »Mit dem IR 102 im PF«, 2. 9. 1939, BA-MA, Msg1/1631.
293 »Feldzug gegen Polen des IR 20 der 10. ID«, 2. 9. 1939, BA-MA, RH37/6385.
294 Die I. Abt./AR 10 in Polen, Regensburg (o. J.), S. 29.

»Der Kommandeur ging mit mir in den Ort. Alles rief uns an. Aufregung. Eine Scheune ging in Flammen auf, rotgelbes Licht überm Ort. Mit aller Energie musste der Major einen ängstlichen Haufen, der an der Friedhofsmauer kauerte, hindern, auf uns zu schießen. In der Kirche seien die Freischärler, die geschossen hätten. Wi. kriegt einen polnischen Bauern am Schlafittchen, und in der einen Hand den Bauern, in der anderen die Pistole, durchstöbert er die Kirche. Ich gehe mit entsicherter Pistole in der Hand hinter ihm her. Das Bäuerlein zittert und ruft auf Polnisch: ›Nicht schießen. Wer drin ist, soll rauskommen.‹ Niemand ist da. Erleichtert gehen wir aus der Kirche, in deren dunklen Winkeln unsere Taschenlampen geisterten. Draußen auf dem Hof liegt ein Unteroffizier im Sterben. Er stöhnt. Plötzlich kracht es wieder. Man weiß nicht, woher. Mit einem Male wildes Geschieße, die Kugeln und Querschläger fitschen an Mauern und peitschen durch die Luft. Ekelhaft. Plötzlich schreit drüben einer auf. Als ich hingehe, liegt er im Gras am Zaun, schon ganz bleich. Niemand wusste mehr, wer geschossen hat. In ein paar Häuser fliegen Handgranaten. Einer mit Bauchschuss lag an der Straßenkreuzung. Er starb 15 Minuten später auch. Zwei Tote, zwei schwer Verletzte hatte das Bataillon. Sie wurden am nächsten Morgen begraben. Die Offiziere des Stabes schliefen in der Tenne einer Scheune, ich sehr tief und gut und hörte nichts mehr von den vereinzelten Nervositätsschüssen, die später noch fielen [...].«[295]

Offenbar hatte die Truppe in Blaszki den Überblick verloren. Die geringen Verluste, die der Zwischenfall auf deutscher Seite forderte, schließen eine Anwesenheit größerer Feindkräfte in der Ortschaft aus. Den dort eingesetzten deutschen Soldaten kam die Szenerie dennoch einem Hexenkessel gleich, in dem zwischen Freund und Feind nicht zu unterscheiden war. Kaum verwunderlich, dass in diesem Klima Freischärlermeldungen auch die Berichterstattung der im Bereich der 8. Armee an der Prosna eingesetzten Einheiten dominierten, wobei auch hier – wie bei der 10. Armee an der Liswarthe und bei der 14. Armee in den Beskiden – auf eine Differenzierung zwischen versprengten Soldaten und Zivilisten kein Wert gelegt wurde und die Kampfweise des Gegners sich entscheidend auf die Wahrnehmung der absendenden Stelle auswirkten. Bei der 3. und 4. Armee der Heeresgruppe Nord verzeichnete man ebenfalls Freischärlermeldungen, die ihren Ursprung in der gereizten Phantasie der dort eingesetzten Soldaten hatten.[296] Die irrige Wahrnehmung einer allgemeinen Erhebung der polnischen

295 Lt. Hans W., KTB »Mit dem IR 102 im PF«, 4. 9. 1939, BA-MA, Msg1/1631.
296 Sie werden in der vorliegenden Untersuchung im Zusammenhang mit den sofort eingeleiteten Maßnahmen gegen die Bevölkerung dargestellt, siehe S. 128–135, S. 140–142.

Bevölkerung gegen die deutschen Angreifer war demnach ein Phänomen, das zumindest in der ersten Septemberhälfte an allen Fronten des Polenkrieges auftrat.

Die deutschen Truppen, die in Polen 1939 eingesetzt waren, sahen in allen Landesbewohnern potentielle Feinde. Das Recht zur Landesverteidigung gestanden sie nur einer ausgewählten Gruppe zu, nämlich polnischen Einheiten, die nicht aus der Deckung heraus kämpften, sondern sich ihnen in offenen Formationen zum Kampf stellten. Gegnerische Soldaten, die sich aufgrund der sich rapide nach Osten verlagernden Frontlinie im rückwärtigen Armeegebiet der Wehrmacht wiederfanden, wurde der Kombattantenstatus ebenso aberkannt wie Wehrverbänden, die zwar nicht Teil der aktiven Truppe, nach geltendem Kriegsrecht aber dennoch zur Landesverteidigung berechtigt waren.[297]

Die Wut der Wehrmachtsoldaten aber richtete sich vor allem gegen Zivilisten, die ohne eigenes Zutun in die deutsche Kampflinie geraten waren. Sie wurden als Freischärler angesehen, auch wenn für eine Teilnahme am Kampf keine Beweise vorlagen. Die Reaktion der deutschen Soldaten auf die vermeintlich heimtückische polnische Kampfweise, die sie als Beleg der Minderwertigkeit des »slawischen Charakters« und somit als Bestätigung der Warnungen vor dem Angriff sowie alter Stereotype gegen den Osten und seine Bewohner werteten, ließ nicht auf sich warten. Ihr Zorn entlud sich in Brandstiftungen und Massenerschießungen von Zivilisten in polnischen Ortschaften sowie in der Tötung polnischer Soldaten unmittelbar nach der Gefangennahme.

---

[297] Neben den Verbänden der »Obrona Narodowa« zählten im Bereich der HGR Nord dazu auch die städtischen Bürgerwehren, siehe S. 135–139, S. 142–145.

4. Kapitel: »Freischärlerbekämpfung« bei der Heeresgruppe Süd

Der Kollektivverdacht, den man innerhalb des deutschen Invasionsheeres gegen die polnische Bevölkerung hegte, schlug vor Ort unmittelbar in kollektive Gewaltanwendung seitens der Wehrmachtsoldaten um. Aus denselben Räumen, aus denen die Beteiligung Einheimischer am Kampf gemeldet wurde, trafen alsbald auch die ersten Nachrichten von Übergriffen der Truppe ein. Es ist von entscheidender Bedeutung für die Beurteilung der im September von deutschen Soldaten verübten Gewalttaten, dass sie sich in den ersten Tagen und Wochen des Krieges vor Ort spontan entluden. Dabei griffen die Täter auf Methoden zurück, die nicht von höherer Stelle angeordnet worden waren und die bereits im Ersten Weltkrieg zum Repertoire deutscher und österreichischer Truppen zur Unterdrückung örtlichen Widerstandes gehört hatten.[298] Ortschaften wurden in Brand gesteckt, Einwohner noch während des Einmarsches in den Straßen erschossen, Handgranaten in bewohnte Häuser und in Keller geworfen, in die sich verschreckte Familien geflüchtet hatten. Oftmals wurden nachträglich aus Rache für den vermeintlichen Kampf aus dem Hinterhalt ortsansässige Männer ohne vorherige kriegsgerichtliche Untersuchung der Vorfälle erschossen. Im Verlauf solcher Gewaltakte kamen im gesamten Einsatzgebiet in den ersten Wochen des Krieges tausende polnische Zivilisten ums Leben. Diese völkerrechtswidrige Art der Kriegsführung gegen Zivilisten wurde von der überwiegenden Mehrzahl der deutschen Soldaten, aber auch von einigen ihrer Vorgesetzten, für ein legitimes Mittel der »Freischärlerbekämpfung« gehalten. Die postulierte Heimtücke von Slawen und Juden, die sich angeblich der deutschen Wehrmacht entgegenstellten, schien solch rigorose Maßnahmen von vorneherein zu rechtfertigen.

---

298 Zu Parallelen der deutschen Kriegsführung im Ersten und Zweiten Weltkrieg siehe S. 160–161.

Operationsgebiet der 14. Armee

Erstaunlicherweise sahen selbst Offiziere, die die wahren Hintergründe der unkontrollierten Schießereien der ersten Tage ahnten, die ungewöhnlich hohe Zahl ziviler Opfer im Einmarschgebiet als natürliche Folge des Krieges an. Leutnant G., der am 2. September die in seinem Einsatzgebiet immer wieder auftretenden Schusswechsel auf die Nervosität der deutschen Soldaten zurückgeführt hatte[299], vollzog am 3. September mit dem Stab des XVIII. Armeekorps einen Stellungswechsel von Jabłonka in das nördlich gelegene Rabka. Auf dem Weg hatte er Gelegenheit, die Wirkung der deutschen Maßnahmen gegen die verdächtigte Zivilbevölkerung zu beobachten: »Die Vormarschstraßen der Division sind deutlich zu erkennen. An endlosen Kolonnen und brennenden Häusern fahren wir vorüber, der Front zu [...]. Tote polnische Zivilisten liegen in den bizarrsten Verrenkungen im Acker neben der Straße. Spione und Heckenschützen. Alle sehen hin, bemerke ich, jedoch kaum einer verzieht das Gesicht. ›Krieg‹ – denkt jeder.«[300] In der Vorstellung des Leutnants konnten demnach beide Bilder – das der durch nervöse eigene Leute und das der durch unsichtbare Freischärler hervorgerufenen Schießereien – nebeneinander bestehen. Die Annahme einer hinterhältigen Beteiligung von Zivilisten am Kampf wirkte dabei offenbar so stark, dass Leutnant G. trotz seiner nüchterneren Einschätzung vom Vortag beim Anblick der zivilen Opfer keinerlei Zweifel plagten. In seinen Augen hatten sie ihr Schicksal selbst verschuldet.

Waren die Erschießungen und Verwüstungen zwischen dem 1. und dem 3. September 1939 im Marschgebiet des XVIII. Armeekorps tatsächlich lediglich zwar bedauerliche, aber unvermeidliche Begleiterscheinungen des Krieges? Polnische Nachkriegsermittlungen zeichnen ein anderes Bild: Am 2. September wählten Wehrmachtsoldaten aus der versammelten Einwohnerschaft in Rokiciny vier Männer aus und erschossen sie, ohne nähere Gründe anzugeben, eine Frau wurde bei einem Fluchtversuch getötet.[301] Die Ortschaft Klikuszowa wurde am selben Tag durch Feuer verwüstet, die Bauern Franciszek Lendecki und Józef Pępek wurden erschossen, weil eine deutsche Einheit durch polnische Streitkräfte unter Beschuss geraten war.[302] Aus demselben Grund wurden in Niedźwiedź am 3. September vier Häuser mit vier darin befindlichen Personen niederge-

---

299 Siehe S. 60–61.
300 Lt. G. (Feldpost-Nr. 18088), Ber. »Erlebnisse in Polen«, BA-MA, RH53-18/146.
301 Kotarba, Zbrodnie, S. 174; die Namen von drei der Erschossenen ebd., S. 178.
302 Ebd., S. 171, S. 178.

brannt.[303] Ebenfalls an diesem Sonntag zerstörten die einmarschierenden deutschen Truppen in Skomielna Biała 80 Gebäude und erschossen 14 Einwohner, die in Verstecken Schutz gesucht hatten.[304] Nahe dieser Ortschaft wurden zwei polnische Männer auf Befehl von Leutnant Walter L., dem Kommandeur der 2. Schwadron des Kavallerie-Schützenregiments 11, ohne weitere Umstände liquidiert: »Ein Zivilist, der auf unsere Leute aus dem Hinterhalt schoss, wird eingeliefert. [...] Ich muss feststellen, dass in dem Kerl kein Leben mehr ist, er ist nur mehr ein menschenähnliches Bündel. An einen Baum gelehnt ereilt ihn das Schicksal. Wenig später muss an der gleichen Stelle ein zweiter Franktireur ebenfalls justifiziert werden.«[305] Am Vortag hatte Leutnant L. sich und seine Offiziere als »höchste richterliche Instanz über Leben und Tod« in seinem Einsatzbereich bezeichnet.[306] »Entschieden eine Fehlzüchtung, das Volk auf diesem Erdenfleck!«, urteilte er dagegen über die von seinen Anordnungen betroffenen Landeseinwohner.[307]

Der bloße Verdacht einer Beteiligung am Kampf reichte für Leutnant L. aus, um polnische Zivilisten an Ort und Stelle ohne Verfahren erschießen zu lassen. Eine Vorausabteilung der Schwadron von Leutnant Walter L. sah sich zumindest dazu veranlasst, die Brandstiftungen in ihrem Bereich unter Hinweis auf höhere Weisung zu rechtfertigen. Sie hatte am 3. September im wenige Kilometer südlich gelegenen Chabówka – angeblich von Zivilisten – Feuer erhalten, »Pionier-Zug und Teile der 6. Schwadron räumen auf. Häuser werden angezündet (auf Grund eines Befehles über Verhalten gegen Franktireure).«[308] Ein Befehl zum Anzünden von Häusern zur »Freischärlerbekämpfung« ist allerdings aus dem gesamten Einsatzgebiet der Heeresgruppe Süd nicht überliefert. In Olszówka wurden an diesem Tag 13 Personen aus Rache für einen gefallenen deutschen Offizier getötet, 18 Gehöfte gingen in Flammen auf. Im Rahmen einer von der Wehrmacht durchgeführten Untersuchung stellte sich heraus, dass die Kugel, die den Offizier getötet hatte, aus einer deutschen Waffe abgefeuert worden war.[309] Die Ortschaft Raba Niżna wurde im September 1939 zu 80 Prozent zerstört[310], das zehn Kilometer östlich gelegene Jordanów zu 65 Prozent.[311]

303 Ebd.

304 Datner, 55 dni, S. 182; Kotarba, Zbrodnie, S. 171; die Namen der Opfer ebd., S. 179.

305 Lt. Walter L., Ber. »Die 2. Schwadron des Kav.-SR 11 im Kampfe gegen Polen«, 3. 9. 1939, BA-MA, RH53-18/148.

306 Ebd., 2. 9. 1939.

307 Ebd., 4. 9. 1939.

308 II./Kav.-SR 11 (KTB, auszugsweise Abschrift), 3. 9. 1939, BA-MA, RH37/6585.

309 Kotarba, Zbrodnie, S. 171; Namen der Opfer ebd., S. 178.

310 Datner, 55 dni, S. 76; Kotarba, Zbrodnie, S. 170.

311 Kotarba, Zbrodnie, S. 169.

Dr. A. von der Propagandakompanie 621 brachte nachträglich auf den Punkt, warum sich die deutschen Truppen zu einem solchen Vorgehen berechtigt sahen. Nach seiner Einschätzung hatte das polnische Heer seine Soldaten als Zivilisten verkleidet, die – für die deutschen Truppen unsichtbar – aus Häusern heraus und von Bäumen herab das Feuer auf die deutsche Truppe eröffneten: »Posten wurden aus dem Hinterhalt abgeknallt, aus den Häusern beschossen, ununterbrochen knatterte Kleingewehrfeuer aus den Wäldern.«[312] Es könne daher, so Dr. A., nunmehr keine Rücksicht mehr genommen werden. Sein Kollege Dr. Alfred D. machte dagegen sowohl versprengte Soldaten und Soldaten in Zivil als auch Zivilisten für die Angriffe auf die deutschen Truppen verantwortlich. Bezeichnenderweise lagen damit für ihn »grobe Verletzungen des Völkerrechtes« vor, denen »mit scharfen Maßnahmen« begegnet werden müsse.[313] Dabei konnte zumindest regulären polnischen Soldaten die Fortführung des Kampfes hinter den feindlichen Linien nicht zum Vorwurf gemacht werden. Brandstiftung von Häusern entlang der Vormarschstraße schien Dr. Alfred A. dagegen gerechtfertigt: »In manchen Fällen wurde es erforderlich, die Banditennester auszuräuchern. Die primitiven Holzhäuser gingen sehr rasch in Flammen auf.«[314] Leutnant L., der Kommandeur der Schwadron, die bei Skomielna Biała Selbstjustiz an zwei Zivilisten praktiziert hatte, bezeichnete das brennende Jordanów salopp als »die erste menschliche Siedlung, die einer Fackel gleicht. Von Stunde an begleitet uns dieses Schauspiel bei Tag und bei Nacht.«[315] Brigadegeneral Franciszek Skibiński, dessen 10. Kavalleriebrigade Anfang September im Vormarschstreifen des XVIII. Armeekorps Stellung bezogen hatte, hielt nach dem Krieg dagegen fest, die Zerstörung polnischer Ortschaften durch Feuer habe seiner Auffassung nach eher dem Zweck gedient, das Chaos auf polnischer Seite zu vergrößern und nebenbei den vorrückenden deutschen Einheiten eine nächtliche Beleuchtung des Kampfgebietes zu schaffen.[316]

---

312 Dr. A. (Prop.-Kp. 621), Ber. »Mit den schwarzen Teufeln der Ostmark in Feindesland«, BA-MA, RH53-18/147.

313 Dr. Alfred D. (Prop.-Kp. 621), Ber. »Mit Panzerwagen durch Galizien«, BA-MA, RH53-18/147. Den vermeintlichen Widerstand bezeichnete er dabei als »eine Handlungsweise, wie sie vom Vormarsch im August 1914 durch Belgien noch in Erinnerung ist«, ebd. Auf Parallelen zwischen dem Einmarsch der Reichswehr 1914 in Belgien und der Wehrmacht 1939 in Polen wird noch an anderer Stelle ausführlicher eingegangen, siehe S. 160–161.

314 Ebd.

315 Lt. Walter L., Ber. »Die 2. Schwadron des Kav.-SR 11 im Kampfe gegen Polen«, 1. 9. 1939, BA-MA, RH53-18/148.

316 Skibiński, 10 brygada kawalerii, S. 245–246.

Auch die Einheiten der 2. Gebirgsdivision, die sich auf ihrem Weg von der polnisch-slowakischen Grenze entlang des Dunajec überall Angriffen durch Freischärler ausgesetzt glaubten, führten in ihrem Vormarschstreifen Erschießungen und Brandstiftungen durch. Am 3. September töteten sie in Zabrzeż Antoni Myjak, Antoni Rozmus und Szymon Stater.[317] Tags darauf wurden einige Einwohner Tylmanowas von deutschen Soldaten erschossen, 20 Gehöfte gingen in Flammen auf, auf Flüchtende wurde gezielt das Feuer eröffnet.[318] Neu Sandez erreichten die Truppen der 2. Gebirgsdivision in den Mittagsstunden des 5. September. Ein von Major Bolesław Miłka angeführter Verband der 2. polnischen Gebirgsbrigade hatte den Auftrag erhalten, die Stadt unter allen Umständen zu halten.[319] In den vorgelagerten Dörfern auf dem östlichen Flussufer stießen die deutschen Truppen auf ersten örtlichen Widerstand. Besonders heftige Kämpfe entspannen sich dabei rund um die Ortschaft Świniarsko.[320] Trotz der Anwesenheit polnischen Militärs in Neu Sandez und Umgebung sahen die Soldaten der 2. Gebirgsdivision auch hier nur Freischärler am Werk: »Das müsste einen Riesenspaß geben, mit der Pistole in der Hand in die Häuser einzudringen und die verdammten Zivilisten-Schweine zu stellen«, sinnierte ein Leutnant beim Anblick der brennenden Ortschaft vor seinen Männern, »und wir alle verstanden diesen Kampfesmut. [...] Es ging uns daher auch ein geheimer Wunsch in Erfüllung, als es plötzlich hieß: ›Fertigmachen! [...]‹«[321]

Die Unübersichtlichkeit des Kampfgebietes trug dazu bei, dass den deutschen Soldaten die Identifizierung des Gegners Schwierigkeiten bereitete. War dieser in den ersten Kriegstagen kaum zu sichten gewesen, so standen sie ihm nun erstmals im Orts- und Häuserkampf direkt gegenüber. Für Oberleutnant M. glich die Gegend östlich von Neu Sandez einem Hexenkessel: »Gerade will ich das Zeichen zum Weitermarsch geben, [da] fallen aus den Häusern, etwa 50 Meter von der Straße entfernt, Schüsse. Die Geschosse pfeifen über uns hinweg, Heckenschützen, getroffen wird niemand. [...] Überall flammen Brände empor, hervorgerufen durch Geschosse und Handgranaten und beleuchten unseren Weg, auf dem die dunkle Kolonne sich vorwärts bewegt, ein gutes Ziel für die Heckenschützen. [...] In den Häu-

---

317 Kotarba, Zbrodnie, S. 174, S. 179.

318 Ebd.

319 Radomski, Kampania, S. 283.

320 Diese Ereignisse sind nicht zu verwechseln mit einem polnischen Feuerüberfall auf deutsche Einheiten, der sich zwei Tage später in Świniarsko ereignete, Sznee, Sądecczyzna, S. 257.

321 Kanonier H. K. (GJR 137), Ber. »Heckenschützen-Krieg – schon damals« (überarb. Fassung des Berichtes »Franktireurkrieg«, siehe Anm. 323), BA-MA, RH53-18/146.

sern ist niemand, alle sind geflohen aus Angst vor den Deutschen, verhetzt und belogen.«[322]

Auch Oberleutnant M. identifizierte den Gegner anhand seiner Kampfweise als »Heckenschützen«. Ob er damit allerdings polnische Soldaten meinte oder polnische Zivilisten, ist seinem Bericht nicht zu entnehmen. Die Flucht der Einwohner könnte – entgegen der Meinung des Gebirgsjägers M. – mit der Tatsache zu tun gehabt haben, dass die deutschen Soldaten vor Neu Sandez, etwa in Świniarsko, rigoros gegen Zivilisten vorgingen. Dabei ging »Haus um Haus [...] in Flammen auf ... «[323] Doch nicht nur Brandstiftungen forderten zahlreiche Opfer unter der Zivilbevölkerung von Świniarsko. Polnische Augenzeugen versicherten nach dem Krieg übereinstimmend, die deutschen Verluste seien ausschließlich durch die sich aus der Ortschaft zurückziehenden polnischen Truppen verursacht worden. Nichtsdestotrotz führten die deutschen Einheiten in der Nacht vom 5. auf den 6. September sieben polnische Männer vor das Denkmal der Schlacht bei Tannenberg und erschossen sie an Ort und Stelle. Tags darauf brannten sie einige Gebäude nieder und führten weitere Erschießungen durch. Insgesamt starben in Świniarsko am 5. und 6. September 17 Zivilisten, darunter fünf Frauen.[324]

Für Kanonier H. stellten die deutschen Übergriffe lediglich eine ebenso verständliche wie notwendige Reaktion darauf dar, dass die Häuser der Ortschaft »von verhetzten Franktireurs zu kleinen Festungen ausgebaut« worden waren. Verwundert hielt er in seinem Bericht fest, dass eine Gruppe gefangener Zivilisten, die sich am Kampf beteiligt haben soll – »meist junge, oft kaum 20-jährige Burschen waren darunter, neben schmutzigen fragwürdigen älteren Subjekten« –, von ihren Bewachern nicht an Ort und Stelle erschossen wurde. »Das Richtige wäre für sie die sofortige Hinrichtung gewesen. – Aber der sollten sie ja doch nicht entgehen. Bald darauf machten wir uns fertig, verlasteten Geschütze und Munition und warfen einen letzten Blick auf das brennende Dorf, an dessen Untergang seine verblendeten Bewohner selbst Schuld waren.«[325]

Auch andere Ortschaften östlich von Neu Sandez wurden niedergebrannt. Zudem bekamen die in ihnen verbliebenen Einwohner die Wut deutscher Soldaten zu spüren, die sie für die heftige polnische Gegenwehr verantwort-

---

322 Ober-Lt. M. (10./GJR 136), Ber. »Vormarsch in Galizien«, BA-MA, RH53-18/149.

323 Kanonier H. K. (GJR 137), Ber. »Franktireurkrieg«, BA-MA, RH53-18/149. Die Auslassungszeichen am Ende des Zitates stammen vom Verfasser des Berichts.

324 Kotarba, Zbrodnie, S. 172. Die Namen der Opfer ebd., S. 179. Namen der Zeugen bei Datner, 55 dni, S. 240.

325 Kanonier H. K. (GJR 137), Ber. »Franktireurkrieg«, BA-MA, RH53-18/149.

lich machten. Am 5. September wurden in Brzyna Anna und Jan Czajka getötet, in Kadcza der 70-jährige Jan Turek und in Stadła Anna Dyrek sowie die 79-jährige Prakseda Skrzymowska.[326] Jan und Józef Kozub sowie Adam Ogar fielen deutschen Übergriffen in Roztoka zum Opfer, in ein Haus warfen Wehrmachtsoldaten Handgranaten.[327] Oberjäger P. hielt nachträglich fest: »Hundert Meter vor uns dicht an der Straße stehen einige Bauernhäuser, wenn man sie überhaupt so nennen darf. Schon wissen wir was los ist [...]. Nach zehn Minuten fiel auf der Gegenseite kein Schuss mehr. Die Kerle werden aus ihren Verstecken herausgeholt und nach rückwärts gebracht. Es sind Zivilisten, darunter auch Weiber. Man sieht, wie weit die Verhetzung des polnischen Volkes gegangen ist.«[328] Für die Einäscherung ihrer Ortschaften gab man den Einwohnern selbst die Schuld. Der Gebirgsjäger Alois B. beobachtete in der Nacht vom 5. auf den 6. September die Brandstiftungen und kommentierte: »Immer lebhafter wurde die Knallerei vor Neu Sandez, einige Häuser vor uns gingen in Flammen auf, blutig stiegen die Rauchsäulen zum Himmel empor. Wir konnten uns schon wieder denken, dass die aufgehetzte Bevölkerung wieder aus ihren Häusern schoss. Die gerechte Strafe dafür war, dass ihre Häuser abgebrannt wurden.«[329] Kanonier W. vom Gebirgsartillerie-Regiment 111 sah das ähnlich: »Die feigen Hecken[-] und Häuserschützen die aus dem Hinterhalt so viele Kameraden ermordeten, wurden zu einer der größten Gefahren für die rasch vorgehenden Truppen. Aber auch sie entgingen ihrem Schicksal und der gerechten Strafe nicht und wurden mit ihren Häusern ein Raub der Flammen.«[330] Befriedigt bemerkte der Jäger Robert L. am 6. September: »Vor Neu Sandez sieht man eine Menge niedergebrannter Häuser. Hier wurde von den Zivilisten sehr stark auf uns geschossen. Wie wir durchkommen ist es schon ruhig, die Truppen vor uns haben schon tüchtig Ordnung gemacht.«[331]

Solcherart freimütige Eingeständnisse rücksichtslosen Vorgehens der Einheiten der 2. Gebirgsdivision in den Vororten von Neu Sandez lassen erahnen, dass es sich bei den von polnischen Behörden nach dem Krieg ermittelten Übergriffen lediglich um die Spitze des Eisbergs handelt. Auf

---

326 Kotarba, Zbrodnie, S. 174, S. 179.

327 Ebd., S. 174; Namen der Opfer ebd., S. 180.

328 Oberjäger Hans P. (10./GJR 136), Ber. »Zwei Tage aus dem polnischen Feldzug«, BA-MA, RH53-18/149.

329 Gebirgsjäger Alois B. (leichte Inf.-Kolonne 136), Ber. »Aus dem Polenkrieg einer mot. Kolonne«, BA-MA, RH53-18/18.

330 Kanonier W. (Nachrichtenzug III./GAR 111), Ber. »Tiroler schwere Gebirgsartillerie im Polenfeldzug«, BA-MA, RH53-18/17.

331 Jg. Robert L. (Dienststelle 19216), Ber. »10 Tage aus dem TB eines Gebirgsjägers«, 6. 9. 1939, BA-MA, RH53-18/151.

ihrem Vormarsch entlang des Dunajec hatten die Gebirgstruppen zwar eine allgegenwärtige »Freischärlergefahr« verspürt. Da auf deutscher Seite jedoch kaum Verluste und nur sporadische Feindberührungen zu verzeichnen waren, scheinen Ausschreitungen gegen die polnische Bevölkerung dort in den ersten Kriegstagen in einem eher geringen Umfang vorgekommen zu sein. Anders gestaltete sich die Situation vor Neu Sandez. Hier gesellte sich zu der Furcht vor polnischen Heckenschützen die reale Begegnung mit polnischen Truppen, die die Stadt aus den Vororten heraus verteidigten. Zum ersten Mal in einer ernsthaften Kampfsituation betroffen, verbanden die Gebirgsjäger den örtlichen Widerstand mit dem tiefen Misstrauen, das sie gegen die Bevölkerung hegten, erschossen ohne Umstände verdächtige Personen und brannten deren Häuser nieder.

Auf ihrem Marsch weiter in Richtung Osten wurden solche Erschießungen und Brandstiftungen bei den Einheiten der 2. Gebirgsdivision zur Routine. In seinem Bericht über die Zerstörung von Bircza am 12. September vermerkte der Unteroffizier M.: »An einzelnen Stellen ist der Himmel rot von brennenden Häusern. Entweder hatten die Polen sie selbst angezündet, oder sie sind als gerechte Vergeltung von uns in Brand gesetzt worden, weil Heckenschützen daraus schossen.«[332] Das Gefecht um Bircza selbst ist in einer detaillierten Schilderung des Gefreiten F. von der 11. Kompanie des Gebirgsjägerregiments 137 überliefert. Von einer Nervosität im ersten Einsatz ist darin nicht mehr viel zu spüren. In den ersten zwei Kriegswochen hatte er bereits reichlich Erfahrung im Kampf mit polnischen Truppen gesammelt. Daran, dass seine Einheit auch in Bircza regulären polnischen Truppen gegenüberstand, lässt der Bericht keinen Zweifel. Dennoch wurden bei der ersten sich bietenden Gelegenheit einige Zivilisten verhaftet, deren Schicksal der Gefreite nicht weiter erwähnt.[333] Danach befand sich die 11. Kompanie in den Hügeln vor Bircza in einem andauernden Feuergefecht mit polnischen Einheiten.[334] Plötzlich wurde ein Oberleutnant nahe einem polnischen Gehöft tödlich verwundet.[335] Während der Gefreite F. die vorangegangenen Kampfhandlungen minutiös schildert, reicht ihm die Tat-

---

332 Uffz. M. (8. Battr./GAR 111), Ber. »Der Tag von Bircza«, 12.9. 1939, BA-MA, RH53-18/17.

333 Gefr. F. (11./GJR 137), Ber. »Fronterlebnisse«, BA-MA, RH53-18/146.

334 Bei Bircza stellten sich am 12. 9. 1939 die polnische 24. ID und die polnische 2. GB dem Vormarsch der deutschen 2. GD entgegen, Kosior, Armia »Karpaty«, S. 102–103.

335 »Dann gab uns der Oberleutnant den Befehl wir sollen uns nach rechts verschieben hinunter zum Haus, wo wir glücklich hinunter gekommen sind. Dort wurde [der] Oberleutnant von einem Zivilisten erschossen«, Gefr. F. (11./GJR 137), Ber. »Fronterlebnisse«, BA-MA, RH53-18/146.

sache aus, dass der Oberleutnant in der Nähe eines Hauses gefallen war, um den Tod des Vorgesetzten einem Zivilisten anzulasten. Die in seinen Augen gerechte Strafe folgte augenblicklich: »Wir zündeten das Gebäude an und warteten ab, bis die Zivilisten heraus kamen. Ich erschoss sie und dann mussten wir uns zurückziehen durch ein fürchterliches Feuer und fanden die Kompanie in Pirtscha [Bircza].«[336]

Die Offenheit, mit der der Gefreite F. diese Gewalttat schildert, ist verblüffend. Das Töten von Zivilisten war innerhalb der Truppe mittlerweile ein ebenso selbstverständlicher Vorgang wie die Einäscherung von Ortschaften. Kampfhandlungen in der Nähe polnischer Behausungen konnten jederzeit das Todesurteil für diejenigen bedeuten, die sich gerade darin aufhielten. Ebenfalls recht unverblümt schilderte ein Tiroler Gebirgsjäger seine einschlägigen Erfahrungen im »Heckenschützenkrieg«: »Es wird dunkel und da kommen wir zu einer Ortschaft. Eigentlich waren es nur drei Häuseln an einer Hügellehne. Das eine hat so ausgesehen, dass ich mir gedacht hab, da drinnen gibt's Milch und Butter und Kas, da wirst was ›requirieren‹. Auf einmal kracht's aus dem Haus, ganz deutlich seh' ich das Mündungsfeuer. Nun haben wir dagegen bald ein Mittel g'habt. Zuerst einmal zwei, drei Handgranaten eini, und da haben halt die Häuseln immer gleich brennt. So war's auch da und wieder war es nichts mit dem Kas!«[337]

Auch den Soldaten des Gebirgsjägerregiments 98 der 1. Gebirgsdivision, die ihr Versagen im Gefecht bei Równe auf den polnischen »Franktireurkrieg« zurückgeführt hatten[338], schien Brandstiftung als Mittel der »Freischärlerbekämpfung« legitim: »[Olszanica] selbst war zum großen Teil abgebrannt. Einzigartig war das Bild der Mauerreste und herausragenden, verkohlten Dachsparren, die sich als Silhouetten gegen den Feuerschein im Hintergrund gespenstisch abhoben: Brandzeichen einer siegreich vorstürmenden Truppe.«[339]

Operationsgebiet der 10. Armee

Die Verhaltensmuster, die bei den Gebirgstruppen der 14. Armee in der ersten Septemberhälfte zu beobachten waren, traten auch andernorts auf. Brandstiftungen und Erschießungen führte die Wehrmacht im September

---

336 Ebd.
337 Anonymer Ber. »Wie ein Tiroler um sein Nachtmahl kam«, BA-MA, RH53-18/153.
338 Siehe S. 68–69.
339 »GJR 98 im polnischen Feldzug«, 10. 9. 1939, BA-MA, MSg2/3471, Bl. 9.

1939 in allen Einsatzräumen durch und begründete sie mit der angeblich feindlichen Haltung der Bevölkerung. Die zwischen den Flüssen Warthe und Liswarthe vorstoßende 19. Infanteriedivision, die als Verband des XI. Armeekorps der 10. Armee unterstand, lieferte sich bereits in den ersten zwei Septembertagen heftige Kämpfe mit der polnischen 83. Infanteriedivision der Armee »Lodsch«. Im Raum Zimnowoda und Parzymiechy nahmen ihre Einheiten den Feind dennoch abwechselnd als eine anonyme Masse aus polnischen Soldaten in Zivil, versprengten polnischen Einheiten hinter der Front oder aus bewaffneten Zivilisten wahr.[340]

Ein Teil der Einwohner von Zimnowoda und Parzymiechy war aufgrund der sich bedrohlich nähernden Frontlinie bereits am ersten Tag des Krieges aus den Ortschaften geflohen.[341] Die Zurückgebliebenen erlebten den Einmarsch der deutschen Truppen als albtraumhaftes Szenario: Einige wurden aus ihren Häusern geholt und in verschiedene Richtungen aus den Ortschaften verschleppt. Eine zehnköpfige Gruppe wurde im nahe gelegenen Ort Grabarze in ein Haus gesperrt und mitsamt dem Gebäude verbrannt, andere wurden zunächst nach Kreuzburg (Kluczbork) und später ins Deutsche Reich deportiert, von wo sie erst nach einigen Wochen zurückkehrten. Der Ortspfarrer, der Vikar und der Organist von Parzymiechy wurden aus Rache dafür, dass polnische Soldaten angeblich vom Kirchturm aus geschossen hatten, in Jaworzno getötet.[342] Parzymiechy und Zimnowoda wurden niedergebrannt, ein großer Teil ihrer Einwohner kam im Feuer um oder wurde von Wehrmachtsoldaten erschossen.[343]

Polnische Augenzeugen, die 1964 zu den Vorgängen in Parzymiechy und Zimnowoda befragt wurden, vermitteln das Bild einer deutschen Truppe, die in der Hitze des ersten Gefechtes vollkommen die Übersicht verloren hatte: »Meine Mutter wurde am 1. September mit einer Gruppe von 100 Leuten von deutschen Soldaten auf das Feld (zwischen Zimnowoda und

---

340 Siehe S. 70–71.

341 Vgl. hierzu und zu den folgenden Ausführungen Bojarska, Zbrodnie, S. 218–222.

342 Im nächsten Jahr wurden die Leichen exhumiert und auf den Friedhof von Parzymiechy überführt, Pietrzykowski, Hitlerowcy, S. 10.

343 Die Zahl der Opfer wird für Parzymiechy von einigen Zeugen mit 145–170 angegeben (eine Zeugin – Bronisława Mirowska, spricht von insgesamt 285 Opfern, ohne jedoch Belege anzuführen), für Zimnowoda mit ca. 40 (bei Röhr, Okkupationspolitik, S. 346 sind 41 Opfer vermerkt). Dabei handelt es sich zum Teil um Schätzungen von Augenzeugen, die bei der Bergung der Leichen beteiligt waren, nicht aber um das Ergebnisse staatsanwaltlicher Untersuchungen. Sie sind daher als nicht gesichert anzusehen. Unter den Opfern befanden sich aber ohne Zweifel sowohl Kleinkinder und Säuglinge als auch Frauen und alte Menschen. Vgl. IZ, Dok. III-122, Zbrodnie Wehrmachtu w Parzymiechach, Zimnowodzie i Załęczu pow. Kłobuck, woj. katowickie, wrzesień 1939. Die Namen von 11 Opfern in Zimnowoda, darunter drei Kinder im Alter von 3, 5 und 12 Jahren, bei Datner, 55 dni, S. 164.

Karcze] geführt. Dort sollten alle Männer erschossen werden, weil in der Gegend ein Schuss gefallen war. Unmittelbar vor der geplanten Exekution erschien ein deutscher Soldat und sagte, dass er es gewesen sei, der geschossen hätte.« Die Exekution wurde daraufhin ausgesetzt, die Gefangenen in das Deutsche Reich verschleppt.[344]

Apolonia Kuc berichtet, dass eine weitere Exekution in Zimnowoda am 1. September durch das Einschreiten eines deutschen Offiziers verhindert wurde.[345] Zofia Wieczorek erinnert sich an einen ähnlichen Zwischenfall: »In mein Haus kamen an diesem Tag viele Leute [weitere Einwohner von Zimnowoda] – etwa 25. Deutsche Soldaten befahlen uns dann, aus dem Haus zu kommen und uns an der Hofmauer aufzustellen. Wir waren uns sicher, dass sie uns erschießen würden, weil kurz zuvor auf unserem Hinterhof ein Schuss abgefeuert worden war. Da kam ein deutscher Offizier auf den Hof gestürzt und befahl, uns gehen zu lassen. Er sagte, wir seien unschuldig. Der Schuss, der vor einer Weile auf dem Hinterhof gefallen war, sei von deutschen Soldaten abgegeben worden.«[346]

Um Mitternacht desselben Tages brachte man Bronisława Mirowska mit ihren Kindern zu einem Offizier, der in Parzymiechy in einem Straßengraben Stellung bezogen hatte und von dort aus Befehle erteilte. Der Soldat, der Bronisława Mirowska eskortiert hatte, bemerkte: »Das sind nur arme Arbeitsleute.« Der Vorgesetzte erwiderte: »Das alles ist polnischer Mist. Morgen alle erschießen.« Weitere zwei Male wurde die Zeugin in dieser Nacht dem Offizier vorgeführt, beim dritten Mal schrie dieser erbost: »Fort damit! Morgen alle erschießen!« Bronisława Mirowska konnte am nächsten Tag in das nahe gelegene Zajączek entkommen.[347]

Tags darauf befand sich eine Gruppe Zivilgefangener in Julianpol, wohin man sie in den frühen Morgenstunden vom fünf Kilometer entfernten und bereits durch Feuer zerstörten Zimnowoda gebracht hatte. Deutsche Soldaten, die in Militärfahrzeugen angefahren kamen, zwangen die Gruppe, sich

---

344 ZA Piotr Kuc, 4. 7. 1963, IZ, Dok. III-122, dort auch alle im Folgenden zitierten Berichte polnischer Überlebender zu Zimnowoda und Parzymiechy. Diese sind nicht als das Ergebnis einer juristischen Ermittlung, sondern einer wissenschaftlichen Untersuchung der Ereignisse durch Barbara Bojarska, einer Mitarbeiterin des polnischen Westinstituts in Posen, entstanden. Die Befragten wurden nicht vereidigt und mussten zu keinem Zeitpunkt juristische Konsequenzen hinsichtlich ihrer Aussagen fürchten. Die Ortschaften Parzymiechy und Zimnowoda lagen so nahe der damaligen Reichsgrenze, dass ein Großteil der befragten Personen über hinreichende Deutschkenntnisse verfügte, um die Anordnungen und Gespräche ihrer Peiniger zu verstehen.
345 ZA Apolonia Kuc, 4. 7. 1963.
346 ZA Zofia Wieczorek, 4. 7. 1963.
347 ZA Bronisława Mirowska, 3. 7. 1963.

in einer Reihe aufzustellen, schrien erregt auf sie ein (»Bande, Mist«) und brachten vor ihnen ein Maschinengewehr in Stellung. Ein deutscher Offizier zu Pferde erschien noch gerade rechtzeitig, um das Schlimmste zu verhindern: »Er schrie bereits von weitem ›Halt, halt! Ihr Schweine! Fahren Sie weiter!‹ Ich verstand, wie er [den Soldaten] erklärte, dass wir unschuldig seien. Unter uns befanden sich viele Frauen und Kinder. [...] Der deutsche Soldat, der unserer Gruppe als Begleitung zugeteilt war, nahm uns ebenfalls in Schutz, aber die Soldaten in den Fahrzeugen sagten: ›Halt dein Maul, du kannst auch hier liegen bleiben so wie der polnische Mist!‹« Auch dieses drohende Massaker wurde jedoch – offenbar aufgrund des Eingreifens der beiden Soldaten – nicht ausgeführt.[348]

Ebenfalls am 2. September befand sich Jan Piątek mit etwa 40 Mitgefangenen in Parzymiechy. Nachdem man ihnen mehrfach mit Erschießung gedroht hatte, wurden sie im Wald bei Raciszyn einem deutschen General[349] mit der Angabe vorgeführt, sie hätten von der Kirche aus auf deutsche Soldaten geschossen. Der General fragte: »Wer hat geschossen, etwa diese Frauen und Kinder? Vielleicht hat der Erste [in der Reihe] dort, der Zweite da oder der Letzte geschossen, aber nicht alle.« Die Gefangenen wurden daraufhin namentlich erfasst, die Namen der drei vom General bezeichneten Personen mit Rotstift markiert. Die Gefangenen wurden nach Jaworzno gebracht.[350]

So viel Glück hatten jedoch nicht alle Einwohner von Parzymiechy und Zimnowoda. Etliche von ihnen, hauptsächlich Männer, aber auch Frauen und Kinder, fielen einzelnen Erschießungen zum Opfer.[351] In keinem der polnischen Augenzeugenberichte und in keinem der seitens der Wehrmacht überlieferten Zeugnisse ist von Waffenfunden oder der Einrichtung von Standgerichten in den Ortschaften die Rede. Durch Parzymiechy hatten sich noch in den frühen Morgenstunden des 1. September versprengte polnische Einheiten zurückgezogen, die Kampfhandlungen dauerten dort den ganzen Tag über an und kosteten viele deutsche Soldaten das Leben.[352] In Zimnowoda starben nach polnischen Angaben nur vier deutsche Soldaten[353], da

348 ZA Zofia Wieczorek, 4. 7. 1963.

349 Hierbei handelte es sich möglicherweise um einen der beiden Kd.Gen. der 18. bzw. 19. ID, Friedrich-Karl Cranz oder Günther Schwantes.

350 ZA Jan Piątek, 4. 7. 1963. Was mit den Männern geschah, deren Namen markiert wurden, ist aus den Unterlagen nicht ersichtlich.

351 ZA Piotr Kuc, 4. 7. 1963/Apolonia Kuc, 4. 7. 1963/Edward Ladra, 4. 7. 1963/Janina Sendal, 4. 7. 1963/Stefania Skorowek, 4. 7. 1963/Eleonora Ladra, 4. 7. 1963/ZA Bronisława Mirowska, 3. 7. 1963/Wincentyna Sypicka, 3. 7. 1963.

352 ZA Piotr Kuc, 4. 7. 1963. Siehe auch S. 70–71.

353 ZA Piotr Kuc, 4. 7. 1963. Zumindest der Tod des Kdr. des IR 73, Oberst-Lt. Hoehne, ist

dort im Gegensatz zum Nachbarort kaum Kämpfe stattfanden.[354] Weitere Augenzeugen sagten aus, dass von Seiten der Zivilbevölkerung damals kein Schuss abgefeuert worden sei[355], keiner der Augenzeugen berichtet hingegen von einer Beteiligung der Bevölkerung am Kampf.

Die meisten Opfer unter der Zivilbevölkerung von Parzymiechy und Zimnowoda forderten allerdings nicht die Erschießungen, für die bevorzugt polnische Männer herangezogen wurden, sondern die Brandstiftungen durch deutsche Soldaten. Dabei töteten sie wissentlich Menschen, die ihnen eigentlich am unverdächtigsten hätten erscheinen müssen: Säuglinge, Kinder, Frauen sowie alte und gebrechliche Menschen. Die meisten vor Ort Verbliebenen hatten sich in den Kellern ihrer Häuser verborgen. Die deutschen Einheiten zerstörten am 1. September beide Ortschaften systematisch unter Einsatz von Phosphor und Handgranaten.[356] Im Kriegstagebuch des II. Bataillons des Artillerieregiments 19 rechtfertigte man die Übergriffe als angebliche Präventivmaßnahme: »Um sich vor weiteren Angriffen [der Zivilbevölkerung] zu schützen, werden die Orte niedergebrannt.«[357]

Aus den zitierten Schilderungen polnischer Überlebender lässt sich ein Moment ablesen, das sich entscheidend auf das Verhalten der kampfunerfahrenen Soldaten auswirkte: Offenbar wurden ihnen seitens ihrer direkten Vorgesetzten keine einheitlichen Handlungsanweisungen vorgegeben, an denen sie sich hätten orientieren können. Um den Amoklauf deutscher Einheiten zu stoppen, hätte es mit dem Auftreten der ersten Übergriffe sofortiger klarer Anweisungen von oben ebenso bedurft wie der Einleitung kriegsgerichtlicher Verfahren gegen Soldaten, die in polnischen Ortschaften Brand stifteten und Zivilisten töteten. Die Truppenvorgesetzten selber jedoch waren über die notwendigen Maßnahmen offenbar geteilter Ansicht. Ihre Haltung schwankte zwischen dem Versuch, Exekutionen – etwa unter Hinweis auf deutsche Soldaten als die wahren Urheber ungeklärter Schusswechsel – zu verhindern und der Anordnung von summarischen Erschießungen ohne kriegsgerichtliche Untersuchung. Dazwischen findet sich

nach deutschen Quellen durch einen Artillerietreffer erfolgt, 19. ID, Führungs-Abt. Ia (KTB Polen), 1. 9. 1939, BA-MA, RH26-19/2, Bl. 4; 19. ID (KTB PF/Westfeldzug), 1. 9. 1939, BA-MA, RH26-19/32.

354 ZA Edward Ladra, 4. 7. 1963/Janina Sendal, 4. 7. 1963/Zofia Wieczorek, 4. 7. 1963.

355 ZA Piotr Kuc/4. 7. 1963, Eleonora Ladra, 4. 7. 1963.

356 ZA Piotr Kuc, 4. 7. 1963/Apolonia Kuc, 4. 7. 1963/Edward Ladra, 4. 7. 1963/Janina Sendal, 4. 7. 1963/Stefania Skorowek, 4. 7. 1963/Eleonora Ladra, 4. 7. 1963/Jan Piątek, 4. 7. 1963/Bronisława Mirowska, 3. 7. 1963/Wincentyna Sypicka, 3. 7. 1963.

357 II./AR 19, KTB Nr. 1, 1. 9. 1939, BA-MA, RH41/738. Der Brand der beiden Ortschaften wird auch im KTB der 19. ID, Führungs-Abt. Ia, 1. 9. 1939, bestätigt, BA-MA, RH26-19/2, Bl. 4.

der Typus des unentschlossenen Kommandeurs, der vorschlägt, sich aus einer Gruppe Zivilgefangener einige verdächtig aussehende Männer herauszusuchen.

Kritische Stimmen von an der Liswarthe eingesetzten Offizieren und Mannschaftssoldaten belegen des Weiteren, dass es auch in der ungewohnten Situation des ersten Einsatzes im Häuserkampf durchaus möglich war, einen Überblick über die wahren Gegebenheiten vor Ort zu gewinnen. Aus ihnen lässt sich eindeutig der Zusammenhang von nervöser Gereiztheit und Übergriffen im Einsatzbereich der 10. Armee ablesen. Ein Zugführer des Artillerieregiments 31 schilderte die durch Gerüchte verstärkte Unsicherheit, die auf dem Marsch von Krzępice über Opatów nach Złochowice von den Soldaten Besitz ergriff: »Es wird viel von polnischen Freischärlern gesprochen. In der Dunkelheit dann, in die hinein wir marschieren, wird überall geschossen, man glaubt, Zeuge heftiger Gefechte zu sein. In Wirklichkeit schießt nicht ein Pole. Nur unnütze Aufregung.«[358] Bei der vorgesetzten 31. Infanteriedivision berichtete man am 3. September aus dem brennenden Łobodno: »Am Nordrand des Dorfes auf der Wiese zu vielen hunderten geflüchtete oder zusammengetriebene Landeseinwohner, deren Bewachung unnötige Kräfte beansprucht. Im Dorf muss gegen unbegründet schießende Unteroffiziere und Mannschaften scharf eingeschritten werden. Das Kriegsgericht wird sich mit diesen Zwischenfällen noch zu beschäftigen haben.«[359]

Eine Vielzahl der Ortschaften im Warthe- und Liswartheraum ging Anfang September 1939 in Flammen auf. »So weit man sieht, zahlreiche Brände, die häufig auf die strohgedeckten Nachbarhäuser übergreifen«, hielt man im Kriegstagebuch der 31. Infanteriedivision fest.[360] Hans-Joachim Klammroth, Kompanieführer beim der Division unterstellten Infanterieregiment 12, berichtete am 4. September aus diesem Raum in die Heimat: »Verluste bei uns ganz gering, [...] alles brennt vor uns, nachts ein schaurigimposanter Anblick.«[361] Die Brände waren aber längst nicht immer eine direkte Folge der Kampfhandlungen, wie es etwa in einem Bericht des Infanterieregiments 51 dargestellt wird, das am 1. September in Raciszyn unter polnischem Artilleriefeuer lag und angeblich in einen Ortskampf mit »polnischen Soldaten und Einwohnern« geraten war.[362] Brandstiftungen

358 Zugführer (AR 31), Ber. über den PF, 2. 9. 1939, BA-MA, Msg2/5817, Bl. 151.
359 31. ID, Feldzug in Polen (KTB), 3. 9. 1939, BA-MA, RH26-31/1.
360 Ebd., 2./3. 9. 1939, BA-MA, RH26-31/1.
361 Bruhns, Land, S. 283.
362 18. ID, Ber. für das Erinnerungsbuch »Der Feldzug der 8. [sic] Armee in Polen«, NA, RG 242, T-312, R. 37, Fr. 7545369.

deutscher Soldaten ereigneten sich vielmehr in der ersten Septemberwoche überall im Operationsraum der 10. Armee. Nachdem aus der Ortschaft Opatów polnische Heckenschützen gemeldet worden waren, hatte man bei der 4. Panzerdivision eine umgehende »Säuberung« der Ortschaft angeordnet.[363] Dem Kommandeur der III. Abteilung des Artillerieregiments 31 erschien die Notwendigkeit dieser »Säuberung«, die die Einäscherung der gesamten Ortschaft nach sich zog, rückblickend als fragwürdig: »Das Dorf [...] war mehr oder weniger durch Feuer vernichtet. Es hieß, das Regiment 17 habe aus den Häusern Feuer von Zivilisten erhalten und gehe zum Angriff vor. Selbstverständlich wurde der Ort angesteckt. Es brannte aber nicht nur Opatów, es brannten überall Höfe, die irgendjemand angesteckt hatte, – aus welchem Antriebe ist unverständlich – und der sich voraussichtlich [sic] ›gar nichts weiter dabei gedacht hatte.‹«[364] Aus Złochowice meldete der bereits zitierte Zugführer des Artillerieregiments 31: »Die Polen sind sehr verängstigt und haben sich in den unmöglichsten Winkeln verkrochen. Überall brennt es. Auch in unserem Dorf stecken einige Soldaten unverantwortlicherweise zwei Häuser an.«[365] Am nächsten Tag passierte seine Einheit Kłobuck, das »in hellen Flammen« stand, »wahrscheinlich auch nur durch aufgeregte Soldaten geschehen«.[366]

Die Täter selber fühlten sich offenbar keiner Schuld bewusst. Auf dem Rückweg von einer Erkundung an der Warthe zündeten Soldaten der 3. motorisierten Abteilung des Pionierbataillons 19 die Ortschaft Antonie an: »Einen kleinen Denkzettel sollen die Einwohner haben, ein Haus geht in Flammen auf. Durch das kühne Vorgehen entmutigt, wagen die hinterlistigen Dorfschützen nicht mehr zu schießen.«[367] Brennende Ortschaften übten auf die Soldaten im ersten Einsatz eine geradezu faszinierende Wirkung aus, die sich in pseudoliterarischen Betrachtungen niederschlug. So beschrieb der Verfasser des Kriegstagebuches des Panzerregiments 11 die Nachtruhe seiner Einheit in Kadłub vom 2. auf den 3. September: »[Der Himmel] glühte [...] von brennenden Gehöften [...]. Überall hörte man verlassenes herrenloses Vieh blöken. Die Nacht war unruhig, immer wieder knallten Schüsse nervöser Posten. Vom Fenster unseres Pfarrhauses sah man des Nachts eine brennende Windmühle, die ihre Flammen und Flügel durch die

---

363 Siehe S. 90.

364 Vortrag des Kdr. der III./AR 31 für den Dienstunterricht, 12. 10. 1939, BA-MA, RH41/1177.

365 Zugführer (AR 31), Ber. über den PF, 2. 9. 1939, BA-MA, Msg2/5817, Bl. 151.

366 Ebd., 3. 9. 1939.

367 Uffz. T., Ber. »Die Kp.-Truppe der 3. (mot.)/Pi 19 führt eine gewaltsame Erkundung über den Wartheübergang der 19. Div. durch«, 2. 9. 1939, BA-MA, RH12-5/359D.

Finsternis schwang wie ein altgermanisches Sonnenrad.«[368] Ein Soldat des Pionierbataillons 18 schilderte die Gegend östlich von Kadłub gleichfalls als ein flammendes Inferno: »Es war ein schaurig schöner Abend. Rechts färbte das brennende Działoszyn den Himmel blutrot. Bald gesellte sich Sensów dazu und erhellte das Warthetal. Vollmond.«[369]

Neben Brandstiftungen führten Wehrmachteinheiten an Warthe und Liswarthe – wie in Parzymiechy und Zimnowoda – auch Erschießungen von Zivilisten durch. Die Soldaten, denen im Kriegstagebuch der 31. Infanteriedivision wegen unbegründeter Schießereien in Łobodno kriegsgerichtliche Schritte angedroht worden waren[370], hatten sich dort augenscheinlich nicht nur gegenseitig unter Beschuss genommen. Der Kommandeur der III. Abteilung des Artillerieregiments 31, der bereits die Brandstiftungen in Opatów angeprangert hatte, berichtete nach Abklingen der Kampfhandlungen: »Als wir am 3. September bei dem Dorf Łobodno rasteten, marschierte auf der Straße die Sanitäts-Kompanie vorbei. Plötzlich fielen einige Schüsse. Zwei Angehörige der Sanitäts-Kompanie hatten zwei des Weges kommende Zivilisten niedergeschossen, wahrscheinlich auch, ›ohne sich etwas dabei gedacht zu haben.‹«[371] Beim Panzerregiment 11 erschoss man in der Nacht vom 2. auf den 3. September bei Kadłub »verschiedene Zivilisten« bei einem angeblichen Angriffsversuch und verwies in diesem Zusammenhang auf den hohen Anteil von Juden an der örtlichen Bevölkerung.[372]

Das Infanterieregiment 101 war 1935 in Leising aufgestellt worden und trat im August 1939 ostwärts Rosenberg/Oberschlesien (Olesno) zum Angriff an. In den frühen Morgenstunden des 1. September überschritt das Regiment die Liswarthe etwa sechs Kilometer nördlich von Schierokau (Sieraków), wo sie die deutsch-polnische Grenze bildete. Die polnischen Verbände der Armee »Lodsch«, die in Sichtweite waren, befanden sich im steten Rückzug, ohne zunächst den Kampf mit dem Gegner zu suchen, die ersten polnischen Soldaten stellten sich und ließen sich widerstandslos gefangen nehmen. Gleichzeitig strömten dem Infanterieregiment 101 zahl-

---

368 II./PR 11, KTB Polen, 2./3. 9. 1939, BA-MA, RH39/618.
369 3./Pi 18, Gef.Ber. »Angriff über die Warthe am 2. 9. 1939«, BA-MA, RH12-5/355.
370 Siehe S. 89.
371 Vortrag des Kdr. der III./AR 31 für den Dienstunterricht, 12. 10. 1939, BA-MA, RH41/1177. Die Täter sollen anschließend zu fünf Jahren Zuchthaus verurteilt worden sein.
372 II./PR 11, KTB Polen, 3. 9. 1939, BA-MA, RH39/618; siehe S. 53. Auch in der Ortschaft Koski »füsilier[t]en« Angehörige des IR 101 »eine Anzahl Freischärler«, siehe S. 93.

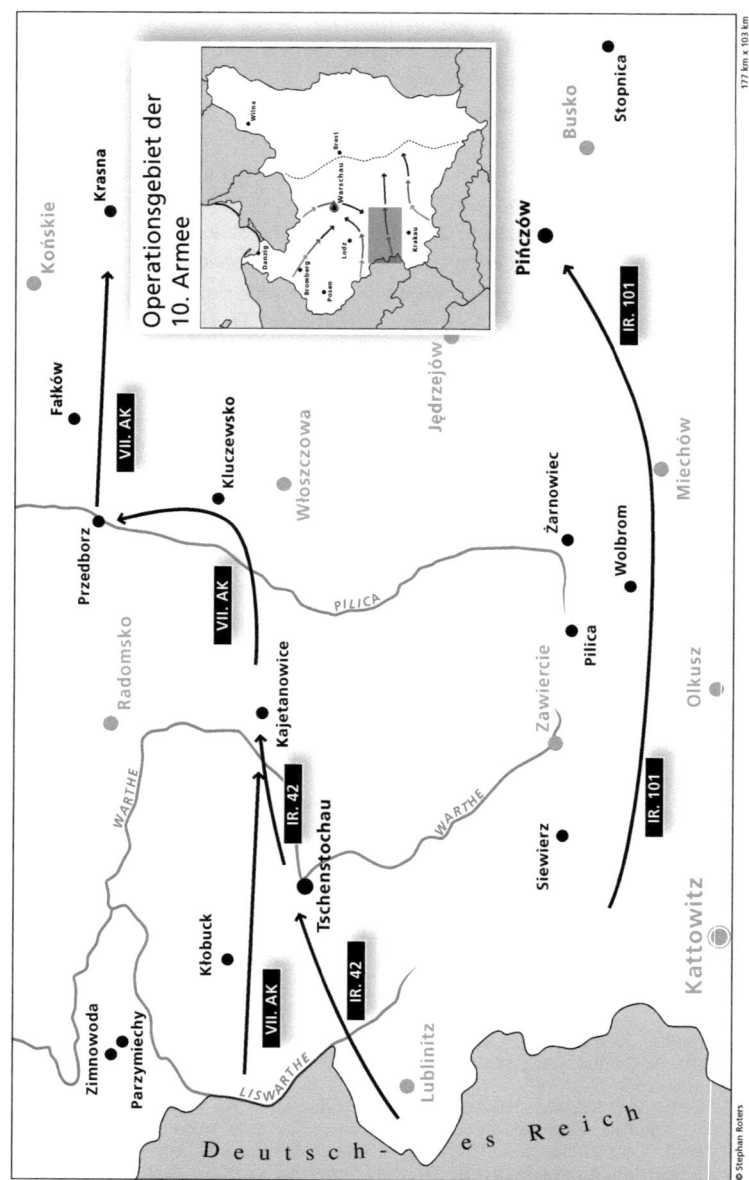

Abb. 3: Operationsgebiet der 10. Armee

reiche zivile Flüchtlinge entgegen, die in ihre bereits besetzten Ortschaften zurückkehren wollten. Gegen Mittag erreichte das Regiment die Ortschaft Koski, die bereits in Flammen stand.[373]

Für den Regimentsarzt, Oberstabsarzt Rudolf K., stand es außer Frage, wer für die Brände verantwortlich war: »Wir hatten von den Dörflern Feuer bekommen, teilweise auch die vorderen Teile, nachdem sie das Dorf schon durchschritten hatten. Es entspann sich ein regelrechtes Gefecht, wobei auch der Stab seinen Teil abbekam. B. ließ auch eine Anzahl Freischärler füsilieren. [...] Die Angst der Zivilisten, dass sie ermordet würden, war groß, sie waren so von ihren Behörden instruiert worden.«[374] Wie bei anderen Einheiten der 10. Armee an der Liswarthe Usus, verzichtete auch der Oberstabsarzt auf nähere Erläuterungen, wie er zu dem Schluss kam, in der Ortschaft hätten sich Zivilisten und nicht etwa versprengte Soldaten des polnischen Heeres im Gefecht [!] mit dem Infanterieregiment 101 befunden. Auch er assoziierte Angriffe, die innerhalb polnischer Ortschaften erfolgten – trotz der Anwesenheit polnischer Truppen im Einsatzraum[375] –, offenbar als hinreichenden Beleg für eine Beteiligung der Landeseinwohner an den Feindseligkeiten. Von der Willkür, mit der gegen sie vorgegangen wurde, legt die Formulierung der Exekution »einer Anzahl« von ihnen beredtes Zeugnis ab.

Die Nachbarortschaften Jaciska und Żerdzina wurden von Soldaten des Infanterieregiments 101 ebenfalls wegen angeblicher Freischärlertätigkeit niedergebrannt[376], und auch in der Ortschaft Truskolasy meinte Rudolf K., den Gegner eindeutig identifizieren zu können: »Es handelte sich nicht mehr um feindliche Soldaten, sondern um Freischärler. Wieder hatte die 11. Kompanie die Hauptarbeit, arbeitete mit Leuchtspurmunition, bald brannte das ganze Dorf! [...] Im Dorfe war eine Glut, dass niemand mehr leben konnte.«[377] Über Waffenfunde, Verhaftungen und kriegsgerichtliche Untersuchungen gegen die Einwohner wegen des Verdachts der Freischärlerei ist K.'s Aufzeichnungen nichts zu entnehmen.

Im Verlaufe des 1. September verwandelte sich der Marschstreifen des Infanterieregiments 101 in ein einziges Flammenmeer: »Und so brannten ringsherum alle Dörfer. An einer hoch gelegenen Stelle im Gelände waren es wohl 25 Brandstellen, die ich zählte. Schaurig-schöne Bilder! [...] Die

---

373 Rgt.-Arzt des IR 101 (KTB im PF, Abschrift), 1. 9. 1939, BA-MA, MSg1/541.

374 Ebd.

375 Rómmel, Armia »Łódź«, S. 244–245.

376 Kdr. des IR 101 (KTB im PF), 1. 9. 1939, BA-MA, Msg1/2980, Bl. 4.

377 Rgt.-Arzt des IR 101 (KTB im PF, Abschrift), 1. 9. 1939, BA-MA, MSg1/541.

Männer hoben sich schwarz gegen [ein] brennendes Dorf (Klepaczka) ab.«[378] Die Erschöpfung, die der erste Kampftag mit sich brachte, zeigte bei den Soldaten des Regiments 101 Wirkung.[379] Mit Einbruch der Dämmerung wurde es für die Truppe immer schwieriger, den Überblick über die Position von Freund und Feind zu behalten, und um ein Haar verwechselten sie Teile des eigenen Bataillons mit polnischen Soldaten.[380] Bei der Ortschaft Golce ging das Regiment zur Nachtruhe über, wobei Rudolf K. und seine Leute ein Strohlager im Freien den polnischen »Dreckbuden« vorzogen. Die Anspannung wich hingegen nur langsam von den erschöpften Soldaten: »Die Nerven waren noch in lebhaftem Schwunge, vereinzelte Schüsse knallten, das Feuer der Dörfer gab seltsame Wolkenlichter.«[381]

Am nächsten Tag marschierte das Infanterieregiment 101 weiter nach Osten und gelangte am 3. September in die Gegend nordöstlich von Tschenstochau. Mittlerweile war das Niederbrennen von Ortschaften innerhalb der Einheit zur Routine geworden: »Viele interessante Augenblicke, Flieger, Herumschießen mit Freischärlern aus Häusern – Abbrennen der Häuser, um diese Hunde auszuräuchern.«[382] Kajetanowice, etwa 25 Kilometer nordöstlich von Tschenstochau gelegen, brannte allerdings bereits an einigen Stellen, als das Regiment am 4. September durch den Ort marschierte.[383] Der Abzug des Infanterieregiments 101 aus Kluczewsko, wo sich der Gefechtsstand des Artillerieregiments 14 befand, verlief am Nachmittag des 5. September reibungslos. Gegen Abend allerdings »entstand [...] – wie alltäglich in mehreren Ortschaften – [in Kluczewsko] eine Schießerei mit Landeseinwohnern, in deren Verlauf ein großer Teil des Dorfes in Flammen aufging«, wie der Verfasser des Kriegstagebuches des Artillerieregiments 14 vermerkte.[384] Ein Radfahrkurier berichtete Oberstabsarzt K. auf dem Marsch seines Regiments nach Norden, »es habe eine dolle Schießerei gegeben in Kluczewsko, das jetzt brenne: Beim Verlassen des Trosses hätten die Dorf-

378 Ebd.

379 »Das ungewohnte Marschieren zusammen mit den ersten Kriegseindrücken brachte eine erhebliche Anspannung mit sich«, ebd.

380 Ebd. Dass es Rudolf K. und seinen Männern zunächst nicht gelang, die wenige Meter entfernten Truppen als eigene Leute zu erkennen, lässt die vorherigen als eindeutig hingestellten »Freischärlermeldungen« des Arztes in einem zweifelhaften Licht erscheinen.

381 Ebd.

382 Feldpostbrief, 3. 9. 1939, Rgt.-Arzt des IR 101 (Abschrift), BA-MA, MSg1/541, Anl. B4.

383 Rgt.-Arzt des IR 101 (KTB im PF, Abschrift), 4. 9. 1939, BA-MA, MSg1/541. In der Nacht vom 5. auf den 6. 9. 1939 wurde die Ortschaft durch das IR 42, das zuvor hunderte von Zivilisten in Tschenstochau ermordet hatte, dem Erdboden gleichgemacht, etwa 180 Zivilisten kamen dabei ums Leben, siehe S. 107–108.

384 AR 14, Einsatz in Polen und Verwendung im Westen (KTBmäßige Aufz.), 5. 9. 1939, BA-MA, RH41/119, Bl. 4.

bewohner aus allen Ecken geschossen, Feldgendarmerie sei gekommen und hätte geholfen, es wären auch vier Polen dabei gewesen in einer Art blauer Uniform, Geiseln seien zusammengeholt, [...] eine Menge Polen sei bei dem Gefecht erschossen usw. [!]«[385] Auf dem Weg von Kluczewsko nach Rączki meinte man beim Infanterieregiment 101 daraufhin ebenfalls, wieder verstärkt im Fadenkreuz von Freischärlern zu stehen: »Viel Eier von der Bevölkerung, die uns – nebenbei – sehr viel Arbeit mit Schießereien macht.«[386] Offenbar hielten die eigenen Eindrücke der letzten Tage sowie die Nachrichten und Gerüchte, die von anderen Einheiten weitergeleitet wurden, Wachsamkeit und Misstrauen der Truppe gegenüber der Bevölkerung weiter aufrecht. In Rączki angekommen, konstatierte Regimentsarzt K.: »Überall standen Männer seitlich der Straße, wenn man wollte, sah es verdächtig aus.«[387] Auch die bereits mehrfach angeklungene abschätzige Meinung K.'s von Polen und seinen Einwohnern nahm mit der Zeit keineswegs ab: »Schon kommt der Abmarschbefehl – schade, es hatte sich [in Rączki] so nett eingelebt bei geflohenem Schulmeister mit Kultur, soweit das hier in dem Drecklande überhaupt möglich ist.«[388]

In der Kleinstadt Przedborz hatte das Infanterieregiment 101 am 6. September die ersten zwei Toten des Krieges und einige Verwundete durch feindliches Feuer zu beklagen.[389] Danach lagen die Nerven der Mannschaften blank, wie ein Vorfall zeigt, der sich nach Einbruch der Dunkelheit im nahe gelegenen Fałków ereignete, wo das Regiment in Ruhestellung übergegangen war: »Nachts wilde Schießerei im Orte, Kommandeur und ich schimpften nur, die Männer sprangen aber aus dem Hause, es war aber nur ein braver Posten, der andere angesteckt hatte, alles etwas übernervös.«[390] Der Vorfall gab dem Regimentsarzt Anlass, die Reizbarkeit der letzten Tage seitens der unerfahrenen Truppe zu kommentieren: »Diese nächtlichen Schießereien von verängstigten, d. h. übervorsichtigen Posten sind albern, aber alles springt auf (d. h. die alten Frontschweine, mein Kommandeur und ich *nicht*), alles ruft... Schießt! Dabei war's ein Hund oder Stück Vieh, was ja schließlich nicht antworten kann. Aber die Ruhe wird halt doch unter-

385 Rgt.-Arzt des IR 101 (KTB im PF, Abschrift), 5. 9. 1939, BA-MA, MSg 1/541. In Kluczewsko starben am 5. 9. 1939 nach polnischen Untersuchungen 5 Polen und 1 Jude, Datner, 55 dni, S. 236, dort auch die Namen der Opfer.
386 Feldpostbrief, 5. 9. 1939, Rgt.-Arzt des IR 101 (Abschrift), BA-MA, MSg 1/541, Anl. B5.
387 Rgt.-Arzt des IR 101 (KTB im PF, Abschrift), 5. 9. 1939, BA-MA, MSg 1/541.
388 Feldpostbrief, 6.–7. 9. 1939, Rgt.-Arzt des IR 101 (Abschrift), BA-MA, MSg 1/541, Anl. B6.
389 Von Freischärlern ist diesmal allerdings keine Rede, Rgt.-Arzt des IR 101 (KTB im PF, Abschrift), 6. 9. 1939, BA-MA, MSg 1/541.
390 Ebd., 6./7. 9. 1939.

brochen!«[391] Der einzige Leidtragende des nächtlichen Abenteuers war denn auch ein Unteroffizier, der sich im Eifer des »Gefechts« den Arm ausgekugelt hatte.[392]

Bemerkenswert ist, dass der Arzt Rudolf K. trotz dieser Einsicht (und seiner nicht ohne Stolz erwähnten Fronterfahrung aus dem Ersten Weltkrieg) tags darauf wieder in das alte Deutungsmuster verfiel, indem er berichtete, dass in den Dörfern an der Vormarschstraße erneut Schüsse fielen, und dies mit den Worten kommentierte: »Alles Zivilisten, die ›gefürchteten‹ Insurgenten (Oberschlesiens Angedenken!) auch oft dann, wenn wir durch waren.«[393] Dabei hatte er noch kurz zuvor auf die verblüffend geringen Verluste des Regiments auf seinem Vormarsch durch Polen verwiesen, eine Feststellung, die sich logisch nicht mit dem von ihm postulierten Freischärlerkrieg in der Region vereinbaren lässt.[394] Offenkundig hing seine diesbezügliche Unbeirrbarkeit auch mit der im gleichen Atemzug zum Ausdruck gebrachten Verachtung gegenüber Land und Leuten zusammen: Die polnischen Häuser waren für ihn »meist klein, Strohdach, furchtbar dreckig und schmutzig. Die aufgehobene Milch sauer und stinkend – dass da abgebrannt wurde, eher ein Segen. Aber die ersten Nächte, wo rundherum alles brannte, waren schaurig [...], meist unterbrochen durch Schießereien mit den Dorfbewohnern.«[395]

Am 7. September erreichte das Infanterieregiment 101 die Gegend Krasna – Komorów. Am Morgen des 6. September waren die Ortschaften vom polnischen I. Bataillon des Infanterieregiments 9 und der I. Batterie des 1. leichten Artillerieregiments erbittert verteidigt worden, die deutsche 13. leichte Infanteriedivision hatte schwere Verluste erlitten. Komorów ging durch Artilleriebeschuss in Flammen auf, Krasna wurde von deutschen Soldaten angezündet, insgesamt starben an diesem Tag in beiden Ortschaften 28 Zivilisten – darunter zwei 70-jährige Männer, fünf Frauen und acht Kinder unter zehn Jahren – die teils erschossen, teils mit Bajonetten erstochen oder mit Handgranaten in die Luft gesprengt wurden.[396] Rudolf K. war am selben Tag im nahe gelegenen Fałków zufällig Zeuge einer heftigen Aus-

---

391 Feldpostbrief, 6.–7. 9. 1939, Rgt.-Arzt des IR 101 (Abschrift), BA-MA, MSg1/541, Anl. B6. Hervorhebung im Original.

392 Rgt.-Arzt des IR 101 (KTB im PF, Abschrift), 6. 9. 1939, BA-MA, MSg1/541.

393 Feldpostbrief, 6.–7. 9. 1939, Rgt.-Arzt des IR 101 (Abschrift), BA-MA, MSg1/541, Anl. B6.

394 »Unsere Verluste sind minimal im Verhältnis zum Erreichten!«, ebd.

395 Ebd.

396 ZA Ireneusz Kaczmarczyk/Henryk Kubikowski/Władysław Supierz aus dem Jahr 1966 bei Datner, 55 dni, S. 253–259; Namen der Opfer ebd., S. 252–253.

einandersetzung zwischen dem Kommandeur der 13. motorisierten Infanteriedivision und einem Vorgesetzten geworden, in dem auch das Wort »Kriegsgericht« gefallen war.[397] Dennoch schenkte der Regimentsarzt drei Tage später in Krasna bereitwillig den dort umlaufenden Gerüchten Glauben: »Die Gesellschaft hatte [ein] schlechtes Gewissen, sie hatten [sic] sich vor Tagen am Gefecht wahrscheinlich beteiligt, wie wir später erfuhren.« Beim Anblick zweier noch unbestatteter Pferdekadaver machte er seiner Empörung Luft: »Was für ein Drecksvolk!«[398]

In den Aufzeichnungen des Oberstabsarztes Rudolf K. über den Vormarsch des Infanterieregiments 101 von Oberschlesien in Richtung Osten erscheinen alle wesentlichen Elemente der Entstehung und der Folgen des »Freischärlerwahns« fokussiert. Aus seiner Abscheu gegenüber den Landeseinwohnern machte der Arzt keinen Hehl. Dies ist sicherlich mit ein Grund dafür, dass er sie einerseits pauschal der »Freischärlertätigkeit« bezichtigte und anderseits die Übergriffe deutscher Soldaten für gerechtfertigt hielt. Zugleich belegen seine Schilderungen den Einfluss von situativen Faktoren – allen voran Erschöpfung und Nervosität der Truppe im ersten Einsatz sowie den Einfluss von Gerüchten auf die Wahrnehmung des selbst Erlebten. Dass auch Rudolf K., der sich als erfahrenen Frontkämpfer bezeichnete und die Nervosität der Truppe für den nächtlichen Zwischenfall in Fałków verantwortlich machte, dennoch in seiner Überzeugung der Existenz einer polnischen Partisanenbewegung nicht ins Wanken geriet, belegt, dass sich trotz ihrer unbestrittenen Bedeutung allein anhand situativer Faktoren diese Wahrnehmung nicht erklären lässt. Sie lag vielmehr in einem Zusammenspiel motivativer, situativer und psychologischer Faktoren begründet.[399]

397 Rgt.-Arzt des IR 101 (KTB im PF, Abschrift), 7. 9. 1939, BA-MA, MSg1/541. Am 5. 9. 1939 war im KTB der ID 13 (mot.) vermerkt worden: »Erfahrungen: Es ist festzustellen, daß der hinterlistige Kampf der Freischärler im Rücken der Truppe eine gewisse Nervosität hervorgerufen hat, die zu einer gewissen Überreiztheit führt und sehr leicht grundlose Schießereien auslöst. Ein entsprechender Befehl geht an die Truppe«, BA-MA, RH26-13/1. Der Kommandeur der 13. ID (mot), Generalleutnant Moritz von Faber du Faur, wurde am 6. 9. 1939 von Gen. der Inf. Paul Otto abgelöst. Von Faber du Faur, zuvor Militärattaché in Belgrad, führte dies in seinen Erinnerungen auf seine skeptische Haltung gegenüber dem Angriff auf Polen zurück, Faber du Faur, Macht, S. 208.

398 Rgt.-Arzt des IR 101 (KTB im PF, Abschrift), 9. 9. 1939, BA-MA, MSg1/541.

399 Ein ähnlicher Fall von zwei nebeneinander existierenden Wahrnehmungen – der Unerfahrenheit deutscher Truppen als Ursache für Schießereien einerseits, der Überzeugung eines allgemeinen »Freischärlerkrieges« anderseits – wie er bei Oberstabsarzt Rudolf K. zu beobachten ist, ließ sich bereits im Fall des Lt. G. beim XVIII. AK der 14. A. aufzeigen, siehe S. 77.

Die Soldaten des Infanterieregiments 42, das 1934 als »Infanterieregiment Bayreuth« aufgestellt worden war, hatten ebenfalls den südlichen Teil jenes Warthe- und Liswarthe-Abschnitts durchquert, der von Einheiten der 10. Armee als geradezu »freischärlerverseucht« gemeldet worden war. Das Regiment war für die Einnahme von Tschenstochau vorgesehen und legte in den ersten drei Kriegstagen in Gewaltmärschen von Oppeln (Opole) bis Tschenstochau gut 100 Kilometer zu Fuß zurück, »mit freigemachtem Gerät, bei einer solchen Hitze; das muss man mitgemacht haben«, wie ein Soldat in seinem persönlichen Kriegstagebuch vermerkte.[400] Beim vorgesetzten IV. Armeekorps mahnte man am 2. September hinsichtlich der geplanten Einnahme von Tschenstochau an, es müsse dabei »besonders scharf berücksichtigt werden, dass die Stadt mit ihren Vororten mit 131 000 Einwohnern in der Hauptsache Arbeiterstadt ist«. Daher sei in Tschenstochau »ein ausgesprochenes Machtzentrum zu bilden«.[401] Am Nachmittag desselben Tages meldete das II. Bataillon des Infanterieregiments 42 unweit Tschenstochau aus Dzbów, die Ortschaft sei »anscheinend von Freischärlern besetzt«. Es war dort, nachdem die Pioniere bereits mit Aufbauarbeiten begonnen hatten, zu einer Schießerei gekommen, vormarschierende Kompanien hatten durch polnische Tellerminen Verluste erlitten.[402] Gegen 22 Uhr begann »eine den Teilnehmern des Weltkriegs 1914/18 wohl bekannte Nachtschießerei, die Verluste und Verwirrung unter der eng im Anschluss an die Ortschaft Dzbów liegenden Truppen brachte«.[403]

In den frühen Morgenstunden des 3. September legte man auf der Einsatzbesprechung der Bataillonskommandeure für den bevorstehenden Angriff auf Tschenstochau fest: »Gliederung der vordersten Teile wie bei inneren Unruhen, die Pioniere mit Flammenwerfern ausgerüstet.«[404] Knapp drei Stunden später wurde diese Entscheidung der Ortschaft Ostrowy zum Verhängnis: »8.00 [Uhr] [...] Die Pioniere werden aus den Häusern beschossen, es gelingt nicht, die Schützen festzustellen. Bei der Durchsuchung werden fünf Zivilisten mit Munition in der Tasche gefunden. Sie werden sofort erschossen. Als die Schießerei wieder beginnt, wird die Ortschaft ostwärts des Flusses niedergebrannt.«[405]

400 Granatwerfertruppführer Johann D. (I./IR 42, 3. Kp.) (persönliches KTB, Kopie), 1. 9. 1939, BAL, I-205AR-Z73/78, Bd. 1, Bl. 72.
401 Gen.Kdo IV, der Chef des GenSt, Befehl zur Einsetzung des Kdr. IR 97 als Ortskommandant von Tschenstochau, 2. 9. 1939, BA-MA, RH24-4/5.
402 IR 42 (KTB, Kopie), 2. 9. 1939, BAL, Ordner Verschiedenes Nr. 171, Bl. 605.
403 »Das IR 42 im poln. Feldzug« (KTB), 2. 9. 1939, BA-MA, RH37/904, Bl. 28.
404 IR 42 (KTB, Kopie), 3. 9. 1939, BAL, Ordner Verschiedenes Nr. 171, Bl. 605.
405 Ebd.

Am frühen Vormittag marschierten die ersten Einheiten des Infanterieregiments 42 in Tschenstochau ein, ohne auf nennenswerten Widerstand zu stoßen. Die polnische 7. Infanteriedivision hatte sich bereits tags zuvor aus der Stadt hinter die Warthelinie zurückgezogen und wurde am 3. September bei Lelów (knapp 40 Kilometer südöstlich von Tschenstochau) vollständig vernichtet. Zeitgleich mit den polnischen Truppen hatte auch ein größerer Teil der männlichen Bevölkerung die Stadt in Richtung Osten geräumt.[406]

Gemäß einem Eintrag im Kriegstagebuch des Infanterieregiments 42 erreichte der Regimentsstab um 12 Uhr unbehelligt das Stadtzentrum und quartierte sich im Rathaus ein. Weiter heißt es dort: »12.30 [Uhr] [...] Die Stimmung der Truppe ist glänzend. Trotz der großen Anstrengungen der letzten Tage [...] freuen sich die Soldaten ihres ›Sieges‹. In Tschenstochau sind alle Läden und Wirtschaften geschlossen, das Wasser ist abgesperrt. Die Bevölkerung ist ruhig.«[407] Die in Tschenstochau verbliebene Zivilbevölkerung bereitete den deutschen Truppen auch weiterhin keinerlei Schwierigkeiten.[408] Im nach dem Krieg entstandenen Erinnerungsbuch des Infanterieregiments 42 finden sich zwar Hinweise darauf, dass die Truppe in nervöser Anspannung in die Stadt einmarschierte, jedoch ebenfalls nicht auf Kampfhandlungen mit polnischen Soldaten oder Zivilisten.[409] Auch der ehemalige Soldat Max R., der in den Reihen des Infanterieregiments 42 Tschenstochau erreichte, sagte bei seiner Vernehmung im Jahr 1984 aus, dass der Einmarsch friedlich vonstatten gegangen sei und dass er dabei keinerlei Freischärler oder polnische Soldaten zu Gesicht bekommen« habe. Gleichzeitig wies er darauf hin, dass der Einmarsch auf höheren Befehl mit ungeladenen Gewehren erfolgt sei[410], ein deutlicher Hinweis darauf, dass man im Regimentsstab angesichts der Anspannung innerhalb der eigenen Truppe viel eher mit Nervositätsschüssen rechnete als mit Überfällen durch feindliche Verbände oder Freischärler. Der Nachmittag des 3. September verlief ebenso wie der Einmarsch ohne Zwischenfälle. Johann N., der an diesem Tag zur Straßensicherung eingesetzt war, hatte »niemand getroffen, der Waffen führte und so verlief dieser Tag

---

406 Pietrzykowski, Hitlerowcy, S. 9, Anm. 4.
407 IR 42 (KTB, Kopie), 2. 9. 1939, BAL, Ordner Verschiedenes Nr. 171, Bl. 606.
408 Pietrzykowski, Hitlerowcy, S. 9.
409 Stahlmann/Atzesberger, Marsch, S. 44.
410 ZA Max R., 15. 3. 1984 auf der Polizeidienststelle Bayreuth, BAL, I-205AR-Z73/78, Bd. 1, Bl. 182. Diese Aussage wird des Weiteren durch einen Eintrag in das persönliche Kriegstagebuch von Johann D. gestützt: »Einnahme der Stadt Tschenstochau ohne dass ein Schuss gefallen ist«, Granatwerfertruppführer Johann D. (I./IR 42, 3. Kp.) (persönliches KTB, Kopie), 1. 9. 1939, BAL, I-205AR-Z73/78, Bd. 1, Bl. 72–73.

vollkommen ruhig«.[411] Das I. Bataillon des Infanterieregiments 42 richtete sich in der Stadt ein, die übrigen Regimentseinheiten rückten gegen 18.30 Uhr weiter in Richtung Osten vor. Am Abend des nächsten Tages jedoch erreichten den Regimentsstab, der etwa 20 Kilometer östlich von Tschenstochau Quartier bezogen hatte, beunruhigende Nachrichten aus der Stadt, in der sich in den Mittagsstunden des 4. September parallel zwei Feuerüberfälle polnischer Freischärler auf die deutsche Truppe ereignet haben sollten.[412]

Hatten sich die Einwohner der Stadt, die den deutschen Truppen zunächst friedlich begegnet waren, zu einer konzertierten Aktion entschlossen und den Besatzer an verschiedenen Stellen der Stadt angegriffen? Zumindest den in Tschenstochau stationierten Soldaten mag es so erschienen sein. Nachträglich berichtete der Kommandeur des I. Bataillons, Oberstleutnant Uebe, gar von vier Feuerüberfällen innerhalb des Stadtbereichs, die alle zur selben Zeit, gegen 13.15 Uhr, stattgefunden hätten.[413] Die zwei dem Regiment am Abend gemeldeten Schießereien – auf dem Hof einer Gewerbeschule und bei einem bewachten Gefangenentransport – sind tatsächlich durch Nachkriegsaussagen belegt. Wer hier jedoch auf wen schoss und ob es sich dabei tatsächlich um organisierte Feuerüberfälle durch polnische Zivilisten handelte, ist eine ungleich schwieriger zu beantwortende Frage. In Uebes Bericht ist pauschal von Angriffen durch »Aufständische« die Rede. Allerdings gilt es bei seiner Darstellung im Auge zu behalten, dass es die seinem Kommando unterstehende Einheit in einem schlechten Licht hätte erscheinen lassen, wenn er für die Schießereien nicht einen polnischen Überfall, sondern ein eventuelles Fehlverhalten seiner eigenen Leute angeführt hätte. Zur besseren Beleuchtung des Vorfalles empfiehlt es sich daher, weitere Quellen zu Rate zu ziehen.

Ehemalige Angehörige des Infanterieregiments 42 wurden in den 1980er Jahren vor allem zu dem vermeintlichen Überfall auf die in der Gewerbeschule stationierte 2. Kompanie befragt.[414] Nach ihren übereinstimmenden

411 ZA Johann N. am 9. 3. 1984 bei der Kriminalpolizeiinspektion Bayreuth, BAL, I-205AR-Z73/78, Bd. 1, S. 151.

412 »Das IR 42 im poln. Feldzug« (KTB), 2. 9. 1939, BA-MA, RH37/904, Bl. 33.

413 Kdr. des I./IR 42 (KTB, Kopie), Oberst-Lt. Uebe, »Ber. über Tschenstochau«, BA-MA, RH37/904, Bl. 34.

414 Die Zentrale Stelle der Landesjustizverwaltungen Ludwigsburg sammelt seit Dezember 1958 Beweismaterial zu nationalsozialistischen Gewaltverbrechen, die nicht auf Reichsgebiet begangen worden waren. Vgl. hierzu Fleiter, Zentrale Stelle, S. 32. Sie werden heute in der Außenstelle Ludwigsburg des Bundesarchivs (BAL) verwahrt. In BAL, I-205AR-Z73/78, Bd. 1 u. 2 finden sich die Aussagen ehemaliger Wehrmachtsoldaten zu den Vorgängen in Tschenstochau, aus denen im Folgenden in Kurzform (»Bd. 1« bzw. »Bd. 2«) zitiert wird.

Aussagen setzte um die Mittagszeit des 4. September – die Kompanie hatte sich im Schulhof eingerichtet, die Waffen abgelegt und wartete auf die Essensausgabe – eine wilde Schießerei ein. Den Aussagen der meisten Augenzeugen zufolge wurde die Kompanie von den gegenüberliegenden Häusern aus beschossen. Keiner der Befragten konnte die Angreifer beschreiben.[415] Dagegen steht Alfred H. mit seiner Aussage nicht allein: »Ob es sich bei den Angreifern um Soldaten, Freischärler oder Zivilisten gehandelt hat, konnte man bei dem Durcheinander nicht feststellen.«[416] Bei den derart unter Beschuss geratenen Soldaten setzte Panik ein. »Wir rannten Deckung suchend zu unseren Waffen und ich erinnere mich noch, wie unser Kompanie-Chef Oberleutnant G. schrie ›Schießt, schießt, schießt‹«, so Johann D.[417]; und Hans L. gab zu Protokoll: »Die Kompanie war von dem plötzlichen Angriff völlig überrascht worden, so dass zunächst eine große Verwirrung entstand.«[418] In einem persönlichen Bericht, den der Gefreite K. über den Vorfall verfasste und der dem Regimentstagebuch beigefügt wurde, heißt es: »Schreiend suchte ein Teil der Essenfasser den Eingang zu gewinnen, um die Waffen zu holen. Einer verdrängte dabei den Anderen. Von drinnen versuchte ein Teil, der schon die Waffen gepackt hatte, vergeblich zum Ausgang durchzudrängen.«[419] Auch der Bataillonskommandeur gab später im Gespräch mit einem Mitglied des Regimentsstabes zu, dass er über die Kompanien sehr verärgert war, die »losstürmten und den Angriff zunichte machten, ohne dass er zunächst Befehle erteilen konnte«.[420]

Der zweite überlieferte Zwischenfall ereignete sich in etwa zeitgleich in unmittelbarer Nähe der Gewerbeschule, in der Strażacka-Straße. Bei dem bewachten Gefangenentransport, der hier durch polnische Freischärler angegriffen worden sein soll, handelte es sich um eine Gruppe von einigen hundert Zivilgefangenen, die tags zuvor in der Umgebung von Tschensto-

---

415 Lediglich der Zeuge Max R. gibt eine detaillierte Beschreibung von drei polnischen Zivilisten, die auf die deutschen Truppen geschossen hätten, führt aber kurz darauf aus: »Über die eigentlichen Kampfhandlungen von Heckenschützen oder Partisanen mit Einheiten unseres Rgt. kann ich aus eigener Erkenntnis nichts sagen«, ZA Max R., 15. 3. 1984 auf der Dienststelle Bayreuth, Bd. 1, Bl. 182.
416 ZA Alfred H., 2. 3. 1984 bei der Polizeidirektion Heidelberg, Bd. 1, Bl. 115. Auch Hans L. (Bd. 1, Bl. 130), Karl N. (Bl. 1, S. 159), Hans N. (Bd. 1, Bl. 182 RS), Helmut G. (Bd. 2, S. 376) und Georg G. (Bd. 2, Bl. 419) gaben zu Protokoll, dass sich bei dem herrschenden Durcheinander nicht feststellen ließ, wer eigentlich auf wen schoss.
417 ZA Johann D., 1. 3. 1984 bei der Kriminalpolizeiinspektion Bamberg, Bd. 1, Bl. 68.
418 ZA Hans L., 12. 6. 1980 beim Landeskriminalamt Niedersachsen, Bd. 1, Bl. 130.
419 Ber. des Gefr. K. der 2. Kp. des I./IR 42, BA-MA, RH37/904, Bl. 36.
420 ZA Georg K. bei der Kriminalpolizeiinspektion Bayreuth, 16. 7. 1985, Bd. 2, Bl. 471.

chau festgenommen und am 4. September in die Stadt geführt worden waren.[421] Der Schütze im 3. Bataillon der I. Kompanie des Infanterieregiments 42 Martin Adolf W. konnte den Vorfall aus der Ferne beobachten und berichtete, wie sich der Transport von etwa 300 bis 400 Gefangenen[422] der Kirche näherte. Plötzlich fielen Gewehrschüsse. »Ich konnte beobachten, dass die Bewacher des Transportes in Deckung gingen und das Feuer erwiderten. Später setzte dann auch MG-Feuer ein. Im Gefangenentransport kam es zu Tumulten.«[423] Unter den Zivilgefangenen befand sich auch Franciszek Cierpiał, der den Vorfall aus seiner Anschauung folgendermaßen schildert: »In Tschenstochau wurden wir in die Strażackastraße geführt. Auf dieser Straße wurden wir plötzlich von den deutschen Soldaten aus Maschinengewehren beschossen. Dabei wurden etwa 200 Menschen getötet. Die Überlebenden brachten die Deutschen später im Gefängnis unter. Bevor ich ins Gefängnis geführt wurde, sah ich, wie sie die Erschossenen auf Kraftwagen verluden und abtransportierten.«[424]

Nach erstem Abklingen des Feuers[425] in der Stadt führten die Einheiten des I. Bataillons des Infanterieregiments 42 sofort umfassende Hausdurchsuchungen durch. Keiner der daran Beteiligten konnte nach Kriegsende aus eigener Anschauung von Waffenfunden berichten. Vielmehr verliefen die Durchsuchungen nach übereinstimmenden Angaben einiger Beteiligter er-

421 ZA Franciszek Cierpiał, 22. 10. 1976, Bd. 1, Bl. 9–10. In dieser Angelegenheit ist die Überlieferung wesentlich dünner, da der Transport von Soldaten des ebenfalls in der Stadt eingesetzten IR 97 bewacht wurde. Von dieser Einheit ist kein KTB überliefert, und ehemalige Regimentsangehörige wurden – im Gegensatz zum IR 42 – im Rahmen der Nachkriegsuntersuchungen zu den Ereignissen in Tschenstochau nicht vernommen. Dass es in der Strażackastraße zu einer Schießerei kam, bezeugen auf jeden Fall mehrere zeitgenössische Quellen unabhängig voneinander, Qu.-Abt. des IV. AK (KTB), 4. 9. 1939, BA-MA, RH24-4/96; IR 42 (KTB, Kopie), 4. 9. 1939, BAL, Ordner Verschiedenes Nr. 171, Bl. 607; Kdr. des I./IR 42 (KTB, Kopie), Oberst-Lt. Uebe, »Ber. über Tschenstochau«, BA-MA, RH37/904, Bl. 34. Der Einsatz von Maschinengewehren gegen Zivilgefangene wird in dem Ber. bestätigt.
422 Im KTB des IR 42 ist dagegen von 700 Gefangenen die Rede, »Das IR 42 im poln. Feldzug« (KTB), 4. 9. 1939, BA-MA, RH37/904, Bl. 37.
423 ZA Martin Adolf W. am 7. 3. 1984 bei der Kriminalpolizeiinspektion Schwabach, Bd. 1, Bl. 233.
424 ZA Franciszek Cierpiał, 22. 10. 1976, Bd. 1, Bl. 9. Im Lichte der Ergebnisse der im Frühjahr 1940 durchgeführten Exhumierungen auf dem Stadtgebiet erscheint die Zahl von bei diesem Vorfall erschossenen 200 Zivilgefangenen zu hoch gegriffen, siehe S. 106.
425 Bezüglich der Dauer der Schießereien im Zentrum der Stadt reichen die Angaben der Augenzeugen von »ein paar Minuten« (ZA Karl S., 25. 4. 1984 bei der Kriminalpolizei Heilbronn, Bd. 1, Bl. 206) bis zu »etwa eine[r] Stunde« (ZA Karl H., 29. 8. 1984 bei der Kriminalpolizeiinspektion Weiden, Bd. 1, Bl. 293 RS.). Dass ein Zeuge von »mehrere[n] Stunden« spricht (ZA Johann P., 17. 8. 1984 bei der Kriminalpolizeiinspektion Schwabach, Bd. 1, Bl. 285), dürfte allerdings dem Umstand geschuldet sein, dass im Laufe des Tages immer wieder an verschiedenen Orten vereinzelt Schüsse fielen.

gebnislos: »In diesen Häusern haben wir jedoch keine verdächtigen Personen angetroffen und auch keine Waffen gefunden. In den Wohnungen befanden sich nur Frauen und Kinder und einige sehr alte Männer, welche wir dort beließen.«[426] Bezeichnend ist auch das Resümee von Hans M.: »Ich habe am 4. 9. 1939 keine Freischärler in Tschenstochau gesehen. Meine Einheit hat auch keine Freischärler erwischt. Ich und meine Kameraden haben nur unsere Toten gesehen.«[427]

Da nach den Schießereien in der Stadt weder bewaffnete Zivilisten noch bewaffnete polnische Soldaten aufgespürt werden konnten, ist die zeitgenössische deutsche Version von zwei Freischärlerüberfällen in Tschenstochau nicht überzeugend. Es scheint vielmehr, dass sich dort am Nachmittag des 4. September zwei Zwischenfälle ereigneten, die auf die Nervosität der in der Stadt eingesetzten Soldaten zurückzuführen sind, mit der man ja an höherer Stelle bereits vor dem Einmarsch gerechnet hatte.[428] Die Eindrücke des anstrengenden Vormarsches durch Landstriche, in denen nach Überzeugung der dort eingesetzten Verbände der 10. Armee Freischärler ihr Unwesen trieben, hatten das ihrige zu dieser nervösen Grundstimmung innerhalb der Truppe beigetragen. Ehemalige Soldaten des Infanterieregiments 42 gaben nach dem Krieg zu Protokoll, dass es, als die ersten Schüsse auf dem Stadtgebiet fielen, kaum möglich war, die Urheber ausfindig zu machen. »Wir wussten die erste Zeit überhaupt nicht, was los war«, berichtete Josef S., »denn in den Häusern, aus denen die Polen auf uns schossen, waren teilweise auch unsere Soldaten im Erdgeschoss untergebracht.«[429] Philipp T. wiederum vermerkte: »In Tschenstochau waren nach diesem Überfall überall Schüsse zu hören. Es herrschte ein Durcheinander und man kann fast sagen ›jeder schoss auf jeden‹. An allen Ecken wurde geschossen.«[430]

426 ZA Herbert H., 22. 9. 1983 beim Landeskriminalamt Niedersachsen, Bd. 1, Bl. 102. Ähnliches bezeugen auch Anton Christof V. (Prot. d. Vern. bei der Kriminalpolizeiinspektion Hof, 24. 6. 1985, Bd. 2, Bl. 449) und Albin A. (Prot. d. Vern., 14. 3. 1984 bei der Kriminalpolizeiinspektion [unleserlich], Bd. 1, Bl. 76).

427 ZA Hans M., Hauptfeldwebel a. D., bei der Kriminalpolizeiinspektion Hof, Juni 1985, Bd. 2, Bl. 433.

428 Siehe S. 99. Die Tatsache, dass die beiden geschilderten Schusswechsel in etwa zeitgleich stattfanden, lässt sich dadurch erklären, dass die Schüsse auf dem einen Schauplatz Nervositätsschüsse auf dem anderen Schauplatz zur Folge hatten.

429 ZA Josef S., 27. 2. 1984 bei der Kriminalpolizeiinspektion Amberg, Bd. 1, Bl. 212.

430 ZA Philipp T. am 6. 3. 1984 in Duisburg (Dienststelle nicht genannt), Bd. 1, Bl. 217. Ein weiterer Zeuge berichtete: »Kurz nachdem wir in unserem Quartier waren, kam die SS mit gepanzerten Fahrzeugen und es wurde auf unser Quartier geschossen. Der Irrtum wurde aber bald bemerkt«, ZA Johann P., 17. 8. 1984 bei der Kriminalpolizeiinspektion Schwabach, Bd. 1, Bl. 285.

Offenbar waren der erschöpften und gereizten Truppe am Nachmittag des 4. September die Nerven durchgegangen. Bereits unmittelbar nach den Vorfällen kritisierten militärische und polizeiliche Stellen die Nervosität der in die Schießereien verwickelten Soldaten. Ausgerechnet eine Einsatzgruppe der Sicherheitspolizei kabelte nach Berlin, die militärischen Stellen in Tschenstochau seien sehr nervös: »Wenn auch Tatsache ist, dass die deutschen Truppen von Zivilisten angegriffen wurden, so war zum Schluss nicht mehr festzustellen, wer auf wen schoss.«[431] Der Divisionsveterinär der 14. Infanteriedivision hielt lapidar fest: »Straßenkämpfe in der Stadt, wilde Schießereien, Panik, Kommandantur restlos versagt«[432], und der Korpsarzt des IV. Armeekorps vermerkte in seinem Kriegstagebuch für die frühen Abendstunden des 4. September: »Das nächste Spital im Ostteil der Stadt nicht zu erreichen, da Mittelteil der Stadt vollkommen durch Kolonnen verstopft. Außerdem sinnlose Schießerei mitten in der Stadt. Kolonnenführer versuchen, das Feuer zu stoppen. Es gelingt nach etwa einer halben Stunde. Beobachtung dabei: Leuchtspurmunition an Häuserwänden erweckt den Eindruck, als ob aus Fenstern geschossen wird. Die Kolonnen werden dann immer nervöser. Keine Verkehrskontrolle.«[433] Wie der Mediziner dem Divisionsarzt der 46. Infanteriedivision telefonisch mitteilte, hatten nach seiner Einschätzung die Schießereien in Tschenstochau nichts mit einem bewaffneten Überfall durch Zivilisten zu tun.[434]

Die in Tschenstochau stationierten Soldaten des Infanterieregiments 42 sahen das anders. Ungeachtet der Tatsache, dass bei den Hausdurchsuchungen in der Umgebung keine Waffen gefunden werden konnten, wurde die gesamte Zivilbevölkerung aus den Häusern geholt und unter Gewaltanwendung auf dem nahe gelegenen Marktplatz zusammengetrieben. Der Zeuge Fritz S. hatte bei seiner ersten Vernehmung durch die Kriminalpolizeiinspektion Bayreuth am 5. März 1985 zunächst kaum weiterführende Angaben gemacht und lediglich beiläufig erwähnt, seine Einheit hätte nach Abklingen der Schießerei den Auftrag erhalten, »die Bevölkerung aus den Häusern zu bitten [!] und sie in die Kirche zu schicken«.[435] Eine Woche spä-

---

431 CdS, Tg.Ber. »Unternehmen Tannenberg«, 6.9. 1939 abends, BAB, R58/7001, Bl. 6. Eine weitere Schießerei, die sich in der Nacht vom 4. auf den 5.9. 1939 in der Stadt ereignete, führte der Verfasser des Berichtes auf »die allerorts zu bemerkende Nervosität und Schießlust der Truppe« zurück.

432 Div.-Veterinär der 14. ID (KTB), 4.9. 1939, BA-MA, RH26-14/1.

433 Korpsarzt des IV. AK (KTB), 4.9. 1939, BA-MA, RH24-4/98.

434 »Fernmündl. Verbindung mit Divisionsarzt 46. [...] Behauptet, in Tschenstochau wäre ›Bandenkrieg‹ [...] Wird beruhigt.« Ebd., 5.9. 1939.

435 ZA Fritz S. bei der Kriminalpolizeiinspektion Bayreuth, 5.3. 1985, Bd. 2, Bl. 390.

ter erschien er jedoch freiwillig erneut auf der Wache, um zusätzliche Angaben zu machen. Diesmal nahm Fritz S. kein Blatt vor den Mund: »Es war Befehl gegeben worden, dass sich alle Zivilisten auf die Straße mit dem Gesicht nach unten zu legen hatten. Außerdem hatten wir Befehl auf alles, was sich bewegt, zu schießen. Dieser Befehl ist durchgesagt worden. [...] Ich möchte hier angeben, dass ich die Zivilisten nicht aus dem Haus gebeten habe, sondern dass wir die Häuser regelrecht räumten.«[436] Die Jüdin Helena Szpilman berichtete nach dem Krieg der Jüdischen Historischen Kommission, wie deutsche Soldaten sie zusammen mit anderen festgenommenen Zivilisten auf den Platz vor der Kathedrale von Tschenstochau trieben: »Schon am 4. September gingen Wehrmachtsoldaten durch die Hinterhöfe und riefen ›Alles heraus!‹ Sie kamen auch in die Wohnungen und drohten denjenigen, die nicht hinauskommen [wollten], damit, sie zu erschießen. Alle mussten in Kolonnen mit erhobenen Händen gehen, Polen und Juden. Sie brachten uns auf den Magnacki-Platz. Dort waren bereits einige tausend Menschen versammelt, Männer, Frauen und Kinder. Der gesamte Platz war von deutschen Soldaten umstellt. Die Deutschen hielten ihre Gewehre schussbereit in den Händen. Zunächst trennten sie die Männer von den Frauen und Kindern. Danach durchsuchten sie gründlich die polnischen und jüdischen Männer. Wenn sie bei jemandem Rasierklingen, Rasiermesser oder Taschenmesser fanden, wurde der Betroffene zum nahe gelegenen Luftabwehrgraben gebracht und sofort erschossen.«[437] Oberstleutnant Uebe bezifferte die Zahl der bis 17 Uhr auf dem Marktplatz versammelten Menschen auf »etwa 10 000«, von denen die Frauen und Kinder wieder entlassen, die Männer dagegen nach Waffendurchsuchungen teils in die Kirche, teils in das örtliche Gefängnis gesperrt worden seien.[438] Dabei kam es zu einem Massaker auf dem Kirchenvorplatz. Henoch Diamant, ein damals 20-jähriger Jude aus Tschenstochau, war bei diesem Vorfall leicht verwundet worden und berichtete später: »Als wir in die Kirche gingen, fingen sie an, aus MG und Handfeuerwaffen auf uns zu schießen. Einige hundert von uns starben an Ort und Stelle, ungefähr 400 wurden verwundet.«[439] Nach dem offiziellen Bericht des Kommandeurs des I. Bataillons kosteten die Erschießungen von Polen und Juden am 4. September 1939 auf dem Stadt-

436 Nachtrag von Fritz S. zu seiner Vern. vom 5. 3. 1985, zu Protokoll gegeben bei der Kriminalpolizeiinspektion Bayreuth, 12. 3. 1985, Bd. 2, Bl. 391–392.
437 ZA Helena Szpilman (undatiert), AŻIH, 301/3289, Bl. 1–2.
438 Kdr. des I./IR 42 (KTB, Kopie), Oberst-Lt. Uebe, »Ber. über Tschenstochau«, BA-MA, RH37/904, Bl. 35.
439 ZA Henoch Diamant (undatiert), AŻIH, 301/1567, Bl. 1–2.

gebiet, die nichts anderes als Vergeltungsaktionen für die vorangegangenen Schießereien ungeklärter Ursache waren, drei Frauen und 96 Männer das Leben.[440] Im Zuge einer vom deutschen Stadthauptmann angeordneten Exhumierung wurden im Frühjahr 1940 an verschiedenen Stellen der Stadt allerdings die Leichen von insgesamt 227 Männern, Frauen und Kindern geborgen.[441] Infolge der vorangegangenen Schießereien, deren Ursache ungeklärt blieb, waren 14 deutsche Soldaten verwundet worden und acht ums Leben gekommen.[442]

Ruft man sich nochmals die wesentlichen Merkmale der Umstände ins Gedächtnis, die die Vorfälle in Tschenstochau am 4. September 1939 begleiteten, sind unschwer die Faktoren auszumachen, die, wie bereits für andere Einsatzbereiche der Wehrmacht dargelegt, bei den Besatzungstruppen zu der Überzeugung führten, mit feindlichen Einwohnern im Kampf zu stehen. In den Vortagen hatten bereits vermeintliche Freischärlerkontakte stattgefunden, die mit äußerster Gewalt beantwortet worden waren. Durch die bereits vor dem Einmarsch in die Stadt ausgegebene Weisung des IV. Armeekorps, angesichts des hohen Anteils von Arbeitern sei auf eine starke Präsenz der Truppe auf dem Stadtgebiet Wert zu legen, wurde ein Teil der Einwohner direkt mit einem typischen nationalsozialistischen Feindbild – dem des mit dem Marxismus sympathisierenden Proletariers – in Verbindung gebracht. Die Nervosität der Truppe, der man an höherer Stelle durch Entwaffnung von einigen der in die Stadt einmarschierenden Soldaten Rechnung trug[443], war auch am Tag nach der Besetzung der Stadt noch deutlich zu spüren. In diesem von Misstrauen und Angst geprägten Klima in den Reihen einer auf dem Stadtgebiet zusammengedrängten Truppe ist es angesichts der Abläufe auf den anderen Kriegsschauplätzen schwer vorstellbar, wie es *nicht* zu Vorfällen von »friendly fire« hätte kommen sollen. So war es zu einem der schwersten Übergriffe gekommen, der im September 1939 von Wehrmachtsoldaten gegen polnische und jüdische Zivilisten verübt wurde.

Die Erfahrungen im virtuellen Freischärlerkampf von Tschenstochau prägten auch das Verhalten von Einheiten des Infanterieregiments 42 in den

---

440 Kdr. des I./IR 42 (KTB, Kopie), Oberst-Lt. Uebe, »Ber. über Tschenstochau«, BA-MA, RH 37/904, Bl. 35.

441 Pietrzykowski, Cień Swastyki, S. 15.

442 IR 42 (KTB, Kopie), 3. 9. 1939, BAL, Ordner Verschiedenes Nr. 171, Bl. 606.

443 Diese Maßnahme steht im Widerspruch zu der zuvor erlassenen Warnung vor gefährlichen Proletariern auf dem Stadtgebiet. Der Aussage des Zeugen Max R. ist nicht zu entnehmen, wer damals die Entladung der Gewehre anordnete, ZA Max R., 15. 3. 1984 auf der Polizeidienststelle Bayreuth, BAL, I-205 AR-Z 73/78, Bd. 1, Bl. 181–182. Während die »Proletariergefahr« seitens des vorgesetzten IV. AK bemüht wurde, könnte letztere Weisung auch unmittelbar auf einen Befehl des IR 42 zurückgehen.

Folgetagen. Am Vormittag des 5. September verschaffte eine notwendig gewordene Umgliederung der Truppe dem Infanterieregiment 42 eine Atempause. Während das I. Bataillon als Besatzung in Tschenstochau zurückblieb, trat das II. Bataillon um 18 Uhr zu einem Nachtmarsch nach Nordosten an.[444] Kurz nach Mitternacht ereignete sich in der 30 Kilometer östlich von Tschenstochau gelegenen Ortschaft Kajetanowice angeblich ein Feuerüberfall auf das II. Bataillon des Infanterieregiments 42, der teils aus der Ortschaft, teils von den nahe gelegenen Waldrändern aus erfolgt sein soll.[445] Polnisches Militär befand sich zu diesem Zeitpunkt nicht in der Gegend.[446] Das Regiment behalf sich auch hier mit den »Maßnahmen, die [...] in Tschenstochau mit Erfolg ergriffen worden waren«.[447] So hatte sich Oberschütze M. von der 8. Kompanie »dadurch ausgezeichnet, dass er [...] die feindlichen Anführer in Kajetanowice erledigte«. Sein Kompanieführer hatte sich derweil »persönlich an ein feindliches Widerstandsnest herangearbeitet und dieses Bauernhaus mit Handgranaten ausgeräuchert«.[448]

Die Einwohner von Kajetanowice bemerkten gegen 21 Uhr die Anwesenheit der Einheit in ihrer Gegend aufgrund von mit lauter Stimme erteilten Befehlen, die durch die Nacht erklangen. Die Ortschaft wurde von Leuchtraketen in grelles Licht getaucht, deutsche Soldaten marschierten in Gefechtsformation ein. Bald darauf begann eine Schießerei, Gehöfte und Scheunen gingen in Flammen auf.[449] Die Soldaten schossen wahllos in die Häuser.[450] Der Befehl »Männer raus, aber fix, denn wir haben keine Zeit!« ertönte, kurz darauf wurden mehrere auf den Feldern zusammengetriebene Einwohner von Kajetanowice erschossen. Ein deutscher Soldat, der an weinende Kinder Brot verteilte, sagte auf Polnisch zur Zeugin Wiktoria Czech, er wisse wohl, dass die Leute hier unschuldig seien, aber man habe Befehl, sie sämtlich zu erschießen. Ein anderer Soldat soll geäußert haben, die Polen müsse man hier »von der Wiege an« ermorden.[451] Unter den 72 identifizierten Todesopfern des Massakers in Kajetanowice befanden sich ein Säugling, fünf Kleinkinder, 14 Jugendliche, 12 Frauen und sechs alte Menschen.[452]

444 IR 42 (KTB, Kopie), Ber. »Vorstoß auf Warschau – Kämpfe an der Lysa Gora«, BA-MA, RH37/904, Bl. 37.
445 Ebd., Bl. 38.
446 Bojarska, Zbrodnie, S. 225.
447 IR 42 (KTB, Kopie), Ber. »Vorstoß auf Warschau – Kämpfe an der Lysa Gora«, BA-MA, RH37/904, Bl. 38. Der Zusatz »mit Erfolg« wurde nachträglich in das KTB eingefügt.
448 Ebd.
449 Bojarska, Zbrodnie, S. 226.
450 ZA Józef Wojciechowski, 14. 6. 1949, BAK, All-Proz 5/201, POL 3.
451 Bojarska, Zbrodnie, S. 226.
452 Liste der Opfer bei Datner, 55 dni, S. 267–269.

Kajetanowice hatte auf einen Schlag ein Drittel seiner Einwohner verloren.[453] Die Ortschaft selbst – in der nach den Aufzeichnungen des Regimentsarztes Rudolf K. beim Durchmarsch des Infanterieregiments 101 am Vortag bereits einzelne Gehöfte in Flammen gestanden hatten[454] – wurde durch das Feuer in der Nacht vom 5. auf den 6. September vollends zerstört.[455]

Die deutschen Verluste hielten sich dagegen in überschaubaren Grenzen: Beim II. Bataillon des Infanterieregiments 42 war niemand verletzt worden, lediglich der Verlust zweier Pferde war zu beklagen. »Vergeltungsmaßnahme: Das Dorf wird angezündet.«[456] Auf eine Anfrage der Staatsanwaltschaft Osnabrück hin kommentierte Dr. Rolf Elble, Oberst i.G. der Bundeswehr, Mitarbeiter des Militärgeschichtlichen Forschungsamtes und ehemaliger Polenkriegsteilnehmer, am 3. Oktober 1973 den Vorfall in Kajetanowice: »Wenn durch diese Schießerei nur zwei Pferde und ausnahmsweise keine Menschen getötet wurden, ist der Grund nicht in der Zurückhaltung oder Humanität der Freischärler zu sehen.«[457] In Wirklichkeit lässt die Tatsache, dass in der Nacht vom 5. auf den 6. September in Kajetanowice, die 72 Polen das Leben kostete, kein deutscher Soldat zu Schaden kam, nur einen Schluss zu: Ein Feuerüberfall durch polnische Freischärler auf deutsche Truppen hatte damals nicht stattgefunden.

Im Nachbarort Dąbrowa Zielona hatte das Generalkommando des IV. Armeekorps am 5. September auch nur »angebliche Freischärler« gesichtet, »die aus dem Hinterhalt auf die Deutschen schießen. Alle wissen, dass es so ist, aber keiner hat einen solchen Polen wirklich in der Ausübung einer Kampfhandlung oder auch nur mit einer Schusswaffe in der Hand gesehen. Überall im Dorfe gehen Gewehre los, und schließlich steht irgendwo an einer Mauer eine Anzahl schlotternder Gestalten mit erhobenen Händen: ›die Täter‹, bewacht von Soldaten, die auch nicht wissen, wie sie zu diesem Kommando kommen, wen sie eigentlich bewachen, wer die ihnen anver-

---

453 In der Ortschaft lebten vor Kriegsbeginn 215 Menschen, Bojarska, Zbrodnie, S. 227.

454 Siehe S. 94.

455 Datner, 55 dni, S. 82.

456 IR 42 (KTB, Kopie), 5. 9. 1939, BAL, Ordner Verschiedenes Nr. 171, Bl. 607.

457 Zuvor hatte Elble erklärt, das Handeln der Truppe sei aufgrund der »vorangegangenen Freischärleraktionen« nachvollziehbar, Brief von Oberst i. G. Dr. Elble an d. Staatsanwaltschaft beim Landgericht Osnabrück, 3. 10. 1973, BAL, Ordner Verschiedenes Nr. 171, Bl. 604. Zwei Jahre später verfasste Elble eine Monographie zur »Schlacht an der Bzura«, in der er ebenfalls Stellung zum Freischärlerkrieg in Polen 1939 bezog: »Das polnische Freischärlerwesen hatte natürlich Maßnahmen der deutschen Kommandobehörden zur Folge. Hierzu waren die Befehlshaber und Kommandeure als tatsächliche Inhaber der Gewalt gem. Art. 43 der HLKO verpflichtet. Vor allem aber war es ihre Aufgabe, die eigene Truppe vor heimtückischen Übergriffen der Bewohner zu schützen und sie zur unmittelbaren Abwehr zu befähigen«, Elble, Schlacht, S. 210.

trauten Gefangenen festgenommen hat und was nun werden soll.«[458] Tags darauf hielt man beim IV. Armeekorps für den gesamten Einsatzbereich fest: »Neben vielen Fällen [der Freischärlerei], die scharfes Durchgreifen erfordert[en], sind leider auch mehrere Fälle vorgekommen, in denen durch *harmlose* Veranlassung *panikartige Schießereien* und *große Brände* entstanden. Es besteht bei rückwärtigen Teilen mit ungeübten Mannschaften und Führern z. Zt. zweifellos die Gefahr der »*Freischärler-Psychose.*«[459] Am 11. September verfügte der Oberbefehlshaber der 10. Armee, General der Artillerie von Reichenau, in einem Schreiben an die Kommandierenden Generale der ihm unterstellten Armeekorps: »Die Nervosität der Truppe gegenüber Schießereien im rückwärtigen Gebiet muss aufhören. Sie werden häufig von uns selbst verursacht. Einzelne Fälle wirklicher Feindhandlungen dürfen nicht dazu verleiten, dass die ganze Truppe beim kleinsten Anlass eine ungeordnete Schießerei beginnt. Das Niederbrennen von Häusern als Vergeltungsmaßnahme ist verboten. Bei wirklichen Angriffen auf die Truppe oder feindseligen Handlungen anderer Art ist rücksichtslos an Ort und Stelle durchzugreifen.«[460]

Die dem Münchner VII. Armeekorps unterstellten Einheiten waren zu Angriffsbeginn zunächst als Heeresgruppenreserve eingesetzt und marschierten daher erst nach dem 3. September südlich von Tschenstochau in Ostoberschlesien ein. Mit Freischärlerei rechnete man beim Korpskommando bereits vor Überschreiten der Reichsgrenze und warnte diesbezüglich vor »Gespensterseherei«.[461]

Der Feindlagebericht vom 3. und 4. September vermerkte »keine Feindberührung«, dafür aber »Schießereien mit Freischärlern und Versprengten«.[462]

---

458 »Marschrichtung Ost. Vormarschweg und Gefechtsstände der Führungs-Abt. des Gen.Kdo IV im PF«, Aug.–Sep. 1939, CAW, 2- II/5, Bl. 54. Kurz darauf brach in der Ortschaft ein Feuer aus.

459 IV. AK, Zusatz zum Armeebefehl gegen Freischärler, 6. 9. 1939, BA-MA, RH26-4/3. Hervorhebungen im Original. Zusatz des Kommandeurs der 4. ID: »Ich ersuche die Herrn Rgts. usw. Kdr. mit allen Mitteln gegen die Freischärler-Psychose vorzugehen und bei den Kolonnen geeignete Maßnahmen zur Abstellung zu treffen«, ebd. Für diesen Hinweis Dank an Timm C. Richter.

460 OB der 10. A. von Reichenau, Schreiben an d. Kd.Gen. des V., XI., XIV., XV. und XVI. AK, 11. 9. 1939, BA-MA, RH24-11/4a.

461 VII. AK, Bes. Anordn. f. d. Vers. Nr. 7, 4. 9. 1939, BA-MA, RH24-7/165.

462 VII. AK, Feinddarstellung, 3.–4. 9. 1939, BA-MA, RH24-7/7. Die Korpsnachrichten-Abt. 47, die u. a. zum Schutz des Korpsstabes eingesetzt worden war, forderte nach Abklingen der Kampfhandlungen eine Aufrüstung der Einheit mit MP und MG, um sich in Zukunft besser gegen Angriffe »von versprengten polnischen Soldaten und Freischärlern« zur Wehr setzen zu können, »Erf.Ber. der Korpsnachrichten-Abt. 47 über den Feldzug in Polen«, 8. 12. 1939, BA-MA, RH24-7/9, Bl. 10.

Polnische Verbände, die hinter der Front weiterkämpften, wurden also auch beim VII. Armeekorps nicht als Kombattanten angesehen. Das Korpskommando ordnete am 5. September an, dass mit Hilfe der ortsansässigen Angehörigen der deutschen Minderheit »geheime Organisationen der Polen aufzudecken [und] zu vernichten« seien, um »hierdurch dem für alle Wehrmachtangehörigen sehr gefährlichen Bandenunwesen ein Ende zu bereiten«.[463] Mit dieser Einschätzung befand sich das Korpskommando jedoch nicht auf einer Linie mit seinem Kommandierenden General Eugen Ritter von Schobert.[464] Dieser relativierte noch am selben Tag solcherart übertriebene Meldungen. Nach einer scharfen Rüge wegen Lockerung der Disziplin und Plünderungen im Bereich des VII. Armeekorps stellte er fest: »Der in der Truppe wegen des polnischen Freischärlertums und einiger Überfälle vorhandenen Nervosität, die sich oft in sinnloser Schießerei äußert, ist mit allem Nachdruck entgegenzuwirken. Es sind alle Maßnahmen getroffen, um dieses Bandenunwesen unschädlich zu machen.«[465] Von Schobert ging also ebenfalls von einer Teilnahme der polnischen Bevölkerung an den Kampfhandlungen aus, hielt sie aber für eine Randerscheinung und zeigte sich eher besorgt über die selbständig eingeleiteten Vergeltungsmaßnahmen der Truppe, die ebenso wie Plünderungen die »Manneszucht« innerhalb der kämpfenden Truppe zu gefährden drohten. Am 6. September hielt das Kriegstagebuch des Korpskommandos dessen ungeachtet rückblickend fest: »Bei Dunkelheit werden immer noch Feuerüberfälle auf Meldefahrer und einzelfahrende Offz. [Offiziere] durch die Zivilbevölkerung ausgeübt. [...] Bevölkerung in vielen Orten des Durchmarschgebietes aufsässig; Truppe musste in Siewierz und Pilica Zivilisten, die mit der Waffe angetroffen wurden, erschießen.«[466]

463 VII. AK, Bes. Anordn. zum Korpsbefehl Nr. 12, 5. 9. 1939, BA-MA, RH24-7/1. Anfang Oktober 1939 registrierte man beim Gen.Kdo, dass »in Truppenberichten über Erfahrungen im polnischen Feldzug« häufig von polnischen Scharfschützen mit Zielfernrohr die Rede sei. So mochte man sich seitens der Truppe Einschläge von Kugeln erklären, wenn die Schützen nicht zu sehen waren. »Nach Ansicht des Gen.Kdo handelt es sich in den bisherigen Berichten entweder um reine *Annahmen* oder es wurden die vorgefundenen Zielfernrohrgewehre mit den Zielfernrohren von der Truppe nicht abgeliefert«, BA-MA, RH24-7/4. Hervorhebung im Original.

464 V. Schobert hatte als junger Weltkriegsoffizier für seinen Einsatz an der Front eine der begehrtesten deutschen Auszeichnungen, den Militär-Max-Joseph-Orden, erhalten. Hürter, Kriegserfahrung, S. 746, Anm. 16.

465 Gen.Kdo VII, Kd.Gen., 5. 9. 1939, BA-MA, RH24-7/11. Die Abt. Ia kommentierte den Befehl: »Lockerung der Disziplin, eigenmächtige Beitreibungen einzelner und eine erhebliche Zunahme allg. Nervosität, verursacht durch Überfälle polnischer Freischärler, zwingen den Herrn Kd.Gen. zum Erlass eines Sonderbefehls«, VII. AK, Abt. Ia (KTB), 5. 9. 1939, BA-MA, RH24-7/1.

466 VII. AK, Abt. Ia (KTB), 6. 9. 1939, BA-MA, RH24-7/1.

Die Ereignisse, auf die sich diese Meldung bezog, lagen zu diesem Zeitpunkt bereits zwei Tage zurück. Am 4. September 1939 hatte die I. Abteilung des Artillerieregiments 27 Siewierz erreicht. Dort »wird die Spitze der Marschgruppe durch Insurgenten angeschossen. Daraufhin werden 19 Insurgenten erschossen.«[467] In einer polnischen Nachkriegsuntersuchung wurden zehn Personen namentlich ermittelt, die am 4. September in Siewierz zu Unrecht als »Aufständische« erschossen worden waren. Unter ihnen befanden sich eine Frau und acht Jugendliche im Alter zwischen 15 und 21 Jahren.[468]

Pilica war bereits am 3. September nach Waffen abgesucht worden, die Revision soll zwei Todesopfer auf Seiten der polnischen Bevölkerung gekostet haben.[469] Unweit Pilica befand sich zu dieser Zeit ein Radfahrspähtrupp auf dem Weg nach Wolbrom. Als in einer Ortschaft ein Pistolenschuss fiel, stellte einer der Radfahrer fest: »Kann nur ein Zivilist gewesen sein! Wenn nur diese Kerle nie ein Schießeisen in die Hand nehmen wollten, diese blutigen Dilettanten! Der Leutnant ist von Natur aus höflich; er steigt sofort ab und bedankt sich in fünffacher Ausfertigung, worauf im Haus Ruhe und Ordnung herrscht.«[470] Die zynische Formulierung lässt keinen anderen Schluss zu, als dass der Anführer des Radfahrtrupps für den abgefeuerten Schuss unbekannten Ursprungs eigenhändig fünf Ortseinwohner exekutierte. In Wolbrom, das dem Spähtrupp als »ein verdrecktes Kaff von etwa 3–5000 Einwohnern« und »Saustall« erschien, kam es anschließend zu einem wilden Schusswechsel, ohne dass die Angehörigen des Trupps, denen die Kugeln von »allen Ecken und Enden um ihre Köpfe« schwirrten, ihrer etwaigen Gegner ansichtig wurden. Da etliche Schüsse aber angeblich aus Pistolen abgegeben worden waren, wurde erneut das »stinkdämliche Zivilistenpack« für den Überfall verantwortlich gemacht.[471] Allerdings spricht auch hier – wie beim Einsatz der deutschen Gebirgsdivisionen am Dunajec[472], wie beim Vormarsch des Infanterieregiments 101 nördlich von Tschenstochau[473] und wie beim Massaker der

<hr>

467 KTB Ost 1939 der I./AR 27 Kempten, (o. O. o. J.), S. 4. Am selben Tag meldete die Einheit einen Vorfall von »friendly fire«.
468 Datner, 55 dni, S. 214–215.
469 Eines der Opfer soll ein Apotheker gewesen sein, der zuvor angeblich einen Deutschen getötet hatte, ZA Bronisława Sztylman (undatiert), AŻIH, 301/2233. Das Datum dürfte von der Zeugin zuverlässig erinnert worden sein, da ihr 54. Geburtstag auf den 3.9. 1939 fiel.
470 Ber. »Auf Spähtrupp nach Wolbrom«, anonym, BA-MA, RH24-7/249, Bl. 14.
471 Ebd., Bl. 15.
472 Siehe S. 67.
473 Siehe S. 95–96.

2. Kompanie des Infanterieregiments 42 in Kajetanowice[474] – ein Umstand gegen die Darstellung eines von allen Seiten erfolgenden Freischärlerüberfalls in Wolbrom: Die Mitglieder des Radfahrspähtrupps verließen die Ortschaft unverletzt.[475]

Die Soldaten der 3. motorisierten Kompanie des Pionierbataillons 168 folgten den Fronteinheiten des VII. Armeekorps dichtauf und erlebten selbst die spannungs- und gewaltgeladene Atmosphäre in dessen Operationsgebiet. Siewierz erreichten sie wenige Stunden, nachdem das Artillerieregiment 27 dort unter Beschuss geraten war. Hier gab der Bataillonskommandeur Hauptmann S. der Kompanie »praktische Beispiele für den Einsatz von Juden und Panjes zum Arbeiten«.[476] Nach einem Gewaltmarsch über Pilica wiederholte sich dieses Schauspiel in Żarnowiec, wo Bataillonsangehörige am 6. September »Juden zum Ausbau des Lagers und Reinigen der Sachen« nötigten.

Neben alltäglichen Schikanen gegen die örtlichen Juden berichtet das Tagebuch der Kompanie auch von der allgegenwärtigen Nervosität in den Reihen der 3. motorisierten Kompanie und von Übergriffen gegen die Einwohner der Ortschaften entlang des Vormarschweges. Am 6. September fielen bei der Munitionsverteilung in Udorz zwei Schüsse, die angeblich aus der Richtung von zwei Wohnhäusern erfolgten. Sofort setzte eine wilde Schießerei ein. Wiederum fielen dabei angeblich auch Schüsse »rund um die Häuser«. Die Truppe, die wild um sich schoss, konnte nur mit Mühe zum Einstellen des Feuers bewegt werden. Während durch den ersten Schuss ein Unteroffizier durch eine Kugel am Unterarm verletzt wurde, kam durch die anschließende Schießerei niemand zu Schaden.[477] In Pińczów entdeckten die Pioniere am 7. September Spuren von Übergriffen der vor ihnen marschierenden Einheiten des VII. Armeekorps: »Die hoch stehende Mittagssonne wird von riesigen schwarzen Qualmschwaden verfinstert. Bei der Fahrt durch die engen Straßen herrscht eine unerträgliche Gluthitze. Man sieht keinen Menschen. Auf dem Markt liegen, lang ausgestreckt in ihren schwarzen Kaftanen, die Leichen erschossener Juden. Hauswände sind mit Blut besprizt«.[478] Als die Kompanie kurz darauf Stopnica passierte, erschien ihr die Haltung der einheimischen Polen und Juden als feindselig, woraufhin sie gezwungen wurden, den gesamten deutschen Durchmarsch

474 Siehe S. 107–108.
475 Ber. »Auf Spähtrupp nach Wolbrom«, anonym, BA-MA, RH24-7/249, Bl. 15.
476 3. mot. Kp. Pi 168 (KTB), 4. 9. 1939, von Privat, Kopie im Besitz des Verfassers.
477 Ebd., 6. 9. 1939.
478 Ebd., 7. 9. 1939.

mit erhobenen Händen zu beobachten. Offensichtlich zufrieden mit dem Ergebnis notierte der Chronist der Einheit:»Dies Verfahren wird mit vorgehaltener Pistole in allen Ortschaften durchgeführt. Ein Wink mit der Handgranate wirkt Wunder.«[479]

General Ritter von Schobert reagierte am 7. September mit scharfen Zurechtweisungen auf die Meldungen von Übergriffen aus dem Einsatzgebiet des VII. Armeekorps. Er forderte erneut, gegen die Nervosität der Truppe »mit allen Mitteln [...] anzugehen. Es ist vorgekommen, dass ohne ausreichende Beweise im Affekt Zivilisten auf Anordnung unbefugter Offiziere erschossen wurden.« Gerüchten, die im rückwärtigen Gebiet zu einer erheblichen Beunruhigung der Truppe geführt hätten, sei entschieden entgegenzutreten. Abschließend unterstrich er erneut seine Vorhaltungen vom 5. September: »Wir brauchen [...] einen zersprengten Feind nicht zu fürchten! Zu Nervosität und ihren Folgeerscheinungen besteht kein Anlass. Das Erschießen von Zivilisten, die nicht im Kampf fallen, können nur Gerichtsherren befehlen.«[480]

Die Brandstiftungen und Erschießungen im Einsatzbereich der 10. Armee in den ersten Kriegstagen waren eine direkte Folge der bereits in den ersten Stunden des Angriffs um sich greifenden Überzeugung, nicht einem regulären Gegner, sondern einer feindlichen Masse aus versprengten, teils nicht uniformierten polnischen Soldaten und fanatischen Zivilisten gegenüberzustehen. Konkrete Hinweise für diese Annahme sind den deutschen Akten nicht zu entnehmen. Sowohl die Aussagen polnischer Überlebender als auch die deutschen Berichte aus diesem Raum bestätigen vielmehr die Ergebnisse, die die Analyse der Berichte der deutschen Gebirgsdivisionen in den Beskiden bereits ergeben hat: Vorurteile gegenüber der Landesbevölkerung, die ungewohnte Situation der ersten Orts- und Häuserkämpfe, die Unübersichtlichkeit dieser Schauplätze, die Nervosität der jungen Rekruten und die daraus resultierenden Fälle von gegenseitigem Beschuss schufen innerhalb der Truppe ein allgegenwärtiges Gefühl von Unsicherheit und Angst.

Zu einem ganz ähnlichen Ergebnis kam man rückblickend bei der 31. Infanteriedivision, als der Verfasser des Kriegstagebuches der Einheit die Erfahrungen der ersten Vormarschtage in Polen rekapitulierte: »Die ersten Tage des Krieges haben bereits gezeigt, dass die Truppe und der noch nicht

479 Ebd.
480 Gen.Kdo VII, Korpsbefehl, 7. 9. 1939, BA-MA, RH24-7/1.

kriegserfahrene Teil der Offiziere in Frieden durch Unterricht und Beleh-
rung gar nicht oder ungenügend auf die typischen Erscheinungen der ersten
Kriegszeit hingewiesen worden sind. Die aus Nervosität, gefühlsmäßiger
Unsicherheit und Haltlosigkeit entstehenden Schießereien und Brandstiftungen schädigen die Manneszucht und das Ansehen des Heeres, zerstören
nutzlos Unterkünfte und Vorräte und führen Härten für die Bevölkerung her-
bei, von denen zweifellos ein Teil vermieden werden könnte. Diese Erfahrungen hätten eigentlich seit dem Weltkriege Allgemeingut der Truppe sein
müssen.«[481] Die ständige Bedrohung durch nicht zu ortende Schützen, die
häufig in den eigenen Reihen zu suchen waren, ließen das vorurteilsge-
prägte Bild des »polnischen Freischärlers« als einzig logische Erklärung zu.
In dieser Situation versäumten es die örtlichen Befehlshaber, durch klare
Anweisungen und disziplinarische Maßnahmen[482] den Übergriffen durch
die Truppe umgehend entgegenzuwirken, die von dieser wiederum offenbar
als willkommenes Ventil für angestaute Ängste und Aggressionen gegenüber der ohnehin als »minderwertig« eingestuften slawischen und jüdischen
Bevölkerung angesehen wurden.

An der Warthe und Liswarthe, in Tschenstochau und Umgebung, weiter
nördlich beim Infanterieregiment 101 und weiter südlich im Vormarschstreifen des VII. Armeekorps verhielten sich Einheiten der 10. Armee in der
ersten Septemberhälfte nicht anders als die Gebirgsjäger der 14. Armee in
Südpolen. Die auffallenden Parallelen bei der Bekämpfung angeblicher
Freischärler – die von beiden Armeen allerorten durchgeführten Brandstiftungen und Erschießungen – decken sich dabei mit den Falschmeldungen
über eine »lévée en masse« der polnischen Bevölkerung aus dem gesamten
Bereich der Heeresgruppe Süd.

Operationsgebiet der 8. Armee

Torzeniec ist eine kleine, lang gezogene Ortschaft nahe des Flusses Prosna,
der in früheren Zeiten die natürliche Grenze zwischen den preußisch und
russisch verwalteten Teilungsgebieten Polens gebildet hatte. Sie befand sich
zu Beginn des deutschen Einmarsches im Operationsraum der 8. Armee und
somit im Epizentrum eines der Gebiete, aus denen Freischärlermeldungen

---

481 31. ID, Feldzug in Polen (KTB), 3. 9. 1939, BA-MA, RH26-31/1.
482 Für die Durchführung der wenigen in den KTB und Berichten angedrohten kriegsgerichtlichen Verfahren wegen Brandstiftungen und der unrechtmäßigen Erschießung von angeblichen Freischärlern finden sich in den deutschen Akten keine Belege.

die deutsche Berichterstattung der ersten Tage dominierten.[483] Kampfhandlungen hatten in der Ortschaft am 1. September nicht stattgefunden.[484]

In der Nacht auf den 2. September 1939 quartierten sich Soldaten des Infanterieregiments 41 in Torzeniec ein. Kurz darauf überschlugen sich im Ort die Ereignisse. Wie das Kriegstagebuch der Einheit festhielt, setzte gegen Mitternacht unvermittelt eine Schießerei ein, an der sich angeblich »*sämtliche männliche[n] Einwohner*, vereinzelt sogar, wie einwandfrei festgestellt, Frauen mittelbar und unmittelbar am Kampf beteiligten«. Aus den Häusern, Gärten und von den nahe gelegenen Waldrändern soll MG-Beschuss auf die deutsche Truppe erfolgt sein.[485] Die völlig übermüdete Truppe kam nicht zur Ruhe, nur mit größter Mühe konnte eine Panik verhindert werden.[486] Beim in der Nähe stationierten Artillerieregiment 10 war man sich zwar auch sicher, dass sich die deutschen Posten in Torzeniec im Kampf mit Freischärlern befanden und vermerkte den Einsatz polnischer MG, jedoch nicht aus der Ortschaft selbst, sondern lediglich von der Prosnaniederung her.[487] Nach Abklingen der Schießerei zählte man auf deutscher Seite drei Tote und vier Schwerverwundete.[488]

Polnische Augenzeugen, die im Jahr 1955 zu dem nächtlichen Zwischenfall in Torzeniec befragt wurden, wussten nichts von einer geplanten Aktion der Dorfbewohner zu berichten.[489] Die Version im offiziellen Kriegstagebuch des Regiments weist dagegen einige Ungereimtheiten auf: Dass sämtliche Einwohner von Torzeniec sich an der Schießerei beteiligt hätten, wollte man in einer Situation bemerkt haben, in der erklärtermaßen

483 Siehe S. 73–75.

484 Pospieszalski, Dzień, S. 730.

485 IR 41 (KTB), 1. 9. 1939, BA-MA, RH 37/7125. Hervorhebung im Original.

486 Ebd.

487 »Weiße Leuchtkugeln erhellen immer wieder das Gelände; hier und dort brennt ein Haus; aus der Prosna-Niederung lebt ab und zu MG-Feuer auf.« Die I. Abt./AR 10 in Polen, S. 26–27.

488 10. ID, Tagesmeldung an XIII. AK, 2. 9. 1939, BA-MA, RH 24-13/8.

489 Ihre Aussagen befinden sich im Archiv des Westinstituts in Posen, »Egzekucje Wehrmachtu w dniu 2 września 1939 w Torzeńcu i Wyszanowie i spalenie wsi« [Die Wehrmachtexekutionen am 2. September 1939 in Torzeniec und Wyszanów und die Niederbrennung der Ortschaften], IZ, Dok. III-43. Sie wurden von Karol Marian Pośpieszalski am 14. bzw. 25. 4. 1955 zu Protokoll genommen und noch im selben Jahr – mit einem kurzen Kommentar versehen – veröffentlicht, Pospieszalski, Dzień. Bereits 1945 hatte die GK eine Untersuchung zu Massenmorden, die unter der deutschen Besatzung auf polnischem Boden begangen worden waren, angestrengt. Deren Untersuchungsergebnisse zu den Ortschaften Torzeniec und Wyszanów wurden ebenfalls 1955 veröffentlicht, wobei es zu den Ereignissen in Torzeniec in der Nacht vom 1. auf den 2. 9. 1939 heißt: »Die deutschen Truppen marschierten in unterbrochenen Marschgruppen und ohne Sichtkontakt zueinander und beschossen sich gegenseitig. Die Schuld dafür gaben sie den polnischen Einwohnern«, in Pospieszalski/Serwański, Materiały, S. 311.

»Freund und Feind nicht zu unterscheiden« waren.[490] Von Waffenfunden ist nicht die Rede, geschweige denn von Zivilisten, die mit der Waffe in der Hand ergriffen worden wären. Eine »Zivilperson«, die angeblich die Schießerei ausgelöst hatte, wurde erst nachträglich ermittelt.[491] Der Schluss liegt nahe, dass man unbedingt einen Schuldigen für den nächtlichen Vorfall in Torzeniec benennen wollte, zumal die Verlustbilanz auf deutscher Seite zwar in Bezug auf einen angeblich von langer Hand vorbereiteten Überfall auf die übermüdete Truppe durch die Ortseinwohner erstaunlich gering ausgefallen war, zugleich aber auf jeden Fall noch zu hoch gelegen hat, als dass man den vorgesetzten Stellen ohne Bedenken Unerfahrenheit, Nervosität und »friendly fire« seitens der eigenen Truppe als tatsächliche Ursache hätte melden können.[492]

Knapp 30 Jahre nach dem deutschen Überfall auf Polen erreichte die Zentrale Stelle der Landesjustizverwaltungen in Ludwigsburg der Brief eines Ferdinand D., in dem dieser schwere Anschuldigungen erhob: »Der Vormarsch des Infanterieregiments 41 unter Führung des damaligen Kommandeurs Oberst Gollwitzer, jetzt als General a. D. in Amberg lebend, war ein einziger Völkermord. Obwohl es damals noch keine polnischen Partisanen gab, blieb kaum ein Dorf von Kalisch bis Warschau verschont, da Gollwitzer bei seiner Truppe eine ›Heckenschützenpsychose‹ ausgelöst und aufrechterhalten hat.«[493]

Die Unterlagen der Zentralen Stelle zu den Vorgängen in Torzeniec[494] liefern zusammen mit den Eintragungen im Kriegstagebuch des Infanterieregiments 41 ein anschauliches Bild von einer durch Oberst Gollwitzer im Morgengrauen des 2. September 1939 eingeleiteten Vergeltungsaktion gegen die Einwohner der Ortschaft. Demnach »entschloss sich der Regimentskommandeur« direkt im Anschluss an den nächtlichen Zwischenfall »zu

---

490 IR 41 (KTB), 1. 9. 1939, BA-MA, RH37/7125.

491 Ebd. Dabei wird nicht angegeben, ob es sich dabei um eine Frau oder einen Mann gehandelt habe. Im Urteil des kommissarischen Kriegsgerichts des IR 41, 2. 9. 1939 findet die Festnahme einer Person, die die Schießerei ausgelöst haben soll, keine Erwähnung, siehe S. 117.

492 Insofern liegt dem Bericht im KTB des IR 41 möglicherweise dieselbe exkulpierende Intention zugrunde wie dem Bericht des GJR 98 über das Gefecht bei Równe in der Nacht vom 8. auf den 9. 9. 1939 (siehe S. 68–69) und dem Bericht von Oberstleutnant Uebe über Schusswechsel und Erschießungen in Tschenstochau am 4. 9. 1939 (siehe S. 100, S. 105–106). In beiden Fällen hatte man deutsche Verluste, die aller Wahrscheinlichkeit nach auf das Versagen der Truppe zurückzuführen waren, mit dem Auftreten polnischer Freischärler erklärt.

493 Brief von Ferdinand D., 17. 12. 1968, BAL, 420 AR 3382/65, Bl. 41.

494 Vier Jahre vor D.'s Anschuldigung war am Landgericht Amberg bereits ein Verfahren gegen Friedrich Gollwitzer auf die Anzeige eines Rudolf B. hin eingeleitet worden, BAL, 414 AR 3382/65, Bl. 1–4. Zu den auf D.'s Brief hin wieder aufgenommenen Ermittlungen, auf die im Folgenden Bezug genommen wird vgl. ebd., Bl. 24–37.

einer radikalen Säuberungs- und Vergeltungsaktion«.[495] Alle Ortseinwohner – einschließlich der Frauen und Kinder – wurden im Nordostteil von Torzeniec[496] versammelt. Ein Standgericht verurteilte sämtliche männlichen Einwohner zum Tod, das Urteil wurde unmittelbar an jedem zweiten Mann vollstreckt. Gleichzeitig gingen »mehrere Häuser [...] in Flammen auf«.[497] Das Urteil des Standgerichts ist heute in den Akten der Außenstelle Ludwigsburg des Bundesarchivs im vollen Wortlaut überliefert. Es ist bemerkenswert, dass die Zivilperson, die laut Kriegstagebuch des Infanterieregiments 41 die Schießerei ausgelöst hatte, in der Urteilsbegründung nicht erwähnt wird. Direkte polnische Beteiligte an der Schießerei konnten nachträglich nicht ausgemacht werden. Daher wurden die Aussagen berücksichtigt, die ohne nähere Angaben pauschal sämtliche Einwohner der Mittäterschaft bezichtigten, wobei die Zeugen – die aus den Reihen der in Torzeniec stationierten Soldaten stammten – namentlich nicht genannt werden.[498] Den Ausführungen des Kriegsgerichts folgte eine Auflistung von 17 zur Vergeltung erschossenen Einwohnern von Torzeniec.[499] Die Exekution eines Teils der männlichen Einwohner ist auch in den Aussagen polnischer Augenzeugen einwandfrei überliefert, die Zahl der Opfer wird dort mit 18 beziffert.[500]

Auf die Vorwürfe von Ferdinand D. aus dem Jahr 1969 hin wurde ein neues Verfahren gegen Friedrich Gollwitzer bei der Staatsanwaltschaft Amberg eröffnet. Nach erneuter eingehender Betrachtung des Vorfalls kam man zu dem Ergebnis, dass das hier über die männlichen Einwohner von Torzeniec verhängte Todesurteil eklatant damals geltendem Völkerrecht widersprach, da den Beschuldigten vor Urteilsverkündung keine Gelegenheit gegeben worden war, sich zum Sachverhalt zu äußern.[501] Gollwitzer habe sich

495 IR 41 (KTB), 2. 9. 1939, BA-MA, RH37/7125.
496 Torzeniec-Starypan.
497 IR 41 (KTB), 2. 9. 1939, BA-MA, RH37/7125.
498 »Nach übereinstimmenden Zeugenaussagen und dem übereinstimmenden Urteil des kommissarischen Kriegsgerichts waren an den Schießereien nahezu sämtliche Einwohner der Ortschaft Torzeniec beteiligt. Das kommissarische Kriegsgericht hält daher die Gesamtheit der männlichen Einwohner von Torzeniec für schuldig, feige und hinterrücks deutsche Soldaten erschossen zu haben und verurteilte [sic] daher sämtliche Beschuldigten zum Tode«, Urteil des Kommissarischen Kriegsgerichts IR 41, 2. 9. 1939 (Abschrift), BAL, 420 AR 3382/65, Bl. 26.
499 Ebd. Die Namen der Verurteilten weisen Schreibfehler auf, da sie nach Gehör notiert wurden. Dennoch entsprechen sie lautlich weitgehend der bei Datner, 55 dni, S. 174 wiedergegebenen Namensliste, siehe Anm. 500.
500 Datner, 55 dni, S. 172–176; Namen von 18 Exekutionsopfern ebd., S. 174.
501 »Die Verurteilten waren vor Urteilserlass nicht gehört worden; ihnen wurden erst hinterher von dem mit der Exekution beauftragten Beisitzer Hauptmann E. angeblich der Grund ihrer Festnahme und die gegen sie erhobenen Tatvorwürfe bekannt gemacht und, nachdem be-

selber zum Vorsitzenden des Kriegsgerichts bestellt, dem eigentlich drei unabhängige Richter hätten vorstehen müssen. Die später Verurteilten wurden »erst während der Tagung des ›Gerichts‹ zusammengefangen [...] hatten kein rechtliches Gehör und wurden nicht zum letzten Wort zugelassen«. Zudem wurde kein Verteidiger hinzugezogen. Das Urteil sei daher »kein Rechts-, sondern ein Machtspruch, damit aber auch keinesfalls eine Grundlage für die Tötung von 17 polnischen Zivilisten«.[502] Die Notwendigkeit einer summarischen Gewaltmaßnahme könne daher nicht anerkannt werden. Gleichwohl sei Gollwitzer nicht nachzuweisen, dass ihn eine »unnatürliche Freude an der Vernichtung von Menschenleben« zu seiner Tat veranlasst habe. Des Weiteren seien die »Überfälle nicht Krieg führender Zivilisten [...] geeignet und dazu bestimmt gewesen, den Angreifern Verluste beizubringen und deren weiteres Vordringen aufzuhalten oder wenigstens zu verzögern«. Gollwitzer sei aus diesem Grund nicht des Mordes zu überführen. Damit folgte man weitgehend der Argumentation der im September 1939 in Polen eingesetzten Wehrmachtverbände, die ihre »Vergeltungsmaßnahmen« mit polnischer Freischärlertätigkeit rechtfertigten, und die damals ebenso wenig wie das Landgericht Amberg 30 Jahre später weitere Ermittlungen am Tatort für notwendig erachteten.[503] Das Verfahren gegen Gollwitzer wurde eingestellt.

Obwohl die Exekution am Morgen des 2. September im Kriegstagebuch des Regiments damit gerechtfertigt wurde, dass sie in der Umgebung abschreckend gewirkt und »die Truppe nicht nur bei ihrem Abmarsch aus der Unterkunft sondern auch, da sich die Kunde in Windeseile verbreitete, in den folgenden Tagen vor weiteren ähnlichen Überfällen bewahrt« habe[504], blieb eine entsprechende Wirkung in Wirklichkeit aus. Noch am selben Tag verzeichnete man im Einsatzgebiet des Regiments Freischärlerüberfälle und ordnete erneut Gegenmaßnahmen an: »Kaum verlassen die ersten Teile

hauptetermaßen eine Gegenäußerung der Verurteilten nicht erfolgte, jeder zweite männliche Einwohner erschossen. [...] Der Beschuldigte [Gollwitzer] hat sich dahingehend eingelassen, [...] allein zur Sicherheit der eigenen Truppe und zur Wiederherstellung der Handlungsfreiheit und Schlagkraft der regimentseigenen Verbände an der Kampffront sei man zu einer radikalen Aktion gezwungen gewesen [...]. Die im Vorstehenden wiedergegebene Entscheidung des ›kommissarischen Kriegsgerichts IR 41‹ ist rechtlich gesehen ein Nichturteil, denn sie kam unter grundlegenden und schwerwiegenden Verstößen gegen damals geltendes Recht zustande.« Einstellungsverfügung des Verfahrens gegen Gen. a. D. Friedrich Gollwitzer wegen Mordes, BAL, 420 AR 3382/65, Bl. 27, Bl. 30.

502 Ebd., Bl. 31.

503 »[Es bedarf] keiner weiteren Ermittlungen, insbesondere nicht am Tatort; diese würden [...] eine weitere sachdienliche Aufklärung [...] nicht erbringen«, ebd., Bl. 35.

504 IR 41 (KTB), 2. 9. 1939, BA-MA, RH 37/7125.

118

des Regiments Węglewice, wird auf die Zurückgebliebenen und besonders die Artillerie aus vielen Häusern geschossen. Das Dorf wird daraufhin zusammengeschossen und niedergebrannt.«[505] Sieht man die Ursache für die Übergriffe des Regiments nicht in einer tatsächlichen Beteiligung der polnischen Bevölkerung am Kampf, sondern vielmehr in einer entsprechenden Wahnvorstellung, die innerhalb der Einheit weit verbreitet war, so kann dieses Ergebnis nicht überraschen.

In Wyszanów, der direkt an der Prosna gelegenen Nachbarortschaft von Torzeniec, waren beim Eintreffen deutscher Truppen am Nachmittag des 1. September ebenfalls keine geschlossenen polnischen Einheiten mehr anzutreffen, wohl aber kamen ab und an noch versprengte polnische Soldaten durch den Ort. Am Morgen des 2. September wurden die in der Ortschaft verbliebenen wehrfähigen Männer abtransportiert, polnische Soldaten waren dort nun nicht mehr anzutreffen. Bis zur Mittagszeit ereigneten sich keine Zwischenfälle. Dann marschierten neue deutsche Einheiten in Wyszanów ein.[506] »Einer der gerade angekommenen Soldaten wandte sich an den Soldaten (ich weiß nicht, ob es ein Offizier war), der in meinem Haus stationiert war, mit der Frage, ob polnische Truppen in der Ortschaft seien, da man auf sie geschossen hätte. Der Soldat erwiderte, dass keine polnischen Truppen mehr da seien. Die Soldaten postierten sich [daraufhin] an den Häuserecken und beschossen sich gegenseitig.« Als ein Teil der Ortschaft in Flammen aufging, holten die deutschen Soldaten die Frauen und Kinder aus den Häusern und sammelten sie im Wirtshaus. Wehrfähige polnische Männer befanden sich nicht mehr in der Ortschaft.[507]

Deutsche Soldaten legten am 2. September nicht nur die halbe Ortschaft in Schutt und Asche. Einige Einwohner von Wyszanów hatten an diesem Tag in den Kellern der Häuser Unterschlupf gesucht, unter ihnen auch Stanisława Woś: »Etwa um die Mittagszeit des 2. September [...] brach eine große Unruhe aus. Die Deutschen begannen zu schießen und brannten nacheinander mehrere Höfe nieder. Ich versteckte mich mit meiner Tante, meiner Schwägerin und meinen Kindern im Keller des Hauses der Familie Szczyska [...]. Im Keller befanden sich insgesamt 21 Personen, acht Frauen und 13 Kinder. Die Kinder weinten ununterbrochen, was von außen mit

505 Ebd.
506 ZA Agnieszka Balcerek, 14.4. 1955/Stanisława Woś, 14.4. 1955/Franciszek Sikora, 14.4. 1955. Alle hier und im Folgenden zu den Ereignissen in Wyszanów zitierten ZA befinden sich in IZ, Dok. III-43 (siehe Anm. 489).
507 ZA Agnieszka Balcerek, 14.4. 1955. Männliche Greise und Jugendliche kamen auch am 2.9. 1939 und danach in Wyszanów ums Leben; siehe Anm. 508.

Sicherheit zu hören war. Nach einiger Zeit fiel in den Keller eine Handgranate, kurz darauf eine zweite und eine dritte. Ob weitere Granaten geworfen wurden weiß ich nicht, weil ich ohnmächtig wurde. Ich kam erst abends [...] wieder zu Bewusstsein. Am selben Abend brachte man mich, die Kanicka und die Stępniakowa ins Krankenhaus nach Kempen. Im Keller starben – bis auf drei – alle darin befindlichen Personen.«[508]

Allein anhand der Ergebnisse polnischer Nachkriegsuntersuchungen lässt sich nicht eindeutig feststellen, welche deutschen Einheiten am 2. September 1939 Wyszanów niederbrannten, und wer die Handgranaten in den Keller der Familie Szczyska warf.[509] Eine nachträgliche Identifizierung der Einheit, die die Brandstiftung in Wyszanów zu verantworten hat, ist dennoch möglich, denn diese hat ein eindeutiges Zeugnis ihrer Tat hinterlassen. Feldwebel S., Truppführer bei der 3. motorisierten Kompanie des Pionierbataillons 10 aus Ingolstadt, hielt die Ereignisse in seinem Bericht »Brückenschlag und Häuserkampf in Ostrówek« fest: »›3. Kompanie aufsitzen!‹ Vom ersten Pkw. befielt es die durchdringende Stimme des Chefs[510]

508 ZA Stanisława Woś, 14. 4. 1955. Auf dem Transport nach Kempen (Kępno) verstarben zwei Menschen, ZA Agnieszka Balcerek, 14. 4. 1955. Der Kempener Arzt Jan Ross sammelte die Aussagen der Überlebenden von Wyszanów und verwendete sie als Grundlage für sein Buch über den deutschen Einmarsch in Polen, Ross, Blaskowitz; Pospieszalski, Dzień, S. 730–731. Das Buch selber ist allerdings zur Klärung der näheren Umstände kaum brauchbar, da Ross seine Zeugen nicht wörtlich zitiert und an keiner Stelle kennzeichnet, welche Angaben welcher Zeugenaussage entstammen. Datner hat es ungeachtet dessen zur Grundlage seiner Untersuchung zu Torzeniec und Wyszanów gemacht, Datner, Crimes committed by the Wehrmacht, S. 324–328. Dort gibt er die Zahl der im Keller durch Handgranaten getöteten mit 14 an, 3 weitere seien im Krankenhaus in Kempen verstorben, unter den von Datner namentlich aufgeführten Opfern befinden sich neben 11 Kindern im Alter von 2 bis 12 Jahren und 4 Frauen (28, 35, 38 und 50 Jahre) auch zwei Männer im Alter von 68 und 80 Jahren (S. 325; vgl. auch Datner, 55 dni, S. 171–172). Aufgrund der unsicheren Quellenbasis der Untersuchung, die der Aussage einer Überlebenden entgegensteht, lässt sich die genaue Zusammensetzung der Opfergruppe nicht mit letzter Sicherheit klären. Wehrfähige Männer befanden sich aber offenbar nicht darunter.

509 Eine Darstellung in den Akten der United Nations War Crimes Commission: Polen, BAL, UNWCC 6427/P/G 966 vom 3. 9. 1947 ist nicht stimmig, da nach ihr in Wyszanów 18 Menschen den Flammen zum Opfer fielen, während die Zeugin Stanisława Woś 1955 aussagte, diese Menschen seien durch Handgranaten getötet worden. Siehe S. 119–120 und Anm. 508. In Pospieszalski/Serwański, Materiały, S. 311, wird die Einäscherung von Wyszanów mit mehreren Gewalttaten, die in der näheren Umgebung der Ortschaft am 1. und 2. September 1939 stattgefunden hatten, pauschal zusammengefasst und zwei »bayerischen SS-Pionierbataillonen« – solche Einheiten existierten nicht im deutschen Invasionsheer von 1939 – unter einem Oberst Locher oder Lochner zur Last gelegt.

510 Der Kommandeur des Pi 10 war damals Hauptmann Bloch, vgl. Kdr. der 10. ID, von Cochenhausen, Vortrag »Die 10. Div. im polnischen Feldzug«, Dez. 1939, BA-MA, RH26-10/544, Bl. 7. Die weitgehende lautliche Übereinstimmung zwischen dem Namen *Bloch* und dem von der GK ermittelten Oberst *Locher* bzw. *Lochner* (siehe Anm. 509) kann kaum auf einem Zufall beruhen: Hier wurde offensichtlich der richtige Mann ermittelt, jedoch einer falschen Einheit zugeordnet.

[…]. Donnernd dröhnen die Henschel. Langsam nur schiebt sich unsere wuchtige Kolonne durch diesen unheilvollen Ort. Lodernde Flammen schlagen über den Häusern zusammen. Ihr unruhiges, gespensterhaftes Züngeln ist eine einzige Anklage gegen die Fenster- und Heckenschützen von Wyszanów. Diese lichtscheuen Elemente der Nacht haben geglaubt, uns Pioniere aufhalten zu können in unserem unwiderstehlichen Drang nach vorne. Sie wussten nicht, dass wir da sind, Hindernisse zu beseitigen. Sie wussten nicht unsere Parole: ›Schnell und hart.‹ Das Völkerrecht kennt gegen Freischärler nur den Tod. Wohl denn, wir haben sie noch bestattet, zwar auf unchristliche Art, jeden in seinem Krematorium! Sie haben uns den Kampf aufgezwungen, das Gesetz des Handelns aber haben wir an uns gerissen. Seine Buchstaben sind mit Blut geschrieben!«[511] Der 1955 zu den Vorgängen befragte Zeuge Franciszek Sikora versicherte entschieden, »dass in Wyszanów niemand auf die deutschen Truppen schoss. Weder im Ort noch in der näheren Umgebung gab es Todesopfer unter den Deutschen.«[512] Auch keine der in Wyszanów am 2. September eingesetzten oder der ihnen übergeordneten Einheiten berichtete von in der Ortschaft gefallenen oder verwundeten deutschen Soldaten.

Die Pioniere der 3. motorisierten Kompanie des Pionierbataillons 10 zogen noch am Nachmittag desselben Tages weiter und errichteten in der Nacht im zehn Kilometer östlich von Wyszanów gelegenen Ostrówek neben den Trümmern der zerstörten Brücke einen Übergang über das Flüsschen Struga Weglewska. Auch diese Ortschaft wurde wegen angeblicher Freischärlerübergriffe niedergebrannt. Feldwebel S. kommentierte: »Aus einem Dachstuhl bellt die Maschinenpistole eines Freischärlers. Aber auch er soll seine Medizin haben! Seine Bude wird umstellt, die Türe mit Gewehrkolben eingedonnert, die Handgranate abgezogen, der Widerstand gebrochen. Brennende Strohhaufen und glimmende Häuserdächer spenden wärmendes Licht. Der Feind hat, wo er noch konnte, feige die Flucht ergriffen! Polnische Kriegsführung!«[513]

511 Feldwebel S., Ber. »Brückenschlag und Häuserkampf in Ostrówek«, BA-MA, RH12-5/339, Bl. 1.
512 ZA Franciszek Sikora, 14. 4. 1955.
513 Feldwebel S., Ber. »Brückenschlag und Häuserkampf in Ostrówek«, BA-MA, RH12-5/339, Bl. 2. Zu den Vorgängen in Ostrówek am 2. und 3. 9. 1939 vgl. des Weiteren: Rossino, Hitler, S. 154–155; Die I. Abt./AR 10 in Polen, Regensburg (o. J.), S. 29–30; Kdr. der 10. ID, von Cochenhausen, Vortrag »Die 10. Div. im polnischen Feldzug«, Dez. 1939, BA-MA, RH26-10/544, Bl. 7; beim IR 20 kommentierte man am Abend des 2. 9. 1939: »Ostrówek wird geräumt und in Brand gesteckt. In kurzer Zeit sind die schmutzigen, mit Stroh bedeckten Holzkaten der Polen ein Opfer der Flammen«, »Feldzug gegen Polen des IR 20 der 10. ID«, 2. 9. 1939, BA-MA, RH37/6385.

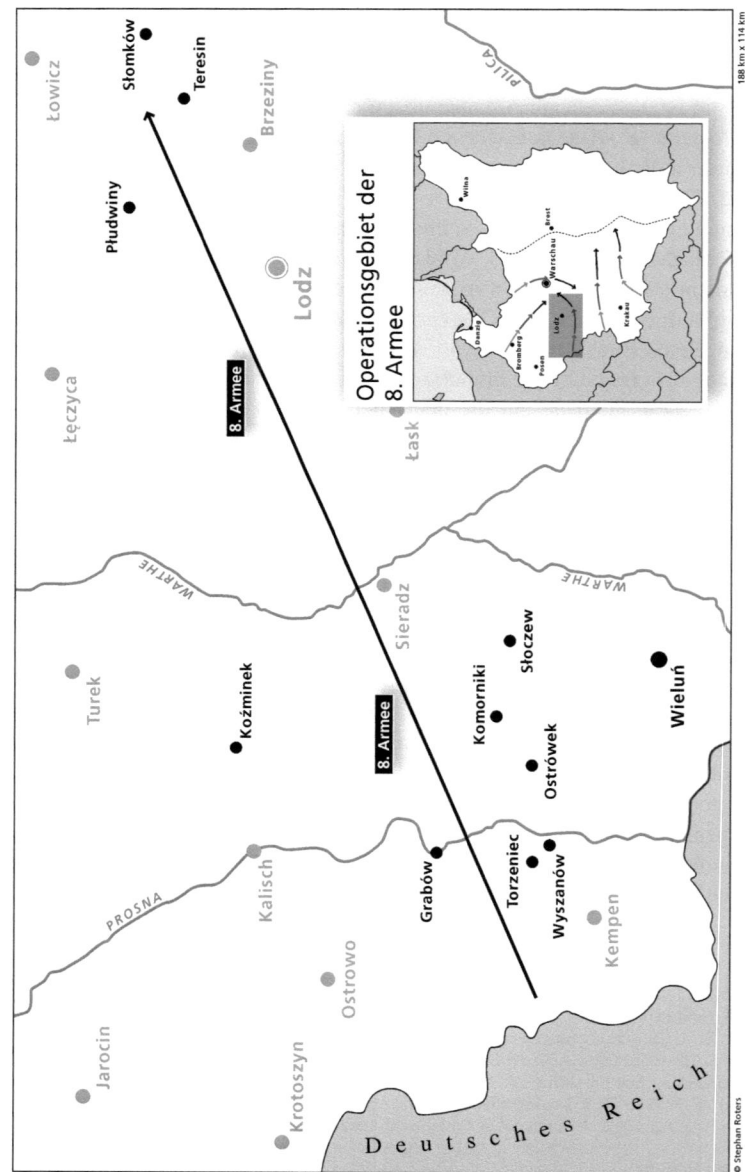

© Stephan Roters

Abb. 4: Operationsgebiet der 8. Armee

Die Einheiten der 8. Armee, die einem ebenso unsichtbaren wie hinter-hältigen und gefährlichen Gegner gegenüberzustehen wähnten, griffen also auch an der Prosna zu den Methoden, die bereits weiter südlich zur Anwendung kamen: Brandstiftungen und Erschießungen. Der Autor der Kriegsgeschichte des Artillerieregiments 10 schilderte die Aufenthalte seines Regiments in den lodernden Ortschaften – wie seine Kameraden bei der 10. Armee[514] – in literarischem Duktus. Aus Ostrówek berichtete er am 2. September: »Ein grandioseres Feuerwerk kann man sich kaum vorstellen. Die letzten strohgedeckten Hütten und Scheunen in der Nähe der Furt waren im Laufe des Gefechts mit Handgranaten angesteckt worden, um auch die letzten Schlupfwinkel noch auszuräuchern. Nun brennen sie lichterloh. Prasselnde, baumhohe Feuergarben und ein mächtiger Funkenregen stieben zum blauschwarzen Sternenhimmel und tauchen die Pferde, die über die Furt galoppieren, mit Mann und Fahrzeugen in glühenden Schein. Jenseits der Furt geht es in beißendem Rauch und sengender Hitze noch die Dorfstraße entlang, dann sammelt die Abteilung am Ortsausgang. [...] Kilometerweit erstrecken sich die Gehöfte. Alle stehen in hellen Flammen. Der Ort ist von Truppen und Einwohnern, wie es scheint, völlig verlassen. Überall knisternde Feuer und zusammensinkende Ruinen.«[515] In Komorniki hatten tags darauf angeblich Baumschützen auf das III. Bataillon geschossen. »In der Wiese nebenan sitzt, von Posten bewacht, die ganze weibliche Dorfbevölkerung mit den Kindern und einigen alten Männern. Sie starren auf ihre brennenden Hütten. [...] Inzwischen treibt der Wind das Feuer von Strohdach zu Strohdach. Die gerade Straße, die durch den Ort führt, ist voll Qualm und zitternder Luft.«[516] In der Nacht auf den 3. September »flackern Feuerbrände in alle vier Himmelsrichtungen und zeigen an, dass die deutschen Truppen in vielen Dörfern Widerstand gefunden haben. Vor unserer Abteilung ist seit Komorniki allerdings den ganzen Tag über kein Feind festzustellen gewesen.«[517]

Die zitierten Passagen könnten auch hier den Eindruck erwecken, die Brände seien durchweg Teil der Kampfhandlungen gewesen und nicht mutwillig gelegt worden, um die Zivilbevölkerung für angenommene Fälle von Freischärlerei zu bestrafen. Der Divisionsbefehl der 10. Infanteriedivision vom 2. September belegt jedoch das Gegenteil: Überall seien an diesem Tag Scheunen grundlos niedergebrannt und somit wertvolle Vorräte vernichtet

---

514 Siehe S. 90–91.
515 Die I. Abt./AR 10 in Polen, S. 32–33.
516 Ebd., S. 34.
517 Ebd., S. 36.

worden. »Diese Brandlegungen, die bereits zu einer Art Manie geworden sind, sind aufs Strengste zu verbieten. Die Truppe ist darüber eingehend zu belehren. [...]«[518] Beim XIII. Armeekorps führte man am 4. September zwar aus, dass »gegen Freischärler [...] unnachsichtiges Vorgehen geboten« sei. Brandstiftungen seien in diesem Zusammenhang aber zu unterlassen, da durch sie nur Quartiere und Vorräte geopfert würden und der Heimat Nahrungsmittel verloren gingen.[519] Am nächsten Tag wurde ein entsprechender Befehl durch die 8. Armee an alle unterstellten Einheiten erlassen.[520]

Soldaten der 8. Armee führten in der ersten Septemberhälfte auch Erschießungen von Ortseinwohnern im gesamten Operationsgebiet durch. Beim Artillerieregiment 30 wurde am 4. September »ein Freischärler durch [das I. Bataillon in] Bukownica erledigt [...]. [Aufklärungsabteilung] 30 bei Wola Droszewska am Bahnübergang auf vorbereitete Flatterminensperre geraten. Verluste. Unmittelbar nach Hochgehen Abteilung aus Ortschaft heraus von Freischärlern beschossen. Bei sofort eingeleiteten Vergeltungsmaßnahmen zwei Polen im Gefecht erschossen. Ort ging in Flammen auf.«[521] In Koźminek wurden am 6. September 18 Freischärler zum Tode verurteilt und erschossen[522], obwohl die Urheber der vorangegangenen nächtlichen Schießerei nicht hatten ermittelt werden können.[523] Leutnant Hans W. vom Infanterieregiment 102 notierte in seinem Kriegstagebuch auf dem Vormarsch bei Warta am 7. September: »Am Straßenrand lag mancher Tote, Deutscher, Pole und Zivilist. Die toten Zivilisten, oft auch Frauen, sind schlimm anzusehen. Es ist heiß, und noch niemand hat gegessen.«[524] Noch am 10. September wurden vom Infanterieregiment 85 in der Umgebung von Teresin »80 Freischärler standrechtlich erschossen«.[525] Nach polnischen Angaben starben durch Erschießungen und Brandstiftungen in der Gegend um Teresin an diesem Tag etwa 150 polnische Zivilisten.[526] In knapp zehn Kilometern Entfernung war das Infanterieregiment 41 auf Kommandeur

518 10. ID, Div.-Befehl, 2. 9. 1939, BA-MA, RH26-10/477. Mit den im Verteiler aufgeführten IR 20, 41 und 85 sowie dem AR 10 waren hierbei Einheiten angesprochen, die sämtlich beim ersten Einsatz Anzeichen von Freischärlerwahn hatten erkennen lassen.

519 Bes. Anordn. Nr. 11 f. d. Vers. des XIII. AK, 4. 9. 1939, BA-MA, RS4/1230, Bl. 149.

520 AOK 8, Tagesbefehl an X. und XIII. AK, 5. 9. 1939. Der Befehl wurde vom XIII. AK am 7. 9. 1939 an d. 10. und 17. ID (BA-MA, RH26-17/77) und am selben Tag vom X. AK an d. 24. und 30. ID (BA-MA, RH24-10/5) weitergegeben.

521 30. ID (KTB Nr. 1), 4. 9. 1939, BA-MA, RH26-30/1, Bl. 25.

522 San.-Kp. 2/30, Tät.Ber., 6. 9. 1939, BA-MA, RH26-30/78.

523 30. ID, Abt. Ic, Erf.Ber., 18. 10. 1939, BA-MA, RH37/6966.

524 Lt. Hans W., KTB »Mit dem IR 102 im PF«, 7. 9. 1939, BA-MA, Msg1/1631.

525 IR 85 (KTB), 10. 9. 1939, BA-MA, RH37/2152.

526 Datner, 55 dni, S. 333–334; ZA Antoni Supera, 14. 6. 1949, BAK, All-Proz 5/201, POL 5.

Gollwitzers Befehl hin tags zuvor damit beschäftigt »die Ortschaft [Słomków] zu säubern, was sehr lange dauert«. Von dort war angeblich »Franktireurgeplänkel« zu hören gewesen.[527] Noch Tage später war der Furor der Soldaten nicht abgeklungen. Ein Angehöriger des Infanterieregiments 41 notierte zu einer weiteren »Säuberungsaktion« in der Umgebung von Płudwiny am 13. September: »Überall werden polnische Zivilisten und Soldaten herausgezogen. Als die Aktion beendet ist brennt das ganze Dorf. Am Leben blieb niemand, haben auch alle Hunde erschossen. F. braucht für einen Mann sechs Schuss Pistolenmunition.«[528]

Weitere Hintergründe deutscher Gewaltmaßnahmen im Einsatzbereich der 8. Armee zu Beginn des deutschen Angriffs lassen sich durch einen Blick auf die dort vorherrschende Befehlslage aufzeigen. Kommandeur Gollwitzer hatte bei der Befragung zu den Vorgängen zu seiner Verteidigung in den 1970er Jahren angeführt, dass »bei einer Kommandeursbesprechung unmittelbar vor dem Polenfeldzug durch den Divisionskommandeur, Generalleutnant von Cochenhausen, die Parole ausgegeben worden sei, rücksichtslos durchzugreifen, sobald Freischärler und Zivilisten sich am Kampf beteiligen sollten [...].«[529] Derartige Bemerkungen sind offenbar nicht ohne Wirkung geblieben. Im Kriegstagebuch des Infanterieregiments 41 wurde am 1. September 1939 festgehalten: »Vor der ganzen Front nur vereinzelte feindliche Schützen [...], dazwischen beteiligen sich, von Ort zu Ort zunehmend, Landeseinwohner am Kampf. Der Widerstand und vor allem die Beteiligung am Kampf wird am raschesten durch rücksichtsloses Vorgehen und brutales Niederknüppeln der sich am Kampf beteiligenden Landeseinwohner gebrochen.«[530] Zu dieser Einschätzung der Situation war Gollwitzer unmittelbar nach Angriffsbeginn »aufgrund persönlicher Erkundung und Fühlungnahme mit den Bataillonen in vorderster Linie«[531] gelangt. Am Morgen des nächsten Tages führten seine Leute die Erschießung in Torzeniec durch.

527 IR 41 (KTB), 1.9.1939, BA-MA, RH37/7125.

528 Ein Uffz. (IR 41, KTB von Privat), Kopie im Besitz des Verfassers. In der Gegend von Płudwiny kamen am 12./13.9.1939 nach polnischen Angaben 26 Zivilisten ums Leben, Röhr, Okkupationspolitik, S. 350.

529 Einstellungsverfügung des Verfahrens gegen Gen. a. D. Friedrich Gollwitzer wegen Mordes, BAL, 420 AR 3382/65, Bl. 29. Gen.Lt. a. D. Schmidt, seinerzeit Kdr. des neben dem IR 41 eingesetzten IR 20, bestätigte diese Aussage, ebd., Bl. 30. Gollwitzer behauptete bei seiner Vern. des Weiteren, der Kdr. des XIII. AK, Maximilian Freiherr von Weichs, habe ihm noch am 2.9.1939 per Funk seine »besondere Anerkennung für rasches und strenges Durchgreifen« ausgesprochen, ebd., Bl. 29.

530 IR 41 (KTB), 1.9.1939, BA-MA, RH37/7125.

531 Ebd. Der Eintrag wurde im KTB am 1.9.1939 unter 8.45 h, also exakt 4 h nach Angriffsbeginn, vermerkt.

Auch andernorts wurden Soldaten bereits vor Angriffsbeginn auf rücksichtsloses Vorgehen eingeschworen. Beim Infanterieregiment 20 hatte der Kommandeur im Regimentsbefehl für den 1. September 1939 seinen Männern eingeschärft: »Seid nicht vertrauensselig, sondern seht in jedem polnischen Staatsangehörigen einen fanatischen Feind, der mit allen Mitteln gegen euch kämpft! [...] Seid unerbittlich gegen jeden Freischärler, den ihr mit der Waffe in der Hand antrefft! [...] Vorwärts, Kameraden, für Deutschlands Größe!«[532] Der Zusatz »seid menschlich gegen die nicht kämpfende Zivilbevölkerung, vor allem gegen Frauen und Kinder, und schont ihr Eigentum!« scheint im Gegensatz zu den vorherigen Ausführungen kaum Beachtung gefunden zu haben: Einheiten des Infanterieregiments 20 waren noch am selben Tag neben anderen Verbänden bei Wyszanów eingesetzt.[533]

Ähnlich wie bei der 10. Armee gab es auch im Einsatzbereich der 8. Armee kritische Stimmen. Am 2. September vermerkte man zwar im Kriegstagebuch der 10. Infanteriedivision, der Freischärlerkampf sei planmäßig organisiert, räumte aber zugleich ein, dass sich eine Psychose der deutschen Soldaten »ermächtigt« habe, woraufhin es zu nutzlosen Niederbrennungen von Ortschaften gekommen sei.[534] In den Reihen der 10. Infanteriedivision marschierten unter anderem die Einheiten, die an diesem Tag in Torzeniec und Wyszanów eingesetzt waren. Unsicherheit und Nervosität der ersten Tage hielten beim AOK 8 auch noch in der zweiten Septemberhälfte an und beschränkten sich nicht allein auf die an der Front eingesetzten Einheiten. Beim Kommandeur der Luftstreitkräfte der 8. Armee vermerkte man am 18. September, die Truppen- und Kolonnen-Kommandeure im Hinterland seien auf das Entschiedenste darauf hinzuweisen, »dass sie persönlich verantwortlich dafür sind, dass wilde Schießereien ihrer Leute in Ortschaften unterbleiben. Die nervösen, panikartigen Knallereien sind in der Mehrzahl der untersuchten Fälle ohne jeden begründeten Anlass gewesen und müssen mit äußerster Strenge verhindert werden. Sie sind einer disziplinierten Truppe unwürdig.«[535] Auch in nachträglich verfassten Erfahrungsberichten sparte man hinsichtlich des Verhaltens von dem XIII. Armeekorps unterstellten Einheiten nicht mit Kritik: »Beteiligt sich die Bevölkerung des Feindgebietes am Kampfe, so ist die Truppe oft nicht orientiert, wie sie sich zu verhalten hat [...]. Die oft vorhandene Unkenntnis der Truppe führt zu

532 »Feldzug gegen Polen des IR 20 der 10. ID«, 1.9. 1939, BA-MA, RH37/6385.
533 Ebd.
534 10. ID (KTB), 2.9. 1939, BA-MA, RH26-10/1.
535 AOK 8, Bes. Anordn. f. d. Vers. der dem Koluft unterstellten Einheiten der Luftwaffe im Operationsgebiet der 8. A., 18.9. 1939, BA-MA, RH24-10/6.

Vergeltungsmaßnahmen, die meistens nicht die Schuldigen, sondern völlig Unbeteiligte treffen [...]. Es wird daher in jedem Falle nötig sein, besondere Weisungen an die Truppe in den taktischen Befehlen zu geben, wenn mit der Teilnahme der Bevölkerung am Kampfe gerechnet werden muss.«[536] Und Oberstleutnant Gustav Freiherr von Mauchenheim[537] resümierte Ende September: »Die beim raschen Aufbau des Heeres nicht zu vermeidenden Mängel haben sich auch im Kampf ausgewirkt. Ungenügende oder zu kurze Ausbildung, auch der Führer und Unterführer der Reserve, machte sich nachteilig bemerkbar. Es fehlen die erfahrenen Kompaniechefs und die erfahrenen älteren Unteroffiziere [...]. Die rückwärtigen Dienste müssen bei raschem Vormarsch in Feindesland inmitten einer fanatisierten Bevölkerung, die zu Freischärler- und Bandenkrieg neigt, mehr Schutz erhalten, als bisher.«[538] Solche Mängel jedoch waren innerhalb der Wehrmacht selbst nach Abschluss des Frankreichfeldzuges noch nicht behoben. Zwei Tage nach dem Waffenstillstand bemerkte der Erste Generalstabsoffizier des XII. Armeekorps resigniert: »Unsere Ausbildung im Wald- und Häuserkampf ist völlig ungenügend [...]. Demzufolge müssen die Ausbildungsvorschriften umgearbeitet werden.«[539]

536 XIII. AK, Ia, Nr. 100/39, Kurzer Erf.Ber. und Zustands-Ber., dem OKH am 7. 10. 1939 vorgelegt, BA-MA, RH24-13/20, Bl. 16.
537 Genannt Bechtolsheim.
538 Frh. v. Bechtolsheim, Ber. über den Verlauf der Dienstreise zum XIII. A. K. und die dabei festgestellten Fronterfahrungen organisatorischer und taktischer Art, 25. 9. 1939, BA-MA, RH24-13/19.
539 Gen.Kdo XII, Ia, »Kampferfahrung hinsichtlich Organisation und Ausbildung«, 24. 6. 1940, BA-MA, RH12-5/339.

5. Kapitel: »Freischärlerbekämpfung« bei der Heeresgruppe Nord

Operationsgebiet der 3. Armee

Auch bei der Heeresgruppe Nord ließen sich während des Einmarsches eine verstärkte Nervosität, ein daraus erwachsender »Freischärlerwahn« und Übergriffe gegen die Bevölkerung beobachten. Die 3. Armee rückte Anfang September, von Ostpreußen kommend, auf das am Ostrand der Tucheler Heide gelegene Graudenz (Grudziądz) vor. Das Pionierbataillon 21 ging am 2. September nördlich von Roggenhausen (Rogóźno) in die Bereitstellung: »Wir sehen uns um, ein vernachlässigtes, halb verfallenes Gutshaus, dreckige Ställe, niedergerissene Zäune. Und in der Ferne steigen Rauchsäulen auf, immer neue erscheinen. Wir hören von den Heckenschützen, dass es ihre Häuser sind, die da in Flammen aufgehen.«[540] Der Artilleriekommandeur z. b. V. bei der 3. Armee vermerkte am 3. September in der Gegend Nitzwalde (Nicwałd) »auch hier feindliche Hinterhaltschützen«.[541]

Am Abend rückten Panzereinheiten im Schulterschluss mit dem Infanterieregiment 45 in Graudenz ein, in dem Verbände der polnischen 16. Infanteriedivision stationiert waren.[542] Nachdem zwei Leutnants des Regiments in der Stadt »hinterhältig erschossen« worden waren, zog sich die Truppe aus Graudenz zurück. Eine Verbindung zu den an das Westufer der Weichsel heranrückenden Truppen der 4. Armee kam nicht zustande, da die Brücke über die Weichsel zerstört war.[543] Am nächsten Morgen befahl die Abteilung Ia der 21. Infanteriedivision von Dombrowken (Dąbrowka) aus den Generalangriff auf Graudenz. Dabei sollte »jede Zivilperson, die mit der Waffe in der Hand betroffen wird«, erschossen werden, gleichzeitig aber »sinnloses Schießen« unterbleiben.[544] Die für den Nachmittag des 4. Sep-

---

540 Lt. Horst U. (Pi 21), Aufz. »Der PF 1939«, 2. 9. 1939, BA-MA, RH46/603.

541 Art.-Kdr. z. b. V. bei 3. A. (KTB), 3. 9. 1939, BA-MA, RH20-3/19.

542 Sziling, Problemy, S. 448.

543 Art.-Kdr. z. b. V. bei 3. A. (KTB), 3. 9. 1939, BA-MA, RH20-3/19.

544 21. ID, Abt. Ia, Befehl f. d. Besetzung der Stadt Graudenz, 4. 9. 1939, BA-MA, RH24-21/6, Bl. 29.

tember angesetzte »Säuberungsaktion in Graudenz«[545] verlief jedoch ohne Zwischenfall.[546]

Im nahe gelegenen Grutta (Gruta) steckten deutsche Pioniere dagegen noch am selben Tag Gehöfte und Heustaken in Brand. Sie gaben an, dazu beauftragt zu sein, »weil aus den Dörfern auf sie geschossen worden wäre«. Der Kommandeur der 6. Kompanie des Infanterieregiments 400, Hauptmann Heinrich D., untersagte ihnen weitere Übergriffe.[547] In der folgenden Nacht rügte der Führer des 3. Zuges die allzu große Sorglosigkeit junger Soldaten, die Wache standen. Der Kommandeur führte dies auf deren noch unvollendete und ungleichmäßige Ausbildung zurück. Am 6. September hatte sein Regiment nahe der Drewenz (Drwęca) in Strzygi eine Gruppe Flüchtlinge unter Bewachung gestellt, von denen einem in der Nacht die Flucht gelang. »Sofort wird wild hinterher geschossen, so dass dabei nur zu leicht eigene, oder sonst völlig unschuldige Menschen gefährdet werden. Einige Männer von uns, die sonst den Mut nicht in Erbpacht genommen haben, möchten nun am liebsten gleich alle erschießen und werden rabiat.« Heinrich D. ließ die Gefangenen jedoch stattdessen in einer Schule unterbringen und verpflegen.[548]

Weiter östlich befand sich die ebenfalls der 3. Armee unterstellte 1. Kavalleriebrigade bereits am 2. September im Gefecht um Kadzidło, nördlich von Ostrołęka. In seinem privaten Kriegstagebuch vermerkte der Erste Generalstabsoffizier, Oberstleutnant Otto-Wilhelm von M., zwar einerseits die Beteiligung von Einwohnern am Kampf; andererseits notierte er: »Viele Soldaten hatten sich in Häusern versteckt und schossen jetzt von hinten.« Die Ortschaft wurde »voller Wut über die Hinterlist angesteckt«.[549] Die rückwärtigen Dienste meldeten tags darauf einen Angriff auf Myszyniec durch zwei polnische Kompanien und »eine[n] Teil der inzwischen in die Stadt zurückgekehrten Einwohner«.[550] In einem detaillierten Gefechtsbericht ist allerdings von einer Beteiligung der Bevölkerung nicht die Rede. Die übermüdete Truppe erreichte die Ortschaft im Morgengrauen und erhielt MG-Feuer von zwei polnischen Kompanien, die sich in der Nacht im

---

545 Art.-Kdr. z. b. V. bei 3. A. (KTB), 4. 9. 1939, BA-MA, RH20-3/19.

546 Der erst am 30. 8. 1939 eingesetzte Stadtpräsident Damazy Raczkowski legte sein Amt am 4. 9. 1939 nieder und übergab die Stadt der Wehrmacht, Sziling, Problemy, S. 448.

547 Kp.-Führer Hptm. Heinrich D., TB »Mit der 6. Kp. des Schöpfler-Rgt. (IR 400) von Elbling bis Warschau«, 4. 9. 1939, BA-MA, RH37/3094, Bl. 10.

548 Ebd., 7. 9. 1939 [sic].

549 Oberst-Lt. i. G. Otto-Wilhelm von M., 1. Kav.-Brigade (persönliches KTB), 2. 9. 1939, BA-MA, RH29–1/59.

550 Rittmeister W. (1./Radfahr-Abt. 1), »Ber. über den Einsatz der der 1. Kav.-Brigade im PF«, BA-MA, RH29–1/59.

Wald verborgen gehalten hatten. Ein deutscher Panzerspähwagen des Reiter-Regiments 1 nahm die polnischen Truppen unter MG-Beschuss, worauf sie sich unter Zurücklassung von 53 Gefallenen aus Myszyniec zurückzogen. Auf deutscher Seite war ein Toter zu beklagen.[551]

Demzufolge traten also auch in den Reihen der 3. Arme alle Phänomene auf, die die Verbreitung des »Freischärlerwahns« innerhalb der Truppe im September 1939 kennzeichneten: Die Gegner wurde aufgrund ihrer Kampfweise als »Heckenschützen« und »Hinterhaltschützen« identifiziert, in polnischen Ortschaften gefallene Soldaten waren »hinterhältig« erschossen worden, Unerfahrenheit und die Spannung der ersten Tage innerhalb der Truppe führte zu Nervositätsschüssen. Obwohl in den Einsatzorten nur marginale deutsche Verluste zu verzeichnen waren, führte dies nicht zu einer Revision des Bildes einer umfassenden Beteiligung der Einwohner am Kampf. Ortschaften wurden wegen des bloßen Verdachts auf Freischärlerei kurzerhand niedergebrannt.

Operationsgebiet der 4. Armee

Einheiten der 4. Armee durchquerten in der ersten Septemberwoche die Tucheler Heide, deren im deutsch-polnischen Grenzgebiet Pomerellens/Westpreußens gelegenen ausgedehnten und mit Heidelandschaft und Seen durchsetzten Kiefernwälder die Phantasie der deutschen Soldaten besonders anregten.[552] Der »Deutschlandsender« meldete am Nachmittag des 5. September, nördlich von Deutsch-Krone (Koronowo) sei zwei Tage zuvor eine deutsche Sanitätskompanie samt der geborgenen Verwundeten von polnischen Kavalleristen niedergemetzelt worden.[553] Solche Falschmeldungen, so urteilte man bei der Heeresgruppe Nord, seien dazu angetan, auf die Soldaten einen »niederdrückenden und schlechten Eindruck« zu machen, weshalb sie im Interesse der Truppe zu unterbleiben hätten.[554] Die Anwesenheit versprengter Truppenteile des polnischen Heeres musste zudem das Gefühl der Unsicherheit noch erhöhen: »In der Tucheler Heide wimmelt es von Versprengten, die teils bewaffnet, teils unbewaffnet, teils in Uniform,

551 Wachtmeister Horst R. (Stabsschwadron RR 1), Ber. »Einsatz des Pz.-Spähtrupps des RR 1 bei Myszyniec am 3. 3. 1939«, BA-MA, RH29–1/59.

552 Siehe S. 51–52.

553 »Deutschlandsender«, Abendnachrichten 5. 9. 1939, 19.32 h, BA-MA, RH20-8/161; vgl. Wildt, Generation, S. 433–434, Anm. 52; vgl. des Weiteren Tät.Ber. des Armeearztes beim AOK 4, 6. 9. 1939, BA-MA, RH20-4/970.

554 Fernschreiben HGR Nord an GenStdH, Operations-Abt., undatiert, BA-MA, RH19-II/5,

130

teils in Zivil umherlaufen. Zur Befriedung wird dringend Polizei, Schützeneinheiten, Wachbataillone und Ähnliches benötigt. Die 218. Division wird zur Säuberung des Gebietes angesetzt«, vermerkte man am 5. September beim AOK 4.[555] Die Einsatzgruppe IV meldete dagegen für die Zeit vor dem 6. September, in der Tucheler Heide hielten sich »800 freigelassene Zuchthäusler« auf, die »zusammen mit Freischärlern und polnischen Aufständischen« eine große Gefahr bildeten.[556] Der Oberbefehlshaber der Heeresgruppe Nord, Generaloberst Fedor von Bock, erhob am 8. September »scharfen Einspruch beim Oberbefehlshaber des Heeres gegen die frontfremde Form der Rundfunkpropaganda und der Heeresberichte« und sprach in diesem Zusammenhang explizit von Gräuelmeldungen.[557] Beim Maschinengewehr-Bataillon 8 schätzte man die Lage am 6. September weitaus realistischer ein, als man meldete, »dass einzelne Trupps polnischer Versprengter, die offensichtlich aus der Gegend um die Tucheler Heide stammen versuchen nach Süden durchzukommen. Ihre Stärke übersteigt im Einzelnen nicht die Zahl von 10–12 Mann, die auch meist nicht mehr bewaffnet sind.«[558]

Der Erste Generalstabsoffizier der 2. Infanteriedivision, Adolf M., zeigte sich am Abend des 1. September noch unbeeindruckt von den Gerüchten aus dem Einsatzgebiet, als er aus Konitz (Chojnice) am Westrand der Tucheler Heide meldete: »Nachts sieht man weithin brennende Dörfer, Häuser und Scheuern. Da und dort wilde Schießereien, angeblich Freischärler. Überall Nervosität [...]. Meine Sorge. Es muss sich halt alles einspielen.«[559] Doch dafür verblieb der Division kaum Zeit. Am Morgen des 2. September stachelte der Kommandeur des XIX. Panzerkorps General Guderian höchstpersönlich seine Fronttruppen mit den Rufen »Vorwärts! Vorwärts« zum sofortigen Angriff auf die Brahelinie an. Von unterwegs meldete die Truppe wiederholt, »dass sie von Freischärlern aufgehalten wird. Erschießungen.«[560] Nach Durchquerung der Tucheler Heide schrieb Adolf M. am 4. September an seine Frau: »Unzählige brennende Dörfer. Jede Nacht wer-

Bl. 96–96 RS. Ein detaillierter Ber. über die tatsächlichen Vorkommnisse beim Gutshof Kręgiel am 4. 9. 1939, auf die sich das Gerücht bezieht, findet sich im KTB des Sanitätsdienstes der 32. ID, 4. 9. 1939, CAW, 506/218.

555 AOK 4, KTB der Abt. O.Qu., 5. 9. 1939, BA-MA, RH20-4/804.

556 CdS, Tg.Ber. »Unternehmen Tannenberg«, 6. 9. 1939 morgens, BAB, R58/7001, Bl. 3.

557 Gerbet, Bock, S. 45.

558 MG-Btl. 8, Fernschreiben an Gen.Kdo III, 6. 9. 1939, BA-MA, RH24-3/14, Bl. 44.

559 Adolf M., Ic d. Stabes der 2. ID (mot.) (persönliches TB), 1. 9. 1939, BA-MA, MSg1/2971.

560 Ebd., 2. 9. 1939.

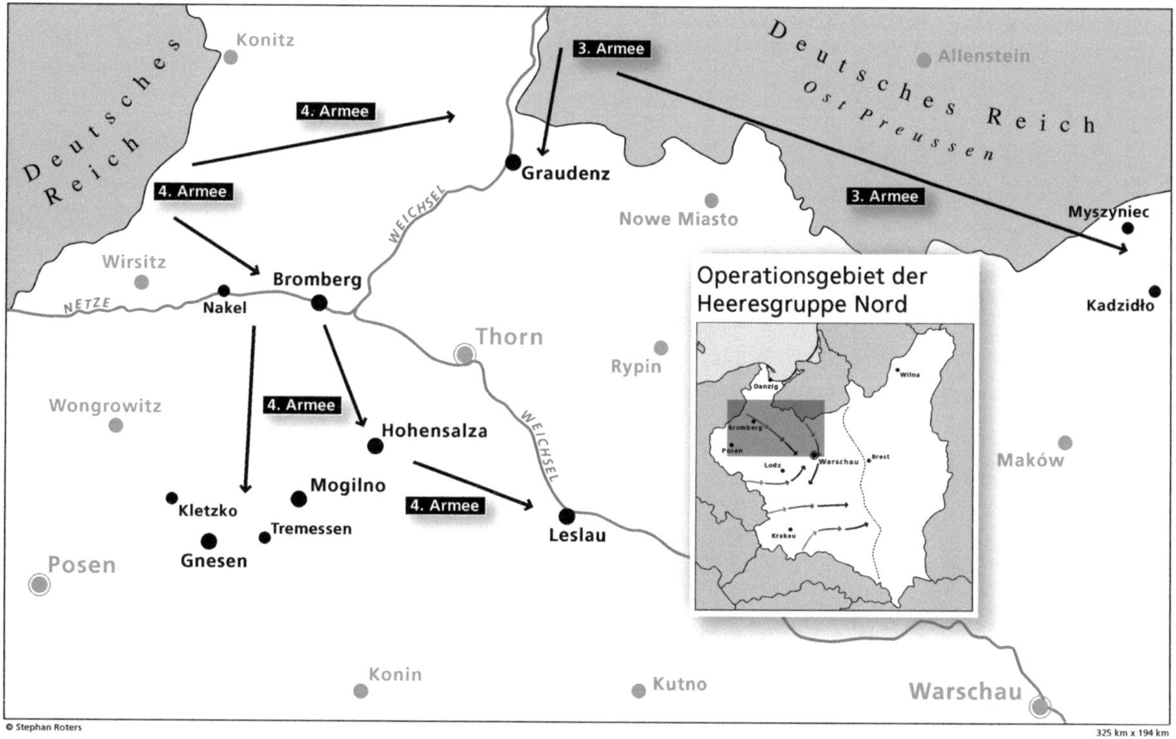

Abb. 5: Operationsgebiet der Heeresgruppe Nord

den einige Soldaten und Freischärler erschossen. Aus Bäumen, aus Häusern, von Dächern schießen diese feigen Hunde.«[561] Die fortwährenden Freischärlermeldungen und Gerüchte der ersten Tage hatten mittlerweile dazu geführt, dass er sich die Version seiner Untergebenen vom Freischärlerkrieg in der Tucheler Heide zu Eigen gemacht hatte.

Beim der 2. Infanteriedivision unterstellten motorisierten Infanterieregiment 25 wurde in der Nacht vom 1. auf den 2. September Alarm gegeben, da der Feind in ihrem Rücken durchgebrochen sei: »Der Vorfall stellte sich später als harmlos heraus, die Truppe war durch den dauernden Bandenkrieg nervös geworden.«[562] Im Verlauf des zweiten Kriegstages meldete die Einheit andauernde Gefechte um Gehöfte mit Soldaten in Zivil. »Standrechtliche Erschießungen und Anzünden der Gehöfte bilden die einzige wirkliche Gegenmaßnahme.« Hauptmann J. vom Regimentsstab erschoss dabei in Drausnitz (Droździenica) eigenhändig Zivilisten, die er für einen Angriff auf die Truppe verantwortlich machte.[563] Unweit davon notierte ein Angehöriger des Infanterieregiments 68 am nächsten Tag: »In großen polnischen Wäldern erste Feindberührung. Es fallen einige Schüsse, großes Durcheinander, dann ist wieder alles still und der Vormarsch geht weiter. Nachmittags hat die Kompanie ein kleines Gefecht am Bahnhof Klonowo. Große Marschleistungen werden von der Truppe gefordert. Wir sind in der Tucheler Heide.«[564]

Beim benachbarten Infanterieregiment 67 hörte man bereits am 1. September gerüchteweise von »heimtückischen Überfällen auf Panzerschützen, die verwundeten Polen helfen wollten und verübten Grausamkeiten an verwundeten deutschen Soldaten«, ferner »von der Beteiligung von Zivilisten am Kampf und von Heckenschützen«.[565] Nach kräftezehrenden Fußmärschen durch die Heidelandschaft erreichte das Regiment am 4. September die Wedau (Wda) nördlich von Bromberg, wo es in Dąbrówka und Laskowice standrechtliche Erschießungen durchführte. Angeblich handelte es sich bei den Opfern um bewaffnete Zivilisten, die sich an Überfällen auf die Einheit beteiligt hätten. Diese wiederum hatte an jenem Tag nur einen verwundeten deutschen Soldaten zu beklagen.[566] Andere Unterlagen des

561 Feldpostbrief Adolf M., Ic d. Stabes der 2. ID (mot.), 4.9.1939, BA-MA, MSg 1/2971.
562 IR 25 (mot.) (KTB), 2.9.1939, BA-MA, RH 37/884.
563 Ebd.
564 Oberfähnrich K., Zugführer bei 12. (MG-)Kp. d. III./IR 68 (TB-Notizen), 3.9.1939, RH 37/4975.
565 IR 67 (Kriegsgeschichte), BA-MA, RH 37/5024, Bl. 14 RS.
566 Ebd., Bl. 34. Polnische Nachkriegsveröffentlichungen liefern keine Hinweise über die genaue Zahl ziviler Opfer in Dąbrówka am 4.9.1939.

Infanterieregiments 67 aus diesem Zeitraum enthalten keinerlei Hinweise auf eine Beteiligung der Bevölkerung am Kampf.[567] Das Kriegstagebuch des II. Bataillons verzeichnete vielmehr am 3. und 4. September überall im Einsatzgebiet »geordnete und ungeordnete Haufen von Polen«, mit denen es sich erbitterte Häusergefechte lieferte.[568] Kurz vor dem Abtransport der Truppe aus der Tucheler Heide notierte ein Angehöriger des III. Bataillons: »Lage unsicher, überall schießt es. [...] Truppe sehr ermüdet.«[569]

Das Infanterieregiment 9, das nur wenige Kilometer südlich in Richtung Schwetz (Świecie) marschierte, erreichte am 5. September eine kleine Ortschaft, aus der heraus es unter kurzen Beschuss geriet, ohne Verluste zu erleiden.[570] Nachdem das Regiment den nunmehr vom Feind geräumten Ort besetzt hatte, näherte sich von rückwärts eine Feldgendarmerie-Einheit. Ein Leutnant verkündete dem Zugführer vom I. Bataillon des Infanterieregiments 9: »Wir müssen hier aufräumen.« Kurz darauf ließ er von 30 verhafteten jungen Männern 15 erschießen, weil sie angeblich auf deutsche Soldaten gefeuert hätten. Nachträglich legte er seine Auswahlkriterien für die Exekutionsopfer offen: »Ich hab' sie antreten lassen und gefragt: ›Wer ist katholisch, wer ist evangelisch?‹ Da sind die Katholiken rechts rausgetreten. Das waren für mich natürlich die Polen. Und die habe ich dann totschießen lassen. 15 Leute. Die anderen waren Volksdeutsche.«[571] In den Häusern von Świekatowo erschoss tags darauf ein Soldat des Infanterieregiments 9 wahllos Zivilisten, die er dort antraf.[572]

Südlich der Tucheler Heide marschierten die beiden der 4. Armee unterstellten Armeekorps II und III in den ersten beiden Septemberwochen über Nakel (Nakło nad Notecią) und Bromberg entlang der Flüsse Netze und Weichsel nach Südosten, wo ihre Einheiten die Städte Hohensalza (Inowrocław), Leslau (Włocławek) und Thorn besetzten. Unterhalb dieser beiden Korps drang das Grenzabschnittskommando 2 kontinuierlich vor und

567 IR 67, Gef.Ber., 2.9.–4.9. 1939, BA-MA, RH 37/5010; II./IR 67 (KTB), 3./4.9. 1939, BA-MA, RH 37/5018.

568 II./IR 67 (KTB), 3./4.9. 1939, BA-MA, RH 37/5018.

569 III./IR 67 (KTB), 6./7.9. 1939, BA-MA, RH 37/5020. Auch nach der Sammlung des Rgt. in Ostpreußen und dem erneuten Einmarsch im Suwałkigebiet am 12.9. 1939 vermerkte man beim III. Btl. eine »sehr [feindliche] Gesinnung der Bevölkerung. Heimtückische Überfälle auf Soldaten während der Nacht«, und am nächsten Tag einen »feige[n] Überfall der Einwohner«, ebd., 12./13.9. 1939. Die Gesamtverluste der Einheit im Sep. 1939 betrugen 5 Gefallene und 7 verwundete Soldaten, ebd., Verlustliste des III./IR 67.

570 Mit dem IR 9 marschierte Richard von Weizsäcker in Polen ein. Er hatte in der ersten Septemberwoche Heimaturlaub erhalten, da sein älterer Bruder am 2.9. 1939 bei Klonowo gefallen war.

571 Nayhauss-Cormons, Gehorsam, S. 65.

572 Ebd., S. 67.

erreichte die östlich von Posen gelegenen Städte Kletzko (Klecko), Gnesen (Gniezno), Tremessen (Trzemesno) und Mogilno am 11. September. Nakel wurde bereits am späten Nachmittag des 1. September 1939 von der 1. Kompanie des MG-Bataillons 8 erreicht: »Unheilvolle Stille in den Straßen der Stadt. Der an der Spitze der Kompanie fahrende 4. Zug hat gerade den Marktplatz erreicht, als polnische Insurgenten plötzlich aus allen Fenstern und Luken das Feuer eröffnen. Das Feuer wird erwidert, aber die einsetzende Dunkelheit bestimmt den Kommandeur, die Kompanie aus den Straßen heraus an den Rand der Stadt zurückzunehmen. Wie durch ein Wunder ist trotz der wilden Schießerei niemand verletzt worden, kein Fahrzeug ist ausgefallen.«[573]

Beim Kradschützenzug des MG-Bataillons 8 vermeldete man dagegen zwei verwundete deutsche Soldaten. »Rücksichtslos wird gegen die Franktireurs vorgegangen, doch in den engen Straßen ist kein Vorwärtskommen und wir müssen wegen Einbruch der Dunkelheit umkehren, um keine unnötigen Opfer zu erhalten. Die zurückbleibende Bevölkerung macht einen verstörten Eindruck. Frauen stehen an der Straße und recken hilferufend die Hände empor, es ist ein schreckliches Bild.«[574] Eine Meldung, dass »Nakel feindfrei [sei], aber Einwohner bewaffnet sind, sehr feindlich«, erging noch am selben Abend an den Ic-Offizier der 4. Armee.[575] Im Morgengrauen des nächsten Tages marschierte die Kompanie erneut in Nakel ein. Wieder wurden Schüsse aus den Häusern gemeldet, dazu Einschläge polnischer Artillerie. Die einzigen Verwundeten der Kompanie in Nakel waren an diesem Tage allerdings der Unteroffizier J. und der Schütze K., die »beim Durchsuchen eines Hauses [...] von eigenen Leuten angeschossen und verletzt« wurden.[576]

Anders gestaltete sich der deutsche Einmarsch in Bromberg am 5. September 1939. Zwei Tage zuvor waren dort polnische Truppen unter Beschuss geraten, woraufhin sie gemeinsam mit polnischen Zivilisten einen Pogrom an den Angehörigen der deutschen Minderheit durchführten, die sie für den

---

573 Ber. »Der Einsatz der 1./MG-Btl. 8 in Polen«, 1. 9. 1939, RH37/7535, Bl. 115–116. »Welch ein Kontrast, oben winkende Menschen und von unten Feuer speiende Gewehre. Ein regelrechter Franktireurüberfall«, vermerkte ein Soldat vom MG-Btl. 8, Ber. »Der erste Tag im PF«, ebd., Bl. 58.
574 Soldat Gerhard S. (MG-Btl. 8), Ber. »Meine Eindrücke vom Feldzug in Polen«, 1. 9. 1939, RH37/7535, Bl. 132.
575 Aufklärungs-Abt., Funkspruch an Gen.Kdo III, 1. 9. 1939 sowie handschriftlicher Zusatz, BA-MA, RH24-3/14, Bl. 9.
576 Ber. »Der Einsatz der 1./MG-Btl. 8 in Polen«, 2. 9. 1939, BA-MA, RH37/7535, Bl. 116.

Angriff verantwortlich machten.[577] Der Einmarsch deutscher Truppen in Bromberg bedeutete die gleichen Verhältnisse vor Ort unter umgekehrtem Vorzeichen: Nun waren es deutsche Soldaten, die sich auf den Hauptstraßen langsam ins Stadtzentrum vorarbeiteten, und ebenso wie den polnischen Truppen schlug ihnen aus den Häusern Gewehrfeuer entgegen.

Die Soldaten des der 50. Infanteriedivision unterstellten Infanterieregiments 122 hatten bereits vor ihrem Einmarsch in Bromberg, am Nachmittag des 4. September, in Opławiec an der Brahe ihre ersten Erfahrungen mit Schießereien in Ortschaften gemacht. Bei den Angreifern soll es sich, so die Meldung des eingesetzten Bataillons, um »bewaffnete Zivilisten« gehandelt haben, »die mit Gewehr und mit MG [!] Teile des Bataillons beschossen« hätten. Sofort wurden entsprechende Maßnahmen in die Wege geleitet: »Das Dorf wird gesäubert, Geiseln festgesetzt.« Auf ihrem Weitermarsch in Richtung Bromberg begegneten die Soldaten des Infanterieregiments 122 Angehörigen der deutschen Minderheit, die ihnen von den Gräueltaten polnischer Zivilisten und Soldaten in der Stadt berichteten.[578]

Das I. Bataillon des am 5. September von Norden in Bromberg einmarschierenden Infanterieregiments 122 verzeichnete gegen 9 Uhr »sehr starke[n] Gefechtslärm [...]. Als Feind stehen dem Regiment Zivilisten gegenüber, die mit Gewehr, teilweise sogar MG und Pistolen schießen. [...] Es sind nur einzelne Schützen, die sich hartnäckig wehren und das Bataillon ständig aufhalten. Bereits im Anfang werden einige Mannschaften verwun-

577 Seit Juni 2004 untersucht das IPN die Vorgänge in Bromberg vom 3. bis 5. 9. 1939 unter Berücksichtigung neuer Dokumente und Archivquellen. Die ersten Vorergebnisse bestätigen die Erkenntnisse der polnischen Nachkriegsforschung. Demnach wurden die polnischen Truppen in Bromberg von Angehörigen der deutschen Minderheit beschossen, die dabei von Agenten aus dem Reich unterstützt wurden. Am Abend des 3. 9. 1939 zählte man in Bromberg 40–50 getötete polnische Soldaten. Die Zahl der deutschen Opfer auf dem Bromberger Stadtgebiet bis zum Einmarsch der Wehrmacht wird auf 100–300 geschätzt. Unter ihnen befanden sich auch ein Angehöriger der Abwehrstelle Stettin (Szczecin). Mündliche Auskunft von Tomasz Chinciński, Oberinspektor des IPN, Abt. Bromberg, vom 8. 4. 2005. Vgl. auch Chiciński, Dywersja; Schubert, Unternehmen, S. 191–210.

Die Zahl der im September 1939 durch polnische Bürger und Soldaten insgesamt getöteten »Volksdeutschen« war bereits kurz nach dem Einmarsch der deutschen Truppen in Bromberg zum Gegenstand propagandistischer Fälschungen gemacht worden. Während man in einer Dokumentensammlung des deutschen Auswärtigen Amtes im November 1939 noch von »5437 einwandfrei festgestellten Morden« ausging, wurde diese Zahl in der zweiten Auflage Anfang 1940 auf über 58 000 Ermordete erhöht, indem man unter anderem eine exorbitante Anzahl von angeblich noch vermissten »Volksdeutschen« hinzufügte. Diese Ziffer hatte in deutschen Veröffentlichungen noch bis in die Nachkriegszeit Bestand. In Wirklichkeit kann heute unter Berücksichtigung aller maßgeblichen Umstände von ungefähr 2000 während des gesamten Polenfeldzuges getöteten Angehörigen der deutschen Minderheit ausgegangen werden, Schubert, Unternehmen, S. 196–198; Pospieszalski, Sprawa.

578 IR 122 (KTB), 4. 9. 1939, BA-MA, RH37/6360.

det [...].«[579] Das Nachbarregiment 123 sollte zur gleichen Zeit im Süden der Stadt Stellung beziehen. Der Regimentskommandeur hatte unmissverständlich Weisung gegeben, jeden Widerstand rücksichtslos zu brechen, und so »wurden bei weiterem Vormarsch die Häuser, aus denen geschossen wurde, niedergebrannt bzw. wie in einem Falle, wo in einem Hause eine Art Höllenmaschine eingebaut war, durch Handgranaten gesprengt«.[580] Beim III. Armeekorps verzeichnete man in Bromberg an diesem Tag »vorübergehende Straßenschießerei mit angeblicher Hilfspolizei und Insurgenten«.[581]

In Wirklichkeit waren die Soldaten der Regimenter 122 und 123 bei ihrem Einmarsch in der Innenstadt und im Stadtteil Schwedenhöhe (Szwederowo) auf Angehörige der Bromberger Bürgerwehr gestoßen. Stadtverwaltung und Polizeiführung hatten Bromberg bereits am 3. September verlassen. Das polnische Militär hatte daraufhin die Macht in der Stadt übernommen, Stadtkommandant Albrycht genehmigte die Bewaffnung von Bromberger Bürgern, die bis zum Einmarsch der deutschen Truppen Patrouillendienst ausübten und bei der Lokalisierung von feindlichen Feuerstellungen behilflich waren. Am Nachmittag des 4. September räumten die polnischen Streitkräfte und die letzten noch verbliebenen Polizisten die Stadt, und eine Bürgerwehr unter Stanisław Pałaszewski wurde eingesetzt, um in der Stadt Ordnung und Sicherheit zu garantieren.[582] Dies stand im Einklang mit der Haager Landkriegsordnung aus dem Jahre 1906, nach deren Artikel 1 die Rechte und Pflichten der Krieg Führenden auch für Milizen und Freiwilligenkorps galten, womit diesen der Kombattantenstatus zuerkannt wurde.[583] Die Bromberger Bürgerwehr bestand hauptsächlich aus Arbeitern, Handwerkern, Eisenbahnern und kleineren Angestellten.[584]

Der Kommandeur der 50. Infanteriedivision, General Sorsche, war sich bereits am Vormittag des 5. September durchaus darüber im Klaren, dass Bromberg von einer zivilen Bürgerwehr verteidigt wurde. Telefonisch verständigte er sich mit dem 1. Generalstabsoffizier des II. Armeekorps darüber, dass deren Mitglieder wie Kombattanten zu behandeln seien. Aus den Reihen der nicht kämpfenden Zivilbevölkerung sollten allerdings »kom-

579 Ebd., 5. 9. 1939.
580 Gen.Maj. von Block, »Beitrag zur Kriegsgeschichte um Bromberg«, 18. 2. 1942, in: Esman/Jastrzębski, Pierwszy miesący, S. 109.
581 Gen. der Art. Haase, Kd.Gen. des III. AK, Ber. »Verlauf des Feldzuges in Polen beim III. AK«, 5. 9. 1939, BA-MA, RH12-5/475, Bl. 2.
582 Jastrzębski, Obrona, S. 6–8.
583 Laun, Landkriegsordnung, S. 149. Die Wehrmachtführung hatte vor Angriffsbeginn Befehl erteilt, die HLKO zumindest »sinngemäß« anzuwenden, siehe S. 39.
584 Jastrzębski, Obrona, S. 8.

munistische Elemente« vorläufig festgenommen werden, während Leute »mit deutschem Ausdruck« in ihren Häusern zu belassen waren.[585]

Die Soldaten des Infanterieregiments 122 waren auf eine Verteidigung Brombergs durch eine bewaffnete Bürgermiliz nicht vorbereitet. Der leichte Geschützzug des Regiments hatte bereits beim ersten Einsatz durch Unerfahrenheit einen Toten und drei Verwundete zu beklagen. Das feindliche Feuer, das »seine Wirkung auf das im Straßenkampf nicht geschulte Regiment nicht verfehlt« hatte, konnte zunächst nicht genauer geortet werden. »Die Erbitterung ist bei den Kompanien über diese hinterlistige Kampfweise sehr groß. Wer Widerstand leistet, wird erschossen. [...] Grosstadtproletariat übelster Sorte – darunter auch Fanatiker – die mit unbegreiflicher Zähigkeit aushalten [...].«[586]

Die Häuser entlang der Vormarschstraße wurden durchkämmt, Waffen oder Munition konnten allerdings nur selten gefunden werden. Der Befehl, Zivilisten vorläufig festzusetzen, wurde dennoch durchgeführt, die Zahl der Gefangenen ging bereits im Laufe des frühen Nachmittags in die Tausende.[587] Dabei wurden die Verhafteten für die Abwehrkämpfe der Bürgerwehr mit verantwortlich gemacht. Der Kommandeur der Kampfgruppe Netze, Generalmajor Eccard Frhr. von Gablenz, der in Bromberg vorübergehend das Amt des Ortskommandanten übernommen hatte, begründete diese Kollektivmaßnahme damit, dass die Betroffenen sich an feindlichen bzw. strafbaren Handlungen beteiligt hätten.[588] Der Chef des in Bromberg eingesetzten Einsatzkommandos 1 der Einsatzgruppe IV kommentierte dreieinhalb Jahre später rückblickend: »Zum Teil waren diese Verbrecher bereits auf dem Wege zur Ablieferung ins Rathaus von unseren maßlos erbitterten Soldaten und Polizeibeamten übel zugerichtet. Sie hatten es auch nicht anders verdient.«[589]

Die Bromberger Bürgerwehr legte noch am Nachmittag des 5. September die Waffen nieder, nachdem ihr durch von Gablenz die Rechte einer regulären Truppe eingeräumt worden waren, »das heißt, sie wurden nicht als Freischärler behandelt«.[590] Ungeachtet dieses Versprechens wurden zwei ihrer Anführer – Konrad Fiedler und Marian Miczuga – kurz darauf von

---

585 Mitschrift eines Telefongesprächs zwischen Gen. Sorsche und dem Ic-Offizier des II. AK, 5. 9. 1939, 10.50h, BA-MA, RH24-3/12, Bl. 48.
586 IR 122 (KTB), 5. 9. 1939, BA-MA, RH37/6360.
587 Ebd.
588 Jastrzębski, Terror, S. 28.
589 Ber. von SS-O.Stubaf. Helmut Bischoff, 3. 3. 1943, »EK im PF«, Esman/Jastrzębski, Pierwszy miesący, S. 115.
590 CdS, Tg.Ber. »Unternehmen Tannenberg«, 9. 9. 1939 abends, BAB, R58/7001, Bl. 35. Jastrzębski, Obrona, S. 11.

Männern des Einsatzkommandos I der Einsatzgruppe IV unter SS-Sturm-bannführer Helmut Bischoff erschossen.[591]

Die Tatsache, dass in Bromberg eine aus Zivilisten bestehende Miliz der deutschen Truppe den Einmarsch erschwert hatte, hinterließ bei ihr ein generelles Gefühl der Verbitterung. Obwohl die polnischen Verteidiger durch Abzeichen klar von unbeteiligten Zivilisten zu unterscheiden waren, brachten die deutschen Soldaten ihren Abscheu gegen sämtliche Einwohner Brombergs zum Ausdruck. Beim Infanterieregiment 122 vermerkte man sarkastisch: »Der Kommandeur meldet sich beim Stadtkommandanten, der strenge Richtlinien zur Befriedung der Stadt durch sehr loyale Behandlung der Zivilbevölkerung hat. Wir sind anderer Ansicht.«[592] Diese Bemerkung zielte auf die Entlassung eines Großteils der am 5. September willkürlich festgenommenen Zivilgefangenen noch am Nachmittag desselben Tages ab. Zu den immer wieder aufflackernden Scharmützeln der folgenden Tage und den Übergriffen von Polizei- und Wehrmachteinheiten[593] – das Regiment befand sich zu dieser Zeit gar nicht mehr in der Stadt – wurde mit Befriedigung angemerkt: »Rücksichtsloses Durchgreifen mit Erschießungen erweist sich nun doch als notwendig.«[594] Die Erfahrungen im Häuserkampf von Bromberg wirkten beim Infanterieregiment 122 noch lange nach. Am 9. September heißt es im Kriegstagebuch der Einheit: »Das Gut Siniarzewo ist verlassen, während im Dorf Einwohner zurückgeblieben sind. Es werden daher durch den Radfahrzug zunächst einige Geiseln festgesetzt. Verdächtig sieht das ganze Gesindel aus, das sich in der Gegend herumtreibt. Ein schlechtes Gewissen haben ebenfalls alle, die aufgegriffen werden. Einer [sic] der Geiseln wird im Laufe des Abends bei einem Fluchtversuch erschossen.«[595]

Auch die im Norden Brombergs in den ersten Kriegstagen eingesetzten deutschen Verbände zeigten Nerven. Beim Infanterieregiment 94 missverstand man am 3. September den Ruf »Krankenwagen nach vorn« als Warnung »Panzer von vorn«, worauf eine Panik ausbrach.[596] Tags darauf verzeichnete man beim II. Armeekorps Verluste in den großen Wäldern östlich der Brahe, die auf die schlechte Bewaffnung sowie Unerfahrenheit und Nervosität der Männer zurückgeführt wurden.[597]

591 SS-O.Stubaf. Helmut Bischoff, Schreiben an SS-O.Stubaf. Froese, 3. 3. 1943, Esman/Jastrzębski, Pierwszy miesący, S. 126.
592 IR 122 (KTB), 5. 9. 1939, BA-MA, RH37/6360.
593 Siehe S. 205–209.
594 IR 122 (KTB), 5. 9. 1939, BA-MA, RH37/6360.
595 Ebd., 9. 9. 1939.
596 IR 94 (KTB), 3. 9. 1939, BA-MA, RH37/2165, Bl. 6.
597 Abt. IV des II. AK (KTB), 4. 9. 1939, BA-MA, RH24-2/425.

Beim Maschinengewehrbataillon 8, das am 5. September in den Reihen des III. Armeekorps aus der Gegend nördlich von Bromberg nach Osten marschierte, hörte man sowohl von den Scharmützeln, in die die Regimenter 122 und 123 in der Stadt verwickelt waren, als auch gerüchteweise von Übergriffen, die die Polen in den Vortagen an Angehörigen der deutschen Minderheit begangen hätten.[598] Zwei Tage darauf wurden vom Bataillon in Solec Kujawski »einige aufgegriffene Franktireurs [...] sofort der verdienten Strafe zugeführt«.[599] Eine Woche später entwaffneten die Angehörigen eines Spähtrupps der Einheit in Leslau die dort ebenfalls eingerichtete Bürgerwehr[600], der Kommandeur der 2. Kompanie des Maschinengewehr-Bataillons 8 ließ, »um ein zweites ›Bromberg‹ zu verhindern [...] sämtliche auf der Straße herumlungernden Männer festnehmen«. Der Bevölkerung wurde erklärt, »dass, wenn auch nur auf einen einzigen deutschen Soldaten geschossen wird, der ganze Haufen erschossen würde«.[601] In Gostynin wurde zur Belustigung der Soldaten die nunmehr routinemäßig erfolgende Festsetzung der Bevölkerung auf dem Marktplatz mit der Demütigung der örtlichen Juden kombiniert: »Sämtliche männlichen Einwohner stehen in einem großen Viereck unter Bewachung. Eine Ausnahme bilden nur die Juden. Diese stehen nämlich nicht, sondern sind angehalten, im Knien ein Dauergebet zu entrichten.«[602]

Während des Vormarsches der 6. Batterie des Artillerieregiments 3 am Nordufer der Weichsel aus dem Gebiet nördlich von Bromberg auf Płock war in den Reihen der Kavalleristen eine Mischung aus nervöser Spannung, Gerüchtebildung und Arroganz gegenüber Polen und Juden bemerkbar. In Crone entsicherten sie auf eine Flaksalve der eigenen Leute hin eilig ihre Waffen, da sie »an einen Überfall der Polen und an eine Schießerei aus den Häusern« glaubten.[603] Ein paar Tage darauf erreichten sie nach angestrengtem Ritt bei Einbruch der Dunkelheit die Gegend nördlich von Leslau, wo sie – ständig auf einen Überfall gefasst – eine verängstigte Gruppe von Flüchtlingen zunächst irrtümlich für polnische Soldaten hielten.[604] In einem nahe gelegenen Gutshof, deren Besitzer angeblich »in Dreck und Speck mit

---

598 Soldaten F., L. und K. von der Stabs-Kp. (Kradschützenzug) des MG-Btl. 8, Ber. »Der PF«, 5. 9. 1939, BA-MA, RH37/7535, Bl. 127.
599 2./MG-Btl. 8 (KTBmäßige Aufz.), 7. 9. 1939, BA-MA, RH37/7535, Bl. 105.
600 Ber. »Der Einsatz der 1./MG-Btl. 8 in Polen«, 14. 9. 1939, BA-MA, RH37/7535, Bl. 121.
601 2./MG-Btl. 8 (KTBmäßige Aufz.), 14. 9. 1939, BA-MA, RH37/7535, Bl. 111.
602 Ebd., 16. 9. 1939, Bl. 113.
603 Wachtmeister F., Ber. »Die 6. Battr. des AR 3 im polnischen Feldzug«, 3. 9. 1939, BA-MA, RH41/745, Bl. 17.
604 Ebd., 8. 9. 1939, Bl. 31.

den Tieren zusammen in ihren Katen« hausten, war »von Kultur wenig zu finden, nur Parfums, Salben und seidene Wäsche.«[605] In Płock zwang die Einheit die ortsansässigen Juden, Zwangsarbeit zu verrichten.[606] In einer unübersichtlichen Situation verbreitete sich am nächsten Tag das Gerücht, der Feind habe eine ganze Kompanie umzingelt und 30 deutsche Soldaten massakriert. »Diese Schauergeschichten stellen sich später als reichlich übertrieben heraus.«[607] Am 15. September steckten Soldaten der 2. Munitions-Staffel südlich von Thorn eine Ortschaft am Weichselufer in Brand, weil sie angeblich aus den Häusern beschossen worden waren.[608] Auf dem Rückmarsch stach einem Wachtmeister der Batterie besonders die Zurückgebliebenheit des Landes ins Auge: »Überall das Gleiche oder wenig veränderte Bild: Kümmerliche Gehöfte, schmutzige Ortschaften, weite abgeerntete Getreidefelder«[609]; was sich nach Überschreiten der alten Reichsgrenze, die »noch heute Kulturgrenze ist«, schlagartig änderte: »Feste Straßen führen hier von Ort zu Ort, von Gut zu Gut, überall gepflegte Höfe, Wirtschaftsbahnen, eine rationelle Landwirtschaft.«[610] Ende September bezog die Einheit in einer nicht näher bestimmten Siedlung bei Bromberg Quartier. Hier hörte man von Übergriffen der Polen gegen deutschstämmige Ortsbewohner vor dem deutschen Einmarsch. Im Nachhinein dürfte es ein Glück für die Bewohner der von der 6. Batterie des Artillerieregiments 3 durchquerten Landstriche gewesen sein, dass die Männer der Einheit zuvor nicht selbst Zeuge von polnischen Exzessen geworden waren: »Diese Bluttaten der Polen fordern unbedingte Vergeltung. In dem Gebiet unseres Vormarsches haben wir derartige Gräueltaten nicht angetroffen. Sonst wären wir gewiss weniger human verfahren.«[611]

Das der 208. Infanteriedivision unterstellte Pionierbataillon 208, das am 4. September die Reichsgrenze bei Wirsitz (Wyrzysk) überschritt, vollbrachte in der ersten Septemberwoche Marschleistungen, die Mann und Pferd an den Rand der Erschöpfung brachten.[612] Am 6. September passierte das Bataillon Nakel, dort war laut Bataillonsstab einige Tage zuvor »nach

---

605 Ebd., 9. 9. 1939, Bl. 33.
606 Ebd., 12. 9. 1939, Bl. 35.
607 Ebd., 13. 9. 1939, Bl. 37.
608 Ebd., 15. 9. 1939, Bl. 46.
609 Ebd., 25. 9. 1939, Bl. 57.
610 Ebd., 26. 9. 1939, Bl. 57.
611 Ebd., 27. 9. 1939, Bl. 58.
612 Pi 208 (KTB), 28.8.–4. 9. 1939, BA-MA, RH12-5/475; Stab Pi 208, Ber. »Marsch gegen Polen«, 1. 9. 1939, BA-MA, RH12-5/475.

dem Einzug der Truppen durch Freischärler geschossen« worden, »die Stadt ist vollkommen zerstört«.[613] Tags darauf quartierte sich das Bataillon im Schloss Chobielice an der Netze ein. Obwohl seitens des Stabes die Lage in der Gegend als sehr unsicher eingeschätzt wurde, bildeten ein missglückter Versuch, den Schlosshund zu erschießen sowie am nächsten Morgen der Fund der Leiche eines schwer alkoholisierten deutschen Soldaten unter einem Militärfahrzeug die einzige Abwechslung in der Etappe.[614] Am 8. September erreichte das Bataillon Hohensalza, wo die 2. Kompanie »zur Franktireurbekämpfung« eingesetzt wurde.[615] Als der Bataillonsstab abends in der Stadt eintraf, brannten bereits ringsherum die Gehöfte.[616] Auch tags darauf meldete die Kompanie in nahe gelegenen Ortschaften Freischärlerkontakte.[617] Zwischen Hohensalza und Papros »werden Freischärler festgenommen. Trotzdem man bei denselben Pistolenmunition findet, wird lange verhandelt, anstatt sie standrechtlich zu erschi[e]ßen.«[618] In Papros selbst wurde ein Pole wegen Waffenbesitzes erschossen[619], in Rożniaty fielen durch deutschen MG-Beschuss mindestens drei angebliche Freischärler, die deutsche Vorausabteilung einer Patrouille der 2. Kompanie hatte dagegen keine Verluste zu beklagen.[620] Des Weiteren machten an diesem Tag Gerüchte die Runde: »Wie man durch die Zivilisten erfährt, haben auch in dieser Gegend die Polen gegen die Deutschen furchtbare Gräueltaten begangen und noch in der Nacht vor dem Eintreffen der deutschen Truppen eine Reihe von deutschen Volksgenossen ermordet.«[621]

Hohensalza selber wurde vom Infanterieregiment 337 am 8. September 1939 eingenommen. Beim III. Armeekorps hatte man zwar an diesem Tag angeordnet, Zivilpersonen, die »mit einer Waffe oder einem Angriffswerkzeug betroffen« würden, auf der Stelle zu erschießen. Dieser Befehl bezog

613 Stab Pi 208, Ber. »Marsch gegen Polen«, 6. 9. 1939, BA-MA, RH12-5/475. Vgl. hierzu S. 135.

614 Ebd., 7.–8. 9. 1939.

615 Pi 208 (KTB), 8. 9. 1939, BA-MA, RH12-5/475.

616 Stab Pi 208, Ber. »Marsch gegen Polen«, 8. 9. 1939, BA-MA, RH12-5/475.

617 Pi 208 (KTB), Anl. 3, Lt. H., Ber. »Auftrag durch Btl.-Führer an Ltn. H. 2 Kp. Pi [208]«, BA-MA, RH12-5/475.

618 Stab Pi 208, Ber. »Marsch gegen Polen«, 9. 9. 1939, BA-MA, RH12-5/475.

619 Pi 208 (KTB), 9. 9. 1939, BA-MA, RH12-5/475. Laut dem Stab Pi 208, Ber. »Marsch gegen Polen«, 9. 9. 1939, BA-MA, RH12-5/475, fand man in Papros hinter einem Haus allerdings die Leichen eines Uffz. und zweier Zivilisten, »die von einem Vortrupp auf der Flucht erschossen« worden waren. Nach Datner, 55 dni, S. 306–307, wurden an diesem Tag in Papros zwei Zivilisten und sieben polnische Soldaten ohne Angabe von Gründen ermordet.

620 KTB des Pi 208, Anl. 4, Oberleutnant S., Ber. »Mündlicher Auftrag durch Btl.-Führer an 2./Pi 208«, BA-MA, RH12-5/475.

621 Stab Pi 208, Ber. »Marsch gegen Polen«, 9. 9. 1939, BA-MA, RH12-5/475.

sich aber auf »die Sicherung des Bromberger Gebietes«, in dem die Exekutionen von Polizei und Wehrmacht noch andauerten.[622] Hohensalza dagegen
sollte, so sah es zumindest der Angriffsbefehl der 208. Infanteriedivision für
das Infanterieregiment 337 vor, im Interesse der dort ansässigen Angehörigen der deutschen Minderheit nach Möglichkeit geschont werden.[623] Nachdem jedoch durch Aufklärung des Radfahrzuges 337 festgestellt wurde, dass
sich in Hohensalza ebenfalls eine Bürgerwehr formiert hatte – bzw., wie die
Meldung lautete – »dass auch in Hohensalza sich Banden unter Führung von
Soldaten gebildet hatten«, wurden zwei Batterien des Artillerieregiments
208 in Stellung gebracht, und die drei Bataillone des Infanterieregiments
377 formierten sich zum Angriff.[624] Bei Betreten der Stadt gerieten die In-
fanterieverbände nach ihren Angaben unter Beschuss aus den Häusern. Besonders vermerkt wurden dabei Schüsse aus dem katholischen Priestersemi-
nar, in dem aber keine Kämpfer aufgespürt werden konnten, was die
Soldaten des Infanterieregiments 337 zu dem Schluss führte, »dass [...] anscheinend mit [Hilfe] der dortigen Priester den Aufständischen die Flucht erleichtert wurde«.[625] Polnischen Angaben zufolge waren die deutschen Soldaten in Hohensalza aber vielmehr in Rückzugsgefechte mit den letzten
Verteidigungslinien der polnischen Truppen verwickelt.[626]

Während der sich in der Stadt entwickelnden Straßenkämpfe wurden
»Aufständische, die mit der Waffe in der Hand angetroffen wurden, sofort
standrechtlich« erschossen.[627] Die Einwohnerschaft wurde auf dem Marktplatz von Hohensalza zusammengetrieben, gegen 21 Uhr waren zwischen
4000 und 5000 Menschen versammelt, von denen Frauen, Kinder und alte
Menschen wieder entlassen wurden, während man mit Hilfe ortsansässiger
Angehöriger der deutschen Minderheit etwa 1000 Mann, die man für »die
schlimmsten Hetzer und sonstiges lichtscheues Gesindel« hielt, in der örtlichen Infanteriekaserne festsetzte.[628] Die meisten Gefangenen wurden am
nächsten Tag wieder freigelassen, 200 behielt man als Geiseln.[629] Wie zuvor in Bromberg, so verlief auch in Hohensalza die Zusammenarbeit zwischen Wehrmacht und Polizei offenbar für beide Seiten zufriedenstellend.

---

622 III. AK, Befehl zur Sicherung des Bromberger Gebietes, 8. 9. 1939, BA-MA, RH26-
208/5. Siehe S. 205–209.
623 IR 337 (KTB), 8. 9. 1939, BA-MA, RH26-208/5.
624 Ebd.
625 Ebd.
626 Kaliski, Pierwsze dni, S. 115.
627 IR 337 (KTB), 8. 9. 1939, BA-MA, RH26-208/5.
628 Ebd. Nach Kaliski, Pierwsze dni, S. 115, wurden allerdings etwa 2000 Mann verhaftet.
629 IR 337 (KTB), 8. 9. 1939, BA-MA, RH26-208/5.

Etwa 20 Polen wurden in den ersten Tagen nach dem deutschen Einmarsch aus Rache für den am 8. September geleisteten Widerstand erschossen.[630] Den Stadtpräsidenten Apolinary Jankowski sowie den Vizepräsidenten Władysław Juengst, denen zunächst die Flucht aus Hohensalza gelang[631], ereilte dasselbe Schicksal im Oktober 1939.[632] Am 9. und 10. September wurde die Ortschaft nach Waffen durchsucht, Verdächtige wurden festgenommen und der Gestapo übergeben. »Auf diese Weise wurde jeder weitere Versuch der Aufständischen, irgendwie den deutschen Truppen mit Waffengewalt entgegenzutreten, im Keime erstickt.«[633]

Neben Bromberg und Hohensalza wurden auch andere Städte in Großpolen von zivilen Bürgerwehren verteidigt. In Tremessen und Mogilno, in Gnesen und Kletzko hatten sich Freiwilligenverbände organisiert, um das Machtvakuum, das die abziehenden polnischen Truppen hinterließen, auszufüllen. Das Grenzabschnittskommando 2 traf am 9. September 1939 in dieser Gegend ein. Am 10. September wurde es vom AOK 4 explizit auf die Notwendigkeit einer »ausreichende[n] Sicherung der größeren Städte im Abschnitt gegen das Auftreten von Freischärlern« hingewiesen. Tags darauf marschierte es in Gnesen ein, ohne auf Widerstand zu treffen. Mogilno wurde dagegen erst »nach Kampf mit Banden genommen.«[634] Obwohl die Mitglieder der polnischen Bürgerwehren – wie es die Haager Landkriegsordnung vorsah – unter einem Oberbefehl kämpften, ihre Waffen offen führten und als Kombattanten gekennzeichnet waren, wurden viele von ihnen unmittelbar nach dem Einmarsch des Grenzabschnittskommandos 2 erschossen. Die Zahl der polnischen zivilen Opfer belief sich dabei im Raum der vier östlich von Posen gelegenen Ortschaften zwischen dem 9. und 11. September auf etwa 500.[635] »Stellenweise Widerstand durch Banden«, kabelte das Grenzabschnittskommando an die Armeeführung, »eigene Verluste: 5 Verwundete.«[636] Das AOK 4 wiederum drückte der Einheit ihren Dank aus, da sie »mit vollem Einsatz aller Führer und Truppen [...] altes deutsches Land wieder besetzt« habe.[637]

630 Kaliski, Pierwsze dni, S. 115–116.
631 Ebd., S. 114.
632 Nawrocki, Okupacja, S. 75.
633 IR 337 (KTB), 8. 9. 1939, BA-MA, RH26-208/5.
634 GAK 2, Abt. Ia, Fernschreiben an AOK 4, 11. 9. 1939, 18.15 h, NA, RG 242, T-312, R. 114, Fr. 7543606.
635 Nawrocki, Okupacja, S. 73–74. Zu Trzemessen und Mogilno vgl. Łuczak, Obrona.
636 GAK 2, Abt. Ia, Fernschreiben an AOK 4, 11. 9. 1939, 18.15 h, NA, RG 242, T-312, R. 114, Fr. 7543608.
637 AOK 4, Abt. IIa, Armeetagesbefehl, 4. 9. 1939, NA, RG 242, T-312, R. 114 [Fr. unleserlich, nach 645732]. Detailliertere Beschreibungen der Ereignisse liegen von deutscher Seite nicht vor.

Die Tatsache, dass Bürgerwehren die Verteidigung einiger von den polnischen Truppen nach und nach geräumten Städte im Operationsgebiet der Heeresgruppe Nord übernahmen, übte einen entscheidenden Einfluss auf die Einstellung der einmarschierenden deutschen Soldaten gegenüber der polnischen Zivilbevölkerung aus. Ungeachtet der Tatsache, dass die zivile Verteidigung einer Stadt durchaus den völkerrechtlichen Gepflogenheiten entsprach, die auch die Wehrmacht Anfang September 1939 zu akzeptieren bereit war, empfanden die direkt betroffenen Soldaten eine Beteiligung von Zivilisten am Kampf als ebenso hinterhältig wie verbrecherisch. Auch wenn höhere Offiziere wie Generalmajor von Gablenz sich durchaus über die Rechte von Bürgerwehren im Klaren waren und sie ihnen zumindest mündlich zusicherten, hatte diese Einsicht keinerlei Einfluss auf die Praxis. Die Eindrücke der ersten Kampftage – unübersichtliche Situationen und Einsatzräume, Unerfahrenheit, Nervosität und »friendly fire«, ein vermeintlicher Mangel an Kultur von Land und Leuten sowie Gerüchte über Gräueltaten der Polen und eine Beteiligung der *a priori* verdächtigen slawischen Bevölkerung am Kampf – generierten in den Köpfen der bei der Heeresgruppe Nord eingesetzten deutschen Soldaten eine Grundstimmung, die die Anwendung aller Mittel rechtfertigte. Am 10. September 1939 schrieb der Gefreite W. K. von der 2. Infanteriedivision in einem Brief: »Der Krieg ist hart und wird von den Polen mit der größten Gemeinheit geführt. Wir sind selbst von Franktireurs angeschossen worden und sind endlich zu der Überzeugung gekommen, dass unsere Gutmütigkeit zu groß ist. [...] Bald werden wir wohl wieder eingesetzt werden. Der reguläre Kampf mit der polnischen Armee ist ja bald vorbei, aber der Krieg gegen die Banden, der nicht weniger blutig und vor allen Dingen abscheulich ist, weil es hier oft Frauen und Kinder trifft, kann noch etwas dauern.«[638]

Soldaten der Heeresgruppe Nord waren beim Einmarsch in pommerellische und großpolnische Städte Anfang September 1939 nahezu gleichzeitig auf polnische Bürgerwehren und deutschstämmige Opfer polnischer Übergriffe getroffen. Es ist gewiss kein Zufall, dass sie sich hier wie in keinem anderen Einsatzraum an den »volkstumspolitischen Maßnahmen« der Einsatzgruppen und -kommandos beteiligten, mit denen sie oft bereits während der militärischen Eroberung gemeinsam gekämpft hatten.[639] Der Kommandeur des III. Armeekorps, General der Artillerie Curt Haase, brachte dieses Zusammenspiel auf den Punkt, als er unter dem Stichwort »Franktireur-

---

638 Gefr. W. K., Brief, 10. 9. 1939, BfZ, Sammlung Sterz 07849.
639 Zu den in Bromberg durchgeführten Erschießungen von Wehrmacht und Einsatzgruppen siehe S. 205–209.

krieg« rückblickend bemerkte: »Die Unsicherheit auf den Nachschub-
straßen durch versprengte Polen, Marodeure, bewaffnete polnische Zuchthäusler, fanatische Menschen pp. war anfangs groß. [Die] gutmütige Truppe
hat sich sehr schnell umgestellt, rücksichtslos durchgegriffen und Ordnung
geschaffen. Feldgendarmerie und Gestapo haben mustergültig mitgearbei-
tet.«[640]

640 Gen.Kdo III, Erf.Ber. über den Feldzug in Polen 28.8.–21.9. 19[39], VII. d) Franktireurkrieg, BA-MA, RH24-3/7, Bl. 43.

6. Kapitel: Die »Freischärlerbekämpfung« der Wehrmacht in Polen 1939: Befehlslage und historischer Kontext

Divergierende Richtlinien der »Freischärlerbekämpfung«

Vor dem Einmarsch der Wehrmacht in Polen existierten lediglich allgemeine Richtlinien, wie die Truppe sich im Falle einer Beteiligung der Bevölkerung am Kampf zu verhalten habe. In den Sonderbestimmungen zu den Anordnungen für die Versorgung hatte das OKH Anfang August die Heeresdruckschrift-Verordnung 3/13 über das »Sonderstrafrecht im Kriege und für besonderen Einsatz« für bindend erklärt. Danach stand auf den Besitz von Waffen oder anderen Kampfmitteln der Tod, wenn der Betroffene sie gegen die Wehrmacht gebrauchen wollte. Ausgenommen waren selbstverständlich Angehörige des polnischen Militärs, aber auch Mitglieder von Milizen und Freiwilligenverbänden[641] sowie die Bewohner eines nicht besetzten Gebietes, wenn sie keine Zeit mehr gehabt hatten, sich zu organisieren und die Waffen offen führten.[642] Damit war man den Vorgaben der Haager Landkriegsordnung gefolgt.[643] In der ersten Septemberhälfte wurde diese Bestimmung in einem »Merkblatt betreffend Freischärlerei« wiederholt den in Polen eingesetzten Truppen zur Kenntnis gebracht, da diesbezüglich offenbar noch Nachholbedarf bestand: Danach stand auf Freischärlerei der Tod. Freischärler, die nicht »im Kampf erledigt« wurden, waren vor ein Kriegsgericht zu stellen.[644] Erschießungen durften nicht ohne Genehmigung des Divisionskommandeurs vollzogen werden, allerdings war

---

641 Bedingung war, dass sie unter einheitlicher Führung, und als Kombattanten gekennzeichnet, nach den Gesetzen des Krieges kämpften. Dies traf auf die Bürgerwehren in polnischen Städten zu.

642 Abgedruckt im Verordnungsblatt für die besetzten polnischen Gebiete Nr. 2, 12. 9. 1939, S. 4. Selbst wenn polnische Bürger in den ersten zwei Kriegstagen im grenznahen Gebiet spontan zu den Waffen gegriffen hätten, wären sie im Sinne der Verordnung keine Freischärler gewesen.

643 HLKO, Anlage zum Abkommen, 1. Abschn. (»Kriegführende«), 1. Kap. (»Begriff des Kriegführenden«), Art. 1, abgedruckt in Laun, Landkriegsordnung, S. 149.

644 HGR-Kdo 3, »Merkblatt betreffend Freischärlerei«, NA, RG 242, T-312, R. 39, Fr. 7548862.

»bei Gefahr im Verzug [...] jeder Führer zu allen notwendigen Maßnahmen verpflichtet«.[645] Es liegt auf der Hand, dass sich aufgrund einer so offen formulierten Richtlinie selbst der rangniedrigste Zugführer ermuntert gefühlt haben muss, rücksichtslose Strafaktionen anzuordnen bzw. durchführen zu lassen, wenn er Gefahr im Verzug witterte. Diese Bestimmungen wurden bis auf Kompanieebene durchgegeben. Vorausschauendere Kommandeure veranlassten unmittelbar vor Angriffsbeginn, »alle Truppen [...] nochmals über die Bestimmungen über Behandlung von Überläufern und Freischärlern eingehend zu belehren«.[646]

Nachdem aus dem gesamten Operationsraum der Wehrmacht in der ersten Septemberwoche das Auftreten von Freischärlern gemeldet wurde und einzelne Truppenführer bereits dazu übergingen, auf eigene Faust Gewaltmaßnahmen anzusetzen, wurden von den Armeen und untergeordneten Einheiten Kommentare zur Behandlung von Freischärlern ausgegeben, die sich teilweise widersprachen, wie etwa im Operationsgebiet der 8. Armee. Bei den ihr unterstellten Einheiten begann man bald, sowohl auf die angenommene Freischärlergefahr als auch auf Übergriffe der Truppen zu reagieren. Der Kommandierende General des X. Armeekorps, General der Infanterie Wilhelm Ulex, ordnete in den ersten Tagen des Angriffs an, in den Ortschaften öffentlich bekannt zu machen, »dass innerhalb einer Stunde die Waffen abzuliefern sind und dass derjenige, bei dem dann noch Waffen gefunden werden, erschossen wird«. Er versah diese Anordnung allerdings mit einem Zusatz, der den Einwohnern der Ortschaften nicht mitzuteilen war, die Truppe jedoch offenbar aufgrund vorheriger Übergriffe im Zaum halten sollte: »Ein Erschießen hat tatsächlich nur dann zu erfolgen, wenn [den] Betreffenden bei frischer Tat der Gebrauch der Waffe nachgewiesen werden kann. Im Übrigen sind die Betreffenden festzunehmen zur Aburteilung durch ein Kriegsgericht.«[647] Auch an anderer Stelle rief man zur Mäßigung auf: »Gegen Freischärler ist unnachsichtiges Vorgehen geboten. Dem Anzünden von Gehöften und Getreidevorräten ist jedoch scharf entgegenzutreten. Es gehen hierdurch nur Quartiere für die

---

645 OKH, Sonderbestimmungen zu den Anordn. f. d. Vers., 9. 8. 1939, Abschnitt 1.c), BA-MA, RH19-I/91, Bl. 22. Am 29. 8. 1939 fasste das AOK 8 die Anordnung für alle unterstellten Einheiten nochmals präziser: »Die Entscheidung darüber, ob und in welcher Weise bei schweren Verstößen des Gegners gegen das Völkerrecht Vergeltungsmaßnahmen zu ergreifen sind, bleibt OBdH vorbehalten. In Eilfällen entscheidet der Armeeoberbefehlshaber, im Notfall jeder Truppenführer«, Anl. zu den Bes. Anordn. f. d. Vers. der 8. A. Nr. 5, 29. 8. 1939, NA, RG 242, T-312, R. 39, Fr. 7548804.

646 17. ID, Div.-Befehl Nr. 5, 29. 8. 1939, BA-MA, RH26-17/67, Bl. 89.

647 X. AK, Tagesbefehl Nr. 1 [Datum durch Brandschaden nicht zu identifizieren], BA-MA, RH24-10/5.

Truppe und Nahrungsmittel verloren, die in der Heimat dringend gebraucht werden.«[648]

Andere Befehlshaber jedoch bestärkten die Truppen auch weiterhin in ihren selbständig durchgeführten Aktionen. Bei der 17. Infanteriedivision riet man ebenfalls, die Ortschaften zunächst nach Waffen zu durchsuchen und zeitgleich die Abgabe von Waffen anzuordnen. Wer danach noch bewaffnet angetroffen würde, sei einem Kriegsrichter vorzuführen, in dringenden Fällen innerhalb des Gefechtsgebietes könne allerdings das vereinfachte Gerichtsverfahren (Notgerichtsstand) angewandt werden. Die Waffe sei stets griffbereit zu halten.[649] Auch in den Besonderen Anordnungen für die Versorgung der rückwärtigen Dienste der 8. Armee vom 4. September machte man keinen Hehl daraus, dass die Truppe dort, wo die Zivilbevölkerung anscheinend Widerstand leistete, zur Selbsthilfe zu greifen habe:

»Es ist in verschiedenen Fällen vorgekommen, dass *polnische* Zivilisten, die verdächtig waren, auf deutsche Truppen geschossen zu haben, der Sipo [Sicherheitspolizei] zwecks Klärung der Täterschaft übergeben worden sind. Ein derartiges Verfahren ist unzweckmäßig, da nur in den seltensten Fällen nachträglich ausreichende Schuldbeweise erbracht werden können [!]. Es wird auf den Befehl des Oberbefehlshabers verwiesen, wonach Meuchelmörder und Freischärler, sowie Zivilpersonen, die im Besitze von Waffen und Munition betroffen werden, zu erschießen sind. In gleicher Weise ist vorzugehen gegen *polnische* Zivilpersonen, die sich in Häusern und Gehöften befinden, aus denen auf unsere Truppen geschossen worden ist.«[650]

Dies ist der erste von der deutschen Wehrmacht im Osten verabschiedete »verbrecherische Befehl«: Die darin angeordnete Selbstjustiz war für die der 8. Armee unterstellten Einheiten Entlastungszeugnis und Blankoscheck in einem. Sie rechtfertigte bisherige wilde Erschießungen durch die Truppe und ordnete für den Fall andauernden Widerstandes in den besetzten Ortschaften weitere an. Von der Einberufung von Standgerichten, kriegsgerichtlichen Untersuchungen der Vorfälle und einer Abzeichnung von Todesurteilen durch den Armeeoberbefehlshaber ist nicht die Rede. Für die polnische Bevölkerung im Marschstreifen der 8. Armee hatte diese von

---

648 XIII. AK, Bes. Anordn. Nr. 11 f. d. Vers., 4. 9. 1939, BA-MA, RS4/1230, Bl. 149.

649 17. ID, Anl. zum Div.-Befehl, 4. 9. 1939, BA-MA, RH26-17/67, Bl. 46.

650 An gleicher Stelle wurde jedoch angeordnet, das Abbrennen von Häusern zu unterbinden: »Die Truppe zerstört sich nur ihre eigenen Quartiere und vernichtet gleichzeitig wertvolle Erntebestände, die damit der Heimat verloren gehen«, 8. A., Bes. Anordn. f. d. Vers. Nr. 11, 4. 9. 1939, NA, RG 242, T-312, R. 38, Fr. 7547032; 8. A., Bes. Anordn. f. d. Vers. der rückwärtigen Dienste Nr. 11, 4. 9. 1939, NA, RG 242, T-312, R. 38, Fr. 7547023. Hervorhebungen im Original.

oben angeordnete »Hilfe zur Selbsthilfe« vergleichbare Konsequenzen wie knapp zwei Jahre später der »Gerichtsbarkeitserlass« für die Bewohner russischer Dörfer.

Die Unsicherheit hinsichtlich der Behandlung von verdächtigen Landeseinwohnern überdauerte die ersten Tage des Einsatzes. Noch am 9. September stellte man beim AOK 8 fest, »über die Behandlung von *Freischärlern* bestehen bei der Truppe nach den gewonnenen Eindrücken noch Zweifel«. Zu deren Behebung ordnete man an, nach beendetem Kampf festgenommene Freischärler seien dem nächst erreichbaren Kriegsgericht zur Aburteilung zuzuführen. Sei ein solches nicht sofort erreichbar, könne auch durch einen Regimentskommandeur ein Feldkriegsgericht mit zwei Beisitzern einberufen werden, dessen Leitung einem Offizier mindestens im Hauptmannsrang obliege. Angeklagte Freischärler seien kurz zur Anklage zu hören und zum letzten Wort zuzulassen. Ein Todesurteil sei schriftlich abzufassen und mit einer kurzen Begründung zu versehen. Seine Vollstreckung sei allerdings erst zulässig, wenn es vom Oberbefehlshaber der Armee bestätigt worden sei.[651]

Auch war man sich an höherer Stelle darüber im Klaren, dass das rigorose Vorgehen gegen polnische Ortschaften sich fatal für in ihnen lebende Angehörige der deutschen Minderheit auswirken konnte, und sah sich zumindest hier ebenfalls veranlasst, die Truppen zu zügeln. Dies ist etwa dem Korpsbefehl des XIII. Armeekorps vom 6. September zu entnehmen: »Es ist unbedingt dafür Sorge zu tragen, dass in [auch von Angehörigen der deutschen Minderheit bewohnten] Dörfern jegliche Zerstörung und Beschädigung verhindert wird.«[652] Zugleich ist dies ein deutlicher Hinweis darauf, dass in Ortschaften ohne deutschstämmige Einwohner anders verfahren wurde. Auch unmittelbar vor dem Einmarsch in Lodz rechnete man mit der Nervosität der Soldaten und ordnete an, bei etwaigen Zusammenstößen dürfe erst »auf *ausdrücklichen Befehl der verantwortlichen Führer* von der Waffe Gebrauch gemacht werden« – auch hier habe man auf die etwa 50 000 deutschstämmigen Einwohner von Lodz Rücksicht zu nehmen.[653] Am 23. September war schließlich in der Befehlsgebung des AOK 8 zur Freischärlerfrage eine Wendung hin zu den »volkstumspolitischen« Argu-

---

651 Bes. Anordn. f. d. Vers. der 8. A. Nr. 16, 9. 9. 1939, NA, RG 242, T-312, R. 39, Fr. 7549051–7549052; 8. A., Bes. Anordn. f. d. rückw. Dienste Nr. 16, 9. 9. 1939, NA, RG 242, T-312, R. 39, Fr. 7549041. Hervorhebung im Original.
652 XII. AK, Korpsbefehl »Deutsche Ortschaften im Vormarschstreifen des XIII. AK«, 6. 9. 1939, BA-MA, RH26-10/477.
653 17. ID, Div.-Befehl f. d. Vers. am 9. 9. 1939, BA-MA, RH26-17/67, Bl. 35. Hervorhebung im Original.

mentationsmustern zu verzeichnen, wie sie zu dieser Zeit bei Sicherheitspolizei- und SS-Formationen üblich waren: »Bei den im Bereich des AOK 8 zur Aburteilung gelangten Freischärlern, insbesondere auch bei Frauen und Kindern, sind nach Möglichkeit die Auftraggeber und Drahtzieher (z. B. ob Lehrer, Geistliche, ausländische Einflüsse usw.) festzustellen. Über das Ergebnis ist jeweils beschleunigt an AOK 8/Ic/AO zu berichten.«[654] Tags zuvor wollte man beim Heeresgruppenkommando Süd »nach einer zuverlässigen Meldung« erfahren haben, dass polnische Pfadfinder durch ihre Regierung angewiesen worden seien, im deutschen Hinterland Spionage zu betreiben. Die Aktion werde durch polnische Lehrer geleitet.[655]

Beim OKH sah man sich bisweilen genötigt, die widersprüchliche Befehlslage vor Ort durch Richtlinien von oben etwas zu korrigieren. Nachdem der Oberbefehlshaber der 10. Armee, General Walter von Reichenau, am 4. September angeordnet hatte, Freischärler, die »auf *frischer* Tat oder *bewaffnet*« angetroffen wurden, kurzerhand zu erschießen[656], und somit der Selbstjustiz in seinem Befehlsbereich Tür und Tor geöffnet hatte, stellte der Generalquartiermeister in einem Telegramm an die AOKs richtig: »Freischärler sind im Kampf zu erschießen. Nach beendetem Kampf dürfen sie nicht ohne gerichtliches Verfahren [...] bestraft werden.« Vereinheitlichung hieß aber nicht automatisch Linderung der Härten für die Bevölkerung. Im selben Schreiben wurde angeregt, für Sabotageakte »in besonders schweren Fällen« die Todesstrafe zu verhängen.[657] Wenig später erging eine Verordnung des Oberbefehlshabers des Heeres, nach der bei Straftaten Jugendlicher das Erwachsenenstrafrecht zur Anwendung kommen sollte, wenn der Täter »nach seiner Entwicklung einer über 18 Jahre alten Person gleichzusetzen ist«.[658] Es lag somit im Ermessen der örtlichen Befehlshaber, der Freischärlerei verdächtige Halbwüchsige erschießen zu lassen. Am 12. September 1939 wurde vom OKH eine »Verordnung über Waffenbesitz« herausgegeben, die im besetzten Gebiet westlich des San, westlich des Mittellaufs der Weichsel und nördlich des Narew jeglichen Waffenbesitz unter Strafe stellte, da es »nicht mehr Kampfgebiet« sei.[659] Alle dort noch be-

---

654 8. A., Bes. Anordn. Nr. 30 f. d. Vers., 23. 9. 1939, NA, RG 242, T-312, R. 39, Fr. 7549343.
655 HGR Süd, Schreiben an d. AOK 8, 10 u. 14 betr. »Polnische Pfadfinder«, 22. 9. 1939, NA, RG 242, T-312, R. 47, Fr. 7560004.
656 AOK 10, Tagesbefehl, 4. 9. 1939, NA, RG 242, T-312, R. 75, Fr. 7595346. Hervorhebungen im Original.
657 GenStdH Abt. III, Fernschreiben, 6. 9. 1939, NA, RG 242, T-312, R. 45, Fr. 7557383.
658 Verordnung über die Aburteilung von Taten Jugendlicher, 10. 9. 1939, abgedruckt in Verordnungsblatt für die besetzten polnischen Gebiete Nr. 3, 13. 9. 1939, S. 1.
659 Verordnung über Waffenbesitz, 12. 9. 1939, ebd., S. 8.

findlichen versprengten polnischen Soldaten wurden damit zu Freischärlern erklärt, eine Maßnahme, die Hitler persönlich beim Generalstab des Heeres angeregt hatte.[660]

Trotz der gelegentlichen Einflussnahme seitens der Heeresführung im Sinne einer einheitlicheren Regelung der »Freischärlerbekämpfung« divergierte die Befehlsgebung im besetzten polnischen Gebiet in wesentlichen Punkten. Um die Disziplin ihrer Truppen besorgte Kommandeure, wie etwa Ritter von Schobert beim VII. Armeekorps, riefen zur Mäßigung und Besonnenheit auf.[661] General von Reichenau dagegen ordnete »für *jeden* durch Überfall getöteten *oder* verwundeten deutschen Soldaten und für jeden Sabotageakt« die Erschießung von drei Geiseln an.[662] Generaloberst Fedor von Bock rief gar in seiner Eigenschaft als Befehlshaber der Heeresgruppe Nord am 10. September 1939 offen zur Brandstiftung als Vergeltungsmaßnahme auf: Nachdem er zunächst festgestellt hatte, »dass die Polen mehrfach wehrlose deutsche Zivilpersonen in feiger Weise ermordet« hätten, ordnete er als Maßnahme »zum Schutz der Truppe« an:

»Wird hinter der Front aus einem Hause geschossen, so wird das Haus niedergebrannt [...]. Der Ortsvorstand oder, wo ein solcher nicht vorhanden, angesehene Ortseinwohner sind wegen dringenden Verdachts der Beihilfe vor Gericht zu stellen. Wird aus einem Dorf hinter der Front geschossen, und ist das Haus, aus dem das Feuer kam, nicht festzustellen, so wird das ganze Dorf niedergebrannt – sofern es zur Unterbringung der Truppe nicht gebraucht wird.«[663]

Das Dokument ist somit als der zweite von der Wehrmacht verabschiedete »verbrecherische Befehl« zu werten. Angesichts der eindeutigen Diktion und angesichts der Tatsache, dass die Truppe bereits in der ersten Septemberwoche praktische Erfahrungen im Töten und Brandschatzen gemacht hatte, verhallte die abschließende Mahnung von Bocks an die Truppenvorgesetzten, dafür zu sorgen, dass dabei »jede Willkür ausgeschlossen und schärfste Manneszucht gewahrt« bliebe. Eine so radikale Anweisung, wie sie bei der SS-Leibstandarte »Adolf Hitler« ausgegeben wurde, nämlich bei Teilnahme der Bevölkerung am Kampf sämtliche wehrfähigen Männer zu erschießen[664], wurde von der Wehrmacht im Spätsommer 1939 allerdings nicht verabschiedet.

660 Krausnick/Wilhelm, Truppe, S. 49, Anm. 104.
661 Siehe S. 110, S. 113.
662 AOK 10, Armeebefehl, 4. 9. 1939, NA, RG 242, T-312, R. 79, Fr. 7600227. Hervorhebungen im Original.
663 HGR Nord, Befehl an Armeen, 10. 9. 1939, BA-MA, RH19-II/353, Bl. 124.
664 KTB des II./LSAH (Polen), 24.8.–7. 10. 1939, 1. 9. 1939, BA-MA, RS4/1245. Siehe S. 223.

Letztendlich spielten solche markanten Abweichungen in der Befehls-gebung jedoch keine Rolle, da eine direkte Beeinflussung der Abläufe vor Ort im September 1939 ohnehin nicht zu beobachten ist. Diese hatten vom ersten Tag des Einmarsches an eine Eigendynamik entwickelt, die sich nicht ohne weiteres von oben steuern ließ. Die einzige wirkungsvolle Maßnahme gegen die Tötung von Zivilisten und Brandstiftung durch Wehrmacht-einheiten hätte in einer sofort eingeleiteten rigorosen Verfolgung der Übergriffe und der Verurteilung verantwortlicher Kommandeure sowie straffällig gewordener Mannschaftssoldaten bestanden. Entsprechende Be-strebungen blieben jedoch eine Randerscheinung.[665] Zumindest bei den als Sicherungskräfte im Hinterland eingesetzten Polizeibataillonen hatte man im Falle einer Bewährung bei »Befriedungs-Aktionen und bei der Bekämp-fung polnischer Freischärler und bewaffneter Banden« vielmehr gute Chan-cen, für die Verleihung des Kriegsverdienstkreuzes vorgeschlagen zu wer-den.[666]

Am 4. Oktober 1939 verabschiedete Hitler eine Generalamnestie, die auf die Verbrechen der Einsatzgruppen und des Volksdeutschen Selbstschutzes abzielte, aber auch für Wehrmachtsoldaten galt: »Aus Anlass der siegrei-chen Beendigung des uns aufgezwungenen Feldzuges in Polen bestimme ich: [...] Taten, die in der Zeit vom 1. September 1939 bis zum heutigen Tag in den besetzten polnischen Gebieten aus Erbitterung wegen der von den Polen verübten Gräuel begangen worden sind, werden strafrechtlich nicht verfolgt.«[667] Diese vage Formulierung ließ sich problemlos auf sämtliche im Laufe des September auf polnischem Boden verübten deutschen Über-griffe anwenden. Das Dokument wurde vom späteren Präsidenten des Volksgerichtshofes, Dr. Roland Freisler, und vom Chef des OKW, General-oberst Wilhelm Keitel, gegengezeichnet.[668] Nachträgliche Korrekturen höherer Befehlshaber bezogen sich ausschließlich auf die Anwendung der

---

665 Nur drei Kriegsgerichtsverfahren gegen deutsche Soldaten oder SS-Männer wegen un-gesetzlicher Erschießungen sind aus dem September 1939 aktenkundig, vgl. Verfahren gegen einen Sturmmann des SS-Artillerieregiments der Panzerdivision Kempf und einen Polizei-wachtmeister der Geheimen Feldpolizei wegen der Erschießung von etwa 50 Juden in der Synagoge von Krasnosielc am 5. 9. 1939 (siehe S. 228); Verfahren gegen den Lt. der Reserve Bruno Kleinmichel wegen der Erschießung von 22 Juden in Końskie am 12. 9. 1939 (siehe S. 195–197); Verfahren gegen den Obermusikmeister bei der LSAH Müller-John wegen der Er-schießung von 50 jüdischen Gefangenen in der Nacht vom 18. auf den 19. 9. 1939 in Błonie (siehe S. 224–225).

666 Vorschlagsliste für die Verleihung des Kriegsverdienstkreuzes des Res.-Polizei-Btl. 101 für den Einsatz, 6.9.–25. 10. 1939 beim AOK 10, 21. 5. 1941, WASt, ZM 1384/A 14, lfd. Nr. 2; vgl. auch lfd. Nr. 37. Für diesen Hinweis Dank an Carlo Gentile.

667 AP Kalisz, Amtsgericht Kempen 34, Bl. 5, abgedruckt in Łuczak, Położenie, S. 1–2.

668 Datner, Crimes committed by the Wehrmacht, S. 335.

Generalamnestie in Fällen von Plünderung, Erpressung, Diebstahl und Vergewaltigung[669], nicht jedoch auf von der Wehrmacht durchgeführte Erschießungen.

»This Nazi kind of thing ...« – Warum töteten deutsche Soldaten im Spätsommer 1939 polnische Zivilisten?

Das Ausmaß der Gewalt, die im Spätsommer 1939 über die polnische Zivilbevölkerung hereinbrach, ist erklärungsbedürftig. Wie konnten junge deutsche Männer, die noch wenige Wochen zuvor in alltäglichen Zusammenhängen gelebt hatten, buchstäblich über Nacht zu Mördern werden? Allein die ideologische Disposition der im Dritten Reich aufgewachsenen Täter kann ihr Handeln nicht zufriedenstellend erklären. Auch wenn die meisten von ihnen in ihrer Kindheit und Jugend – und im Dritten Reich verstärkt im Rahmen ihrer Sozialisation in nationalsozialistischen Organisationen – ein abschätziges Slawen- und Judenbild verinnerlicht hatten, ist dies zwar eine notwendige, jedoch keine hinreichende Erklärung für ihr Handeln. Dieses muss vielmehr aus dem Zusammenspiel motivierender und situativer Faktoren auf dem polnischen Kriegsschauplatz heraus betrachtet werden.

Die deutschen Soldaten, die am Vorabend des Zweiten Weltkrieges zum Vormarsch auf Polen bereitstanden, waren neugierig auf das, was sie erwartete. Viel meinten sie über die Einwohner dieses ihnen weitgehend unbekannten Landes zu wissen, viel hatten sie in den letzten Jahrzehnten, Jahren und Monaten über sie gehört oder gelesen. Nun sollten sie sich selber ein Bild davon machen können, inwieweit ihre vorgeprägten Ansichten in der Wirklichkeit ihre Entsprechung fanden. Für die polnische Bevölkerung hatten dabei vor allem zwei Faktoren fatale Folgen.

Zum einen schienen aufgrund der in manchen Teilen Polens vorherrschenden ärmlichen Verhältnisse das äußere Erscheinungsbild von Land und Leuten häufig die rassistische These der Minderwertigkeit slawischer Völker allgemein zu bestätigen, wobei eine entsprechende Minderwertigkeit des slawischen Charakters gleich mitgedacht wurde. Dies hatte zur Folge, dass den bereits vor dem Angriff ausgegebenen Warnungen vor heimtückischen und hinterhältigen Angriffen durch die Bevölkerung bereitwillig Glauben geschenkt wurde, ohne dass es einer entsprechenden Handlung ihrerseits bedurft hätte.

669 Jacobsen, Halder (Bd. 1), S. 100; Wildt, Generation, S. 473, Anm. 182.

Zum anderen befand sich die überwiegende Mehrheit der Frontsoldaten zum ersten Mal in einer Kampfsituation, was sie gerade in den ersten Tagen des Einsatzes in eine nervöse Spannung versetzte. Sie verfügten über keinerlei Erfahrung im Kampf mit einem realen Gegner, schon gar nicht im unübersichtlichen Gelände des Wald- und Häuserkampfes, dem bei der Ausbildung in Friedenszeiten keine besondere Aufmerksamkeit gewidmet worden war. Sicherlich nicht zuletzt deshalb wurde diese vom polnischen Heer häufig angewandte Kampftaktik von vielen deutschen Soldaten als »unehrlich« abqualifiziert. Gerade bei Ortskämpfen war die Gefahr besonders groß, dass die Wehrmachttruppen keinen Unterschied zwischen kämpfenden Soldaten und friedlichen Einwohnern machten. In der ärmlichen polnischen Ortschaft oder Kleinstadt vermischten sich die handlungsleitenden mentalen Dispositionen deutscher Soldaten: das sich scheinbar bestätigende Vorurteil gegenüber der slawischen Bevölkerung und die Kampfunerfahrenheit. Es ist kein Zufall, dass sich nahezu sämtliche Erschießungen von polnischen Zivilisten durch die Wehrmacht in den ersten Wochen des Krieges in polnischen Dörfern und Städten unmittelbar im Anschluss an die Kampfhandlungen ereigneten.

Es wäre daher irrig, die von Wehrmachteinheiten verübten Gewaltakte hauptsächlich aus einer ideologischen Motivation heraus erklären zu wollen.[670] Denn innerhalb des deutschen Heeres waren neben der mentalen Disposition der Soldaten ihre Wahrnehmung von Land und Leuten und situative Faktoren – allen voran die aus der Kampfunerfahrenheit erwachsene Nervosität – während der Invasion von entscheidender Bedeutung. In den ersten Wochen des Zweiten Weltkrieges waren vom einfachen Mannschaftssoldaten bis zu den Generälen der Wehrmacht weite Teile des deutschen Heeres fälschlicherweise davon überzeugt, auf polnischem Boden nicht nur im Kampf mit den feindlichen Armeen, sondern auch mit einer fanatischen Bevölkerung zu stehen. Auf den Kriegsschauplätzen selber war dieser »Freischärlerwahn«, im Verein vor allem mit althergebrachten Vorurteilen gegen Slawen und Juden, aber sicherlich zu einem nicht geringen Prozentsatz ebenfalls mit der nationalsozialistischen Indoktrination der 1930er Jahre, einer der Gründe für das brutale Vorgehen gegen tausende polnische und jüdische Zivilisten. Nicht allein ihre ideologische Vorprägung, sondern die Vermischung solch motivativer mit situativen Faktoren war ausschlaggebend für das Verhalten deutscher Mannschaften gegen Zivilisten im Polenkrieg.

670 Rossino, Hitler, S. 191–206.

Obwohl diese Gegebenheiten in dieser speziellen Form nur auf dem polnischen Kriegsschauplatz 1939 zu beobachten waren, empfiehlt es sich, zur besseren Beurteilung der dortigen Abläufe allgemeinere Betrachtungen zur Kriegsführung im 19. und 20. Jahrhundert heranzuziehen. In den ersten Tagen des deutschen Vormarsches fand die unmittelbare Begegnung zwischen deutschen Soldaten und polnischen Zivilisten unter den Bedingungen eines »Pazifizierungskrieges« (war of pacification) statt, die eher typisch für Frühphasen der Kolonialisierung sind. Kennzeichnend für diese Form der Eroberung ist eine ungehemmte Entfesselung von Gewalt gegen als fremdartig angesehene Einwohner, deren Leiden die Urheber weitgehend unberührt lassen. Ein konstituierendes Element der »Pazifizierungen« ist der Terror, dem die autochthone Bevölkerung zwecks Herrschaftsdurchsetzung von Beginn an unterworfen wird, und dessen unmittelbarster Ausdruck das Massaker ist.[671]

Auf dem polnischen Kriegsschauplatz spielt zudem ein weiteres Phänomen eine wichtige Rolle, das Christopher Browning als »Schlachtfeldraserei« (battlefield frenzy) bezeichnet: Die ungewohnte Situation des Kampfeinsatzes, die allgegenwärtige Verwundungs- und Todesgefahr, der plötzliche Tod von Kameraden sowie Allmachtsphantasien können bei jungen Rekruten die Hemmschwelle zur Gewaltanwendung drastisch senken und zu Massakern an völlig Unbeteiligten führen.[672] Die spezifischen Gegebenheiten des Einsatzortes und die Art des Kampfes führen zudem dazu, dass der Unterschied zwischen Kombattanten und Zivilisten in den Augen der Angreifer nivelliert wird. Ein ehemaliger Balkankämpfer, der in einer Interviewsituation zunächst energisch bestritten hatte, während seines Einsatzes in den 1990er Jahren in jugoslawischen Ortschaften Zivilisten getötet zu haben, erklärte auf gezieltes Nachfragen hin, was nach seinem damaligen Verständnis unter dem Begriff »Zivilist« eigentlich zu verstehen war: »Zivilisten sind anders [als reguläre Kämpfer], Zivilisten laufen nicht auf der Straße herum, wenn geschossen wird. (Lachen). Das ist ganz einfach: Zivilisten laufen nicht auf der Straße herum, wenn geschossen wird.«[673]

Gesellt sich zu den äußeren Gegebenheiten der Kampfeinsätze noch eine Abwertung der gesamten Bevölkerung des eroberten Gebietes aufgrund von verinnerlichten rassenideologischen Überzeugungen, so entlädt sich die Gewaltbereitschaft in Massakern. Eindrucksvoll hat darauf John Dower in seiner Studie zum Zusammenhang von Ideologie und Gewalt am Beispiel

---

671 Trotha, Forms, S. 45–49.
672 Browning, Männer, S. 209–210.
673 Bašić/Welzer, Bereitschaft, S. 98.

des amerikanisch-japanischen Pazifikkrieges hingewiesen.[674] Das Massaker, das amerikanische Truppen während des Vietnamkrieges an den Einwohnern von My Lai verübten, erschien ganz normalen amerikanischen »boys next door« im Rückblick als »this Nazi kind of thing... what the Germans did to the Jews«, wobei hier lediglich auf die nationalsozialistischen Verbrechen rekurriert wird, um das bestialische Vorgehen der US-Soldaten zu veranschaulichen.[675] In Wirklichkeit sind Massaker seitens einer Invasionsarmee, die sich den Landeseinwohnern gegenüber in kultureller und ethnischer Hinsicht überlegen fühlt, kein auf die deutsche Kriegsführung im Osten begrenztes Phänomen.

Die Besonderheit der deutschen Übergriffe gegen die polnische Zivilbevölkerung im September 1939 liegt somit nicht in deren Motivation begründet, sondern in der Situation, in der sie sich ereigneten. Zu den bisher genannten Faktoren kam auf dem polnischen Kriegsschauplatz ein entscheidendes Kriterium hinzu: die irrige Überzeugung der deutschen Truppe, dass sich die gesamte polnische Bevölkerung am Kampf gegen die Wehrmacht beteiligte. Zivilisten können auf unerfahrene Kämpfer zuweilen bedrohlicher wirken als Angehörige der gegnerischen Streitkräfte, weil ihnen die Gefahr, die vermutetermaßen von ihnen ausgeht, nicht anzusehen ist.[676] Die Gemengelage der neuen Wahrnehmung von Land und Leuten und der inneren Disposition generierte in den Reihen der deutschen Soldaten im Spätsommer 1939 ein Gewaltpotenzial, ohne das die von ihnen verübten Exzesstaten rätselhaft bleiben. Zwar lassen sich entsprechende Tendenzen ebenfalls zu anderen Zeiten auf anderen Kriegsschauplätzen nachweisen, jedoch waren dort in der Regel zumindest Ansätze von reellen Widerstandsbewegungen zu verzeichnen.[677]

Der »Freischärlerwahn« innerhalb des deutschen Heeres im Jahr 1939 ist zudem aus zweierlei Gründen als deutsches Spezifikum von ähnlichen Phänomenen innerhalb der Invasionsarmeen anderer Länder abzugrenzen: Zum einen diente die Wahrnehmung der gesamten slawischen und jüdischen Einwohner Polens als »deutschfeindlich« unmittelbar nach Abschluss der Kampfhandlungen als Legitimation der nationalsozialistischen »Volkstumspolitik«, die durch ihre spätere genozidale Ausrichtung in der Weltgeschichte ohne Beispiel ist. Zum anderen hatte der »Freischärlermythos«

674 Dower, War.
675 Levene, Introduction, S. 18.
676 Reemtsma, Tötungslegitimationen, S. 97.
677 Vergleiche ließen sich beispielsweise zur amerikanischen Kriegsführung im Sezessionskrieg oder auf den Philippinen ziehen, vgl. etwa Fellman, Edge oder Boot, Wars.

innerhalb des deutschen Heeres eine lange Tradition, ohne die die Untätigkeit der Wehrmachtführung angesichts der von ihren Soldaten verübten Massaker nicht zu erklären ist. Vor diesem Hintergrund ist das Vorgehen der deutschen Truppen im Spätsommer 1939 nicht als »this Nazi kind of thing…«, sondern vielmehr als »this German kind of thing…« zu bezeichnen.

Der Freischärlermythos 1939 –
Wirkung, Vorgeschichte und Ausblick

Die Kunde vom »Freischärlerkrieg« in Polen verbreitete sich wie ein Lauffeuer und blieb nicht auf die kämpfende Truppe oder den kleinen Kreis der mit den Fragen der Besetzung des Landes betrauten Spezialisten Militär und Partei beschränkt. Reichspropagandaminister Josef Goebbels war geradezu fasziniert von den Möglichkeiten, die sich ihm hier eröffneten: »Wochenschaumaterial geprüft. Großartige Kampfszenen und schaurige Darstellungen des Franktireursunwesens«, notierte er am 12. September in seinem privaten Tagebuch.[678] Zwei führende Vertreter der deutschen Widerstandsbewegung unterhielten sich im Münchner Hotel Continental im Oktober 1939 über junge Kerle, »die im Arbeitsdienst Zeuge geworden wären, wie man Dörfer (wegen Franctireurs) umstellt und angezündet hätte, während die Bevölkerung markerschütternd schreiend darin herumgeirrt sei«.[679] Wer wollte, konnte die amtliche Version auch in offiziellen Wehrmachtpublikationen nachlesen: »Es gibt kaum einen deutschen Verband im Polenfeldzug, der […] von der Tätigkeit der ›Heckenschützen‹ nichts gespürt hat. Noch

---

678 Fröhlich, Tagebücher (Teil 1/3), S. 102, Eintr. v. 12. 9. 1939 für den 11. 9. 1939. Weitere Einträge Goebbels' zum Franktireurwesen im Sep. 1939: »Die Polen machen erbitterten Franktireurkrieg. Jede Stadt muss für sich in ihrem Widerstand gebrochen werden. Große Verwüstungen in den einzelnen Städten. Unsere Truppen kämpfen mit wahrem Heldenmut. Die polnische Bevölkerung ist nach der Unterwerfung hündisch devot«, ebd., S. 95–96, 6. 9. 1939 über 5. 9. 1939; »Die Polen müssen sich stellen oder ergeben. Eine andere Möglichkeit gibt's wohl nicht mehr. Sie scheinen Warschau mit Leidenschaft im Franktireurkrieg verteidigen zu wollen«, ebd., S. 103, 13. 9. 1939 über 12. 9. 1939; »Das OKW gibt eine scharfe Erklärung gegen den Franktireurkrieg heraus. Wir werden ihn nun mit allen Mitteln brechen. Hoffentlich verstehen das die Polen beizeiten«, ebd. S. 104, 14. 9. 1939 über 13. 9. 1939; »Im großen Ganzen geht es in Danzig wieder vorwärts. Aber in der Provinz Posen sieht es noch sehr wüst aus. Vor allem das Bandenunwesen macht uns sehr viel zu schaffen«, ebd., S. 106, 15. 9. 1939 über 14. 9. 1939; »Lange Erklärung zur Einführung des uneingeschränkten Krieges gegen Franktireure. Millionen Flugblätter in dieser Frage auf Warschau. 12stündiges Ultimatum. Dann rücksichtsloser Angriff«, ebd., S. 108, 16. 9. 1939 über 15. 9. 1939.
679 Gaertringen, Hassell-Tagebücher, S. 127.

lange nach dem Abschluss des Polenfeldzuges trieben diese Franktireure in Polen ihr Unwesen, und sie wurden mit den Mitteln bekämpft, die das Völkerrecht für solche Fälle zulässt.«[680]

Die Wirkungsmächtigkeit, die der Freischärlermythos in den ersten Tagen und Wochen des Zweiten Weltkrieges im deutschen Heer entfalten konnte, kam nicht von ungefähr. Vielmehr hatte die Furcht vor kämpfenden feindlichen Zivilisten in Deutschland eine lange Tradition, die sich bis zum Franktireurkrieg der französischen Armeen unter Léon Gambetta gegen das Zweite Kaiserreich zurückverfolgen lässt, der wiederum von prominenten deutschen Militärstrategen als bloßer Widerschein der Befreiungskriege angesehen wurde.[681] Dem deutschen Offizierskorps schien der Volksaufstand rückblickend dagegen nur die logische Folge der allgemein verachteten »levée en masse«, und in dieser Form dominierte er die Erinnerung an »1870/71«.[682] Nachdem General von Waldersee im Rahmen der Unterdrückung des »Boxer«aufstandes 1900 in Peking und Umgebung blutige Strafaktionen durchführte, verglich einer seiner Offiziere nach einem Bericht der »London Times« das rigorose Vorgehen »to that adopted towards ›franc-tireurs‹ (partisans) during the Franco-Prussian War. According to the writer, ›all armed resistance and all treachery should be put down with great severity‹, by shooting suspects and burning to the ground villages which harboured suspected sympathizers. Such harsh treatment was ›a feature of every war and alone renders possible a speedy restoration of tranquillity‹.«[683]

Die um die Jahrhundertwende einsetzenden Bestrebungen der europäischen Nachbarstaaten, auf den Friedenskonferenzen im niederländischen Den Haag ein internationales Abkommen über »Gesetze und Gebräuche des Landkriegs« zu treffen[684], wurden im Großen Generalstab mit Misstrauen betrachtet: »Ein mit Energie geführter Krieg kann sich nicht bloß gegen die Kombattanten des feindlichen Staates [...] richten. Humanitäre Ansprüche, d. h. die Schonung von Menschen und Gütern können nur insoweit in Frage kommen, als es die Natur und der Zweck des Krieges gestattet.«[685] Demnach verband sich in den Köpfen deutscher Militärs die Vorstellung von der Heimtücke des Franktireurkrieges mit der einer durch die neuen Anforde-

---

680 »Hinter der Hecke ... Krieg oder Mord?«, in OKW, Wehrmacht, S. 40.
681 Krumeich, Myth, S. 643.
682 Horne/Kramer, Kriegsgreuel, S. 211–218.
683 MacDonald, »Kill All, Burn All, Loot All«, S. 242.
684 Dülffer, Regeln.
685 Kriegsbrauch im Landkriege, Kriegsgeschichtliche Einzelschriften, hg. v. Großen Generalstab, 1902 (31), S. 1, zit. nach Messerschmidt, Völkerrecht, S. 239–240.

rungen eines »Totalen Krieges« gerechtfertigten Entgrenzung der Gewalt. Mit Blick auf den deutsch-französischen Krieg 1870/71 sah man einen »richtig angewandten und zweckmäßig geregelten Terrorismus« als wirksames Mittel des »militärischen Realismus« an.[686] Obwohl in der Haager Landkriegsordnung von 1907, die Deutschland mit unterzeichnete, Zivilisten die Beteiligung am Kampf unter bestimmten Bedingungen zugestanden wurde, erkannte ihnen das deutsche Heer dieses Recht in seiner Felddienstordnung von 1908 faktisch ab.[687]

Eine Folge dieser vom allgemeineuropäischen Tenor abweichenden Auffassungen war die Tötung von tausenden belgischen und französischen Zivilisten und Kriegsgefangenen zu Beginn des Ersten Weltkrieges durch die Reichswehr.[688] Die Parallelen der deutschen Übergriffe beim Einmarsch in Belgien und Frankreich im Herbst 1914 zu den Ereignissen auf dem polnischen Kriegsschauplatz ein Vierteljahrhundert später sind bemerkenswert. Auch im Westen wurde damals vor dem Angriff die Beteiligung der Zivilbevölkerung am Kampf – teilweise gar unter Nennung bestimmter Ortschaften – prognostiziert.[689] Horne und Kramer haben darüber hinaus die Relevanz mentaler Dispositionen wie etwa des im deutschen Offizierskorps virulenten Nationalismus sowie die Nachwirkungen des Kulturkampfes und den Einfluss sozialdarwinistischen und alldeutschen Gedankenguts hervorgehoben.[690] Dabei wurden die Vorstellungen von inneren »Reichsfeinden« – etwa katholischen Priestern, Proletariern oder Angehörigen nationaler Minderheiten – auf Zivilisten im Feindesland projiziert,[691] von denen daraufhin hunderte bereits in den ersten Kriegstagen von den noch kampfunerfahrenen Soldaten der Reichswehr aus Rache für angebliche »Freischärlerüberfälle« getötet wurden.[692] Die Existenz von Bürgerwehren spielte dabei ebenfalls eine Rolle.[693] Rückblickend erläuterte 1940 der Chef des

686 Julius v. Hartmann, Militärische Notwendigkeit und Humanität, 1878, zit. nach ebd.

687 Horne/Kramer, Kriegsgreuel, S. 224. Im polnischen Herbst 1939 sollten die Bestimmungen der HLKO lediglich »sinngemäß angewandt werden«, siehe S. 39.

688 Dazu umfassend Horne/Kramer, Kriegsgreuel; Diess., »Atrocities«; Horne, Civils; Ders., Corps; Kramer, »Greueltaten«; Petri/Schöller, Bereinigung; Langenhove, Cycle; Bloch, Reflections.

689 Horne/Kramer, Kriegsgreuel, S. 225–226.

690 Ebd., S. 231–237.

691 Ebd., S. 237–240.

692 Ebd., S. 17–126. Eine umfassende, mentalitätsgeschichtlich ausgerichtete Untersuchung der Entstehung der »Freischärlerpsychose« (ebd., S. 137–332) konnte von den beiden Autoren nur aufgrund einer im Vergleich zur Überlieferung aus dem Polenkrieg 1939 – v. a. im Hinblick auf nachträgliche kriegsgerichtliche Untersuchungen – wesentlich besseren Quellenlage geleistet werden.

693 Ebd., S. 191–197.

Kommandostabes beim Militärbefehlshaber in Belgien und Nordfrankreich: »Ich habe die ersten belgischen Tage 1914 mitgemacht und hatte von Anfang an den Eindruck, dass das Malheur einzig und allein aus der unglücklichen Einrichtung der Garde Civique entsprang. [...] Einige schossen, die meisten nicht, alle wurden als bewaffnetes Zivil von uns behandelt. [...] Wer aus einem Haus schoss, wurde als Franctireur angesehen, auch wenn er ein belgischer Soldat war. Ungeheure Nervosität bei uns; schließlich schossen auch Deutsche auf Deutsche.«[694]

Auch Armeen anderer Länder töteten zu Beginn des Ersten Weltkrieges Zivilisten, die sie für Partisanen hielten.[695] Von besonderer Bedeutung sind hier sicherlich vor allem die Erfahrungen, die österreichische Soldaten im Rahmen des Dritten Balkankrieges machten:[696] »Der Krieg führt uns in ein Feindesland, das von einer mit fanatischem Hass gegen uns erfüllten Bevölkerung bewohnt ist, in ein Land, wo Meuchelmord [...] selbst den höher stehenden Klassen als erlaubt gilt, wo er gerade als Heldentum gefeiert wird. Einer solchen Bevölkerung gegenüber ist jede Humanität und Weichherzigkeit unangebracht, ja gerade verderblich, weil diese [...] Rücksichten hier die Sicherheit der eigenen Truppe gefährden.«[697]

In den Reihen österreichischer Gebirgstruppen in Südpolen 1939 rief dementsprechend die Begegnung mit vermeintlichen Freischärlern Erinnerungen an Bosnien 1914 wach.[698] Die Besonderheit beim Vorgehen der Deutschen in Belgien und Frankreich stellte dennoch der »allgegenwärtige Glaube an die Franktireurs und eine organisierte militärische Reaktion« dar.[699] Dabei ist nach Messerschmidt »neben den situativen Voraussetzungen zusätzlich die in jahrzehntelanger Tradition entwickelte Abwertung des Kriegsvölkerrechts im Namen des ›militärischen Realismus‹ als Ursache mit in Betracht zu ziehen: eines Realismus, der im letzten Drittel des 19. Jahrhunderts [im Kaiserreich] durch sozialdarwinistisches Denken [...] noch untermauert worden ist.«[700]

694 Ebd., S. 597. Horne und Kramer warnen jedoch davor, die militärische Bedeutung der Garde Civique zu hoch anzusiedeln, ebd. S. 197.

695 So etwa russische Truppen in Ostpreußen, ebd., S. 126-136; Horne/Kramer, War.

696 Strachan, Weltkrieg, S. 44–54.

697 Rodolphe Archibald Reiss, Wie die Österreicher und Ungaren in Serbien Krieg führten. Beobachtungen eines Augenzeugen, Lausanne 1915, zit. nach ebd., S. 48.

698 Der Soldat Hans O. vermerkte, die angeblich feindselige Haltung der polnischen Bevölkerung sei »keineswegs so einzigartig, sie ist vielmehr wie schon bemerkt, charakteristisch für primitive Völker. Wir finden sie nicht nur im Kolonialkrieg bei den so genannten ›Wilden‹, wir trafen sie auch bei der Ocupation Bosniens«, Soldat Hans O. (13./GJR 137), Ber. »Als Tragtierführer quer durch Polen«, BA-MA, RH53-18/151.

699 Horne/Kramer, Kriegsgreuel, S. 136.

700 Messerschmidt, Völkerrecht, S. 244.

Das Bild vom Polen als »unehrlichem« Kämpfer wurde in der Weimarer Republik vor allem durch die bewaffneten Auseinandersetzungen um das Streitobjekt Oberschlesien zu Beginn der 1920er Jahre kolportiert. Obwohl sich in einem Plebiszit eine deutliche Mehrheit für die Zugehörigkeit der Region zu Deutschland ausgesprochen hatte, wurden nach mehreren polnischen Aufständen, die über Jahre hinweg bürgerkriegsähnliche Zustände hervorriefen, weite Teile – unter anderem die wirtschaftlich bedeutende Industrieregion um Kattowitz – letztendlich dem polnischen Staatsgebiet einverleibt.[701] Den polnischen irregulären Kampfverbänden standen damals deutsche Freikorps- und so genannte »Selbstschutz«-Vereinigungen[702] gegenüber. Für viele Mitglieder dieser paramilitärischen Verbände wurden die Erfahrungen im Kampf mit dem »slawischen« Gegner zum prägenden Erlebnis, das sie bei späterer anderweitiger Verwendung – etwa bei den Einsatzgruppen der Sicherheitspolizei und des Sicherheitsdienstes im Polenkrieg – nicht unbeeinflusst ließ.[703] Der durchschnittliche deutsche Frontsoldat von 1939 war zwar zu jung, um an den Grenzkämpfen um Oberschlesien teilgenommen zu haben, manch höherer Wehrmachtoffizier jedoch konnte sich noch sehr gut an diese Zeiten erinnern.[704] Die Reichswehr präsentierte zudem ganz offen ihre Sicht auf die deutschen »Freischärlererfahrungen« in der Vergangenheit. Die Forschungsanstalt für Kriegs- und Heeresgeschichte gab ab 1934 die Reihe »Darstellungen aus den Nachkriegskämpfen deutscher Truppen und Freikorps« heraus, in der sowohl die Auseinandersetzungen mit belgischen »franc-tireurs« im als auch die Grenzkämpfe nach dem Ersten Weltkrieg ausgiebig behandelt wurden. Sie kamen einer Apologie des gewalttätigen Verhaltens des deutschen Heeres bzw. deutscher paramilitärischer Verbände im Kampf gegen einen angeblich heimtückischen Gegner gleich und sind zu Recht als Ausdruck eines gezielten »historical engineering« anzusehen.[705]

Zeitgleich war unter nationalsozialistischer Herrschaft eine weitere Radikalisierung der Auffassung dessen, was im Krieg erlaubt sei, zu verzeichnen. Völkisch orientierte Staatsrechtler passten in den 1930er Jahren ihre Abhandlungen zum Kriegsrecht den Konzeptionen der Nationalsozialisten an, indem sie etwa den Totalen Krieg, der seinen »Sinn durch den totalen

---

701 Schattkowsky, Deutschland, S. 85–94.

702 Dieser Terminus kam im Herbst 1939 in der Miliz des »Volksdeutschen Selbstschutz« erneut zur Anwendung, siehe S. 231–234.

703 Rossino, Hitler, S. 29–58.

704 Der Regimentsarzt des IR 101 hielt am 6./7. 9. 1939 in seinem KTB fest: »Alles Zivilisten, die ›gefürchteten‹ Insurgenten (Oberschlesiens Angedenken!)«, siehe S. 96.

705 Pöhlmann, Battles, S. 231–233.

Feind« erhalte, zum »politischen Daseinskampf eines Volkes« erhoben, sofern es von Vernichtung bedroht sei.[706] Kein Geringerer als Werner Best, Chefjurist der SS in Sachen Völkerrecht, sah für jedes Volk nur »den Zweck der Selbsterhaltung und Selbstentfaltung«, daher kenne es »nur Maßstäbe des Handelns, die auf diesen Zweck ausgerichtet« seien.[707] »Damit lag drei Wochen vor Kriegsbeginn genau jene Begründung für die im Osten anzuwendende Praxis vor, die Hitlers Lebensraumprogramm entsprach.«[708] Führende Vertreter der Wehrmacht beteiligten sich nicht an der Entwicklung solch ausufernder Phantasien.[709] In der Praxis bewies die deutsche Heeresführung freilich im Spätsommer 1939, dass sie aus den Erfahrungen auf den Schlachtfeldern des Ersten Weltkrieges im Herbst 1914 nichts gelernt hatte, und erwies sich durch ihr Vorgehen gegen die Bevölkerung Polens als willige Vollstreckerin einer gnadenlosen Vernichtungspolitik. Ob dies aus vermeintlicher militärischer Notwendigkeit oder aus völkischen Überlegungen heraus resultierte, sei dahingestellt. Man hat hier wohl von einer untrennbaren Vermischung beider Komponenten auszugehen.

Räumt man der Mentalität der Truppe, der Tradition der Freischärlerphobie im deutschen Heer und den spezifischen Rahmenbedingungen, die in den ersten Tagen einer Invasion vorherrschen, einen maßgeblichen Einfluss auf das Verhalten der einmarschierenden Truppe ein, so stellt sich die Frage, warum es im Westfeldzug 1940 in Belgien und Frankreich nicht zu Übergriffen in den Dimensionen kam, die ein halbes Jahr zuvor in Polen zu beobachten waren. Zunächst einmal sind hier die radikal gen Osten gerichtete nationalsozialistische Lebensraumideologie und die antisemitischen Hasstiraden der 1930er Jahre anzuführen, die im Sommer 1939 noch durch eine aggressive antipolnische Propaganda flankiert wurden. Kaum weniger ins Gewicht dürfte die Furcht der Reichsführung gefallen sein, ein Vierteljahrhundert nach den Gräueltaten in Belgien und Frankreich, die heftige internationale Debatten und kriegsgerichtliche Untersuchungen zur Folge hatten[710], bei der Rückkehr an diesen Tatort erneut den Unmut der Weltöffentlichkeit auf sich zu ziehen. In Polen hatte Goebbels' Propagandamaschinerie die polnischen Übergriffe gegen die deutsche Minderheit in Bromberg und Umgebung nutzen können, um von den eigenen Untaten ab-

---

706 Messerschmidt, Völkerrecht, S. 244.

707 Werner Best, Rechtsbegriff und »Völkerrecht«, in Deutsches Recht 1939 (9), S. 1345–1348, zit. nach ebd., S. 245.

708 Messerschmidt, Völkerrecht, S. 246. Zur Entwicklung der deutschen Völkerrechtswissenschaft in der NS-Zeit s. ders., Revision.

709 Messerschmidt, Völkerrecht, S. 246.

710 Horne/Kramer, Kriegsgreuel, S. 333–589.

zulenken.[711] Tatsächlich wurden die deutschen Gewalttaten in Polen selbst nach dem Ende des Zweiten Weltkrieges – abgesehen von der Zerstörung Warschaus durch deutsche Artillerie und Luftwaffe – nicht vor dem Internationalen Gerichtshof in Nürnberg verhandelt.

Während man den in Polen vorrückenden Wehrmachteinheiten im Spätsommer 1939 hinsichtlich der Behandlung der Zivilbevölkerung weitgehend freie Hand gelassen und allenfalls nachträglich mäßigend eingegriffen hatte, wenn es im Interesse der Truppe war, wurde während des Westfeldzuges höchste Priorität darauf gelegt, ein »Belgien 1914« nicht zu wiederholen.[712] Dennoch kam es zu Übergriffen in Form von planmäßigen Bombardements auf zivile Ziele und Maschinengewehrbeschuss von Flüchtlingskolonnen.[713] Auch die Wahrnehmung innerhalb der Truppe wies 1940 deutliche Parallelen zum erst wenige Monate zurückliegenden Einmarsch im Osten auf:

»Da waren zunächst mal die am 13. Mai auftauchenden Heckenschützen. [...] Wir waren die Tage vorher schon überrascht, auf keinerlei feindliche Gegenaktion zu stoßen [...]. Da plötzlich, es war ungefähr um die Mittagsstunde, erhielten die 9. und die 10. Kompanie von der Flanke gut gezieltes Feuer. [...] Es blieb also kein Zweifel, wir hatten es hier mit den vom Weltkrieg her genauso bekannten wie berüchtigten Heckenschützen zu tun. Es bildete sich eine Gruppe, die teils aus Wut über die unerhörte Feigheit dieser Banditen, teils um selbst einmal etwas miterleben zu dürfen, die Verfolgung jener Heckenschützen aufnahm. Wir hatten weniger Glück! Denn als wir fünf Personen dingfest machen konnten, stellten sich diese als harmlose Flüchtlinge heraus. Doch die anderen [...] konnten die Genugtuung für sich in Anspruch nehmen, die tatsächlichen Schuldigen gefunden zu haben. Bemitleidenswert sind die Kameraden, die bei diesem Zwischenfall verwundet wurden. Zu bedauern ist ein Kamerad, der aus unerklärlichen Gründen sein Leben lassen musste. Er war der erste Gefallene des Bataillons! Das Nachspiel war: Ein zerschossenes Haus, von Granatwerfern in Schutt und Asche geschossen, zeugte von der Übeltat einiger belgischer Franktireure, deren Leben durch Exekution zum Erlöschen gebracht wurde. Es wurde kurzer Prozess mit diesen Halunken gemacht.«[714]

711 Zur Klärung der Vorgänge wurde am 4. 9. 1939 eigens die Wehrmachts-Untersuchungsstelle ins Leben gerufen, die unter internationaler Beobachtung sofort in Bromberg zu ermitteln begann, Zayas, Wehrmachts-Untersuchungsstelle, S. 227.
712 Horne/Kramer, Kriegsgreuel, S. 592–598.
713 Ebd., S. 593.
714 Gefr. Alfred M., Feldpostbrief, 5. 8. 1940 [sic], BfZ, Sammlung Sterz.

Im belgischen Vinkt wurden im Mai 1940 mehrere Dorfbewohner ebenfalls wegen angeblichen Widerstands seitens der Bevölkerung hingerichtet.[715] Nur die strikte Weisung, sich dieses Mal an die völkerrechtlichen Normen zu halten, verhinderte offenbar eine Wiederholung der polnischen Verhältnisse im Westen. Am 7. Juli ordnete Hitler an, »im Umgang mit der Bevölkerung der besetzten [westlichen] Feindgebiete Zurückhaltung zu wahren, wie es einem deutschen Soldaten geziemt«.[716]

Im Frühjahr 1941 wurden mit dem bevorstehenden Angriff auf die Sowjetunion erstmals wieder Territorien im Osten Europas von der deutschen Wehrmacht ins Visier genommen. Damit wurden innerhalb ihrer Führung erneut die alten Vorurteile gegen die slawischen und jüdischen Einwohner dieser Gebiete wachgerufen. In der »Besonderen Anordnung für die Versorgung« wurde am 3. April 1941 verfügt, den erwarteten aktiven oder passiven Widerstand der Zivilbevölkerung »mit scharfen Strafmaßnahmen im Keim zu ersticken«, gegenüber »deutschfeindlichen Elementen« sei »selbstbewusstes und rücksichtsloses Auftreten [...] ein wirksames Vorbeugungsmittel«.[717]

In einer Hinsicht unterschied sich der Angriff auf die Sowjetunion allerdings maßgeblich von der Invasion Polens knapp zwei Jahre zuvor. Die Beeinflussung der kampfbereiten Soldaten durch die Wehrmachtführung beschränkte sich vor dem Einmarsch nicht lediglich auf allgemein gehaltene Warnungen vor der Gefahr, die angeblich von der Zivilbevölkerung im Feindesland ausgehe. Diese wurden vielmehr ergänzt durch konkrete Anweisungen zur rücksichtslosen Brechung jeglicher möglichen Form des Widerstandes. Die Truppe wurde angewiesen, »Freischärler [...] im Kampf oder auf der Flucht schonungslos zu erledigen. [...] Andere Angriffe von feindlichen Zivilpersonen gegen die Wehrmacht, ihre Angehörigen und das Gefolge sind durch die Truppe ebenso entschlossen und mit allen Mitteln auf der Stelle bis zur Vernichtung des Angreifers abzuwehren. [...]«[718] Mit dem Gerichtsbarkeitserlass wurde die Strafverfolgung von Übergriffen deutscher Soldaten faktisch außer Kraft gesetzt.[719] Der Topos des Freischär-

---

715 Horne/Kramer, Kriegsgreuel, S. 592–593.
716 Der Führer und Oberbefehlshaber der Wehrmacht, 7. 7. 1940, BAB, R 43 II/676, Mikrofiche 1, Bl. 59, zit. nach dens., S. 593. Gleichzeitig befahl Hitler, »dass Wehrmachtangehörige, welche sich infolge Alkoholmissbrauchs zu strafbaren Handlungen – auch der Bevölkerung gegenüber – hinreißen lassen, unnachsichtlig zur Verantwortung gezogen werden. In schweren Fällen steht ein schimpflicher Tod nach dem Gesetz bevor«, vgl. ebd.
717 Richter, Wehrmacht, S. 839.
718 Streit, Keine Kameraden, S. 37.
719 Ebd., S. 33–44.

lers, der vor dem Angriff auf Polen noch im streng militärischen Sinne aus-schließlich für Zivilisten reserviert war, die unbefugt bewaffneten Wider-stand leisteten, wurde nunmehr großzügig ausgeweitet: »Unter den Begriff ›Freischärler‹ fällt auch der, der als Zivilist die deutsche Wehrmacht behin-dert oder zur Behinderung auffordert (z. B. Hetzer, Flugblattverteiler, nicht befolgen deutscher Anordnungen, Brandstifter, zerstören von Wegweisern, Verräter usw.). . . . In Zweifelsfällen über die Täterschaft wird häufig der Verdacht genügen müssen.«[720] Der designierte Oberbefehlshaber der Hee-resgruppe Mitte, Fedor von Bock, notierte zwei Wochen vor Angriffsbeginn zutreffend, damit erhielte jeder Wehrmachtsoldat das Recht, »auf jeden Russen, den er für einen Freischärler hält – oder zu halten vorgibt –, von vorne oder von hinten zu schießen«.[721]

Bei manchem deutschen Soldaten mögen während der ersten Wochen des Einmarsches im Sommer 1941 Erinnerungen an Polen im Spätsommer 1939 wach geworden sein: »Um die Zitadelle [in Brest-Litowsk] wird noch gekämpft. Heckenschützen schießen noch aus den Häusern, sonst ist es ziemlich ruhig. Dann rauschen einige Panzer heran, knallen in die Häuser und schießen alles Verdächtige zusammen«, vermerkte der Assistenzarzt Dr. Hermann Türk am zweiten Tag des Angriffs.[722] Ernst-Günter Merten sichtete zwei Jahre nach der Eroberung Galiziens durch deutsche Gebirgs-truppen im selben Einsatzraum »Baum- und Heckenschützen. Leider gab es dadurch im Bataillon einige Tote. Dafür setzten wir eine Leuchtspurgarbe in ein Gehöft, das sofort in Flammen aufging. Leider tat es nicht das ganze Dorf! Auf dem weiteren Marsch war alles leicht nervös. Immer wieder glaubten einige Heckenschützen zu sehen und knallten los . . .«[723] Zwei Tage später rekapitulierte er: »Zermürbend ist der Heckenschützenkrieg. Stun-denlang in glühender Sonne im Korn liegen und wenn man nur den Kopf hebt, huiih, da pfeift es von vorne aus den Bäumen. Mit einer MG-Garbe die Halunken aus dem Baum jagen, geht auch nicht, weil dahinter deutsche Truppen sind. Na, schließlich sind wir doch in den Hof gekommen und haben uns die Burschen nacheinander gekrallt. Und wo sie nicht freiwillig kamen, haben wir sie ausgeräuchert. Einfach die Gehöfte angesteckt. Der Tross hat es nachher dauernd so gemacht. Mit dem Kolben zusammen-

720 Panzergruppe 3, Abt. Ic, TB Januar-Juli 1941, zit. nach Richter, Wehrmacht, S. 840.
   721 Ebd. Mit seinem Tagesbefehl vom 10. 9. 1939 hatte der damalige Befehlshaber der HGR Nord bereits während des Polenkrieges freilich selber ähnlichen Entwicklungen Tür und Tor geöffnet, siehe S. 152.
722 Kempowski, Echolot, S. 59.
723 Ebd., S. 98–99.

geschlagen haben sie die Bengels, wenn sie sie bekamen. Geschah ihnen ganz recht! Es gibt nichts Gemeineres als diese Schüsse hinter der kämpfenden Truppe! Schließlich wurde die Truppe [all]mählich nervös. Auf alles, was kein Uniformstück trug, wurde zuletzt geschossen. Man durfte sogar nicht mehr ohne Stahlhelm scheißen gehen, sonst wurde man als Spion oder Heckenschütze beschossen. Die Slawen sind doch grausame Kämpfer.«[724]

Aber nicht nur solche Stellungnahmen einfacher Gefreiter rufen Reminiszenzen an frühere Einsatzräume von Reichswehr und Wehrmacht wach. Adolf Hitler, vom deutschen Gefreiten im Ersten zum Obersten Befehlshaber der deutschen Wehrmacht im Zweiten Weltkrieg avanciert, räsonierte im Sommer 1941 im Hinblick auf die Methoden, die im Osten bereits Anwendung fanden: »Auch das alte Reich wusste im besetzten Gebiet eisern durchzugreifen; so sind Eisenbahnsabotageversuche in Belgien vom Grafen von der Goltz als Generalgouverneur damit geahndet worden, dass er alle Dörfer im Umkreis von soundsoviel Kilometern hat niederbrennen lassen, nachdem der Bürgermeister erschossen, die Männer in Gefangenschaft und Frauen und Kinder abgeführt waren; so drei-, viermal und es ist nichts mehr vorgekommen.«[725]

In den soeben eroberten Räumen der Sowjetunion diente demnach der Freischärlermythos, der in der ersten Hälfte des 20. Jahrhunderts zum festen Bestandteil der deutschen militärischen Überlieferung geworden war, ebenso wie zuvor in Polen der Rechtfertigung drakonischer Maßnahmen gegen die dort ansässige Zivilbevölkerung. Seine Wirksamkeit entfaltete er dadurch, dass die diesbezüglich von der militärischen Leitung erlassenen Warnungen und Anweisungen, die in der Forschung zu Recht als »verbrecherische Befehle« bezeichnet werden, den Soldaten vor Ort aufgrund der vermeintlichen »hinterhältigen Kampfweise« des Gegners begründet erschienen. Das im »Weltanschauungskrieg« von ihnen geforderte rücksichtslose Vorgehen erfuhr somit eine scheinbare Legitimation, die sich gleichzeitig problemlos mit einem Weltbild in Einklang bringen ließ, in dem Slawen und Juden lediglich als heimtückische Untermenschen firmierten. Auch wenn andere Eindrücke der ersten Kriegswochen – wie etwa die Liquidierungen, die der sowjetische Geheimdienst an politischen Gefangenen im besetzten Ostpolen durchführten – die Haltung deutscher Soldaten gegenüber den Landeseinwohnern sicherlich negativ beeinflussten[726], so war

---

724 Ebd., S. 120.
725 Jochmann, Hitler, S. 59, zit. nach Horne/Kramer, Greueltaten, S. 600.
726 Musial, Elemente.

der Mythos der aufsässigen Zivilbevölkerung in Osteuropa der entscheidende Impuls für die Bereitschaft von Heeresführung wie Mannschaftssoldaten zur Teilnahme am Vernichtungskrieg. Die Erfahrungen auf dem polnischen Kriegsschauplatz im Spätsommer 1939 hatten diese Entwicklung maßgeblich vorangetrieben.

7. Kapitel: Misshandlung und Tötung von Kriegsgefangenen

Chaotische Verhältnisse im Gefangenenwesen

Übergriffe von Wehrmachtsoldaten richteten sich im September 1939 nicht nur gegen Zivilisten, die der Beteiligung am Kampf verdächtig waren. Der Misshandlung der polnischen Zivilbevölkerung entsprach die schlechte Behandlung der polnischen Soldaten, die in deutsche Kriegsgefangenschaft geraten waren. Sie ist nicht zuletzt auf gravierende Mängel in der Vorbereitung des Heeres auf eine bewaffnete Auseinandersetzung vom Ausmaß des Polenkrieges zurückzuführen, die sich bereits in den ersten Septembertagen bemerkbar machten und chaotische Zustände begünstigten.[727] Die Wehrmacht war mit der hohen Zahl polnischer Kriegsgefangener überfordert. Erschwerend wirkte sich dabei die Direktive aus, nicht nur die sich ergebenden polnischen Soldaten, sondern die gesamte männliche Zivilbevölkerung zwischen 17 und 45 Jahren festzunehmen.[728] Bereits vor dem Angriff stellte der Armeearzt beim AOK 4 fest, dass für die zukünftigen Internierten- und Gefangenenlager kein Sanitätsmaterial zur Verfügung gestellt worden sei.[729] Der Abschub von Gefangenen bereitete den Korpskommandos des AOK 3 bereits am 3. September erhebliche Schwierigkeiten.[730] Auch eine ausreichende Verpflegung der Gefangenen konnte nicht gewährleistet werden. »Die Zustände im Rücken der eilig vormarschierenden Truppe sind unbeschreiblich«, meldete das VII. Armeekorps der Heeresgruppe Süd am 8. September, »mehr als 6000 Gefangene und Internierte sind ohne jegliche Verpflegung und können kaum bewacht werden.«[731] Auch in Lublin machte »die Verpflegung der Gefangenen große Schwierigkeiten. Wir können von der mühsam für unsere Truppe herangeholten Verpflegung nichts für die Ge-

---

727 Umbreit, Militärverwaltungen, S. 211–212.
728 Siehe S. 39.
729 Abt. IVb beim AOK 4, Tät.Ber., 31. 8. 1939, BA-MA, RH20-4/970.
730 O.Qu. AOK 3 (KTB), 3. 9. 1939, BA-MA, RH20-4/804.
731 VII. AK, Fernschreiben an HGR Süd, 8. 9. 1939, BA-MA, RH24-7/1.

fangenen abgeben. Diese haben aber [handschriftlicher Zusatz: »seit Tagen«] selber nichts zu futtern bekommen [...]«[732] Im Gefangenenlager Kalisch wurde Ende September pro Tag und Mann 500 Gramm Brot, eine Kohlsuppe von 100 Gramm Mehl ohne Fett und Fleisch, sowie morgens und abends ein aufgegossener Ersatzkaffee ausgegeben.[733] Noch nach Ende der Kampfhandlungen waren in der dortigen Piłsudzki-Kaserne die »Latrinen schlecht, ohne Dach [...]. Unterkunft: Betten oder Pritschen sind keine vorhanden.«[734]

Beim XI. Armeekorps rechnete man am 11. September für den nächsten Tag mit etwa 10 000 Kriegs- und Zivilgefangenen.[735] Am 16. September zog man dort in Eigenverantwortung die Konsequenzen und bestimmte, dass nur noch »Soldaten und solche Zivilisten, bei denen begründeter Verdacht best[and], dass es sich um Soldaten in Zivil handelt[e]«, den Gefangenensammelstellen zugeführt werden dürften.[736] Im Hinterland dagegen fehlte es überall an Sicherungs- und Polizeikräften, die die Gefangenen hätten übernehmen können. Das führte zu kritischen Zuständen bei den rückwärtig stationierten Einheiten. Am 8. September meldete die Abteilung Quartiermeister des VII. Armeekorps der Heeresgruppe Süd: »Die Zustände hinter VII. Armeekorps, das mit Gefangenen überlastet ist, spotten nunmehr jeder Beschreibung. Ober-Quartiermeister 10. Armee kann nicht helfen. VII. Armeekorps bittet durch Vorführen von Polizeikräften [...], die dringend notwendige Abhilfe zu schaffen.«[737]

Auch die kämpfenden Truppen wurden durch die ungenügende Regelung des Abschubs von Gefangenen in Mitleidenschaft gezogen.[738] Durch die

---

732 Offizier beim Stab d. IV. AK [Paraphe unleserlich], Brief an einen Offizier bei der Gen.Qu.-Abt. beim AOK 10 (»Lieber Wolf«), 20. 9. 1939, Lublin, BA-MA, RH24-4/97, Bl. 118.
733 Ber. des Generalarztes Dr. Oßwald über eine Besichtigungsfahrt am 27. 9. 1939, BA-MA, RH19-I/195, Bl. 42. Der MB Posen legte am 10. 10. 1939 noch niedrigere Vers.-Sätze fest: »1) Fleisch und Fleischwaren einschl. Wurst 70 g, 2) Brot 300 g (oder 200 g poln. Zwieback), 3) Fett 38 g u. 10 g Käse, 4) Marmelade 15 g, 5) Zucker 30 g, 6) Getreidekaffee 13 g, 7) Graupen, Gerstengrütze, Teigwaren pro Monat 100 g, 8) Gemüse und Kartoffeln nach Bedarf u. Vorrat«, und bemerkte dazu: »Die angegebenen Mengen stellen Höchstsätze dar und dürfen nicht überschritten werden«, MB Posen, Quartiermeister-Abt., Bes. Anordn. Nr. 15, 10. 10. 1939, BA-MA, RH19-I/195, Bl. 199.
734 Generalarzt Dr. Oßwald, Besichtigungsbemerkungen, 7. 10. 1939, BA-MA, RH19-I/195, Bl. 59.
735 Umbreit, Militärverwaltungen, S. 145.
736 Bes. Anordn. f. d. Vers. am 16. 9. 39, BA-MA, RH24-11/4a.
737 Gen.Kdo VII, Ia (KTB), Feldzug gegen Polen 1939, Anl. 49, BA-MA, RH24-7/1.
738 31. ID, Feldzug in Polen (KTB), 8. 9. 1939: »Das Fehlen von Landesschützenverbänden für die Sicherung im rückwärtigen Gebiet bei der unruhigen Bevölkerung und zur Bewachung Kriegsgefangener und wehrfähiger Zivilisten sowie Bewachung der Beutewaffen macht sich störend bemerkbar und zehrt an den Kräften der fechtenden Truppe.« BA-MA, RH26-31/1.

mangelnde Vorbereitung auf ein so hohes Gefangenenaufkommen stieg zudem die Gefahr, dass unbewacht zurückströmende Gefangenengruppen sich auf ihrem Marsch in die rückwärtigen Gebiete mit dort vorgefundenen Waffen versorgten und den Kampf wieder aufnahmen.[739] Von den Armeen war keine ausreichende Versorgung gewährleistet worden[740], beim Offizierskorps wurde Unkenntnis über die rechtlichen Implikationen des Kriegsgefangenenwesens konstatiert.[741]

Zu den ungeordneten Verhältnissen kamen Anweisungen seitens der Wehrmachtführung, die zu einem guten Verhältnis zwischen dem überlasteten Wachpersonal und den in Gefangenenlagern Inhaftierten wenig beitragen konnten. Bei der 14. Armee begegnete man dem Kontakt zwischen Soldaten der beiden Heere mit Misstrauen und bezeichnete »würdeloses Verhalten von Wachmannschaften in Gefangenensammelstellen und -lagern durch Anbiederung an die Gefangenen« als Disziplinlosigkeit.[742] Polnische Kriegsgefangene wurden zur Zwangsarbeit für Militär- und Zivilbehörden herangezogen.[743] Die Schwierigkeit, der Masse polnischer Gefangener Herr zu werden, wirkte sich mancherorts in fataler Weise auf das Verhalten deutscher Soldaten aus.

Massenerschießungen polnischer Kriegsgefangener

Über Erschießungen polnischer Kriegsgefangener finden sich zahlreiche Hinweise in polnischen und deutschen Ermittlungsakten.[744] In Piaseczno wurde am 10. September 1939 von einer Gruppe von etwa 30 polnischen Soldaten auf dem Kirchhof jeder zweite durch Kopfschuss getötet. Der Pfarrer, der der Exekution vom Pfarrhaus aus zusah, identifizierte die Ausführenden als Wehrmachtsoldaten, die Opfer waren auf Wehrmachtfahrzeugen an Ort und Stelle gebracht worden.[745] In Majdan Wielki wurden am 20. September angeblich über 40 polnische Soldaten aus Rache für einen getöteten Wehrmachtsoldaten niedergeschossen.[746] Ebenfalls berichtet wird

---

739 19. ID, Abendmeldung an XIII. AK, 10.9. 1939, BA-MA, RH24-11/4a.

740 17. ID, Erf.- und Zustands-Ber. über den Einsatz im Osten, BA-MA, RH24-13/19.

741 XIII. AK, Ia, Nr. 100/39, Kurzer Erf.- und Zustands-Ber., dem OKH am 7. 10. 1939 vorgelegt, BA-MA, RH24-13/20, Bl. 15.

742 Gen.Obst. List, OB der 14. A., Befehl, 18.9. 1939 an die Kdr., BA-MA, RH26-7/119.

743 Umbreit, Militärverwaltungen, S. 213.

744 Datner, Crimes of the Wehrmacht, S. 20–35.

745 ZA Józef Wojciechowski, 17.3. 1949, BAK, All-Proz 5/201, POL 3.

746 ZA Józef Nycz, BAK, 20.6. 1949, All-Proz 5/201, POL 30.

von der Verbrennung ganzer Gruppen von Kriegsgefangenen in Scheunen oder anderen Gebäuden während des Polenkrieges, beispielsweise in Urycz Ende September (etwa 100 Opfer) durch Soldaten einer nicht identifizierten Wehrmachteinheit.[747]

Einige Massaker an polnischen Soldaten eines Bataillons der 7. Infanteriedivision ereigneten sich im September 1939 offenbar als Rache für den zuvor geleisteten Widerstand direkt im Anschluss an ihre Gefangennahme. In einem anonymen Schreiben, das im August 1950 dem polnischen Konsulat in München zuging und bei dem es sich offenkundig um einen Auszug aus dem persönlichen Kriegstagebuch eines deutschen Soldaten handelt, findet sich die Schilderung einer Exekution durch die 11. Kompanie des zur deutschen 29. motorisierten Infanteriedivision gehörigen 15. Regiments, die am 8. September bei Ciepiełów durchgeführt worden sein soll. Der Erschießung ging ein heftiges Waldgefecht voraus, in dessen Verlauf ein Hauptmann durch Kopfschuss fiel. »Eine Stunde später sammelt sich alles auf der Straße. 14 Tote zählt die Kompanie, einschließlich Hauptmann von Lewinski. Der Regimentskommandeur Oberst Wessel (Kassel) tobt, den Monocel [sic] im Auge: ›Eine Frechheit, uns aufhalten zu wollen, und meinen Lewinski haben sie mir erschossen.‹ Die Landser zählen nicht bei ihm. Er stellt fest, dass es sich um Partisanen handelt, obwohl jeder der 300 gefangenen Polen eine Uniform trägt. Sie müssen die Röcke ausziehen. So, nun sieht das schon eher nach Partisanen aus. [...] Fünf Minuten später höre ich ein Dutzend deutsche Maschinenpistolen bellen. Ich eile in die Richtung, sehe [...] die 300 polnischen Gefangenen erschossen im Straßengraben liegen. Ich riskiere zwei Aufnahmen.«[748]

Der Zentralen Stelle der Landesjustizverwaltungen in Ludwigsburg wurden von der polnischen Hauptkommission zur Untersuchung der NS-Verbrechen in Polen Ende der 1960er Jahre Fotografien der Erschießung bei Ciepiełów zugesandt, die dem anonymen Schreiben aus dem Jahr 1950 beigelegen hatten. Die Vernehmung ehemaliger Angehöriger des motorisierten

---

[747] BAK, All-Proz 5/201, POL 21; der überlebende Zeuge Antoni Dobija (ZA 17. 6. 1949) identifizierte den verantwortlichen Offizier als einen Feldwebel der Wehrmacht.

[748] AIPN, DS 15/67; dem Schreiben waren Fotografien der Exekution beigefügt; polnische Augenzeugen schätzten nach 1945 die Zahl der Ermordeten allerdings auf etwa 400, Datner, Crimes against POWs, S. 25. Das Kriegstagebuch einer Einheit der 29. mot. ID, das im Jahr 1950 noch in den USA lagerte, bestätigt die der Exekution vorausgegangen Ereignisse sowie den Tod von Hauptmann Lewinski, III./AR 29, 1. Kriegs-Ber. im Feldzug gegen Polen, 8. 9. 1939, BA-MA, RH41/1012. Auch wenn in dieser Quelle nicht von der Hinrichtung der polnischen Soldaten berichtet wird, so sprechen diese Übereinstimmungen doch für die Zuverlässigkeit der Angaben der anonymen Zusendung.

Infanterieregiments 15 erbrachte keine weiterführenden Hinweise.[749] Bemerkenswert ist die Einstellungsverfügung des Verfahrens vom 10. Januar 1971. Darin wurde festgehalten, dass »bei dem Gefecht um das Waldgelände bei Ciepiełów [...] auf deutscher Seite 13 Tote (darunter Hauptmann von Lewinski) und auf polnischer Seite 250 Tote« zu beklagen gewesen seien.[750] Das offenkundige Missverhältnis zwischen den deutschen und den polnischen Verlusten wurde dabei geflissentlich übersehen. Die auf den Lichtbildern erkennbaren Leichen polnischer Soldaten wurden zu »Gefallene[n] aus einem Gefecht« erklärt.[751]

Aber auch mit der vorläufigen Unterbringung in Gefangenensammelstellen und -lagern waren polnische Kriegsgefangene nicht vor Übergriffen geschützt. Von einigen Lagern wird berichtet, dass dort in unübersichtlichen Situationen deutsche Wachmannschaften das Feuer auf die Gefangenen eröffneten. In Topolno an der Weichsel schossen am 3. September deutsche Wachmannschaften aus Maschinengewehren und von gepanzerten Fahrzeugen auf angeblich flüchtende Polen.[752] Unweit davon, in der Umgebung von Serock, war das leichte Straßenbaubataillon 604 am nächsten Tag Zeuge geworden, wie die deutsche 1. Sanitätskompanie 32 von polnischen Streitkräften angegriffen wurde. Entgegen der Meldung des Deutschlandsenders war die Krankenabteilung allerdings auf Intervention eines polnischen Offiziers verschont worden.[753] Das Straßenbaubataillon hatte an diesem Tag sechs Gefallene zu verzeichnen. Diese Verluste »hätten [...] z. T. vermieden werden können, wenn die Kompanien genügend Waffen gehabt hätten. Außerdem machte sich bemerkbar, dass die jungen Arbeitsdienstmänner kaum ausgebildet waren und dadurch etwas die Nerven verloren.«[754] In der Nacht vom 4. auf den 5. September wurde in der Gefangenensammelstelle Serock ein angeblicher Fluchtversuch gemeldet, bei dem eine Panik entstand: »Es begann ein wildes Schießen, das nur durch das energische Eingreifen von Offizieren abgestoppt werden konnte.«[755] Das Straßenbau-Bataillon 604, das »durch die Ereignisse des Tages noch etwas zerrüttet und nervös« war, hatte 84 Gefangene »aus Übernervosität« er-

---

749 Verfahren gegen unbekannt, BAL, 302 AR-Z 96/1971. Hauptmann Wessel war noch während des Krieges in Italien gefallen, ebd., Bl. 57b.

750 Ebd., Bl. 199.

751 Ebd., Bl. 199–200.

752 Jellenta, Zbrodnie, S. 138–139, gestützt auf eine Beschreibung der Ereignisse von Sedlatzek, Gewitter.

753 Siehe S. 130.

754 Abt. IV d. II. AK (KTB), 4. 9. 1939, BA-MA, RH24-2/425.

755 Abt. Ia d. II. AK (KTB), 4. 9. 1939 [sic], BA-MA, RH24-2/36.

schossen.[756] Im Rahmen einer Zeugenvernehmung Ende der 1960er Jahre konnte nicht geklärt werden, ob in Serock tatsächlich seitens der gefangenen Polen ein Fluchtversuch unternommen worden war.[757] Das Feuer soll sowohl aus Gewehren als auch aus den zusätzlich aufgestellten Panzerabwehrkanonen auf die Gefangenen eröffnet worden sein[758] und wurde erst eingestellt, als auch deutsche Soldaten Gefahr liefen, getroffen zu werden.[759] Im benachbarten Łowin wurde am selben Abend »beim Eintreffen von etwa 800 Gefangenen ebenfalls bei Fluchtversuchen aus Nervosität übermäßig von der Waffe Gebrauch gemacht«.[760]

In Zambrów waren am 11. September[761] etwa 4000 Soldaten der polnischen 18. Infanteriedivision in einem Lager auf offenem Feld versammelt worden. Die Wachen eröffneten ihnen, dass jeder erschossen werden würde, der in der Nacht von seinem Lagerplatz aufstünde. Das gesamte Feld wurde mit Scheinwerfern erleuchtet, an den Ecken des Lagers wurden mit Maschinengewehren bestückte Kraftwagen aufgestellt. In der Nacht brach aus ungeklärten Umständen eine neben dem Lager untergebrachte Herde polnischer Armeepferde aus und brachte die Gefangenen in Lebensgefahr, worauf unter ihnen eine Panik ausbrach. Die deutschen Wachposten eröffneten das Feuer auf die Menge und stellten es erst nach zehn Minuten ein, da mittlerweile auch deutsche Soldaten verwundet worden waren. Den Überlebenden wurde erneut gedroht, sie hätten regungslos zu verharren. Den Verwundeten und Sterbenden kam niemand zu Hilfe. Erst am nächsten Morgen wurde das gesamte Ausmaß des Massakers offenbar, als man etwa 200 tote und 100 verwundete polnische Soldaten zählte.[762] In der offiziellen deutschen Version hieß es dagegen, am 11. September seien in Zambrów etwa 100 Polen bei einem Fluchtversuch ums Leben gekommen.[763]

756 Abt. IV d. II. AK (KTB), 4. 9. 1939, BA-MA, RH24-2/425. Im Oktober 1947 wurden die Opfer exhumiert, Datner, Crimes against POWs, S. 22.

757 Vern.-Prot. ehemaliger Angehöriger des Straßenbau-Btl. 604 sowie der RAD-Abt. 6/96 in BAL, 302 AR-Z 72/1970; dort auch alle nachfolgend verwendeten ZA zu Serock.

758 ZA Horst B., 9. 6. 1969, Bl. 166.

759 ZA Karl G., 10. 6. 1969, Bl. 176/Willi H., 10. 6. 1969, Bl. 181/Heinz B., Juni 1969, Bl. 224/Heinz R., 11. 6. 1969, Bl. 241/Paul B., 13. 6. 1969, Bl. 256–257.

760 Abt. IV des II. AK (KTB), 4. 9. 1939, BA-MA, RH24-2/425.

761 Datner, Crimes against POWs, S. 26, nennt den 13. 9. 1939, stützt sich dabei aber ausschließlich auf die Erinnerungen ehemaliger Soldaten. Vgl. Umbreit, Militärverwaltungen, S. 212, der den 11. 9. 1939 auf der Grundlage eines KTB-Eintrages aus dem Sep. 1939 nennt, und dem hier der Vorzug zu geben ist.

762 Datner, Crimes against POWs, S. 26–27.

763 »Das IR 69 während des PF«, 11. 9. 1939, Umbreit, Militärverwaltungen, S. 212, Anm. 626.

Eine Verwundetenstelle für polnische Kriegsgefangene befand sich am 12. September in der Dorfschule von Szczucin. Der polnische Oberleutnant Bronisław Romaniz erschoss dort am 12. September 1939 während eines Verhörs den deutschen Hauptwachtmeister Golla mit dessen Waffe und nahm sich daraufhin das Leben.[764] Die in Szczucin stationierten Wehrmachtsoldaten warfen Handgranaten in das Gebäude und schossen auf die darin eingeschlossenen polnischen Gefangenen. Als das Gebäude in Brand geriet und einige Soldaten dem Feuer zu entkommen versuchten, wurden sie ebenfalls unter Beschuss genommen.[765] Das Ergebnis kabelte die Gefangenensammelstelle Szczucin an die 8. Infanteriedivision: »Sämtliche Gefangenen, auch der Oberleutnant, sind erschossen; das Gefangenenlager in Brand gesteckt.«[766] Im Verlauf dieses Massakers starben etwa 40 polnische Soldaten und etwa 30 polnische Flüchtlinge. Eine Gruppe Juden wurde danach dazu gezwungen, die Leichen zu begraben, anschließend wurden 25 von ihnen an Ort und Stelle liquidiert und mit den übrigen Getöteten verscharrt.[767] Die sterblichen Überreste der Opfer wurden später exhumiert und auf dem örtlichen Friedhof bestattet.[768]

Ein ehemaliger Wehrmachtsoldat gab Mitte der 1990er Jahre seine Erlebnisse während des Krieges zu Protokoll. Offenbar war er zum fraglichen Zeitpunkt in Szczucin stationiert gewesen, denn seine Aussage deckt sich bis ins Detail mit den Angaben der polnischen Augenzeugen: »Ich war damals im Südabschnitt, Krakau, Rzeszów, Jaroslaw [Jaroslau].[769] [...] Wir sind in einem Dorf gelegen mit unserer Flugmeldestation, und da ist dann am Abend ein Unteroffizier gekommen und hat gesagt: Wer geht mit freiwillig, da revoltieren polnische Gefangene. Wer geht mit, da gibt es ein Eisernes Kreuz usw. [...] Und ich habe gesagt: Ich gehe nicht mit. Aber es haben sich... einer hat sich gemeldet, das war auch ein Österreicher und dann noch jemand, ich weiß nicht mehr... [...] Der Unteroffizier war ein ziemlicher Rowdy, der war sehr bekannt als Scharfer, schon bei der Ausbildung usw., ein Bayer, Kern hat er geheißen. Den Namen werde ich nie vergessen [lacht]. Und da sind die rein in die Schule, wo die Gefangenen waren, und der hat dort aufgeräumt mit ihnen sozusagen. [...] Am nächsten Tag – es waren vielleicht 30 Leute, 30 Polen, die sie erschossen haben –

764 Gen.Kdo VIII, Fernschreiben an AOK 4, 13. 9. 1939, BA-MA, RH24-8/97.
765 Datner, Crimes against POWs, S. 25–26.
766 Gen.Kdo VIII. AK, Fernschreiben an AOK 4, 13. 9. 1939, BA-MA, RH24-8/97.
767 Kotarba, Zbrodnie, S. 176.
768 Datner, Crimes against POWs, S. 26.
769 Szczucin liegt in diesem Raum.

haben sie Juden geholt zum Eingraben. Die mussten Gräber schaufeln. Da war ein junger Jude dabei [. . .], der hat dem einen Faustschlag ins Gesicht gegeben. Und daraufhin hat er ihn gleich mit dem Gewehr erschlagen. Also in [. . .] gleich das Gehirn ausgetreten, und die Juden mussten die Gräber ausgraben, und da haben sie die Polen hineingeschmissen. Zum Schluss wurden die Juden auch erschossen, wurden auch dazugeschmissen. Dann ist das zugeschüttet worden, eine kleine Erdschicht darüber, und am nächsten Tag sind polnische [. . .] jüdische Frauen gekommen, also Mütter und Frauen, die haben die wieder ausgegraben zur Beerdigung. Das war dann alles.«[770]

Solche Übergriffe gegen gefangene polnische Soldaten lassen – so unterschiedlich sie geartet sind und so sehr manche Abläufe im Dunkeln liegen – ein klares Grundmuster erkennen: Die Hemmschwelle zur Gewaltanwendung war bei deutschen Offizieren und Mannschaften im September 1939 auch hier äußerst niedrig. Da die geschilderten Vorfälle nur sehr dürftig dokumentiert sind, lässt sich über die Frage, was deutsche Soldaten zu solchen Ausschreitungen motivierte, relativ wenig aussagen. Allerdings spielten hier offenbar dieselben motivativen und situativen Aspekte eine wichtige Rolle, deren Einfluss auf ihr Handeln auch bei den bereits behandelten Übergriffen gegen polnische Zivilisten zu beobachten waren. Mangelnde Vorbereitung, Unerfahrenheit und Nervosität der eingesetzten Einheiten führte zu Überreaktionen. Die Kampfweise des Gegners – wie im Fall des Waldgefechts bei Ciepiełów klar zu beobachten ist – wurde als unehrlich empfunden, die Erschießung der sich ergebenden polnischen Einheiten erschien der deutschen Truppe daher als gerechtfertige Reaktion. Von der polnischen Hauptkommission gesammelte Zeugenaussagen belegen, dass man es hier keinesfalls mit vereinzelten Exzesstaten, sondern vielmehr mit einem Massenphänomen zu tun hat, das in allen Einsatzräumen der Wehrmacht im September 1939 auftrat.

Diskriminierung und Tötung jüdischer Kriegsgefangener

Einen schweren Verstoß gegen das Kriegsrecht stellte die rassistisch motivierte ungleiche Behandlung von gefangenen polnischen Soldaten dar. Zahlreiche ehemalige jüdische Kriegsgefangene berichteten von Vorfällen, bei denen direkt nach der Gefangennahme aus der Gruppe der polnischen Soldaten diejenigen, die jüdischen Glaubens waren, ausgesondert und auf

---

770 Heer, Verschwinden, S. 206–207.

der Stelle erschossen wurden.[771] Die Quellen geben keinen Hinweis darauf, wie viele der etwa 50000 polnischen Kriegsgefangenen jüdischen Glaubens[772] solchen Übergriffen zum Opfer fielen. Unzweifelhaft ist, dass jüdische Gefangene bereits in den Durchgangslagern von ihren Mithäftlingen getrennt wurden.[773] Die Methoden, mit denen die Glaubenszugehörigkeit ermittelt wurde, reichten dabei von der einfachen Befragung über die Verwendung von Namenslisten bis hin zu einer demütigenden Prozedur, bei der überprüft wurde, ob eine Beschneidung vorlag.[774] Wilm Hosenfeld, der Retter des jüdischen Klaviervirtuosen Władysław Szpilman[775], leitete im Spätsommer 1939 ein Kriegsgefangenenlager in Pabianice bei Lodz. Am 16. September schrieb er an seine Frau: »Jeden Tag kommen tausende an. [...] Es lässt sich natürlich gar nicht vermeiden, dass auch Härten entstehen, weil die Massen zu groß sind. [...] Die Deutschen werden sofort ausgeschieden, die Juden und Polen ebenso für sich gestellt. Die Deutschen entlässt man sofort in ihre Heimat. Die Juden haben nichts zu lachen. Mich empört die rohe Behandlung.«[776] Im Bereich des Militärbefehlshabers Posen wurden die Gefangenen für den Arbeitseinsatz in vier verschiedene Kategorien unterteilt, wobei man in der letzten »Intelligenz-[,] Juden- und Renitentenkompanien« zusammenfasste.[777] Innerhalb der Kriegsgefangenenlager auf Reichsgebiet richtete die Wehrmacht spezielle Ghettos für jüdische Kriegsgefangene ein.[778]

Der Isolierung der jüdischen Kriegsgefangenen folgte in der Regel eine diskriminierende Behandlung. Den sofort nach ihrer Gefangennahme an der Bzura am 19. September von ihren Kameraden getrennten 1500 jüdischen Soldaten wurde von einem deutschen Offizier unterstellt, sie hätten Berlin erobern wollen. Im Gefangenenlager von Żyrardów wurden sie zehn Tage lang von der Lagerleitung nicht mit Nahrungsmitteln versorgt und wären ohne die Hilfe der Bevölkerung verhungert.[779] Etliche weitere Berichte zeu-

---

771 Krakowski, Fate (1977), S. 300.

772 Zahlenangabe nach Kisielewicz/Sznotala, Żołnierze, S. 103. Krakowski, Fate (1992), S. 217, geht von 60000–65000 jüdischen Kriegsgefangenen aus, worin ihm Longerich, Politik, S. 247 folgt; Kisielewicz und Sznotala verfügen über die bessere Quellenbasis.

773 Krakowski, Fate (1977), S. 303–304; Datner, Crimes against POWs, S. 99–100; Kisielewicz/Sznotala, Żołnierze, S. 104.

774 Krakowski, Fate (1977), S. 304.

775 Szpilman, Überleben.

776 Vogel, Hosenfeld, S. 250.

777 MB von Posen, Richtlinien für die Kriegsgefangenenlager, 7. 10. 1939, AP Poznań, 298/47, Bl. 45.

778 Kisielewicz, Żydzi, S. 3, S. 8–9.

779 Krakowski, Fate (1977), S. 303.

gen davon, dass jüdische Gefangene in Lagern und auf Transporten misshandelt und zu demütigenden oder unmenschlich anstrengenden Arbeiten gezwungen wurden.[780] Shmuel Krakowski geht davon aus, dass »with regard to nourishment, terrorization and hard labour the lot of the Jewish prisoners-of-war was no different from that of the concentration camp prisoners.« Ihre Sterblichkeitsrate lag erheblich höher als die der übrigen polnischen Gefangenen: Etwa 25 000 waren im Frühjahr 1940 an Entkräftung gestorben oder ermordet worden.[781] Die jüdischen Kriegsgefangenen, die im deutsch besetzten, ehemals polnischen Gebiet beheimatet waren, wurden ab Jahresende 1939 in die Arbeitslager und Ghettos des Generalgouvernements oder direkt in Konzentrationslager abgeschoben, wo sie, wenn sie die Transporte überlebten, das Los ihrer Glaubensgenossen teilten.[782] Nur wenige hundert der im September 1939 in deutsche Gefangenschaft geratenen Mannschaftssoldaten jüdischen Glaubens überlebten den Zweiten Weltkrieg.[783]

Es kam im September 1939 zu Ausschreitungen deutscher Soldaten gegen polnische Kriegsgefangene, die von Misshandlungen über rassistische Diskriminierung bis hin zu Erschießungen reichten. Die ungeordneten Verhältnisse in allen Bereichen des Gefangenenwesens mögen solche Ausschreitungen begünstigt haben. Die Massenerschießungen polnischer Gefangener sowie die antisemitische Grundhaltung vieler in Polen eingesetzter Wehrmachtsoldaten, die zu der Misshandlung und Ermordung von jüdischen Kriegsgefangenen führten, machen deutlich, dass die geschilderten Vorkommnisse weit über das Maß dessen hinausgingen, was im Rahmen einer bewaffneten Auseinandersetzung vom Ausmaß des Polenkrieges zu erwarten gewesen wäre. Einige der geschilderten Übergriffe lassen allerdings erkennen, dass die Tötung von Soldaten des polnischen Heeres im September 1939 nicht selten im Affekt geschah und in direktem Zusammenhang mit Ereignissen stand, die sie in den Augen deutscher Soldaten als gerechtfertigt erscheinen ließen: Ob die als heimtückisch betrachtete Kampfweise des Gegners im Waldgefecht bei Ciepiełów, die Überreaktion nervöser Posten bei angeblichen Massenfluchten in Kriegsgefangenenlagern oder Rache für einen von einem polnischen Offizier verübten Mord – offenbar bedurfte es

780 Ebd., S. 300–313.
781 Krakowski, Fate (1992), S. 218.
782 Kisielewicz/Sznotala, Żołnierze, S. 105.
783 Die etwa 1000 jüdischen Offiziere wurden dagegen besser behandelt, fast alle überlebten die Gefangenschaft, Krakowski, Fate (1992), S. 218–219.

im September 1939 situativer Impulse, um die antipolnische Grundhaltung innerhalb der Wehrmacht in tödliche Gewaltanwendung umschlagen zu lassen. Von höherer Stelle war jedenfalls vor Angriffsbeginn kein Befehl zur Erschießung polnischer Gefangener gegeben worden.

Generaloberst Walther von Brauchitsch stellte allerdings seinem Tagesbefehl vom 16. September 1939 ausführliche Schilderungen von angeblich an der deutschen Minderheit in Bromberg verübten polnischen Gräueltaten voran, die an Drastik kaum zu überbieten waren und in einer militärischen Anordnung völlig deplaziert waren. Anschließend führte er aus, den gegen die »an den Schandtaten in Bromberg beteiligten polnischen Truppen« im Bzura-Raum angesetzten deutschen Truppen sei »das Verhalten der polnischen Wehrmacht gegen wehrlose Volksdeutsche bekannt zu geben. Ein solcher Feind ist jeder Niedertracht fähig und verdient keine Schonung.«[784] Hier wurde das Prinzip der kollektiven Verantwortung auf zwei sich im regulären Kampf mit den deutschen Truppen befindliche Armeen angewandt. Eine solche Anweisung musste sich nicht nur auf die Kampfweise der deutschen Soldaten, sondern auch auf ihr Verhalten gegenüber den gefangenen polnischen Soldaten auswirken. Dieser Tagesbefehl legitimierte zukünftige Übergriffe anhand einer fadenscheinigen, ideologisch motivierten Begründung und leistete somit einer Senkung der Hemmschwelle seitens deutscher Soldaten Vorschub. Er ähnelt dem »Kommissarbefehl«, in dem ab dem Sommer 1941 »Schonung und völkerrechtliche Rücksichtsnahme« gegenüber den politischen Offizieren der Roten Armee als falsch angesehen wurde, da von ihnen »eine hasserfüllte, grausame und unmenschliche Behandlung« deutscher Gefangener zu erwarten sei.[785] Bekanntlich wurden aufgrund dieses Befehls tausende Kommissare der Roten Armee im Anschluss an ihre Gefangennahme umgebracht. Die unmenschliche Behandlung und die Ermordung jüdischer Kriegsgefangener dagegen bedurften bereits im Spätsommer 1939 keines situativen Auslösers und keiner Ermutigung durch höheren Befehl. Hier offenbarte sich ein aggressiver Antisemitismus innerhalb des deutschen Heeres, der ein entsprechend rücksichtsloses Verhalten scheinbar legitimierte.

In hohen Wehrmachtkreisen war man frühzeitig über Übergriffe gegen Kriegsgefangene informiert worden. In einem vom Ic-Offizier Major Rudolf Langhaeuser verfassten Entwurf für einen Befehl des Heeresgrup-

---

784 Der Befehl erging sowohl an d. Truppen der HGR Nord, vgl. Datner, Crimes committed by the Wehrmacht, S. 312, als auch der HGR Süd, vgl. BA-MA, RS4/1231, Bl. 57.
785 Streit, Keine Kameraden, S. 48.

pen-Kommandos Süd vom 8. September mit dem Betreff »Aufrechterhaltung der Manneszucht« wurde festgestellt, dass an den vorausgegangenen Tagen »teilweise die Gefangenen unmenschlich verprügelt« worden waren.[786] Generalleutnant Erich von Manstein in seiner Eigenschaft als Chef des Generalstabs der Heeresgruppe Süd verweigerte die Vorlage des Entwurfs an deren Oberbefehlshaber Generaloberst Gerd von Rundstedt, da Langhaeuser die Übergriffe nur gerüchteweise zu Ohren gekommen waren.[787] Der Befehl, der die angeprangerten Zustände abstellen sollte, konnte daher nicht in Kraft treten.[788] Insgesamt ist kein Fall überliefert, in dem Wehrmachtsoldaten im Spätsommer 1939 wegen der Tötung polnischer oder jüdischer Soldaten zur Rechenschaft gezogen worden wären.

786 HGR-Kdo Süd, Befehlsentwurf, 8. 9. 1939, BA-MA, RH19-I/112, Bl. 115.
787 Rudolf Langhaeuser, Eidesstattliche Erklärung vor Paul Leverkühn, Hamburg, 27. 10. 1949, Kopie von Privat im Besitz des Autors.
788 Krausnick/Wilhelm, Truppe, S. 77.

8. Kapitel: Verfall der »Manneszucht«

Plünderungen

Zu den Übergriffen deutscher Soldaten, unter denen die polnische Bevölkerung im Spätsommer 1939 zu leiden hatte, zählten auch Plünderungen und Vergewaltigungen. Im Gegensatz zu den wilden Exekutionen angeblicher Freischärler, die man höheren Ortes zumeist als legitimes Mittel der Kampfführung ansah, wurden diese disziplinarischen Verstöße scharf gerügt, denn in den Augen der Befehlshaber gefährdeten sie die in der Wehrmacht hochgehaltene »Manneszucht« der Soldaten. Requirierungen von für die Truppe notwendigen Vorräten – wie etwa Heu für die Pferde oder Obst, Gemüse und Schlachtvieh für die Mannschaften – gegen Beitreibungsscheine waren ein legitimes Mittel der Versorgung, das von der deutschen Truppe im Polenkrieg angewandt wurde. Die davon betroffenen Eigentümer der requirierten Güter konnten sich gegen die Bescheinigungen bei den später eingerichteten militärischen Stellen für ihren Verlust entschädigen lassen.[789]

Häufig eignete sich die Truppe jedoch unter dem Deckmantel des »Lebens aus dem Lande« Genussmittel und Luxusgüter aller Art an.[790] Beim Gericht des XVII. Armeekorps stellte man am 11. September fest, »dass vor dem Einmarsch keine genaue Unterrichtung der Truppe über Plünderung erfolgt ist. Es ist nur allgemein auf das Verbot der Plünderung hingewiesen worden.«[791] Ein Soldat vom Nachrichtenzug des Infanterieregiments 94 berichtete kurz darauf gut gelaunt: »Die Sonne sticht mächtig, die Stimmung ist gut, wir werden immer mehr ›Frontschweine‹. [...] Eine großartige Requirierung beschenkt uns mit Zigaretten und Süßigkeiten.«[792] Der Chef der

---

789 Umbreit, Militärverwaltungen, S. 234–237.

790 Zur Praxis des »Leben aus dem Lande« vgl. exemplarisch Vers.-Befehle des IR 67 von Aug.–Nov. 1939, BA-MA, RH37/1359.

791 KTB Gericht des XVII. AK, 11.9.1939, BA-MA, RH24-17/232, Bl. 6.

792 Rgt.-Nachrichtenzug des IR 94 im PF (KTB), 10.9.1939, BA-MA, Msg2/2924, Bl. 19.

Zivilverwaltung bei der 8. Armee, Regierungspräsident Harry von Craushaar, berichtete von einer Frontfahrt am Nachmittag des 6. September nach Kalisch empört von Plünderungen deutscher Soldaten, denen die Geheime Feldpolizei tatenlos zusah. »Alles das fand am hellen Tage und vor der überall herumstehenden Einwohnerschaft statt.«[793] Auch der Landrat von Sanok berichtete von »anfängliche[n] Plünderungen« in seinem Bezirk, »an denen sich leider auch die Wehrmacht beteiligte«, und die erst nach Eintreffen eines Einsatzkommandos der Sicherheitspolizei abgestellt werden konnten.[794]

Obwohl im Verlauf des September vor allem im Einsatzgebiet der Heeresgruppe Süd wiederholt scharfe Maßnahmen gegen Plünderer angedroht wurden, nahmen die Diebstähle nicht ab. Am 13. September verfügte General von Reichenau: »Einzelne Soldaten haben sich Wertgegenstände, Zivilbekleidungsstücke und sonstige Gebrauchsartikel angeeignet. Ich bitte, durch eine strenge Durchsuchung der Fahrzeuge und des persönlichen Gepäcks derartige Verfehlungen festzustellen und den Begriff der Plünderung klarzumachen. Bei besonders krassen Fällen ist scharf durchzugreifen.«[795] Das AOK 8 verfügte in einem »Verbot des Betretens von Lodz« drei Tage später, angesichts »unerfreulicher Vorkommnisse« sei die Stadt »außer von den darin untergebrachten Militärpersonen nur von solchen Armeeangehörigen« zu betreten, »die einen schriftlichen Ausweis oder Befehl ihrer Truppenvorgesetzten besitzen«.[796] Der Befehl musste wenig später nochmals wörtlich wiederholt werden.[797] Beim VII. Armeekorps berichtete Kommandeur Eugen Ritter von Schobert empört über einen bewaffneten Raubüberfall, den zwei deutsche Soldaten am 19. September in Rudka verübten, wobei sie Schmuckstücke im Wert von 5000 Złoty entwendeten. Für besonders schwere Fälle drohte er die Anwendung der Todesstrafe an.[798] Der Chef der Zivilverwaltung bei der 14. Armee, Ministerialdirektor Gottlob Dill, richtete am 22. September ein Protestschreiben an den Stadtkommandanten in Krakau: Betrunkene deutsche Soldaten hatten in der Nacht vom 21. auf den

793 CdZ bei 8. A. v. Craushaar, Ber., 7.9. 1939 über Plünderungen deutscher Soldaten in Kalisch am 6.9. 1939, BA-MA, RH20-8/295.
794 Ber. des Landrates in Sanok an d. CdZ in Krakau Dill, 5. 10. 1939, BA-MA, RH20-14/178, Bl. 63.
795 AOK 10, Bes. Anordn. f. d. rückw. Dienste Nr. 5, 13.9. 1939, BA-MA, RH20-10/5.
796 AOK 8, Bes. Anordn. f. d. Vers. der dem AOK 8 unterstellten Einheiten der Luftwaffe I, 16.9. 1939, BA-MA, RH24-3/165 a, Bl. 81–82.
797 AOK 8, Bes. Anordn. f. d. Vers. Nr. 34, 27.9. 1939, NA, RG 242, T-312, R. 39, Fr. 7549311.
798 Gen.Kdo VII, Korpsbefehl, 21.9. 1939, BA-MA, RH24-7/1. Auch beim X. AK wurden an diesem Tag hohe Strafen für Plünderung angedroht, die auch auf die Disziplinarvorgesetzten der Täter treffen sollten, Tagesbefehl des X. AK, 21.9. 1939, BA-MA, RH26-17/75.

22. September im Restaurant »Hawelka« Spirituosen im Wert von mehreren tausend Złoty erbeutet und dem Personal mit Erschießen gedroht.[799] Eine knappe Woche später hatten sich in der Stadt stationierte deutsche Soldaten in der Tür geirrt: Sie plünderten die Wohnung des Reichstreuhänders der Arbeit für das Wirtschaftsgebiet Ostmark Maschke. Ein Zeuge gab zu Protokoll: »Auf meine Vorstellung bei den [...] Wehrmachtangehörigen – ein Offizier und einige Mann – erklärte man mir, dass sie sowieso nur ein Bett mitgenommen haben. [...] Da in der Wohnung ja nur ein Herr wohne, hätte er auch mit einem Bett genug. [...] Über mein höfliches Ersuchen um die nähere Anschrift der amtswaltenden Herren gab man mir zur Kenntnis, ich solle mich nur an den Befehlshaber von Krakau wenden.«[800]

Bei solcherart Zwischenfällen handelte es sich im September 1939 nicht um Einzelfälle, sondern um ein Massenphänomen. Zwischen dem 16. und dem 23. September wurde dem Heeresgruppenkommando Süd laufend über Plünderungen berichtet; Postsendungen und Beutefahrzeuge, die an der Grenze kontrolliert wurden, enthielten häufig Plünderungsgut und wurden beschlagnahmt.[801] Im selben Zeitraum ereignete sich eine ganze Serie von Diebstählen durch die Truppe in Kielce.[802] Am 20. September verabschiedete der Oberbefehlshaber der Heeresgruppe Süd daher einen Erlass an die Oberbefehlshaber der Armeen, der mit den Worten schloss: »Ich weiß, dass Sie mit mir übereinstimmen, dass jedes Mittel ergriffen werden muss, um zu verhindern, dass die großen Leistungen unserer Truppe durch Handlungen unverantwortlicher Elemente herabgesetzt werden.«[803] Am 24. September regte er bei General von Rundstedt, der tags darauf sein Amt als Oberbefehlshaber Ost antrat, die Erweiterung der Anwendung der Todesstrafe auf Plünderungsfälle an.[804] Am selben Tag rügte der Oberbefehlshaber des Heeres von Brauchitsch »Vorfälle und Ausschreitungen gegen die Zivilbevölkerung« auf das Schärfste, an denen zu seinem Befremden »auch

799 Schreiben des CdZ in Krakau Dill an d. Stadtkommandanten von Krakau, Höberth Edler v. Schwarzthal, 22.9.1939, BA-MA, RH20-14/181, Bl. 137.

800 Amtsvermerk des Vertragsangestellten des Reichsarbeitsministeriums Toeni, 28.9.1939, BA-MA, RH20-14/178, Bl. 153–153 RS.

801 Vgl. hierzu O.Qu.1/O.Qu.2 (KTB), Anl., Plünderungen durch deutsche Soldaten – Befehle zur Aufrechterhaltung der Disziplin, Berichte und Vernehmungsniederschriften Sept.–Okt.1939, BA-MA, RH19-I/192.

802 Vgl. hierzu HGR Süd, Abt. Ic, Vern.-Prot., Vern.-Niederschriften u. dgl. der GFP 520, Aug.-Okt. 1939, BA-MA, RH19-I/111, Bl. 110–113, Bl. 118–119, Bl. 122–127 RS, Bl. 129.

803 HGR Süd, Nr. 731/39 geh., Schreiben an d. Herrn OB der 8., 10. u. 14. A. sowie den Kdr. des GAK 3, 20.9.1939, BA-MA, RH19-I/192, Bl. 31–32.

804 OberOst, Fernschreiben an OKH, Gen.Qu., [Datum des Fernschreibens unleserlich], BA-MA, RH19-I/192, Bl. 11.

Offiziere beteiligt« gewesen seien.[805] Dennoch wurden Ende September auch aus dem rückwärtigen Armeegebiet der Heeresgruppe Süd weiterhin Fälle von unrechtmäßigen Beitreibungen vermeldet.[806] Sogar der militärische Verbündete war über das Verhalten von Wehrmachtsoldaten empört. Russische Offiziere monierten Ende September 1939 in Łomża, die deutschen Truppen hätten dort durch die Beraubung der Geschäfte »sehr schlechte Spuren hinterlassen«.[807] Anfang Oktober ordnete General von Reichenau »für besonders zuchtlose Naturen, die mit Ehren- oder Freiheitsstrafen nicht zu erziehen sind, [...] das Anbinden an ein Fahrzeug für mehrere Stunden« an.[808]

Die Entrüstung deutscher Generäle angesichts der drohenden Verwilderung der Truppe gründete sich auf die militärische Maxime, dass im Falle des Nachlassens der Disziplin eine Truppe nur noch schwer zu kontrollieren ist und eine effektive Verwaltung der besetzten Gebiete dadurch ernsthaft gefährdet wird. Die Zustände in der polnischen Hauptstadt spotteten noch Anfang Oktober 1939 jeder Beschreibung: »Das verbotene Requirieren – sprich Plündern – in Warschau hat in einer Weise zugenommen, die eine Schmach für die Armee ist und die Mannszucht schon aufs Schwerste geschädigt hat. Es sind Fälle vorgekommen, dass sich Plünderer in Weinkellern gegenseitig beschossen. Ein Fliegeroffizier, der sich mit Gewalt der Festnahme entzog, hat mit einem gefälschten Ausweis der Kommandantur gearbeitet. Exzesse betrunkener Offiziere sind an der Tagesordnung.«[809] Der Stadtkommandant ordnete scharfe Maßnahmen gegen weitere Übergriffe sowie die Erledigung aller anfallenden Fälle in beschleunigten Gerichtsverfahren an.[810]

805 OBdH, Tagesbefehl an d. Herren Oberbefehlshaber, 24. 9. 1939, BA-MA, RH19-I/192, Bl. 47.

806 Korück 501, Kommandanturbefehl, 27. 9. 1939, BA-MA, RH23/3.

807 HGR Nord (KTB), Anl., Ber. über Fahrt nach Łomża am 28./29. 9. 1939«, BA-MA, RH19-II/15, Bl. 10. Von Plünderungen deutscher Soldaten in Łomża berichtet auch der Ic-Offizier der 2. ID (mot.) in seinem persönlichen TB, 12. 9. 1939, BA-MA, Msg1/2971.

808 AOK 10, »Maßnahmen zur Aufrechterhaltung der Disziplin«, 2. 10. 1939, BA-MA, RH20-10/6, Bl. 221–223. Von Reichenau sah sich kurz darauf genötigt, gegenüber dem OBdH die Androhung dieser altertümlichen Zwangsmaßnahme zu rechtfertigen: »Ich habe mich genötigt gesehen, zur [gestrichen: »Wiederherstellung und«] Aufrechterhaltung der Manneszucht für die mir unterstellte Armee die aus der anliegenden Befehlsabschrift ersichtlichen außerordentlichen Maßnahmen zu treffen. Das Verbot des Anbindens im § 109 (2) KstVO bezieht sich nur auf den Vollzug gerichtlich erkannter Freiheitsstrafen«, OB der 10. A., Schreiben an d. OBdH, 28. 9. 1939, betr.: »Außerordentliche Maßnahmen zur Aufrechterhaltung der Manneszucht«, BA-MA, RH20-10/50, Bl. 42.

809 Schreiben des Stadtkommandanten von Warschau an d. Kdr. der 18. und 19. ID, 6. 10. 1939, NA, RG242, T-312, R. 42, Fr. 7552471.

810 Ebd.

Obwohl die Berichterstattung aus dem Bereich der Heeresgruppe Süd hinsichtlich Plünderungen der Truppen dichter ist als bei der Heeresgruppe Nord, heißt das nicht, der Norden Polens sei von solcherlei Ausschreitungen verschont geblieben. Anfang September konstatierte man beim II. Armeekorps, »die von der Bevölkerung verlassenen Dörfer und Städte leiten [sic] zum Marodieren und Plündern. Eine solche Handlungsweise ist eines deutschen Soldaten unwürdig und auf das Schärfste zu bekämpfen.«[811] Beim AOK 3 wies man darauf hin, dass es gegen den Willen des Führers verstoße und die Ehre der deutschen Wehrmacht beflecke, wenn Angehörige der Truppe sich Privatgegenstände irgendwelcher Art der Bevölkerung des besetzten Gebiets aneigneten.[812] Major Helmuth Groscurth schrieb seiner Frau am 10. Oktober 1939 von »sehr ernste[n] Erscheinungen in der Truppe im Osten bzgl. Plünderung. Kein Wunder nach der jahrelangen Erziehung.«[813]

Die Besorgnis innerhalb der Wehrmachtführung endete nicht mit dem Abbruch der Militärverwaltung. Am 25. Oktober, dem Tag der Übergabe der Verantwortung für das besetzte Gebiet an zivile Behörden, drohte Generaloberst von Brauchitsch erneut all denjenigen Offizieren, die in Zukunft weiterhin die Gesetze missachten und sich persönlich bereichern würden, die Entlassung an: »Leistungen und Erfolge des polnischen Feldzuges dürfen nicht darüber hinwegsehen lassen, dass einem Teil unserer Offiziere die feste innere Haltung fehlt. Eine bedenkliche Anzahl von Fällen, wie unrechtmäßige Beitreibung, unerlaubte Beschlagnahme, persönliche Bereicherung, Unterschlagung und Diebstahl, Misshandlung oder Bedrohung von Untergebenen teils in der Erregung teils in sinnloser Trunkenheit, Ungehorsam mit schwersten Folgen für die unterstellte Truppe, Notzuchtverbrechen an einer verheirateten Frau usw. geben ein Bild von Landsknechtmanieren, die nicht scharf genug verurteilt werden können. Diese Offiziere sind, ob fahrlässig oder bewusst handelnd, Schädlinge, die nicht in unsere Reihen gehören.«[814] Dennoch sah sich von Brauchitsch noch bis zum Jahresende 1939 genötigt, weitere Befehle zur Erhaltung der »Manneszucht« zu verabschieden.[815]

811 III. AK, Korpstagesbefehl, 6. 9. 1939, RH24-3/12, Bl. 53.

812 AOK 3, Tagesbefehl, 8. 9. 1939, BA-MA, RH24-26/8; Zusatz, »Dieser Befehl ist bis zu den Kompanien usw. einschl. bekannt zu machen.«

813 Zitiert nach Krausnick/Wilhelm, Truppe, S. 76, Anmerkung I/262.

814 OBdH, Geheimbefehl, 25. 10. 1939, BA-MA, RH37/1330, Bl. 40.

815 OBdH, Erlass P. A. (2) Ia Nr. 5840/39 geh., 18. 11. 1939, zit. in XVIII. AK, Tagesbefehl, 24. 11. 1939 geh., betr. Manneszucht im Heere; OBdH, Erlass P. A. (2) Ia Nr. 6650/39 geh. vom 18. 12. 1939, betr. »Erziehung des Offizierskorps«; beide in BA-MA, RH37/2186. Zur »Selbstbedienung« von Wehrmachtsoldaten auf anderen Kriegsschauplätzen Aly, Volksstaat, S. 114–132.

Vergewaltigungen

Die Plünderungen durch Wehrmachteinheiten im besetzten Polen offenbaren eine äußerst niedrige Hemmschwelle bei Übergriffen gegen Einheimische. Sie ist sicher zum einen durch den plötzlichen Machtzuwachs zu erklären, der auch rangniedrige Soldaten vor Ort zu Herren des Landes werden ließ, war aber ohne Zweifel zugleich Ausdruck einer tiefen Verachtung für die slawische Bevölkerung und Gleichgültigkeit gegenüber dem Leiden, das man verursachte. Dazu zählten nicht zuletzt Vergewaltigungen, die allerdings nur in Einzelfällen überliefert sind.[816] In einem Armeebefehl [!] vom 18. September wurden vermehrte »Disziplinlosigkeiten, Übergriffe und Willkürmaßnahmen gegen die Zivilbevölkerung« im Einsatzgebiet verzeichnet, darunter auch Vergewaltigungen und Notzuchtsverbrechen.[817] Am 22. September vermerkte der Leiter der Abteilung z. b. V. beim Generalstab des Heeres, Helmuth Groscurth, in seinem Diensttagebuch: »In Bromberg haben zwei Soldaten geplündert – ein Mann tot, eine Frau vergewaltigt.«[818] Inwieweit die zahlreichen Überfälle und Plünderungen von Sexualdelikten begleitet waren, ohne dass dies aktenkundig geworden wäre, lässt sich heute jedoch nicht mehr beantworten.

Ein Nachlassen der Truppendisziplin in den ersten Wochen einer Invasion ist kein außergewöhnliches Phänomen und blieb auch im 20. Jahrhundert nicht auf den Einsatz der Wehrmacht in Polen 1939 beschränkt.[819] Dennoch sind entsprechende Übergriffe auf diesem Kriegsschauplatz insofern aufschlussreich, als die deutsche Heeresführung unverzüglich eine Vielzahl von Verordnungen und Strafandrohungen erließ, um Abhilfe zu schaffen. Offenbar war man sich dort der Gefahr einer Verwilderung der eingesetzten

---

816 GFP-Gruppe 520, ZA Fritz L., 20. 9. 1939, BA-MA, RH19-I/111, Bl. 127–127 RS; Feldkriegsgericht der 29. ID, Liste der Verurteilungen, 28. 9. 1939, BA-MA, RS4/1232, Bl. 161; Feld-Kommandantur 571, ZA Eleonora Podgórska, 16. 9. 1939, BA-MA, RH19-I/112, Bl. 138; Tät.Ber. der GFP-Gruppe 520, 16. 9. 1939, ebd., Bl. 138 RS-139; Urteil des Feldkriegsgerichts der 31. ID gegen Uffz. Johann R., 17. 9. 1939, BA-ZNS, RH69/4621; Urteil des Feldkriegsgerichts der 228. ID gegen Uffz. S., 18. 10. 1939, CAW, 2-II/6, Bl. 205. Zu Sexualdelikten von Wehrmachtsoldaten allgemein Beck, Wehrmacht, die allerdings die ersten Monate des Zweiten Weltkrieges – wohl aufgrund der dünnen Quellenbasis – kaum behandelt.
817 AOK 14, Befehl an d. Kdr., 18. 9. 1939, BA-MA, RH26-7/119.
818 Krausnick/Deutsch, Groscurth, S. 277; die beiden Täter konnten gefasst werden, der Soldat Taefler wurde am 9. 10. 1939 hingerichtet, sein Kamerad Pothmann erhielt eine lebenslange Zuchthausstrafe, Zayas, Wehrmachts-Untersuchungsstelle, S. 69–70.
819 Als ein Beispiel unter vielen seien hier die massiven Übergriffe japanischer Truppen gegen die Einwohner von Nanking im Winter 1937/38 angeführt, Chang, Vergewaltigung; MacDonald, »Kill All, Burn All, Loot All«.

Einheiten durchaus bewusst und versuchte, ihr schnellstmöglich mit allen Mitteln zu begegnen. Aktiv wurde man in solchen Fällen, die der eigenen Truppe konkret schadeten. Ebenso war man bereits im Rahmen der »Freischärlerbekämpfung« vorgegangen, wo die Unterbindung von Brandstiftungen mit der damit einhergehenden Vernichtung von Vorräten und Unterkünften für das deutsche Heer begründet worden war.[820] Sorge um die von deutschen Übergriffen betroffene polnische Bevölkerung lässt sich dagegen aus kaum einem militärischen Dokument des Spätsommers 1939 herauslesen. Die völkerrechtswidrigen Massenerschießungen von Zivilisten fanden nicht einmal in internen Berichten ihren Niederschlag. Die in einem bereits vor dem Einmarsch verfassten Aufruf an die polnische Bevölkerung enthaltene Versicherung, die Wehrmacht sehe in ihr nicht ihren Feind, »alle völkerrechtlichen Bestimmungen werden beachtet werden«[821], war demzufolge nicht mehr als ein Lippenbekenntnis. Wo sich die Wehrmachtführung zu disziplinarischen Maßnahmen gegen eigene Soldaten veranlasst sah, ging es ihr offenkundig in erster Linie um die Wahrung militärischer Interessen.

---

820 Siehe S. 114, S. 123–124.
821 Aufruf des ObdH an die polnische Bevölkerung, BA-MA, RH24-8/95.

9. Kapitel: Antisemitisch motivierte Ausschreitungen und Morde

Bei den bisher geschilderten Ausschreitungen von Wehrmachtsoldaten gegen Zivilisten handelte es sich um Fälle von Gewaltanwendung, die sich gegen die gesamte polnische Bevölkerung richteten, von der bei Kriegsbeginn etwa ein Zehntel jüdischen Glaubens war.[822] Die Mitglieder dieser Bevölkerungsgruppe wurden daher ebenfalls zu Opfern der Übergriffe von Soldaten der Wehrmacht, die aus so unterschiedlichen Motiven wie Rache, Unerfahrenheit, Nervosität und einem weit verbreiteten rassistischen Polenbild, oder vielmehr aus einer Mischung aller dieser Komponenten heraus begangen wurden. Im Folgenden soll jedoch gewalttätiges Verhalten deutscher Soldaten untersucht werden, das sich gezielt und ausschließlich gegen polnische Juden richtete. Hier ist die Motivation offensichtlich. Die Vielzahl der antisemitischen Äußerungen, die aus den Kriegstagebüchern, Feldpostbriefen und Erfahrungsberichten über den Polenkrieg zu entnehmen sind, fanden in der Realität ihren Ausdruck in einer Reihe von unterschiedlichen gewalttätigen Angriffen der Truppe gegen polnische Juden, deren gesamtes Ausmaß sich heute nur erahnen lässt. Der aggressive Antisemitismus, der in der Zeit zwischen den Kriegen in Deutschland grassierte und sich unter der nationalsozialistischen Herrschaft rapide radikalisierte, war bereits im Novemberpogrom von 1938 im gesamten Reich in gewalttätige Ausschreitungen gegen deutsche Juden umgeschlagen. In Polen war er Ursache für eine besondere Form der Gewalt deutscher Soldaten: Täglich verhöhnten, demütigten, misshandelten, beraubten und ermordeten sie die – im Gegensatz zu den assimilierten »Reichsjuden« – leicht auszumachenden »Ostjuden«.

---

822 Siehe S. 36.

188

»Blitzpogrome«

Überall im Land wurden Juden Opfer von »Blitzpogromen«, wie die Herausgeber des »Black Book of Polish Jewry« bereits 1943 die unmittelbar nach der Belegung polnischer Ortschaften mit deutschen Soldaten einsetzende Misshandlung, Demütigung und Ermordung jüdischer Einwohner bezeichneten.[823] Solche einleitenden Gewaltmaßnahmen gegen Juden konnten bisweilen direkt mit den Ereignissen während des deutschen Einmarsches in Verbindung stehen, indem man etwa Juden für örtlich geleisteten Widerstand verantwortlich machte. In Pińczów sahen Soldaten der 3. motorisierten Kompanie des Pionierbataillons 168 beim Einmarsch in die soeben eroberte Stadt am 7. September die Leichen erschossener Juden.[824] In Wieruszów, wo am 3. September um 5 Uhr früh noch »Kämpfe mit Freischärlern« stattgefunden haben sollen[825], wurden bis zum Mittag desselben Tages mindestens 17 Juden, teils angesehene jüdische Bürger mit Familienmitgliedern[826], erschossen: »The day the Germans marched in the town, they led twenty Jews into the market place and shot them. Among the victims were the following prominent persons: Isaac Lewi, 61 years old, Israel Lewi, 65, Moshe Mozes, Abraham Lefkowitz, Usiel Baumatz, Jacob Lewi, and Abraham Seiderman. Liebe Lewi, the daughter of Israel Lewi, ran over to her father to bid him farewell. The German brutes ordered her to open her mouth for this impudence, fired a bullet into it and she fell dead on the spot.«[827] Die Wieruszower Juden im Alter von 17 bis 40 Jahren wurden von Wehrmachtsoldaten auf Lastwagen verfrachtet. Der Weg dorthin gestaltete sich als Spießrutenlauf, »glücklich hat sich der Jude gefühlt, der sich bereits auf dem Auto eingefunden hatte, auch wenn er zerschlagen und blutig dort hinaufkam«. Die Fahrzeuge trugen die Aufschrift »Sie haben auf die Deutschen geschossen.« Auf der Fahrt in das Zivilinterniertenlager bei Nürnberg kamen etliche Juden um, da ihnen die Verpflegung verweigert wurde.[828] Auch aus dem benachbarten Kalisch sollen Juden in das Deutsche Reich verschleppt und in offenen Fahrzeugen mit der Aufschrift »Hier sind

---

823 Lustiger, Black Book, S. 3–4.
824 3. mot. Kp. Pi 168 (KTB), 4. 9. 1939, von Privat, Kopie im Besitz des Verfassers; siehe auch S. 112.
825 Flak.-Rgt. 22, Morgenmeldung und Luftlagebericht an XIII. AK, 3. 9. 1939, 5 h, BA-MA, RH24-13/8.
826 ZA Lajb Bornsztajn (undatiert), AŻIH, 301/1517; nach Datner, 55 dni, S. 183, wurden in Wieruszów am 2. 9. 1939 41 Polen und Juden erschossen. Vermutlich liegt hier zumindest bezüglich des Datums ein Irrtum vor.
827 Lustiger, Black Book, S. 5.
828 ZA Lajb Bornsztajn (undatiert), AŻIH, 301/1517.

die jüdischen Schweine, welche den Krieg heraufbeschw[oren] und [auf die] deutsche[n] Soldaten geschossen haben«, in mehreren deutschen Städten zur Schau gestellt worden sein.[829]

Die 9. Kompanie des Infanterieregiments 22 erhielt am 10. September im Kampf mit regulären polnischen Truppen auch Feuer aus der in ihrem Rücken gelegenen Ortschaft Sadowne: »Hinter uns prasselten die brennenden Häuser, und aus ihnen pfiffen Pistolenkugeln. Die Juden, die wir auf ihre Beteuerungen hin am Abend ungeschoren gelassen hatten, feuerten auf uns. Wahrscheinlich hatten sie auch im Schutze der Nacht die Polen herangeholt. Nachdem fünf Stück [!] von ihnen auf der Straße im Feuer eines Maschinengewehrs von uns tot zusammenbrachen, hatten wir Ruhe vor diesem hinterhältigen Feuer.«[830] Radomyśl Wielki bei Mielec war von polnischen Truppen erst nach einem Gefecht mit Einheiten des deutschen VIII. Armeekorps geräumt worden. In der Stadt waren Schüsse gefallen, 40 Häuser waren in Flammen aufgegangen. Die jüdischen und polnischen Einwohner des Ortes wurden daraufhin in die Kirche gesperrt. Dort verbrachten sie die Nacht, wobei die Deutschen sich einen Spaß daraus machten, die Gefangenen durch Schüsse in die Luft zu terrorisieren. Zwei Tage später inszenierte man ein Schauspiel auf dem Marktplatz. Jüdischen Männern wurden von deutschen Soldaten die Bärte geschoren oder ausgerissen, man zwang sie, das Gras zwischen den Pflastersteinen zu rupfen und herumliegenden Unrat von Hand aufzulesen, dabei wurden sie zusammengeschlagen.[831] Auch in Zgierz wurden am 7. September etwa 500 Juden verhaftet und in die Ortskirche gesperrt, wo die meisten von ihnen 48 Stunden im Stehen verharren mussten.[832] Ein Soldat der I. Abteilung des Artillerieregiments 10 rechtfertigte am 8. September die Maßnahme mit der Gefahr, die angeblich von den Juden ausging: »Das Kirchenschiff ist voll von Gefangenen. Den Einwohnern, in der Überzahl Juden, ist nicht zu trauen.«[833] In der gesamten Ortschaft wurden Juden zu Freiwild. »The Germans frequently set fire to Jew's beards or cut off half of the beard in order to produce a ludicrous effect. They looted the stores and many warehouses and factories.«[834]

---

829 Pakentreger, Dzieje, S. 79–80.

830 Die 9. Kp. (IR 22) während des Feldzuges in Polen, 10.9. 1939, BA-MA, RH37/7379, Bl. 27.

831 ZA Helena Aussenberg (undatiert), AŻIH, 301/3215; ZA Berta Lichtig (undatiert), AŻIH, 301/1103.

832 Lustiger, Black Book, S. 9.

833 Die I. Abt./AR 10 in Polen, S. 48.

834 Lustiger, Black Book, S. 9.

Auch Vorfälle mit weniger drastischen Gewaltausbrüchen belegen das tiefe Misstrauen deutscher Soldaten gegenüber den polnischen Juden. In Sandomierz hatte der 24-jährige Israel Kaiser Mitte September zusammen mit etwa 60 jüdischen Flüchtlingen in der Küche des Hotels Polski Zuflucht gefunden. Plötzlich wurde lautstark an die Tür gepocht. Die deutschen Soldaten, denen er öffnete, sahen sich kurz um und riefen »Donnerwetter, Juden!« Der junge Mann wurde aufgefordert, alle Waffen herauszugeben. Als er einem der Männer den Keller zeigte, gab dieser prophylaktisch ein paar Schüsse ins Dunkel ab. Nachfolgende Soldaten raubten kurz darauf die Hotelkonditorei aus.[835]

Vielerorts, aber nicht überall, wo deutsche Truppen einmarschierten, kam es zu Übergriffen von Soldaten gegen polnische Juden. Manche jüdische Überlebende berichteten von einem guten Verhältnis zu den militärischen Behörden in den ersten Tagen und Wochen der Besatzung, das sich erst wandelte, als Gestapo- und Polizeifunktionäre die Macht übernahmen.[836] »Die Soldaten der Wehrmacht verhielten sich gut gegenüber den Juden«, erinnerte sich Pinchas Zając aus Baranów nach dem Krieg, »viele von ihnen waren Hitlergegner. Einer weinte sogar und sagte, dass er bisher niemanden umgebracht hätte, und dies nun wohl tun müsse. Andere riefen dagegen, sie wollten die Juden ausrotten. Danach gewöhnten sie sich an die Juden. Insgesamt mischte sich die Wehrmacht nicht unter die Juden. Es kam vor, dass die Juden deutsche Soldaten zu einer Hochzeit einluden.«[837]

Die Vielzahl antisemitischer Äußerungen in Berichten und Tagebüchern deutscher Soldaten[838] sowie die Häufigkeit, mit der sie zynische Gewalt gegen Juden als harmlose Scherze schilderten, lässt jedoch erkennen, dass es sich bei derartigen halbwegs harmonischen Beziehungen zwischen Wehrmacht und Juden in Polen 1939 eher um Ausnahmeerscheinungen gehandelt hat.

Großes Vergnügen schien deutschen Soldaten etwa die überall im Land praktizierte Zwangsrekrutierung von polnischen Juden zu Aufräumarbeiten oder zum Ausheben von Gräbern zu bereiten. Die Nötigung von Juden zu unangenehmen, demütigenden oder sinnlosen Arbeiten war eine gängige Praxis im Dritten Reich, die bei den Gepeinigten häufig direkt oder indirekt zum Tode führte. Sie entsprang dem jahrhundertealten rassistischen Vorur-

---

835 ZA Israel Kaiser (undatiert), AŻIH, 301/2350.
836 ZA Chemia Zylberstajn (undatiert), AŻIH, 301/31; ZA Ichjiel Leszcz (undatiert), AŻIH, 301/56;
837 ZA Pinchas Zając (undatiert), AŻIH, 301/996.
838 Siehe S. 46–50.

teil des Juden als arbeitsscheuem Parasiten.[839] Dementsprechend waren zur Arbeit gezwungene Juden für in Polen einmarschierende Wehrmachtsoldaten kein ungewohntes Bild.[840]

Am augenfälligsten war die Erscheinung orthodoxer Juden in Galizien, wo bayerische und österreichische Gebirgstruppen im September Einzug hielten: »Mit[t]lerweile kamen wir in die Stadt Sambor. Wie alle Städte in Galizien, waren auch hier die Geschäfte in jüdischen Händen. Und welche schönen Namen waren an Türen und Hausfronten zu lesen. Aber noch echter waren diese jüdischen Gestalten selbst. Es war gerade Samstag und im Kaftan und einem runden Hütchen präsentierten sie sich unseren Augen. Das Gesicht war vielfach umrahmt von einem struppigen Bart. Aber sie hatten Pech, den[n] unser Schulhaus, in welchem wir einquartiert waren, musste sauber gemacht werden und so wurde den[n] das Volk Israel zusammengetrommelt mit Besen und Kübeln bewaffnet um das Schulhaus schön sauber zu machen. Was da in ihren bleichen Gesichtern vorging, kann man sich denken. Als man sie endlich laufen ließ, machten sie sich schnell aus dem Staube.«[841]

Auch in Krosno belustigten sich deutsche Soldaten auf Kosten örtlicher Juden: »Ehe der Motor anspringt, noch ein letzter komischer Eindruck vom Marktplatz. Ein Gebirgsjäger drückt einem Juden den Besen in die Hand, damit er den Platz von Unrat befreie. Der Jude wimmert und fleht, als würde er zur Schlachtbank geführt. Begreiflich, er sollte die erste ehrliche Arbeit in seinem Leben verrichten.«[842] Auf ebendiesem Marktplatz gab es – möglicherweise am selben Tag im September – »plötzlich ein lautes Hallo und gleichzeitiges Gejammer. Auf ein Auto waren Juden verstaut, jeder mit einem Besen in der Hand; man sagte, sie sollten die von den Polen ver-

839 Goldhagen, Vollstrecker, S. 335–345.

840 »Die SS stellte ganze Juden-Kompanien auf zu Reinigungs- und Aufräumarbeiten. Geschirr mussten sie stellen und natürlich umsonst arbeiten«, Soldat R. T., Brief, 17. 9. 1939, BfZ, Sammlung Sterz 28774; »Der Ort ist hart durch die Kämpfe mitgenommen. Aber schon beginnen die Aufräumarbeiten. Die [. . .] Juden [. . .] werden endlich einer nützlichen Beschäftigung zugeführt«, Hptm. K., 1. Ord. Offz. beim X. AK, TB-Aufz. »Der Feldzug in Polen«, 17. 9. 1939, BA-MA, RH24-10/554, Bl. 16; »Überall am Wegrand Leichen und Pferdekadaver. Feldgendarmerie sah man bei Aufräumarbeiten mit Juden, die zum ersten Mal in ihrem Leben die Schaufel schwingen mussten«, GJR 136 (2. GD), Poln. Feldzug (nach TB), 9. 9. 1939, BA-MA, RH37/6891, Bl. 15; »Zahlreiche Tote werden durch die Bevölkerung in den Nachmittagsstunden begraben, die aufgedunsenen Pferdekadaver von den dazu befohlenen Juden verscharrt«, SR 11, KTB PF, 10. 9. 1939, BA-MA, RH37/7272.

841 Kameraden eines Zimmers vom Schwabenheim, Ber. »Eine kurze Schilderung unseres Vormarsches durch Polen«, BA-MA, RH53-18/152.

842 Dr. Leo L. (Propaganda-Kp. 621), Ber. »Als Kriegsberichter von Bochnia nach Sambor«, BA-MA, RH50–18/147.

wüstete Fliegerkaserne reinigen. Da saßen sie nun im Auto, die einstigen Herren von Polen. Aber wie? Ganz verschämt, die bleichen Gesichter tief zu Boden geschlagen, manche Träne sah man aus den Augen perlen. Da wollte jemand die ganze Bande photographieren. Nach langem Verhandeln, schließlich mit einem gewissen Nachdruck – mehr oder minder sanft – war ein Gruppenbild gestellt. War das Bild echt, das die Juden darboten oder war alles nur Komödie? Ein Filmmann hätte da die beste Gelegenheit gehabt, die jüdische Klagemauer von Jerusalem zu kopieren. War dies alles nur Theater, was wir uns ansehen sollten oder waren die Tränen ein Ausdruck des Schreckens vor dem ›Furor teutonicus‹, der die Glieder der Juden lähmte? Eine Jüdin stand neben dem Auto und mit ihrem Klagegeheul übertönte sie das Lachen der Soldaten, bis ein Feldgendarm sie abführte.«[843]

Wenn es die Verpflegung der Truppe erforderte, griff man notgedrungen auch auf die Hilfe von Juden zurück: »Nichtjüdische Bäckereien existierten nicht und so wurde kurzerhand das Mehl auf fünf Judenbäckereien verteilt, die, wenn auch unfreiwillig, so doch unter dem Zwang der Verhältnisse auf ihren gesegneten Schlaf verzichten und für die unversöhnlichen Feinde Alljudas im Schweiße ihrer krummen Nasen die Nacht hindurch backen mussten.«[844] Am 13. September wurde von der 3. motorisierten Kompanie am Weichselufer bei Tarnobrzeg eine Rampe für eine Kriegsbrücke fertig gestellt, wofür man sich der Hilfe von 150 Juden bediente.[845] Diese Aktion »ging nicht ohne Schläge ab. Einen Juden, der mit dem Arbeitstempo nicht Schritt halten konnte, schmissen sie ins Wasser und zogen ihn wieder heraus, wobei sie ihn mit Schlägen misshandelten.«[846] Neben der Zwangsrekrutierung entlud sich die ungehemmte Gewalt und der Sadismus auf jüdische Einwohner polnischer Ortschaften im besonders beliebten Abschneiden und Abbrennen von Bärten[847] oder in erzwungenen gymnastischen Übungen.[848]

843 Lt. Franz P. (4. Gebirgsfahrkolonne), Ber. »Erinnerungen an Polen«, BA-MA, RH53-18/17.

844 Uffz. M. H. (IR 217), Ber. »Als Verpflegungsunteroffizier beim Einsatz in Polen«, BA-MA, RH53-18/152.

845 3. mot. Kp. Pi 168 (KTB), 4. 9. 1939, von Privat, Kopie im Besitz des Verfassers.

846 ZA Hersz Engelberg, 17. 3. 1947, AŻIH, 301/3212.

847 Berenstein/Rutkowski, Prześladowanie, S. 13–14.

848 Ebd., S. 14.

Morde

Die Ermordung von tausenden polnischen Juden im Spätsommer 1939 sowohl durch deutsche SS- und Polizeieinheiten als auch durch Wehrmachtformationen ist in der Forschung heute unbestritten. »Seit dem ersten September 1939 verging kein Tag, an dem nicht Wehrmacht, SS oder Polizei polnische Staatsbürger jüdischer Nationalität erschossen, erschlugen, erstachen, füsilierten oder lebendig verbrannten – von gewöhnlichen Drangsalierungen und Ausplünderungen ganz zu schweigen.«[849] Es ist jedoch kaum möglich zu sagen, in welchem Umfang sich Wehrmachtsoldaten im September 1939 an antijüdischen Gewaltmaßnahmen beteiligten oder sie selbständig durchführten. Im Raum Lublin soll »die [...] Mehrzahl der dort im September/Oktober 1939 ermordeten Juden auf das Konto regulärer Infanterie und geheimer Feldpolizei gehen, bevor die Einsatzgruppen dort eintrafen.«[850] Insgesamt lassen sich aber keine verlässlichen Aussagen darüber treffen, wie hoch die Zahl der jüdischen Opfer tatsächlich ist, die durch wilde Ausschreitungen von Wehrmachtsoldaten im September 1939 ums Leben kamen. Daher können die folgenden Fallbeispiele nur als Illustration eines Phänomens verstanden werden, über dessen tatsächliches Ausmaß sich nur spekulieren lässt.

Ein offensichtlich antisemitisch motivierter »Zwischenfall« ereignete sich am 17. September in Włodowa: »Die Truppe hatte damals die Gewohnheit, alle zweifelhaften Fälle gerichtlicher Art sich vom Halse und zum Divisionsstab zu schaffen. [...] [Schlimm] erging es einem alten Ostjuden. Er wurde, selbst laut vor Angst schreiend, von zwei Panzerschützen unter der Beschuldigung angebracht, er hätte aus dem Fenster geschossen. Er sah nicht danach aus. Die Zeugen wurden im Kreuzverhör unsicher. Ich bestimmte ein Kriegsgericht mit sehr ruhigen und verantwortungsbewussten Leuten, das zum Freispruch kam. In der Nacht wurde er bei einem angeblichen Fluchtversuch erschossen. Zwei Kriegsgerichte, die ich zur Klärung dieser Sachlage einsetzte, vermochten leider in die etwas mysteriöse Angelegenheit keine Klarheit zu bringen.«[851]

Das geläufige Prozedere, Juden als Geiseln auszuwählen[852], führte dazu, dass viele von ihnen für völlig ungeklärte Vorfälle mit ihrem Leben büßten:

849 Röhr, Zusammenhang, S. 300–301.
850 Pohl, »Judenpolitik«, S. 24–25.
851 Kdr. Gen.Lt. a. D. Freiherr Geyr v. Schweppenburg, Ber. »Einsatz der 3. PD im PF«, 17. 9. 1939, BA-MA, RH27-3/243, Bl. 25.
852 Berenstein/Rutkowski, Prześladowanie, S. 7–10.

»Inzwischen hatte es [in Solec nad Wisłą] ein Drama bei der Kirche gegeben. Man hatte, wie stets, Juden als Geiseln festgenommen, es waren 30, und in einen Keller neben der Kirche gesperrt. Trotzdem waren vom Turm aus den Polen Lichtzeichen gegeben worden. Von zwei Juden war auf der Flucht einer erschossen, der andere entsprungen. Als man den Keller aufmachte, versuchten die Juden zu fliehen, daraufhin wurden sie mit Handgranaten zurückgetrieben. Ein raues Zupacken! Aber es musste Ruhe werden, so oder so. Der dortige Führer ließ den Keller vermauern, vorher dickes Feuer machen. Nun war die Kellerluke übersehen worden, und am nächsten Morgen war Gefahr, dass ein größerer Brand entstand. Der Zahlmeister Illig hat sich dann als Löschkommando am nächsten Morgen Lorbeeren um Solec erworben.«[853]

Am 12. September ereignete sich in der Stadt Końskie ein Massaker an polnischen Juden durch Soldaten eines Luftaufklärungsbataillons der 10. Armee.[854] Für den Nachmittag des 12. September war dort die Beerdigung von vier gefallenen deutschen Soldaten angesetzt worden. Ihre Leichen hatte man einige Zeit in der Kirche des Ortes aufgebahrt, und es verbreitete sich das unzutreffende Gerücht, die Körper wiesen Anzeichen von Verstümmelungen auf. Aus den umliegenden Häusern wurden nun etwa 40 bis 50 Juden[855] von Soldaten und Männern des Arbeitsdienstes zusammengetrieben, um auf einem öffentlichen Platz die Gräber für die Gefallenen auszuheben. Einige von ihnen wurden dafür mit Schaufeln ausgestattet; wer keine erhielt, musste mit den bloßen Händen graben. Von Beginn an wurden die jüdischen Männer von den Soldaten, die der Szene beiwohnten, brutal misshandelt. Sie wurden »von Soldaten mit Gewehrkolben gestoßen und mit Zaunlatten geschlagen. Wenn sie infolgedessen hinfielen, wurden sie von den Soldaten mit Stiefeln ins Gesicht getreten. Ein Soldat, der sich besonders roh benahm, wurde von einem hinzukommenden Oberleutnant der Luftwaffe zur Ortskommandantur abgeführt.«[856] Der Ortskommandant Major Schulz, der sich selbst an Ort und Stelle begab, wies die Männer darauf hin, »dass die Juden zwar an allem Unglück, das jetzt über die Welt gekommen sei, die Schuld hätten, deutsche Soldaten aber trotzdem Disziplin halten und sich vor Ausschreitungen hüten müssten.«[857]

853 Rgt.-Arzt des IR 101 (KTB im PF, Abschrift), 12. 9. 1939, BA-MA, MSg 1/541.
854 Zu den Vorgängen, 12. 9. 1939 in Końskie vgl. Ber. des Oberkriegsrats Rittau der 10. A., 19. 9. 1939, BA-MA, RH19-I/112, Bl. 128–132, sowie Rossino, Impulses, S. 358–360.
855 Nach ZA Stanisław Gut, 15. 6. 1949, könnten es auch mehr gewesen sein, BAK, All-Proz 5/201, POL 10.
856 Ber. des Oberkriegsrats Rittau der 10. A., 19. 9. 1939, BA-MA, RH19-I/112, Bl. 130–130 RS.
857 Ebd., Bl. 130 RS.

Bezeichnend ist, dass Schulz den Soldaten nicht befahl, die Übergriffe zu beenden, sondern sie geradezu dazu überreden musste. Den malträtierten Juden wurde nach der Intervention des Ortskommandanten gestattet, sich vom Platz zu entfernen. Die Misshandlungen setzten daraufhin jedoch in Form von Schlägen und Tritten wieder ein. Der erneute Gewaltausbruch der Soldaten verursachte bei den noch anwesenden Juden eine Panik. Sie begannen zu schreien und vom offenen Platz in Richtung eines großen Torbogens zu laufen, um dort Schutz zu suchen. In diesem Augenblick näherte sich dem Platz ein Militärfahrzeug, an dessen Steuer der 2. Leutnant d. R. Bruno Kleinmichel saß. Als dieser die verängstigte Gruppe auf sich zukommen sah, eröffnete er das Feuer. Die etwa 40 bis 50 Wehrmachtsoldaten, die sich noch auf dem Platz aufhielten, begannen nun ebenfalls, wild in die Menge der Flüchtenden oder in die Luft zu schießen. Kleinmichel hatte inzwischen sein Fahrzeug verlassen und weiter Schüsse auf die wehrlosen Juden abgegeben.

Nach dem Abklingen der Schießerei lagen neunzehn Juden tot auf der Straße, acht waren schwer verletzt, drei von ihnen erlagen bis zum 15. September ihren Wunden.[858] Die Überlebenden wurden dazu angehalten, die Leichen vom Platz zu schaffen. Die Opfer wurden anschließend auf dem jüdischen Friedhof von Końskie beerdigt.[859]

Das Kriegsgericht, das sich mit der Untersuchung des Vorgangs beschäftigte, kam zu dem Ergebnis, Kleinmichel habe »vorsätzlich Menschen getötet, ohne dass er die Tötung mit Überlegung ausführte«.[860] Aufgrund der vermuteten Verstümmelung deutscher Soldaten, die ihn zu unbesonnenem Handeln verleitet habe, wurden ihm mildernde Umstände zugestanden. Des Weiteren wurde ausgeführt, die polnische Bevölkerung habe sich während des Polenkrieges »nicht gescheut, [...] sich völkerrechtswidrig am Kampfe zu beteiligen«.[861] Damit erteilte das Gericht deutschen Soldaten nicht nur einen Freibrief für Ausschreitungen gegen die polnische Zivilbevölkerung. Vielmehr wurde hier in einem offiziellen deutschen Dokument erstmalig Judenmord mit angeblicher vorheriger Freischärlertätigkeit in Zusammenhang gebracht und gerechtfertigt. Kleinmichel wurde zu einem Jahr Gefängnis verurteilt.

Die anderen Wehrmachtsoldaten, die blindlings in die Menge geschossen

858 Ebd.
859 Nach ZA Stanislaw Gut, 15. 6. 1949, BAK, AllProz5/201, POL 10. Leni Riefenstahl wurde zufällig Zeugin dieses Vorfalls, Riefenstahl, Memoiren, S. 350–353; vgl. dazu Manstein, Siege, S. 33–44; Rother, Riefenstahl, S. 140–145; Król, Riefenstahl, S. 374–376; Kinkel, Scheinwerferin, S. 219–222.
860 Ber. des Oberkriegsrats Rittau der 10. A., 19. 9. 1939, BA-MA, RH19-I/112, Bl. 131 RS.
861 Ebd., Bl. 132.

hatten, wurden nicht zur Verantwortung gezogen. Sie hatten durch die vorherige Misshandlung der Juden die Situation provoziert, und sie waren sich dessen bewusst, dass es sich bei den Juden, auf die man schoss, nicht etwa um flüchtende Gefangene handelte. Das Kriegsgericht dagegen schenkte der Beteiligung einfacher Soldaten an der Schießerei keinerlei Beachtung. Kleinmichel stand nicht als Mörder, sondern als Offizier vor Gericht, der undiszipliniertes Verhalten an den Tag gelegt hatte.

Das tatsächliche Ausmaß der jüdischen Opfer von Wehrmachtübergriffen im September 1939 wird sich nicht mehr eruieren lassen. Zu selten fanden die allerorts praktizierten Quälereien, die in den persönlichen Beschreibungen von Soldaten zwischen den Zeilen, in den Schilderungen Überlebender dagegen *en detail* nachzulesen sind, Niederschlag in der amtlichen Überlieferung. Jedenfalls waren polnische Juden auch nach Ende der Kampfhandlungen vor deutschen Soldaten nicht sicher. Der Chef des Generalstabs, Franz Halder, notierte noch am 5. Oktober in seinem Kriegstagebuch: »Judenmorde – Disziplin.«[862]

Plünderungen und Vergewaltigungen

Plünderungen und andere Ausschreitungen durch Wehrmachtsoldaten, die in den ersten Wochen des Polenkrieges für die Wehrmachtbehörden ein ernsthaftes Problem darstellten und mit aller Härte geahndet wurden[863], richteten sich des Weiteren häufig gezielt gegen jüdische Händler und Privatleute. Marcel Reich-Ranicki hat mit seiner Einschätzung der Motive deutscher Soldaten für derartige Übergriffe sicherlich Recht: »Diese Soldaten, die immer wieder Wohnungen von Juden überfielen, wollten sich bereichern. Doch sollte man ein ganz anderes Motiv nicht unterschätzen: Sie taten etwas, was ihnen augenscheinlich Freude bereitete. Zu dieser Vergnügungssucht kam oft jene Neigung zum Sadismus hinzu, die sie in der Heimat verbergen mussten und die sie im feindlichen Polen, davon waren unzählige Deutsche in Uniform überzeugt, nicht zu unterdrücken brauchten: Hier hatten sie auf nichts und niemand Rücksicht zu nehmen, hier unterlagen sie keiner Aufsicht und keiner Kontrolle. Anders als am Rhein oder Main konnten sie endlich tun, wovon sie schon immer geträumt hatten: die Sau rauslassen.«[864]

---

862 Jacobsen, Halder (Bd. 1), S. 98 (5. 10. 1939).
863 Siehe Kapitel 8.
864 Reich-Ranicki, Mein Leben, S. 183–184. Für den Hinweis auf dieses Zitat Dank an Klaus-Michael Mallmann.

Zumindest waren viele deutsche Soldaten davon überzeugt, dass Verbrechen gegen Juden von den Kriegsgerichten nicht geahndet werden würden. In einschlägigen Befehlen im September wurde jedoch geradezu gebetsmühlenartig darauf hingewiesen, dass auch Plünderungen in jüdischen Häusern Straftaten darstellten.[865] Der Kommandeur der 3. Panzerdivision berichtete am 17. September aus Włodowa: »Die Truppe zeigte Ansatz zu undiszipliniertem Verhalten. Es wurden Ansichten laut, als ob bei Juden geplündert werden konnte. Eine geringe Zahl kriegsgerichtlicher Verhandlungen verschaffte Klarheit.«[866] In Białaczów kam es am Abend des 25. September ebenfalls zu »selbständigen Ausschreitungen Einzelner gegen die Juden des Ortes. Durch hartes Zufassen wird die Disziplin der Truppe wieder hergestellt.«[867]

Der Unteroffizier der Kraftfahrkompanie 541, Wilhelm S., führte bei seiner Vernehmung anlässlich einer größeren Plünderungsaktion mit LKW in Kielce am 16. September 1939 zu seiner Entlastung an: »Es hat bei uns allgemein geheißen, dass die Judenläden geplündert werden sollen. Wer das zu mir gesagt hat, weiß ich nicht mehr. Ich habe bei der Wegnahme der Sachen nichts Unrechtes gefunden, da Unteroffizier G. erklärte, dass alles für die [sic] Kompanie gehöre.«[868] Einen möglichen Hinweis auf die Umstände, die solche Plünderungen bei Juden häufig begleiteten, gab der Unteroffizier Heinrich G. von der 3. Kompanie des Straßenbaubataillons 538, als er mit mehreren Soldaten und etwa 100 Paketen mit einem Lastwagen am 16. September vor dem Paketpostamt in Breslau (Wrocław) vorfuhr und auf Befragung kurzerhand erklärte, »dass sich in den Paketen [...] auch Gegenstände, die die Soldaten unter Lebensgefahr aus brennenden jüdischen Häusern herausgeholt hätten, befinden. Die Häuser waren alle leer und wären die Sachen verbrannt [sic].«[869]

Eine Anekdote am Rande der Schlacht beschrieb ein Soldat am 21. September in einem Brief an seine Familie: »Heute gab es ein Hallo. Ich war

865 XVII. AK, Korpsbefehl, 7. 9. 1939, BA-MA, RH24-17/221; XVII. AK, Korpstagesbefehl, 12. 9. 1939, BA-MA, RH24-17/7; AOK 10, Tagesbefehl, 27. 9. 1939, BA-MA, RH37/1330, Bl. 150; XVII. AK, Korpsbefehl, 29. 10. 1939, BA-MA, RH24-17/232, Bl. 6; XVIII. AK, Bes. Anordn. f. d. Vers. Nr. 10, 8. 10. 1939, BA-MA, RH24-18/4.
866 Kdr. Gen.Lt. a. D. Freiherr Geyr v. Schweppenburg, Ber. »Einsatz der 3. PD im PF«, 17. 9. 1939, BA-MA, RH27–3/243.
867 3./Pi 79 (KTB), 25. 9. 1939, BA-MA, RH46/831.
868 Vern. des Uffz. Wilhelm S. am 18. 9. 1939 bei der GFP 520, BA-MA, RH19-I/112, Bl. 113. Von Plünderungen in jüdischen Geschäften in Kielce berichtet auch Szaja Salcberg, ŻA in AŻIH, 301/1705.
869 Auszug aus der Meldung der Kriminalpolizeistelle Breslau [undatiert]; die Untersuchung des Vorfalls wurde ergebnislos eingestellt, BA-MA, RH19-I/112, Bl. 45.

bei einem Juden einen Radioapparat requirieren[870] (den er logischerweise nicht hatte). Als ich aber die Pistole zog und ihm sagte, er soll sich drei Schritte entfernen, gab er ihn heraus, und zu unserer Überraschung hatte er – 130 Flaschen Wein, außerdem sieben Fässer zu 250 Litern liegen. Wir machten einige Flaschen auf, ließen ihn zuerst trinken, damit wir die Gewissheit haben, ob der Wein nicht vergiftet ist. Trinkt er, dann können wir auch trinken. Nun Weiberl, prost! Bei uns ist es so, wir sind im Feindesland, und ich traue keinem Menschen! Lieber soll die Pistole sprechen, bevor ich daran glaube, denn Munition haben wir genug. Denn wenn du solche Menschen siehst, bleibt dir der Verstand stehen, dass so etwas im 20. Jahrhundert noch möglich ist. Die Juden wollen uns die Hand küssen, aber – wir ziehen die Pistole, und man hört *Gott soll mich beschützen* – und er lauft [sic], so schnell er kann.«[871]

Plünderungen jüdischer Wohnungen gingen oft mit der Vergewaltigung jüdischer Frauen einher.[872] In Radom wurden am 9. September »von Wehrmachtsoldaten und -offizieren die Geschäfte geplündert [...]. Sie gingen vor allem in die Juwelier- und Tuchgeschäfte, suchten sich aus, was ihnen gefiel und ließen es sich einpacken. [...] Sie gingen sogar in die Banken und lösten dort Wechsel ein. Bei den Richtmans und den Rosenbergs vergewaltigten sie die Töchter.«[873] Die drei Wehrmachtsoldaten Kerner, Baudisch und Rothe plünderten drei Tage hintereinander die Wohnungen jüdischer Familien in Busko und vergewaltigten dort zudem jüdische Frauen. Baudisch hatte sich von seinen Kameraden mit dem Argument zu den Verbrechen überreden lassen, dass es völlig in Ordnung und nicht strafbar sei, Verbrechen gegen Juden zu begehen. Dementsprechend hatten sich die Übergriffe der drei Männer tatsächlich ausschließlich gegen Juden gerichtet.[874]

Der Fall wurde ruchbar, weil auf Anzeige einer der geschädigten Familien hin kriegsgerichtliche Ermittlungen eingeleitet wurden. Es wirft allerdings ein merkwürdiges Licht auf die Untersuchung, dass das größte Interesse der Frage gewidmet wurde, ob bei den Vergewaltigungen der Geschlechtsakt tatsächlich vollzogen wurde und ob die Delinquenten sich über die Bestimmungen der Nürnberger Gesetze im Klaren gewesen seien.

870 Die Abgabe von Rundfunkgeräten war allerdings Anfang Sep. von den Besatzungsbehörden offiziell angeordnet worden, Umbreit, Militärverwaltungen, S. 139.

871 Soldat F. F., Brief, 21. 9. 1939, BfZ, Sammlung Sterz 09840. Hervorhebung im Original.

872 Berenstein/Rutkowski, Prześladowanie, S. 14–16.

873 ZA Maria Melchior-Frydmanowa, 30. 10. 1946, AŻIH, 301/2161.

874 Rossino, Impulses, S. 357–358.

In der Anklageschrift wurden sie der Vergewaltigung, Erpressung, Plünderung und Rassenschande [!] beschuldigt.[875] Ein Urteilsspruch ist nicht überliefert.

Wie sich bereits bei der schlechten Behandlung und Ermordung jüdischer Kriegsgefangener gezeigt hatte, wurden polnische Juden von deutschen Soldaten im September 1939 als Freiwild betrachtet. Die allgegenwärtige Bedrohung ihrer Würde und ihres Lebens war eine direkte Folge von den durch die nationalsozialistische »Erziehung« verstärkten rassistischen Vorurteilen gegenüber dem so genannten Ostjudentum. Während situativen Aspekten hier allenfalls eine untergeordnete Rolle zuzurechnen ist, trugen besonders zwei äußere Faktoren zu der allgegenwärtigen antisemitischen Gewaltanwendung bei: Da die polnischen Juden im Gegensatz zu ihren Glaubensbrüdern im Deutschen Reich nicht assimiliert waren, machte sie ihr traditionelles äußeres Erscheinungsbild – Frisur und Barttracht sowie festliche Kleidung an den zahlreichen jüdischen Feiertagen im September 1939 – zu einer leicht auszumachenden Beute, und es schien zugleich die Gültigkeit von durch die Karikaturisten nationalsozialistischer Hetzblätter geschürten Ressentiments zu bestätigen. Zudem liefen deutsche Soldaten kaum Gefahr, wegen der Demütigung, Beraubung oder Ermordung von Juden mit der vollen Härte des Gesetzes zur Verantwortung gezogen zu werden. Zwar wurden vorgesetzte Stellen nicht müde zu betonen, dass auch Plünderungen jüdischer Wohnungen gegen geltendes Kriegsrecht verstießen. Die im Vergleich zur Verbreitung antisemitischer Übergriffe lächerlich geringe Zahl überlieferter kriegsgerichtlicher Untersuchungen spricht den hier zumindest dem Anschein nach formulierten Rechtsgrundlagen jedoch ebenso Hohn wie das in ihnen verhängte geringe Strafmaß, das ebenso wie das Fehlverhalten von Mannschaftssoldaten als Ausdruck eines innerhalb der Wehrmacht bereits im Spätsommer 1939 salonfähigen Antisemitismus angesehen werden muss.

875 Ermittlungen der Feldgendarmerie-Abt. (mot.) 682, 29.9.1939, BA-MA, RH19-I/192, Bl. 51–55RS.

10. Kapitel: Kooperation mit SS- und Polizeieinheiten

Die Erschießungen, denen im Spätsommer 1939 tausende Polen und Juden zum Opfer fielen, hatte die westliche Forschung bislang hauptsächlich paramilitärischen Formationen wie den Einsatzgruppen der Sicherheitspolizei oder dem »Volksdeutschen Selbstschutz« angelastet. In Wirklichkeit wurde ein beträchtlicher Teil dieser Gewalttaten von Wehrmachtsoldaten verübt. Es wäre aber irrig, nun den Umkehrschluss zu ziehen und der Wehrmacht die alleinige Schuld am Leiden der Einwohner Polens in diesen Tagen zu geben. In der polnischen Historiographie hat man sich in der Vergangenheit allzu schnell mit dem Hinweis begnügt, die Militärverwaltung sei damals als Inhaberin der vollziehenden Gewalt eben für alle Gewalttaten verantwortlich gewesen, die sich auf deutsch besetztem Gebiet ereigneten.[876] Diese Sichtweise ist zwar formaljuristisch korrekt, trägt aber nicht zu einer differenzierteren Betrachtung der Rolle der Wehrmacht hinsichtlich der während des Polenkrieges verübten Massaker bei. Hierzu muss vielmehr das Verhältnis der Wehrmachtführung, der örtlichen Befehlshaber sowie der Truppe gegenüber den im Polenkrieg eingesetzten paramilitärischen Einheiten genauer untersucht werden.

Wehrmacht und Einsatzgruppen der Sicherheitspolizei

Die bevorstehende Eroberung weiter polnischer Landstriche brachte für die deutschen Planer zwangsläufig Probleme mit sich, denen im Vorfeld Rechnung getragen werden musste. Zum einen nahm man an, die polnische Bevölkerung neige aufgrund eines postulierten »Nationalcharakters« zu Aufstandsbewegungen, die im Keim unterbunden werden mussten, um die Sicherheit in den besetzten Gebieten zu gewährleisten. Zum anderen war man im Begriff, einen Landstrich zu unterwerfen, in dem eine große Anzahl

---

876 Datner, 55 dni, S. 58–65.

Juden lebte, die allgemein als Feinde des Deutschen Reiches angesehen wurden.

Mit der Lösung dieser »Probleme« beschäftigte man sich Ende Mai im Berliner Sitz der Sicherheitspolizei. In einer neu eingerichteten Zentralstelle II P (Polen) und im »Judenreferat« II 112 begann man damit, alle das Deutschtum und das Judentum in Polen betreffenden Informationen zu bündeln. Beide Maßnahmen betrafen die zukünftige »Behandlung« von »Staatsfeinden«, wobei in der Zentralstelle vor allem Hinweise auf polnische Nationalisten, die in der Vergangenheit durch deutschfeindliche Tätigkeit aufgefallen waren, gesammelt wurden. Im Sommer 1939 wurden vier polizeiliche Einsatzgruppen aufgestellt, deren Auftrag im Falle einer deutschen Invasion Polens in der »Bekämpfung aller reichsfeindlichen Elemente im Feindesland rückwärts der fechtenden Truppe« bestand.[877] Damit bezog man sich auf reichsdeutsche Emigranten und Polen, die »offensichtlich gewillt und auf Grund ihrer Stellung und ihres Ansehens in der Lage [seien], Unruhe zu stiften.«[878] An der Wehrmachtspitze war man frühzeitig über solche Planungen unterrichtet. Generalstabschef Franz Halder bemerkte bereits im April 1939, dass »die Besetzung des Landes [hinter der kämpfenden Truppe] in weitem Maße von den paramilitärischen Formationen der Partei vorgenommen werden« würde.[879]

Der Auftrag der Einsatzgruppen ging weit über die Sicherung des eroberten Gebietes hinaus. In Wirklichkeit fielen die »Maßnahmen«, die sie ergreifen sollten, in die Rubrik dessen, was die nationalsozialistische Staatsführung euphemistisch als »Volkstumspolitik« bezeichnete. Dies bedeutete die unerbittliche Verfolgung bis zur physischen Vernichtung von zuvor als »reichsfeindlich« definierten Schichten der Bevölkerung des zu besetzenden Landes. Die Dimensionen der für Polen vorgesehenen »volkstumspolitischen Flurbereinigung« mögen innerhalb der Wehrmachtführung im Vorfeld des Angriffes noch nicht vollständig absehbar gewesen sein. Über den generell verbrecherischen Charakter der bevorstehenden Aktionen der Einsatzgruppen konnte man sich allerdings kaum Illusionen machen.

Gemäß einer Aufzeichnung seiner Ansprache vor den höheren Wehrmachtbefehlshabern auf dem Obersalzberg am 22. August soll Hitler damals sogar die Verwendung paramilitärischer Mordkommandos offen angekündigt haben: »So habe ich, einstweilen nur im Osten, meine Toten-

877 Richtlinien für den auswärtigen Einsatz der Sipo und des SD, 31.7. 1939, BAB, R58/241.

878 Wildt, Generation, S. 421–427.

879 Hartmann/Slutsch, Halder, S. 493.

kopfverbände bereitgestellt mit dem Befehl, unbarmherzig und mitleidslos Mann, Weib und Kind polnischer Abstammung und Sprache in den Tod zu schicken. Nur so gewinnen wir den Lebensraum, den wir brauchen.«[880] Der Chef der militärischen Abwehr, Admiral Wilhelm Canaris, brachte drei Tage nach Hitlers Ansprache gegenüber Generalstabschef Halder seine »Besorgnis wegen [der] Rolle der Totenkopfverbände« zum Ausdruck.[881] Am 29. August 1939 wurden dessen ungeachtet die notwendigen Absprachen zwischen militärischen Stellen und Vertretern der Berliner Polizeibehörde getroffen.[882] Oberst Eduard Wagner, Stabschef beim Generalquartiermeister, zeigte sich zufrieden mit den Verhandlungen: »Wir kamen schnell überein.«[883] Die mittlerweile fünf Einsatzgruppen, die den fünf für den Angriff auf Polen bereitgestellten Armeen zugeteilt wurden, sollten in zwei Wellen zunächst 10 000, später 20 000 Festnahmen durchführen; die Verhafteten waren in Konzentrationslager zu verbringen.[884] Bei einem derart summarischen Vorgehen kann kaum davon ausgegangen werden, innerhalb der Wehrmachtführung hätte zum damaligen Zeitpunkt noch die Überzeugung vorgeherrscht, dass hierbei nach rechtsstaatlichen Grundsätzen verfahren würde. Als Hitler sich durch die Einsatzgruppen den erwünschten »propagandistischen Anlass zur Auslösung des Krieges«[885] liefern ließ, indem er deutsche Polizisten – als polnische Soldaten und Freischärler verkleidet – im oberschlesischen Grenzraum am Vorabend des Angriffes polnische Überfälle auf Reichsgebiet vortäuschen ließ, war die Wehrmacht nicht nur vorab in Kenntnis gesetzt worden, sondern sie stellte sogar die für dieses Täuschungsmanöver benötigten polnischen Unifor-

880 Ansprache des Führers am 22. 8. 1939, Dok. L-3, abgedruckt in ADAP, Serie D (Bd. 5), S. 171, Anm. 1. Die Aufz. Dok. L-3 wurde in Nürnberg allerdings nicht als Beweisdokument zugelassen, vgl. hierzu Baumgart, Ansprache. Ein Exekutionsbefehl wurde den Einsatzgruppen offenbar tatsächlich bereits vor Angriffsbeginn mündlich erteilt, vgl. Weitbrecht, Exekutionsauftrag.
881 Jacobsen, Halder (Bd. 1), S. 30 (29. 8. 1939). Dass Canaris sein Unbehagen hinsichtlich der sich abzeichnenden nationalsozialistischen Vernichtungspläne für Teile der polnischen Bevölkerung drei Tage nach Hitlers Ansprache ebenfalls wörtlich mit den Totenkopfverbänden in Verbindung brachte, ist ein bisher kaum beachtetes Indiz dafür, dass Hitler die in der Aufz. Dok. L-3 enthaltenen drastischen Formulierungen damals tatsächlich verwandte. Vgl. hierzu Baumgart, Ansprache, S. 138.
882 Oberst Eduard Wagner vermerkte in seinem Tagebuch am 29. 8. 1939: »Besprechung bei Ministerialrat Best (SD), anschließend bei dem berüchtigten Chef des SD – Heydrich. Es handelt sich um den Einsatz der Gestapo-Gruppen im Operationsgebiet«, abgedruckt bei Wagner, Generalquartiermeister, S. 103 (29. 9. 1939).
883 Ebd.
884 Jacobsen, Halder (Bd. 1), S. 44 (29. 9. 1939).
885 Zweite Ansprache des Führers am 22. 8. 1939, abgedruckt in ADAP, Serie D (Bd. 5), S. 172.

men.[886] Über den »illegalen Charakter« war man sich seitens der Wehrmacht dabei durchaus im Klaren. Generalstabschef Halder erwiderte auf Vorhaltungen Canaris', dass er »von derartigen Unternehmungen« nicht viel hielte, »dass aber nichts zu machen sei, wenn sie vom Führer befohlen wären, er könne den Führer nicht fragen, wie er sich die Ausführung dieses speziellen Unternehmens dächte«.[887] Ebenso bitter wie zutreffend notierte Canaris diesbezüglich in seinem Tagebuch: »Die Chefs haben sich durch eigene Schuld jedes Einflusses beraubt.«[888]

In der ersten Woche des deutschen Einmarsches war von dem Misstrauen, das innerhalb der Wehrmachtführung angesichts der Aufstellung der Einsatzgruppen der Sicherheitspolizei vor Angriffsbeginn laut geworden war, wenig zu spüren. Die deutschen Truppen hatten mit der Verfolgung des sich zurückziehenden Gegners zunächst alle Hände voll zu tun. Durch die sich rasch nach Osten verlagernde Frontlinie waren alsbald weite Teile des bereits eroberten Gebietes von Sicherungskräften entblößt.

Von Auseinandersetzungen mit polnischen Partisanen war man bereits vor Angriffsbeginn ausgegangen, auch Generaloberst Halder rechnete Mitte August mit einem »Kleinkrieg hinter der Front«.[889] Die Freischärlermeldungen, die in den ersten Tagen aus dem gesamten Kampfgebiet beim Generalstab eintrafen, vermittelten den Eindruck, dass tatsächlich eine starke Bedrohung der Truppe und des Hinterlandes durch polnische Partisanen bestünde. »Abscheuliche Banden – und Franktireurkrieg, Unsicherheit überall. Die Truppe greift scharf durch«, notierte Oberst Wagner am 5. September[890], und machte mit dem Ruf nach einer »Polizeiwalze hinter [den] Armeen« unmissverständlich klar, dass man seitens des OKH bei der Bewältigung des »Freischärlerkrieges« auf polizeiliche Unterstützung zählte.[891] Himmler reagierte sofort auf den scheinbaren Volksaufstand in Polen, der ihm die Handhabe lieferte, auch gegenüber den militärischen Stellen ein rücksichtsloses Vorgehen der SS- und Polizeiverbände gegen die polnische Bevölkerung zu rechtfertigen. Bereits am 3. September erging seine Anordnung an alle Einsatzgruppen, »polnische Aufständische, die auf frischer Tat oder mit der Waffe ergriffen werden, [...] auf der Stelle zu er-

886 Gruchmann, Krieg, S. 11–37; auch Runzheimer, Grenzzwischenfälle; Szefer, Akcja »Tannenberg«; Spieß/Lichtenstein, Unternehmen Tannenberg.
887 Ber. über die Aussprache mit Gen.Obst. Keitel am 17. 8. 1939, zit. nach Gruchmann, Krieg, S. 17.
888 Krausnick/Deutsch, Groscurth, S. 180.
889 Jacobsen, Halder (Bd. 1), S. 19 (17. 8. 1939).
890 Wagner, Generalquartiermeister, S. 127, 5. 9. 1939.
891 Jacobsen, Halder (Bd. 1), S. 62 (6. 9. 1939); Mallmann, »Mißgeburten...«, S. 72.

schießen. Werden Gruppen von Aufständischen geschlossen festgenommen, so ist mir unverzüglich Meldung zu erstatten und meine Entscheidung über die weitere Behandlung der Aufständischen einzuholen.«[892] Die Wehrmacht war von Himmlers Franktireurbefehl zunächst nicht in Kenntnis gesetzt worden.[893]

Die erste Gelegenheit, das Zusammenspiel zwischen Wehrmacht und Einsatzgruppen im Kampf gegen angebliche Aufständische zu erproben, bot sich im Operationsgebiet der 4. Armee im Rahmen der »Befriedung« von Bromberg.[894] Mit den Wehrmachteinheiten war am 5. September eine Vorausabteilung des Einsatzkommandos 2 in Bromberg eingerückt.[895] Bereits auf dem Vormarsch hatte eine Zusammenarbeit zwischen der Wehrmacht und diesem »Teilkommando Schoene« in der Form stattgefunden, dass deutsche Soldaten verdächtige Zivilisten dem Kommando überstellten, welches diese kurzerhand erschoss.[896] Beim Einmarsch in Bromberg mussten »auch die Männer dieses Einsatztrupps [...] von der Waffe Gebrauch machen«.[897] 30 Mann des Voraustrupps hatten sich »zusammen mit 12 Kameraden der Feldgendarmerie und den wenigen Angehörigen des Stabes des Generals von Gablenz [...] allein und ohne weitere militärische Unterstützung im Straßenkampf den Weg zum Rathaus erkämpft«.[898]

Dem für Bromberg und Umgebung zuständigen AOK 4 war am 6. September vom OKH mitgeteilt worden, es habe »auf Weisung des Führers [...] gegen Sabotage und Aufstände im besetzten Gebiet mit den schärfsten Mitteln vorzugehen«.[899] Im Verlauf andauernder Schießereien im Stadtgebiet wurden in der Nacht vom 7. auf den 8. September ein Ordnungspolizist und ein Angehöriger der Luftwaffe getötet. »Wir aber schworen den feigen Heckenschützen in jener Nacht blutige Rache!«, notierte nachträglich der Führer des Einsatzkommandos 2, Helmut Bischoff, »unser Entschluss, mit

---

892 Der Erlass wird wörtlich zit. in einem Fernschreiben des Chefs der Orpo Daluege an d. Befehlshaber der Orpo, 16. 9. 1939, NA, RG 242, T-312, R. 126, Fr. 7658870–71.

893 Krausnick/Wilhelm, Truppe, S. 42–51.

894 Zur Einnahme Brombergs durch die Wehrmacht vgl. S. 135–139.

895 Das EK 2 gehörte zur der 4. Armee zugeteilten EG IV unter SS-Brif. Lothar Beutel.

896 Vgl. hierzu und zum Folgenden generell: Krausnick/Wilhelm, Truppe, S. 57–62, hier: S. 59.

897 CdS, Tg.Ber. »Unternehmen Tannenberg«, 7. 9. 1939 morgens, BAB, R 58/7001, Bl. 10–11.

898 Ber. »Einsatzkommando im PF von SS-Stubaf. und Regierungsrat Bischoff«, Esman/Jastrzębski, Pierwszy miesący, S. 114. Der Ber. wurde von dem Chef des EK 2 nach Abschluss der Kampfhandlungen verfasst und dem SS-O.Stubaf. Froese für eine Chronik der Stadt Bromberg am 3. 3. 1943 zugeschickt.

899 OKH, GenStdH, Gen.Qu. (Qu. 2) an AOK 4, 6. 9. 1939, zit. nach Krausnick/Wilhelm, Truppe, S. 57.

dem Gesindel radikal aufzuräumen, stand nunmehr endgültig fest.«[900] Der Stadtkommandant, den die Ortskommandantur 586 nach dem Abrücken der Kampfgruppe Netze stellte, gab Bischoffs Leuten freie Hand:»Dieser Herr war entsetzt über die Forderungen, die die Sicherheitspolizei [...] an ihn stellte. Auf unser Verlangen nach öffentlicher Erschießung von 50 Geiseln erklärte er, [...] wenn wir [...] selbst die Verantwortung für derartige Maßnahmen übernehmen wollten, dann würde er uns nichts in den Weg legen [...]. Als die Polen sogar die unverschämte Frechheit besaßen, von der am Marktplatz gelegenen Kirche aus mittags um 12 Uhr zu schießen, fanden endlich die ersten Geiselerschießungen in aller Öffentlichkeit auf dem Marktplatz statt.«[901]

Zeitgleich begannen Wehrmacht- und Polizeieinheiten mit so genannten Säuberungsaktionen im Stadtgebiet. Nachdem der Kommandant des rückwärtigen Armeegebietes 580, Generalmajor Walter Braemer, am 8. September die vollziehende Gewalt in Bromberg übernommen hatte, zog er eine erste Bilanz:»Bisherige Säuberungsaktionen, von den einzelnen Truppenteilen angesetzt, ergeben Folgendes: Erschossen 200–300 polnische Zivilisten. Mitteilung stammt von Ortskommandantur Bromberg. Kommissarischer Oberbürgermeister Kampe schätzt Zahl der Erschossenen auf mindestens 400. Genaue Zahlen sind nicht zu ermitteln. Durchgeführt von Polizei, SD-Einsatzgruppe und Truppen, vornehmlich Flieger Nachrichtenregiment 1.«[902] Die vage Angabe von Todesopfern liefert einen Beleg für die chaotischen Verhältnisse vor Ort. Offenbar übte die Ortskommandantur keine nennenswerte Kontrolle über ihre Truppen und die neben ihnen eingesetzten Polizeieinheiten aus. Dementsprechend war Generalmajor Braemer noch am Abend des 7. September vom AOK 4 nahe gelegt worden, dass bei einem weiteren»Einsatz von neu unterstellten Polizeiverbänden und Sondereinheiten« nach völkerrechtlichen Bestimmungen vorgegangen werden sollte.[903]

Der neue Ortskommandant war jedoch im Gegensatz zu seinem zögerlichen Vorgänger zu scharfem Durchgreifen entschlossen. Seit 1932 hauptamtlicher SS-Funktionär – und 1938 zum SS-Brigadeführer avanciert[904] – unterschied sich Braemer in weltanschaulicher Hinsicht kaum von SS-Sturmbannführer Bischoff und dessen Männern vom Einsatzkommando 2.

900 Ber. »EK im PF von SS-Stubaf. und Regierungsrat Bischoff«, Esman/Jastrzębski, Pierwszy miesący, S. 116.

901 Ebd., S. 118.

902 Korück 580 (KTB), Lage am 9. 9. 1939 morgens, BA-MA, RH23/167, Bl. 41.

903 AOK 4, Bes. Anordn. f. d. rückw. Dienste Nr. 13, 7. 9. 1939, NA, RG 242, T-312, R. 117, Fr. 7645823.

904 BDC, SSO-Akte Walter Braemer, vgl. Gerlach, Morde, S. 612, Anm. 628.

Bei einer für den 10. September angesetzten umfassenden Säuberungsaktion durch Einheiten von Wehrmacht und Einsatzgruppen kam es offenbar zu Übergriffen, so dass sich Braemer am Abend des 10. September gemäß der Mahnung des AOK 4 dazu genötigt sah, darauf hinzuweisen, dass »jeder, bei dem eine Waffe in der Wohnung gefunden wird, [...] zur Aburteilung dem Sondergericht zuzuführen [ist]. Es ist der Truppe verboten, solche Leute sofort zu erschießen.«[905] Die »Säuberungsaktion« fand allerdings gemäß einem Befehl zur Sicherung und Befriedung Brombergs, den der neue Ortskommandant unmittelbar nach seinem Amtsantritt erlassen hatte, vor allem in den »bisher als gefährlichsten erkannten Stadtteile[n]« statt.[906] Als solches wurde von Braemer das hauptsächlich von Arbeitern bewohnte Viertel Schwedenhöhe angesehen. Am 10. September resümierte er im Kriegstagebuch der Kommandantur des rückwärtigen Armeegebietes (Korück) 580: »Die Säuberungsaktion im gemeinsten Kommuneviertel ergibt: etwa 120 Erschossene, 900 Verhaftete (*übler Mob*).«[907]

Bis zu diesem Tag war die Zahl der Geiseln auf insgesamt 1400 angestiegen.[908] 100 von ihnen waren am Vortag von 12 bis 18 Uhr der restlichen Bevölkerung zur Abschreckung auf dem Marktplatz von Bromberg vorgeführt worden. Nachdem in der Nacht von Samstag auf Sonntag[909] ein deutscher Soldat angeschossen worden war, vermerkte Braemer im Kriegstagebuch des Korück 850: »Ich befehle die Erschießung von 20 Geiseln auf dem Markt. Mittags vollstreckt.«[910] Die Exekution wurde durch die Feldgendarmerie durchgeführt, weitere fünf Zivilisten wurden bei einem Fluchtversuch erschossen.[911]

Lag die Anordnung und Koordination der verschiedenen gegen die polnische Bevölkerung von Bromberg gerichteten Maßnahmen – abgesehen von den gebilligten Erschießungen des Einsatzkommandos 2 – bis zum 10. September noch ausschließlich bei den militärischen Besatzungsorganen, so trat ab dem 11. September »eine völlige Verschiebung der Verantwortlichkeit in Bromberg« ein, wie der Oberbefehlshaber der 4. Armee empört konstatierte.[912] Das OKH teilte der 4. Armee mit, Hitler habe »im

---

905 Korück 580 (KTB), Lage am 10. 9. 1939 abends, BA-MA, RH23/167, Bl. 52.

906 Ebd., »Befehl zur Sicherung und Befriedung Brombergs«, Bl. 39 RS.

907 Ebd., Anl. 1 zum 10. 9. 1939. Bl. 48. Hervorhebung im Original.

908 Ebd., Lage am 9. 9. 1939 morgens, Bl. 41.

909 Also vom 9. auf den 10. 9. 1939.

910 Korück 580 (KTB), Anl. 1 zum 10. 9. 1939, BA-MA, RH23/167, Bl. 48.

911 Krausnick/Wilhelm, Truppe, S. 61.

912 OB der 4. A. (gez. i. V. Strauß), Fernschreiben an OKH, Gen.Qu. Vom 11. 9. 1939, NA, RG 242, t-312, R. 117, Fr. 7658887.

Hinblick auf die aufsässige polnische Bevölkerung in Bromberg dem Reichsführer-SS befohlen, dort 500 Geiseln festzusetzen und zu schärfsten Maßregeln (standrechtliche Erschießungen) zu schreiten, bis Befriedung erreicht ist. Truppe ist anzuweisen, die Organe des Reichsführers SS hierbei nicht zu behindern.«[913] Dieser Eingriff in die vollziehende Gewalt, die im besetzten Gebiet bislang ausschließlich bei den Militärorganen lag, scheint vom OKH bereitwillig in Kauf genommen worden zu sein. Letztendlich sanktionierte er lediglich eine Praxis, die bereits seit einer Woche von den örtlichen militärischen Stellen angewandt wurde.

Die Erschießungen in Bromberg in der ersten Woche der Besatzung wurden von Wehrmachteinheiten und Einsatzgruppen durchgeführt. Die Anordnungen waren sowohl von militärischer Seite als auch seitens der Reichsführung äußerst radikal, das Vorgehen vor Ort brutal und willkürlich. Offiziell reagierte man damit auf immer wieder aufflackernde Schießereien von Freischärlern auf dem Stadtgebiet. Diese Lesart ist von der bisherigen Forschung zu den Anfängen der deutschen Besatzung in Bromberg nie explizit in Frage gestellt worden.[914] Außer den beiden Toten, die vom Führer des Einsatzkommandos 2 für die Nacht vom 8. auf den 9. September erwähnt werden, und zwei verwundeten Soldaten am 9. und 10. September, die das Kriegstagebuch des Korück 580 verzeichnet[915], wurden während Braemers Amtszeit freilich keine deutschen Verluste gemeldet. Am 11. September zog er, wie bereits bei seinem Eintreffen in Bromberg, Bilanz: »Feststellung der seit meiner Anwesenheit in Bromberg Erschossenen ergibt eine Zahl von etwa 370.«[916] Bei einem Verhältnis deutscher zu polnischen Verlusten von knapp eins zu hundert kann die Behauptung, in Bromberg hätten nach dem Einmarsch der Wehrmacht noch tagelang Freischärlerkämpfe stattgefunden, nicht die wirklichen Verhältnisse vor Ort wiedergeben. Das Einsatzkommando 2 unterstützte in Bromberg nicht die Wehrmacht bei einer militärischen Mission. Vielmehr führte die Wehrmacht durch die Massenerschießungen auf dem Stadtgebiet faktisch gleichfalls den volkstumspolitischen Auftrag der Einsatzgruppen mit aus. Zutreffend beschrieb Hans Umbreit die Verzahnung militärischer und politischer Faktoren bei der Verfolgung polnischer Bürger im September

913 Gen.Qu. Nr. 688/39, Fernschreiben an AOK 4, 11. 9. 1939, NA, RG 242, t-312, R. 117, Fr. 7658868.
914 Wildt, Generation, S. 432–447; Krausnick/Wilhelm, Truppe, S. 55–62; Rossino, Hitler, S. 58–74.
915 Korück 580 (KTB), 9. 9. 1939 morgens/10. 9. 1939, BA-MA, RH23/167, Bl. 41, Bl. 48.
916 Ebd., Lage am 11. 9. 1939, Bl. 53.

1939: »Die Dezimierung bestimmter sozialer Gruppen deckte sich teilweise schon mit den Methoden, mit denen Truppe und Polizei scheinbar legal die innere Ordnung wieder herstellen wollten. [...] Die Erbarmungslosigkeit, mit der Freischärler bekämpft, Waffenbesitz geahndet und Repressalien gegen Unbeteiligte verhängt wurden, verwirklichte teilweise schon Hitlers Programm.«[917]

Bei der 10. Armee verlief die Zusammenarbeit zwischen Wehrmacht und Einsatzgruppen nicht ganz so störungsfrei wie in Bromberg. In der ersten Septemberwoche war der Einsatzgruppe II in Lublinitz (Lubliniec) eine Liste mit den Namen angeblicher polnischer Aufständischer in die Hände gefallen.[918] Am 12. September führten die 1. und 3. Kompanie der Feldgendarmerieabteilung 682 in 31 Ortschaften der näheren Umgebung Razzien durch und lieferten 164 Personen in das Amtsgerichtsgefängnis Lublinitz ein, die »Angehörige des polnischen Aufständischenverbandes gewesen sein sollen [!]«.[919] Als das Hauptquartier der Heeresgruppe Süd aus der Ortschaft abrückte, wurden die Gefangenen dem Einsatzkommando 1 der Einsatzgruppe II übergeben, das in Lublinitz stationiert war. Am Abend des 12. September wurde in der Ortschaft »gesprächsweise bekannt, dass diese Leute von der Einsatzgruppe erschossen werden sollten«. Der Erste Generalstabsoffizier der Heeresgruppe Süd, Major Rudolf Langhaeuser, ließ die Gefangenen daraufhin umgehend in die Obhut des Ortskommandanten übergeben. [920]

Am 13. September erfuhr Langhaeuser vom Kommandeur der Einsatzgruppe II, Obersturmbannführer Dr. Schäfer, dass die Gefangenen gemäß einem Befehl des Reichsführers SS erschossen werden sollten. In den nächsten Tagen versuchte Langhaeuser, eine Bestätigung des Mordbefehls vom Oberbefehlshaber der Heeresgruppe Süd, Generaloberst von Rundstedt, zu erhalten. Bei der Heeresgruppe war indes ein solcher Befehl nicht bekannt.[921] Am frühen Nachmittag des 17. September schließlich wurde beim Generalquartiermeister Major Koßmann von »zwei höheren Polizeioffizieren [...] Mitteilung gemacht, dass der Befehl, alle polnischen Insurgenten zu erschießen, unmittelbar aus dem Führerzug an die Einsatzkommandos

917 Umbreit, Militärverwaltungen, S. 154.
918 CdS, Tg.Ber. »Unternehmen Tannenberg«, 8. 9. 1939 morgens, BAB, R58/7001, Bl. 18.
919 Feldgendarmerie-Abt. (mot.) 682, Ber. an HGR Süd, 13. 9. 1939, BA-MA, RH19-I/111, Bl. 90.
920 O.Qu. IV, Vortragsnotiz für den OBdH, 17. 9. 1939, zit. nach Krausnick/Deutsch, Groscurth, S. 360.
921 Ebd.

[...] ergangen sei«.[922] Sämtliche Gefangenen wurden daraufhin von der Einsatzgruppe II erschossen.[923]

Möglicherweise hing die bereits am 12. September ins Auge gefasste Ermordung der Zivilgefangenen in Lublinitz mit dem Tod des Generalmajors der Ordnungspolizei Wilhelm Roettig zusammen. Dieser war am 10. September bei Końskie gefallen. Bei der Einsatzgruppe II nahm man zunächst fälschlicherweise an, Roettig sei »zusammen mit drei Begleitern der Polizei und zwei Begleitern der Wehrmacht ermordet« worden.[924] Am 13. September richtete die Einsatzgruppe II eine Mordkommission ein, um »festzustellen, ob unter Umständen nicht doch Einwohner aus der Ortschaft Końskie als Täter in Frage kommen«, und ließ dort 20 Geiseln erschießen.[925] Obwohl das AOK 10 selbst noch am selben Tag bekannt gab, Roettig sei »im Kampf mit regulären polnischen Truppen auf der Straße Opoczno–Tomaszów gefallen« und »Erschießungen als Vergeltungsmaßnahmen anlässlich des Todes des Generalmajors« untersagte, ordnete es die Internierung von 5000 Zivilisten in einem Lager bei Końskie an.[926] 20 von ihnen wurden im Einverständnis mit dem Orts- und Lagerkommandanten von Männern der Einsatzgruppe II erschossen, da sie, »obwohl sie nicht verletzt [waren], blutige Wäsche trugen und im Besitz von deutschem Sold waren und daher als Urheber an der Niedermetzelung deutscher Soldaten betrachtet [!] wurden«.[927]

Die Einsatzgruppe von Woyrsch[928] wurde von Himmler am dritten Kriegstag – also am selben Tag, an dem er seine radikale Weisung für die Behandlung angeblicher Aufständischer an die Einsatzgruppen ausgegeben hatte – ins Leben gerufen.[929] Ihrem Kommandeur SS-Obergruppenführer Udo von Woyrsch teilte er dessen Unterstellung unter das VIII. Armeekorps mit, und trug ihm die »radikale Niederwerfung des aufflackernden Polenaufstandes im neu besetzten Teile Oberschlesiens mit allen zur Verfügung stehenden Mitteln« auf.[930] Anfangs nahm von Woyrsch die ihm übertragene

922 Ebd.

923 Rossino, Hitler, S. 85.

924 CdS, Tg.Ber. »Unternehmen Tannenberg«, 13.9. 1939 morgens, BAB, R58/7001, Bl. 7001, Bl. 59.

925 Ebd., Tg.Ber., 13.9. 1939 abends, Bl. 64.

926 Ebd., Tg.Ber., 14.9. 1939 morgens, Bl. 69.

927 Ebd.

928 Benannt nach ihrem Kdr. SS-Gruppenführer Udo von Woyrsch; sie wurde auch als EG z.b.V. bezeichnet.

929 Konieczny, W sprawie; Rossino, Policy.

930 RFSS, Fernschreiben an SS-Obergruppenführer v. Woyrsch, 3.9. 1939, BA-MA, RH24-8/97.

Aufgabe tatsächlich wahr. Am 5. September meldete das Polizeiregiment 3 dem Generalkommando VIII, dass von dieser Einsatzgruppe z. b. V. »die erforderlichen Maßnahmen zur Befriedung von Auschwitz getroffen worden« seien.[931] Auch der Oberquartiermeister der 4. Armee bestätigte, dass »Gruppenführer Woyrsch mit 4 Polizei-Bataillonen [...] Ordnung im Gebiet polnisch Oberschlesien« mache.[932] Dieser Einsatz fand bald sein Ende. SS-Oberführer Dr. Otto Rasch befand sich mit einem Teilkommando der Einsatzgruppe am 6. September in Kattowitz,[933] meldete aber bereits tags darauf, dass »Aufstandsbewegungen von einiger Bedeutung [...] in Kattowitz und Umgebung nicht mehr vorgekommen« seien.[934] Daraufhin erweiterte Himmler von Woyrsch's Auftrag: »Mit Zustimmung des OKH setze ich Sie in teilweiser Änderung meiner Anordnung vom 3.9. als Sonderbefehlshaber der Polizei für den Bereich der 14. Armee ein. Ihre Aufgabe ist mit den Ihnen bereits zugeteilten Kräften: Entwaffnung und Niederkämpfung der polnischen Banden, Exekutionen [...].«[935]

Mit Anbruch der zweiten Kriegswoche begann die Einsatzgruppe von Woyrsch, unter den jüdischen Gemeinden Ostoberschlesiens »Furcht und Schrecken« zu verbreiten.[936] In Bendsburg (Będzin) wurde am 7. September »gegen Juden eingeschritten, die lebenswichtige Güter zurückhielten, Preise steigerten und Silbergeld hamsterten«.[937] In Wirklichkeit veranstaltete die Einsatzgruppe in der Kleinstadt einen mehrtägigen Pogrom, in dessen Verlauf die Synagoge abgebrannt und eine größere Anzahl Juden erschossen wurde.[938] Auch in Kattowitz wurde nach Meldung der Einsatz-

---

931 Polizeiregiment 3 an Gen.Kdo VIII, 5. 9. 1939, BA-MA, RH24-8/97. Der deutsche Einmarsch in Auschwitz (Oświęcim) war von zahlreichen Misshandlungen der jüdischen Bevölkerung begleitet. Ein Überlebender erinnert sich: Der deutsche Soldat »sagte, ich solle mitkommen auf die Polizei. In der Straße stand ein Taxi. Er sagte: ›Du musst das Auto waschen.‹ Ich sagte: ›Gib mir einen Eimer und ein Tuch.‹ Er sagte: ›Nein.‹ Ich hatte einen Mantel an, den besaß ich noch keine zwei Wochen. Er sagte: ›Nimm den Mantel und wasch damit das Auto.‹ Er trat mich. Ich zog den Mantel aus und wusch das Auto mit dem Mantel. Als ich fertig war, schrie er: ›Hau ab!‹ Ich wollte meinen Mantel mitnehmen. Er ließ ihn mir aber nicht. – Im Winter stand ich dann ohne Mantel da.« Steinbacher, Musterstadt, S. 57.

932 Gen.Qu., Fernschreiben an AOK 14, 4. 9. 1939, BA-MA, RH20-14/132.

933 CdS, Tg.Ber. »Unternehmen Tannenberg«, 6. 9. 1939 abends, BAB, R58/7001, Bl. 6.

934 Ebd., Tg.Ber., 7. 9. 1939 abends, Bl. 16.

935 RFSS, Schreiben an Udo v. Woyrsch, 7. 9. 1939, BA-MA, RH19-I/191, Bl. 51.

936 Der Ic-Offz. der 14. A. soll geäußert haben, von Woyrsch habe von Hitler über den RFSS den Auftrag zur Terrorisierung der Bevölkerung in seinem Einsatzbereich erhalten, Krausnick/Wilhelm, Truppe, S. 51, Anm. 112.

937 CdS, Tg.Ber. »Unternehmen Tannenberg«, 9. 9. 1939 morgens, BAB, R58/7001, Bl. 26.

938 Goldkorn, Tag; Szefer, Zbrodnie, S. 167; Berenstein/Rutkowski, Prześladowanie, S. 29–30; Datner, 55 dni, S. 70; Rossino, Hitler; CdS, Tg.Ber. »Unternehmen Tannenberg«, 10. 9. 1939 abends, BAB, R58/7001, Bl. 42.

gruppe von Woyrsch die Synagoge am 8. September »von unbekannten Tätern in Brand gesteckt«[939] und brannte »bis auf die Grundmauern« nieder.[940] Zwergel Suessman, ein Mitarbeiter der Jüdischen Gemeinde in Kattowitz, beobachtete dagegen verschiedene Gestapobeamte, die »mehrere Fässer Benzin und Teer in die Synagoge« rollen ließen. Kurz darauf »stand die Synagoge lichterloh in Flammen«.[941]

Offiziell bestand der Auftrag der Einsatzgruppe zwar nach wie vor in der »Niederkämpfung und Entwaffnung polnischer Banden, Exekutionen, Verhaftungen in unmittelbarer Zusammenarbeit mit dem Chef der Zivilverwaltung in Krakau und den Kommandanten des rückwärtigen Armeegebiets«.[942] In Wirklichkeit verübten von Woyrsch's Männer auf dem Marsch von Ostoberschlesien nach Galizien gezielte Massaker an polnischen Juden. In einem nahe der Ortschaft Wieliczka bei Krakau gelegenen Waldgebiet ermordeten sie über 30 Juden.[943] In Dynów fielen sie am jüdischen Neujahrsfest »in die Wohnungen ein und zerrten die Juden heraus und stellten sie mit erhobenen Händen vor der Grundschule auf, wo sie sie den ganzen Tag festhielten. [...] Am Abend [des 14. September] luden sie sie auf ein Fahrzeug und fuhren sie aus der Ortschaft. Sie stellten sie in Zehnerreihen auf, strahlten sie mit Autoscheinwerfern an und erschossen sie mit Maschinengewehren. So ermordeten sie in dieser Nacht 170 Juden. [...] Am nächsten Tag, dem zweiten Tag des Neujahrsfestes, drang ein Gestapokommando in die Synagoge ein, stapelte Pentateuchrollen und Gebetsbücher auf einen Haufen, übergoss ihn mit Benzin und zündete ihn an. So brannte die Synagoge nieder.«[944]

Nach ihrem Eintreffen in Przemyśl und Umgebung am 16. September initiierte die Einsatzgruppe von Woyrsch das größte Massaker des Polenkrieges, dem nach Augenzeugenaussagen bis zum 19. September zwischen 500 und 600 Juden zum Opfer fielen.[945] Der Ortskommandant von Przemyśl,

---

939 Ebd., Bl. 23, Tg.Ber., 9. 9. 1939 morgens.
940 Ebd., Bl. 31, Tg.Ber., 10. 9. 1939 morgens. Berenstein/Rutkowski, Prześladowanie, S. 29.
941 ZA Zwergel Suessmann (undatiert), AŻIH, 301/133. Weiter berichtete Suessmann: »Ein oder zwei Tage später stand in der Zeitung, dass am Freitag Abend 60 Juden aus der Synagoge auf vorüberziehende Truppen geschossen haben, auf Grund dessen die Synagoge in Brand geschossen wurde und diese Juden den Tod gefunden haben.«
942 AOK 14, Bes. Anordn. Nr. 14, 12. 9. 1939, BA-MA, RH20-14/129.
943 Rossino, Policy, S. 40; Datner, 55 dni, S. 263.
944 ZA Sacher Grünbaum (undatiert), AŻIH, 301/4534. Vgl. dazu Rossino, Policy, S. 40; Datner, 55 dni, S. 74, S. 392; Berenstein/Rutkowski, Prześladowanie, S. 22, S. 32.
945 Rossino, Policy, S. 42; Berenstein/Rutkowski, Prześladowanie, S. 23; Datner, 55 dni, S. 400–401, dort auch die Namen von 53 Opfern. Ein polnischer Unter-Lt. Marian Słoma berichtete später, er habe damals auf der Strecke Krakau – Lodz einen deutschen Feldwebel na-

General Streccius, berichtete dem XVIII. Armeekorps am 25. September »von Erschießungen ohne gerichtliches Verfahren und illegalen Übergriffen durch Angehörige einer SS-Polizeiformation«, bei der es sich ohne jeden Zweifel um die Einsatzgruppe von Woyrsch handelte.[946] Das ihr unterstellte I. Bataillon des Polizeiregiments 3 ließ am 21. September bei Stary Sambor »18 der Freischärlerei verdächtige Juden ebenfalls ohne gerichtliches Verfahren« erschießen.[947]

Die Übergriffe der Einsatzgruppen alarmierten den General z. b. V. beim in dieser Gegend eingesetzten XVIII. Armeekorps, Generalmajor Hingnoz. Er ließ sich von dem Hauptsturmführer, der letztere Erschießung zu verantworten hatte, Bericht erstatten. Dieser führte zu seiner Rechtfertigung an, sein Vorgehen sei »durch die Befehle und Weisungen, die er von seinen Vorgesetzten erhalten habe, gerechtfertigt«.[948] Als Hingnoz daraufhin SS-Obergruppenführer von Woyrsch zur Rede stellte, da »im Operationsgebiet durch die einander widersprechenden Weisungen eine unmögliche Lage« entstehe, stritt dieser die Existenz von den militärischen Weisungen widersprechenden Sonderaufträgen seiner Einheit energisch ab. »Wegen Zeitmangel« verzichtete Generalmajor Hingnoz auf eine weitere Untersuchung der Angelegenheit.[949]

Ausschreitungen im Raum Przemyśl wurden jedoch nicht nur von Mitgliedern der Einsatzgruppe von Woyrsch begangen. In einem am 18. September erlassenen Geheimbefehl des Oberbefehlshabers der 14. Armee, Generaloberst List, heißt es: »Es mehren sich in den letzten Tagen die Meldungen über Disziplinlosigkeiten, Übergriffe und Willkürmaßnahmen gegen die Zivilbevölkerung. Als Beispiele müssen angeführt werden: Plünderungen, eigenmächtiges Erbrechen von Läden und Aneignung solchen Gutes, das nicht zum täglichen Bedarf benötigt wird, [...] willkürliche Erschießungen ohne vorheriges kriegsrechtliches bzw. standrechtliches Urteil, Misshandlung Wehrloser, Vergewaltigungen und Notzuchtsverbrechen, Niederbrennen von Synagogen. [...] Alle diese Vorfälle lassen ein Nach-

mens Stange getroffen, der ihm eine Fotografie von einer Judenerschießung zeigte: »Zu sehen war ebendieser Gendarm, stehend mit einem Revolver, den er auf vor einer Mauer stehende Juden richtete. Er sagte, die Aufnahme sei in Przemyśl gemacht worden, wo er eigenhändig 50 Juden erschossen hätte, insgesamt seien in dieser Ortschaft 700 Juden erschossen worden«, ZA Marian Słoma (undatiert), AIPN, 159/137, Bl. 150.

946 Kd.Gen. XVIII. AK, Schreiben »Erschießungen ohne gerichtliches Verfahren durch SS-Angehörige« an d. OB d. 14. A., 30. 9. 1939, BA-MA, RH19-I/112, Bl. 134.

947 Ebd.

948 Gen. z. b. V. beim Korps-Kdo XVIII, Schreiben »Erschießungen ohne gerichtliches Verfahren durch SS-Angehörige« an Gen.Kdo XVIII, 28. 9. 1939, BA-MA, RH19-I/112, Bl. 136.

949 Ebd., Bl. 136–137.

lassen in Haltung und Disziplin der Truppe, vor allem bei den im rückwärtigen Armeegebiet eingesetzten Einheiten, erkennen.«[950]

Die Art der beschriebenen Gewaltanwendung, die bei einer Vielzahl von Soldaten zu beobachtende Bereitschaft zur Misshandlung gerade der polnischen Juden und die allgemein verbreitete Ansicht, antisemitisch motivierte Übergriffe würden nicht geahndet werden, lassen den Schluss zu, dass bei allen hier aufgeführten Exzessen deutscher Soldaten die jüdische Bevölkerung in einem hohen Maße in Mitleidenschaft gezogen wurde. Am 19. September sah sich der Oberbefehlshaber der 14. Armee genötigt, mit aller Schärfe darauf hinzuweisen, dass »Maßnahmen gegen die Juden [...] unbedingt zu unterbleiben« hätten.[951] Es steht daher zu vermuten, dass sich Wehrmachtsoldaten auch an antisemitischen Ausschreitungen der Einsatzgruppe von Woyrsch beteiligten. In diesem Zusammenhang sei auf einen vom Oberbefehlshaber des Heeres von Brauchitsch am 24. September erlassenen Befehl (»betr. Disziplin«) verwiesen, der sich ebenfalls mit gemeldeten Übergriffen der in Polen eingesetzten Truppe beschäftigte. Unter Punkt 3 wurde dort vermerkt: »Die Teilnahme von Heeresangehörigen an polizeilichen Exekutionen ist verboten.«[952] Wenige Tage zuvor hatte der Chef der Sicherheitspolizei seinen Unmut darüber zum Ausdruck gebracht, dass die Geheime Feldpolizei ihre Gefangenen »zur Durchführung der Erschießung an die Einsatzkommandos der Sicherheitspolizei abgegeben« habe, und forderte diese dazu auf, »ihre Erschießungen in künftigen Fällen selbst durchzuführen«.[953]

Das Bild des Verhaltens deutscher Soldaten in Westgalizien kennt jedoch auch andere Schattierungen. Als Admiral Canaris einen Tag nach den Massenerschießungen in Przemyśl und Umgebung die 14. Armee in Rzeszów aufsuchte, berichtete ihm der Erste Generalstabsoffizier, Major Schmidt-Richenberg, »über die Unruhe, die im Armeebereich durch die z. T. ungesetzlichen Maßnahmen der Einsatzgruppe des SS-Oberführers Woyrsch entstanden ist (Massenerschießungen, insbesondere von Juden). Die Truppe sei vor allem darüber verärgert, dass junge Leute, statt an der Front zu kämpfen, ihren Mut an Wehrlosen erprobten.«[954] Auch Generaloberst Wilhelm List vermerkte »eine offensichtliche Missstimmung [...], die sich in

950 OB der 14. A. an d. Kdr., 18. 9. 1939, BA-MA, RH26-7/119.
951 Anl. zum Tagesbefehl des OB der 14. A., 19. 9. 1939, BA-MA, RH26-7/63.
952 OBdH, Tagesbefehl an d. Herren Oberbefehlshaber, 24. 9. 1939, BA-MA, RH19-I/192, Bl. 47.
953 HGR Süd, Abt. Ic, Fernschreiben an AOK 8, 14 u. 18, NA, RG 242, T-312, R. 47, Fr. 7560001.
954 Zit. nach Krausnick/Deutsch, Groscurth, S. 209, Anm. 509.

Äußerungen von Offizieren, Unteroffizieren und Mannschaften gegenüber allen Persönlichkeiten, die SS-Felduniform tragen« bemerkbar mache und die auf »angebliche« Übergriffe wie »unrechtmäßige Erschießungen pp.« zurückzuführen sei.[955] Dieser Unmut von Wehrmachtsoldaten äußerte sich sogar in Gewaltausbrüchen gegen SS-Männer der Einsatzgruppe I.[956] List sah sich dazu veranlasst, von Woyrsch und seine Leute zu verteidigen. Er führte aus, »dass die in enger Zusammenarbeit mit den Armeekorps arbeitenden ›*Einsatzkommandos der Sicherheitspolizei*‹ an [...] etwaigen Übergriffen völlig unbeteiligt« gewesen seien.[957] Ihr Auftrag habe ausschließlich in der »Säuberung des besetzten Gebietes von Banden, Freischärlern und Plünderern« bestanden. Die Ermordung von Juden im Raum Przemyśl durch die Einsatzgruppe von Woyrsch war dem AOK 14 zu diesem Zeitpunkt aufgrund der Meldungen des XVIII. Armeekorps bereits bekannt. Dass hier ein Armeeoberbefehlshaber eine Polizeieinheit in Schutz nahm, die in seinem Operationsgebiet brutale Übergriffe und Massenmorde durchgeführt hatte, ist bemerkenswert. Generaloberst List forderte darüber hinaus »eine weit gehende Unterstützung der Einsatzkommandos bei ihren grenz- und staatspolizeilichen Aufgaben«, die »im Interesse der Truppe« läge.[958] Damit zielte er nicht in erster Linie auf die Terrormaßnahmen der Einsatzgruppe von Woyrsch an sich ab, sondern vielmehr auf deren antisemitische Ausrichtung.

Die Besetzung weiter polnischer Landstriche, in denen Millionen polnischer Juden lebten, stellte in deutschen Augen ein ernstes Problem dar. Bereits zu Anfang der zweiten Kriegswoche legte Heydrich einen »Lösungsvorschlag« vor. Er regte an, »festgenommene Juden mit polnischer Staatsangehörigkeit [...] in Gebiete des nicht zu besetzenden Polens abzuschieben«.[959] Offenbar wurde dieses Vorgehen auch mit dem OKH abgesprochen, denn am 12. September erteilte Generaloberst Wagner der Heeresgruppe Süd die Weisung, die ostoberschlesischen Juden »über den San abzuschieben«.[960] Da für eine derartig umfassende Maßnahme zu diesem Zeitpunkt jedoch kein ausreichender Transportraum zur Verfügung stand, wurde sie zunächst vertagt.[961]

---

955 OB d. 14. A. an d. Kdr., 1. 10. 1939, BA-MA, RH53-23/12.
956 Krausnick/Wilhelm, Truppe, S. 53.
957 OB d. 14. A. an d. Kdr., 1. 10. 1939, BA-MA, RH53-23/12. Hervorhebung im Original.
958 Ebd.
959 CdS, Fernschreiben an alle Stapoleitstellen, 8. 9. 1939, zit. nach Rossino, Hitler, S. 94.
960 Fernschreiben Gen.Qu. an HGR Süd vom 12. 9. 1939, abgedruckt in Radziwończyk, Wehrmacht, S. 250.
961 O.Qu. 1 bei der HGR Süd (KTB), 13. 9. 1939, BA-MA, RH19-I/179, Bl. 11.

Es spricht alles dafür, dass die antisemitischen Gewalttaten der Einsatzgruppe von Woyrsch ein wesentlicher Bestandteil dieses Vertreibungsprogramms waren. Nachdem sie zunächst im Rahmen der allgemeinen »Bandenbekämpfung« eingesetzt wurde, begann sie nahezu zeitgleich mit Heydrichs Abschiebungsorder, jüdische Gemeinden in Ostoberschlesien zu terrorisieren. In den nächsten zwei Wochen rückte sie bis an die Demarkationslinie vor, wo sich ihr offenkundiges Ziel, die überlebenden Juden zur Abwanderung in alsbald sowjetisch besetztes Gebiet zu nötigen, am ehesten verwirklichen ließ. Im nahe Przemyśl gelegenen Krzywcza hatte ein nicht identifiziertes Gestapokommando – aller Wahrscheinlichkeit nach die Einsatzgruppe von Woyrsch – im September 14 jüdische Männer an einem offenen Grab erschossen. Der Gemeindevorsteher Michał Legenc äußerte nach dem Krieg, dass »aus der Tatsache, dass die Deutschen unmittelbar nach der Exekution die Juden von Krzywcza zur Abwanderung über den San nötigten« hervorgehe, die Exekution hätte dem Ziel gedient, »die restlichen Juden durch gewaltsamen Terror dazu zu bringen, unter Zurücklassung ihres gesamten Besitzes« zu fliehen.[962] Auch Alfred Konieczny geht davon aus, dass der Terror der in Ostoberschlesien eingesetzten Einheiten der Sicherheitspolizei und des SD die Abwanderung von Polen und Juden zum Ziel hatte und die »Eindeutschung« der zu annektierenden Gebiete vorbereiten sollte.[963] Mit nicht ganz so drastischen Methoden, aber mit derselben Zielsetzung, ging auch die Wehrmacht in jüdischen Gemeinden nahe der Demarkationslinie vor. In Nowy Dwór und Ostrołęka etwa wurde den Juden kurzerhand befohlen, die Ortschaften zu verlassen. In Ziechenau (Ciechanów) ließ der Ortskommandant alle Juden in der Synagoge versammeln und ihnen eröffnen, es stünde in ihrem eigenen Interesse, die Stadt so bald wie möglich zu verlassen. Sie seien nun den Nürnberger Gesetzen unterworfen, und wenn die Gestapo erst einmal in die Stadt käme, werde diese nicht mehr mit ihnen sprechen.[964]

In der zweiten Septemberhälfte ging die Wehrmacht dazu über, die mit der Sowjetunion im Ribbentrop-Molotow-Pakt am 23. August 1939 vereinbarte Demarkationslinie systematisch abzuriegeln. Da eine große Zahl der ortsansässigen Polen, unter ihnen auch viele Juden, über die Flüsse Narew, Weichsel und San geflüchtet waren, konnten sie durch die Sperrung dieser Grenzflüsse, an denen entlang die Abgrenzung zwischen deutschem und sowjetischem Machtbereich verlief, leicht an der Rückkehr gehindert wer-

962 Datner, 55 dni, S. 477.
963 Konieczny, W Sprawie, S. 234.
964 Grynberg, Żydzi, S. 28–29.

den. Eine entsprechende Anordnung erließ Wagner am 18. September an alle Oberkommandos der im Verband der Heeresgruppe Süd eingesetzten Armeen[965], die sie wiederum an die Generalkommandos der Armeekorps weiterleiteten: »Einströmen ukrainischer und sonstiger unerwünschter Elemente (Polen und Juden) in das künftige deutsche Interessengebiet ist auf Befehl des Führers mit allen Mitteln zu unterbinden. Lediglich Volksdeutsche sind [...] durchzulassen.«[966]

Welche Schwierigkeiten diese völkerrechtswidrige Maßnahme in der Umsetzung mit sich brachte und welche Härten sie für die Betroffenen beinhaltete, belegt die eine Woche später erfolgte Verschärfung, sie solle »auch außerhalb der Brücken mit allen Mitteln – notfalls mit der Waffe« durchgeführt werden.[967] Ein Wehrmachtsoldat beschrieb die Vertreibung der jüdischen Bevölkerung als Idyll: »Viel Kaftan-Juden sahen wir über den San ziehen in russisch werdendes Gebiet. Wir sind hier außer als Brückenbewachung und Verkehrsposten auch als Rückmarschsicherung.«[968] Die Realität sah für die Betroffenen anders aus, wie das Kriegstagebuch des Grenzabschnittskommandos Süd bezeugt, in dem am 28. September vermerkt wurde: »Bei dem z. Zt. herrschenden Hochwasser sind dabei viele Flüchtlinge ertrunken, z. T. wurden sie dabei von den Russen erschossen.«[969] Doch nicht nur sowjetische Soldaten nahmen die Vertriebenen unter Beschuss. Überlebende bezeugen, dass beispielsweise in Pułtusk, wo es nur den Frauen und Kindern gestattet wurde, den Narew über die Brücke zu überqueren, jüdische Männer, die durch den Fluss schwimmen mussten, teils ertranken, teils von deutschen Soldaten von der Brücke aus erschossen wurden.[970]

In den ersten Tagen herrschte hinsichtlich der Durchführung der »Säuberung des Grenzstreifens« bei einigen militärischen Stellen noch Unklarheit, weil einheitliche Regelungen fehlten. In Żołynia, wo der deutsche Bürgermeister verfügt hatte, alle Juden hätten sich sofort ostwärts des San zu begeben, erschien am 26. September auf der Ortskommandantur »eine Menge jüdischer Frauen z. T. krank oder mit kleinen Kindern, die anfragen, ob diese Verfügung auf Richtigkeit beruht und wie sie sich verhalten sollen.

---

965 »Polnischen und jüdischen Flüchtlingen aus Westpolen, die über den San, die Weichsel und den Narew nach Osten geflüchtet sind, ist der Rückweg nach Westpolen zu verwehren«, Gen.Qu., Fernschreiben an HGR Süd, 18. 9. 1939, BA-MA, RH19-I/190, Bl. 22.
966 AOK 14, Schreiben an unterstellte Gen.Kdo, 23. 9. 1939, BA-MA, RH24-8/98.
967 AOK 10, Bes. Anordn. Nr. 25, 26. 9. 1939, zit. nach Krausnick/Wilhelm, Truppe, S. 70.
968 Soldaten R. T., Brief, 23. 9. 1939, BfZ, Sammlung Sterz 28774.
969 Krausnick/Wilhelm, Truppe, S. 71, Anmerkung I/236.
970 Golczewski, Polen, S. 423.

Um Klärung wird gebeten, da eine Verbindung mit Korps nicht vorhanden.«[971] Die Absperrung der Weichsel hatten bis zum Entsatz durch Polizeikräfte zunächst die dort stationierten Armeekorps durchzuführen.[972] Der Regimentsarzt des Infanterieregiments 101 kommentierte zufrieden: »Es wurde bereits beim Frühstück durchgegeben, dass die Weichselbrücken von uns abgesperrt worden wären, um unerwünschte Juden auf dem rechten Ufer zu belassen: die Russen sollten auch ihre Freude haben – und wir weniger Esser! Die Soldaten erzählten, wie widerlich die Juden versucht hätten, mitgenommen zu werden.«[973] Da die Abriegelung zwar Polen, Juden und Ukrainer gleichermaßen betraf, bei Polen, die westlich der Grenzflüsse beheimatet waren, jedoch in manchen Gebieten Ausnahmen gemacht werden sollten,[974] standen die mit der Auslese betrauten Grenzposten häufig vor nahezu unlösbaren Aufgaben. In Przemyśl konstatierte man diesbezüglich: »Wirklich durchgeführt werden kann die Sperre bei den Angehörigen der jüdischen Rasse, die äußerlich sofort erkennbar sind. Bei Volksdeutschen, Ukrainern und Polen treten schon sehr große Schwierigkeiten auf. Der Gedanke, durch Ausweise die Unterscheidung herbeizuführen, wird dadurch hinfällig, dass dem Missbrauch solcher Scheine nicht begegnet werden kann. Hieraus dürfte hervorgehen, dass die den Wachen gestellten Aufgaben zur Absperrung praktisch undurchführbar sind.«[975]

Angesichts der Schwierigkeiten, die die hermetische Abriegelung der Grenzflüsse der Truppe noch zusätzlich zu ihren sonstigen Besatzungsaufgaben bereitete, waren die Einsatzgruppen der Sicherheitspolizei den örtlichen Befehlshabern – wie auch Generaloberst List – willkommene Partner. Die örtlichen Dienststellen wurden dementsprechend angewiesen, mit diesen Kontakt aufzunehmen und sie zum Streifendienst einzusetzen.[976] Gleichzeitig setzte man Ende September die ursprüngliche Idee der aktiven Vertreibung von Juden aus dem Grenzstreifen weiter fort: »Die Einsatzkommandos der Sicherheitspolizei haben von der Armee Weisung erhalten, die unmittelbar an der Demarkationslinie gelegenen Städte und Ortschaften aus Abwehrgründen von allen unzuverlässigen Elementen zu säubern. In

971 Fernschreiben (Absender unleserlich) an Art.-Kommandantur 18, 26. 9. 1939, BA-MA, RH24-8/98.
972 14. A., Armeebefehl, 21. 9. 1939 22,45 h, BA-MA, RH24-4/8, Bl. 120.
973 Rgt.-Arzt des IR 101 (KTB im PF, Abschrift), 26. 9. 1939, BA-MA, MSg1/541.
974 Gen.Kdo II., Nr. 87/39, 27. 9. 39, BA-MA, RH24-2/39, Bl. 108.
975 Entwurf zu einer Dienstanweisung der Stadtkommandantur Przemyśl zur Handhabung des Sperrdienstes am San, 24. 9. 1939, BA-MA, RH24-18/5, Bl. 199.
976 Gen.Kdo XVII, Bes. Anordn. f. d. Vers. des XVII. AK, Befehl Nr. 21, 28. 9. 1939, BA-MA, RH24-17/6.

erster Linie kam es hierbei darauf an, die jüdische Bevölkerung dieser Grenzorte – soweit möglich – über den San nach Osten abzuschieben.«[977] Den Leitern der Einsatzgruppen hatte Heydrich am 21. September auf einer Amtschefsbesprechung in Berlin mitgeteilt, die Abschiebung von Juden über die Demarkationslinie sei vom Führer genehmigt worden.[978] Die Wehrmacht beteiligte sich aber ebenfalls aktiv an der Menschenjagd. Ein Angehöriger des Einsatzkommandos Hasselberg gab im Dezember 1939 zu Protokoll: »Dann bekam ich erneut ein Kommando, die Sansicherung von Jaroslau bis Sandomierz. Diese Strecke habe ich dann judenfrei gemacht und etwa 18 000 Juden über den San abgeschoben. Das Gebiet war vor allem mit der Wehrmacht gesäubert worden.«[979]

In Mława kam es trotz der ansonsten guten Kooperation zu Beschwerden von militärischer Seite über antisemitische Übergriffe einer Polizeieinheit, diesmal der Einsatzgruppe V unter SS-Standartenführer Ernst Paul Damzog. Zwar hatten seine Männer dort noch in der ersten Septemberhälfte »350 Juden [...] 66 Männer im Alter von 15 bis 60 Jahren und drei Frauen festgenommen und südostwärts Chorzele im Einvernehmen mit den dortigen Truppenführern in das noch nicht besetzte polnische Gebiet abgeschoben«.[980] Eine zweite Deportation von Juden aus Mława gegen Ende September verlief dagegen weniger reibungslos: Männer der Einsatzgruppe zwangen die Juden dazu, sich unter Zurücklassung ihrer Habe auf dem Marktplatz zu versammeln, mehrere Juden wurden erschossen. »Die Leute, die stehen hier auf dem Markt und schreien und rufen, und diese Polizeileute – es sind auch schon Schüsse gefallen, ein paar Häuser brennen [...]«, berichtete der Oberquartiermeister Prüter am Telefon aufgeregt dem Oberbefehlshaber des AOK 3, General Georg von Küchler[981], der daraufhin sofort den Standartenführer zu sich zitieren ließ. »Es ist zum zweiten Male, dass von Seiten der Ihnen unterstellten Polizei Eigenmächtigkeiten erfolgen«, fuhr er ihn an, »wenn Ihr Einfluss nicht ausreicht die erforderliche Disziplin zu wahren, werden Sie Ihrer Stellung enthoben werden.«[982] Am

977 Gen.Kdo XXII, Bes. Anordn. zum Korpsbefehl für den 28. 9. 1939, BA-MA, RH24-18/4.

978 Prot. der Amtschefbesprechung, 21. 9. 1939, NA, RG 242 T-175, R. 239, Fr. 2728238

979 ZA Kriminalkommissar K., 9. 12. 1939, BAB, BDC, Ordner Hasselberg, S. 439.

980 CdS, Tg.Ber. »Unternehmen Tannenberg«, 10. 9. 1939 abends, BAB, R58/7001, Bl. 40–41.

981 ZA Georg von Küchler vor dem Militärgerichtshof in Nürnberg, 29. 4. 1948, NA, RG 232, M-898 (High Command Case), R. 37, Fr. 396. Zu diesem Vorfall vgl. insgesamt Rossino, Hitler, S. 103–104.

982 Chef des GenSt AOK 3, Gen.Maj. von Böckmann, Notizbuch zum PF 1939, 30. 9. 1939, BA-MA, RH20-3/24, Bl. 35 RS.

nächsten Tag schlug von Küchler sogar vor, die Einsatzgruppe V aus seinem Operationsgebiet abzuziehen und im ostpreußischen Arys (Orzycz) neu schulen zu lassen[983], eine Woche später führte der gekränkte Heydrich bei Hitler »Klage über Mława. Judenbehandlung.«[984] Von Küchlers Kritik allerdings richtete sich nicht gegen die Tatsache, dass die Einsatzgruppe V in Mława Juden deportierte, denn diese Maßnahme wurde zu dieser Zeit ebenfalls von der Wehrmacht überall an der Grenzlinie zum sowjetisch besetzten Ostpolen mitgetragen. Es war vielmehr die undisziplinierte Art der Durchführung, die den Zorn des Wehrmachtgenerals hervorrief.

Ebenso wie das Vorgehen im Rahmen der »Freischärlerbekämpfung« wurde für das »Unternehmen Barbarossa« auch das Verhältnis zu den Einsatzgruppen der Sicherheitspolizei von der Heeresführung nicht als Reaktion auf die Vorgänge vor Ort, sondern durch die Verabschiedung entsprechender Befehle bereits vor dem Einmarsch geregelt. Wie knapp zwei Jahre zuvor trafen erneut Eduard Wagner – nunmehr Generalquartiermeister des Heeres – und Reinhard Heydrich zusammen, um die nötigen Absprachen zu treffen. Das Ergebnis war eine Vereinbarung, in der die Einsatzgruppen ermächtigt wurden, »im Rahmen ihres Auftrages in eigener Verantwortung gegenüber der Zivilbevölkerung Exekutivmaßnahmen zu treffen«.[985]

Was mit dieser Formulierung gemeint war, musste jedem klar sein, der das Vorgehen der Einsatzgruppen während des Polenkrieges beobachtet hatte.[986] Die systematische Ermordung von Teilen der Bevölkerung im zukünftigen Einsatzraum wurde für den Angriff auf die Sowjetunion mit dem Heer nicht nur abgesprochen, sondern sogar schriftlich ausformuliert. Im Gegenzug setzte Heydrich zu Beginn der Offensive neben exponierten Vertretern der kommunistischen Partei und »Juden in Partei- und Staatsstellungen« auch »Heckenschützen« auf die Liste der zu exekutierenden Reichsfeinde.[987] Während die Wehrmachtführung den Einsatzgruppen also einen Freibrief für Massenexekutionen ausstellte, beeilte sich der Chef der Sicherheitspolizei, das Vorgehen seiner Einheiten ihr gegenüber auch mit

983 Ebd., 1. 10. 1939, Bl. 35 RS. Am nächsten Tag wurde das EK 3 der EG V unter Führung von SS-Stubaf. Albath nach Allenstein (Olsztyn) in Marsch gesetzt, sodass in ihren Reihen vermutlich die Täter von Mława zu suchen sind, CdS, Tg.Ber. »Unternehmen Tannenberg«, 3. 10. 1939 mittags, BAB, R58/7002, Bl. 67.
984 Jacobsen, Halder (Bd. 1), S. 99 (7. 10. 1939). Die Einsatzgruppe V blieb jedoch in Mława und Umgebung, CdS, Tg.Ber. »Unternehmen Tannenberg«, 3.–5. 10. 1939, BAB, R58/1082, Bl. 68–76.
985 Streit, Keine Kameraden, S. 32.
986 Siehe S. 204–219.
987 Krausnick, Hitler (1985), S. 90.

militärischen Argumenten zu erläutern, deren Stichhaltigkeit ihr aufgrund eigener Erfahrung sofort einleuchten musste. Dieselbe Taktik hatte Heydrich bereits Ende September 1939 angewandt, indem er die geplante Ghettoisierung der polnischen Juden mit deren angeblicher Beteiligung an Freischärlerüberfällen begründete.[988]

Im Winter 1941/42, als die deutsche Offensive vor Moskau ins Stocken gekommen war, ging Hitler noch einen Schritt weiter, indem er in engem Kreis die Direktive ausgab: »Judenfrage./ als Partisanen auszurotten.«[989] Die Existenz einer »Judenfrage« war bekanntlich ebenso wie die Annahme einer verstärkten Beteiligung von Juden an Überfällen auf die deutschen Besatzer ein Postulat, das keine Entsprechung in der Wirklichkeit hatte. Gleichwohl nutzte die deutsche Führung die Verknüpfung beider gedanklichen Konstruktionen als Argument für die avisierte Ausrottung der europäischen Juden.

Wehrmacht, SS-Verfügungstruppe und Totenkopfverbände

Gewissermaßen als eine Nebenarmee, die in den Reihen der Wehrmacht in Polen einmarschierte, könnte man die Verbände der SS-Verfügungstruppe sowie die SS-Totenkopfverbände bezeichnen.[990] Beide Formationen hatten – sehr zum Leidwesen der Wehrmacht – am 17. August 1938 den Status »stehende bewaffnete Truppe« erhalten[991]; für den bevorstehenden Angriff auf Polen wurde sie allerdings im August 1939 dem Oberbefehlshaber des Heeres unterstellt.[992] Während die Verfügungstruppe an vorderster Front mit den vorpreschenden Wehrmachteinheiten an der Eroberung des Landes teilhaben sollte, war den Totenkopfverbänden die Bekämpfung des Feindes hinter der Truppe vorbehalten. Ihr Auftrag deckte sich somit nahezu mit dem der sicherheitspolizeilichen Einsatzgruppen. Und ebenso wie die Einsatzgruppen beschränkte sich die Verfügungstruppe bei ihrem Einsatz in Polen nicht auf rein sicherheitspolitische Aufgaben.

---

988 Siehe S. 237.

989 Besprechungszettel »Führerbesprechung Wolfsschanze 18. 12. 1941 16 h«, Witte/Wildt/ Voigt, Dienstkalender, S. 294.

990 Im allgemeinen Sprachgebrauch setzte sich ab Ende 1939 sowohl für die SS-Verfügungstruppe als auch für die aus den Wachmannschaften der KZs gebildeten Totenkopfverbände die Sammelbezeichnung »Waffen-SS« durch, Wegner, Soldaten, S. 127–128. Zur Entstehung der Waffen-SS und zum Einsatz der SS-Verbände in Polen im Herbst 1939 vgl. Cüppers, Wegbereiter, S. 21–38; Cüppers, »... auf eine so saubere und anständige SS-mäßige Art«.

991 Führererlass, 17. 8. 1938, BAB, NS19/1652. Vgl. dazu Höhne, Orden, S. 404–419.

992 Führererlass, 19. 8. 1939, BAB, NS19/3999.

Der 14. Armee war die SS-Standarte »Germania«[993] zugeteilt worden. Sie hatte gemeinsam mit dem Grenzabschnittskommando 3 und der 239. Infanteriedivision das ostoberschlesische Industriegebiet »nach geringen Kämpfen gegen Aufständische unter großem Jubel der deutschen Bevölkerung« besetzt[994] und war dort als Schutztruppe eingesetzt.[995] Wie dabei vorgegangen wurde, geht aus einer Anregung des Chefs der Ordnungspolizei Kurt Daluege an ein am 5. September nach Tschenstochau beordertes Polizeibataillon[996] hervor: Dort seien dieselben Maßnahmen wie im Industriegebiet anzuwenden, sprich »Aufhängen von polnischen Franktireuren an den Laternenpfählen, also sichtbar für die gesamte Bevölkerung«.[997] Generaloberst Wagner, Stabschef des Generalquartiermeisters im OKH, rechtfertigte ein solches Vorgehen in seinem Tagebuch: »In Ostoberschlesien sind überall schwere Bandenkämpfe, die nur durch drakonische Maßregeln gebrochen werden können.«[998]

Von Reibereien zwischen Wehrmachtverbänden und der SS-Standarte »Germania« im Rahmen der Eroberung des Industriegebiets ist nichts bekannt. Vielmehr wurde sie routinemäßig »zum Aufräumen und Durchsuchen der Orte« angefordert.[999] Auch nach ihrem Abrücken aus Ostoberschlesien am 8. September[1000] war die SS-Standarte damit beauftragt, »das Armeegebiet hinter der kämpfenden Truppe von umherstreifenden polnischen Soldaten zu säubern, Aufständische sowie sonstige Personen, die unerlaubt Waffen besitzen, unschädlich zu machen [...]«.[1001] Offenbar hatte die Standarte während ihres Einsatzes die Grenzen dieses Auftrages bis-

993 Ein Verband der SS-Verfügungstruppe, der in Hamburg aufgestellt worden war. Bei den SS-Verbänden wurden die Bezeichnungen »Standarte« und »Regiment« synonym verwendet, so dass die Einheit in den Akten auch als SS-Rgt. »Germania« firmiert.

994 Abendmeldung VIII. AK, 4. 9. 1939, 19.35 h, BA-MA, RH20-14/72, Bl. 120. Zum Einsatz der SS-Standarte »Germania« in Ostoberschlesien vgl. auch Rossino, Hitler, S. 109–111.

995 Meldung GAK 3 an HGR-Kdo 4, 8. 9. 1939, BA-MA, RH19-I/191, Bl. 12.

996 Die Gestellung von Polizeitruppen nach Tschenstochau stand in direktem Zusammenhang mit dem angeblichen Freischärlerüberfall v. 4. 9. 1939, infolge dessen hunderte Einwohner der Stadt durch Wehrmachtsoldaten ermordet wurden, siehe S. 99–106.

997 Vermerk CdO, 5. 9. 1939, BAB, R19/334, Bl. 1–2. Zur Rolle der Ordnungspolizei in Polen im Herbst 1939 neuerdings Mallmann, »Mißgeburten...«.

998 Wagner, Generalquartiermeister, S. 123 (3. 9. 1939). Ganz im Sinne dieser Bemerkung bat etwa die San-Kp. 28 am 3. 9. 1939 im Industriegebiet um die Genehmigung, »in Orzecze Häuser, aus denen geschossen wird und in denen abgeschossene Munition gefunden wird, in Brand stecken zu dürfen«, Fernschreiben San.-Kp. 28 an VIII. AK, 3. 9. 1939, BA-MA, RH24-8/4, Bl. 129. Bei der 239. ID verfügte man am selben Tag, »Jede Sabotage sowie Aufstandsversuche [sic] [...] unter rücksichtslosem Einsatz der Waffen zu verhindern«, Befehl der 239. ID für die Inbesitznahme des ostoberschlesischen Industriegebietes, 3. 9. 1939, BA-MA, RH26-239/3.

999 Schreiben 5. PD an VIII. AK, 3. 9. 1939, BA-MA, RH24-8/4, Bl. 134.

1000 Meldung GAK 3 an HGR-Kdo 4, 8. 9. 1939, BA-MA, RH19-I/191, Bl. 12.

1001 AOK 14, Tagesbefehl, 10. 9. 1939, BA-MA, RH20-14/74a.

weilen überschritten, denn am 11. September ließ ihr der Kommandeur des XXII. Armeekorps, General Ewald von Kleist, eine sanfte Mahnung zukommen, sich doch in Zukunft auf rein militärische Aufgaben zu beschränken, denn »für *Polizeiaufgaben* ist sie mir zu wertvoll«.[1002]

In den Reihen der 8. Armee marschierte die Leibstandarte »Adolf Hitler« als Verband der ersten Linie in Polen ein.[1003] Dem späteren Ruf der Waffen-SS, »die radikalste Truppe« zu sein, »die überhaupt keine Gefangenen mache, sondern jeden Gegner restlos vernichte«[1004], wurde die Leibstandarte am Morgen des zweiten Kriegstages zumindest in ihrer Befehlsgebung gerecht, als sie die ihr unterstellten Kompanien anwies, »bei Schießen der Bevölkerung die gesamte wehrfähige männliche Bevölkerung standrechtlich [zu] erschießen«.[1005]

In Wirklichkeit verhielten sich die Soldaten der Leibstandarte »Adolf Hitler« auf ihrem Vormarsch nach Nordwesten jedoch kaum anders als ihre Kameraden von der 8. Armee.[1006] Ihre Einheiten erlagen an der Prosna derselben Wahnvorstellung wie die dort eingesetzten Wehrmachtverbände, die sich von einer feindseligen und um sich schießenden Bevölkerung umzingelt sahen.[1007] Die Leibstandarte erschoss in Bolesławiec und Wieruszów zahlreiche Zivilisten und brannte die Ortschaften zum Teil nieder; ein ähnliches Schicksal ereilte Żdżary, Piaski und Mieleszyn.[1008] Am 3. September erreichte die Leibstandarte »Adolf Hitler« zeitgleich mit dem Infanterieregiment 95 Złoczew. Kämpfe mit der polnischen Armee »Lodz« hatten beim Einmarsch der deutschen Truppen in die Stadt nicht stattgefunden.[1009] Die 17. Infanteriedivision, der das Infanterieregiment 95 unterstand, richtete an diesem Tag in Złoczew in aller Ruhe ihren Gefechtsstand ein.[1010] Am 4. September verabschiedete ihr Kommandeur Generalmajor Herbert Loch einen Divisionsbefehl für das Verhalten der Truppen im Operationsgebiet, in dem er »sinnlose Schießereien gegen meist nicht vorhandene Freischärler« und

1002 XXII. AK, Befehl für den Einsatz der SS-Standarte »Germania«, 11. 9. 1939, zit. nach Umbreit, Militärverwaltungen, S. 163, Anm. 362. Hervorhebung im Original.

1003 Die LSAH war ein Verband der SS-Verfügungstruppe. Zu Aufstellung und Einsatz der LSAH – allerdings nicht zu ihrem Einsatz in Polen 1939 – vgl. Clark, Josef »Sepp« Dietrich.

1004 Schreiben Bruno Streckenbachs an RFSS, vermutlich 9. 3. 1940, zit. nach Höhne, Orden, S. 404.

1005 II./LSAH (KTB), 2. 9. 1939, 6.40 h, BA-MA, RS4/1245, siehe S. 152.

1006 Zum Vormarsch der LSAH in den Reihen des XIII. AK vgl. Rossino, Hitler, S. 157–175.

1007 Siehe S. 73–74.

1008 Rossino, Hitler, S. 157–158.

1009 Ebd., S. 160; Bojarska, Zbrodnie, S. 106.

1010 Rossino, Hitler, S. 161.

das »Anzünden von Gehöfte[n] und Ortschaften, aus denen angeblich geschossen wurde«, scharf kritisierte. »Motorisierte Teile der Division marschieren ab heute mit *nicht* geladenen Karabinern. [...] Kein Führer oder Mann eines Gefechtstrosses hat eine Handgranate bei sich.«[1011] Für Złoczew kam diese Ermahnung allerdings zu spät: Die Leibstandarte und das Infanterieregiment 95 hatten am 3. und 4. September ihre Kräfte vereint, um gegen die Einwohner der Kleinstadt vorzugehen. Schätzungsweise 200 Einwohner und Flüchtlinge, Polen und Juden, Männer, Frauen und Kinder starben durch Maschinengewehrsalven, Handgranaten oder Brände, die Soldaten der Waffen-SS und der Wehrmacht in der Stadt entfacht hatten.[1012]

Ein anderer schwerer Übergriff ereignete sich in der Nacht vom 18. auf den 19. September in Błonie: Dort hatte der Obermusikmeister Müller-John von der Leibstandarte »Adolf Hitler«, die mittlerweile der 10. Armee unterstand, 50 jüdische Zivilgefangene erschießen lassen und sich dabei auf höheren Befehl berufen.[1013] Er wurde von der 29. motorisierten Infanteriedivision verhaftet. Auf Anfrage ließ die Heeresgruppe Süd verlauten, dass »ein Befehl zum Erschießen jüdischer Gefangener [...] durch die Heeresgruppe nicht ergangen« sei.[1014] Bezeichnend ist allerdings, dass man dies bei der 10. Armee immerhin für möglich gehalten hatte. Mit seiner Direktive, dass »Angehörige der im Operationsgebiet eingesetzten Polizeiverbände, darunter auch die SS-Totenkopfverbände« als Heeresgefolge anzusehen und der Wehrmachtgerichtsbarkeit zu unterwerfen seien«[1015], berief sich das AOK 10 am selben Tag auf eine gleich lautende Weisung der Heeresführung vom 7. September 1939.[1016] Das XV. Armeekorps wies am 22. September die 29. motorisierte Infanteriedivision an, Müller-John in eine Berliner Arrestanstalt überführen zu lassen[1017], woraufhin dieser den Kommandeur der Leibstandarte »Adolf Hitler«, Obergruppenführer Sepp Dietrich, telegraphisch um Hilfe anging.[1018] Dieser soll wiederum die Sa-

---

1011 17. ID, Div.-Befehl für das Verhalten der Truppe im Operationsgebiet, 4. 9. 1939, BAK, All-Proz5/201, MAR 1531; handschriftlicher Vermerk am oberen Rand: »Leibstandarte A. Hitler«. Hervorhebung im Original.

1012 Rossino, Hitler, S. 159–161. Bojarska, Zbrodnie, S. 105–109.

1013 AOK 10, Der OB, Ic/AO Nr. 357/39 geh. an HGR Süd, 19. 9. 1939, BA-MA, RH19-I/112, Bl. 117. Zum »Fall Müller-John« vgl. Rossino, Hitler, S. 109–110.

1014 Der OB der HGR Süd, Fernschreiben an OB der 10. A., 20. 9. 1939, BA-MA, RH19-I/112, Bl. 119.

1015 Datner, Crimes of the Wehrmacht, S. 36, Anm. 15.

1016 Krausnick/Wilhelm, Truppe, S. 41–42.

1017 XV. AK, Fernschreiben an 29. ID (mot.), 22. 9. 1939, 16.45 h, BA-MA, RS4/1229, Bl. 20.

1018 Obermusikmeister Müller-John, Fernschreiben an Obergruppenführer Sepp Dietrich, undatiert, BA-MA, RS4/1229, Bl. 38–39.

che bei Hitler persönlich zur Sprache gebracht haben.[1019] Die Angelegenheit wurde vom OKW fallen gelassen, der Obermusikmeister für das Massaker nicht zur Verantwortung gezogen.[1020]

Die SS-Totenkopfstandarte »Brandenburg«[1021] unter ihrem Kommandeur SS-Standartenführer Paul Nostitz[1022] war erst am 13. September nach Polen in Marsch gesetzt worden und hatte vom AOK 8 den Auftrag erhalten, Haussuchungen durchzuführen und Wälder zu durchkämmen, um das rückwärtige Armeegebiet 581 von »Insurgenten, verdächtigen Elementen, Plünderern und dergleichen zu befreien«.[1023] Dabei sollte der Schwerpunkt »auf die rücksichtslose Durchführung der vom Armeeoberbefehlshaber angeordneten totalen Waffenablieferung der polnischen Bevölkerung« gelegt werden.[1024] Diesen Befehl legte man bei der SS-Standarte allerdings recht großzügig aus, hatte sie doch in ihrem Einsatzbereich »alle Plünderer und Insurgenten, verdächtige Elemente und dergleichen [...] standrechtlich abgeurteilt und erschossen«, sowie zusätzlich »eine Anzahl (Juden und Polen) erschossen, die sich der Festnahme durch Flucht zu entziehen suchten oder die Truppe tätlich angriffen«.[1025] Der Kommandeur des rückwärtigen Armeegebietes 581, Generalleutnant Böhm-Tettelbach, wies denn auch in einer Meldung an das AOK 8 am 25. September darauf hin, Nostitz' Leute hätten im Raum Leslau keineswegs Sicherungsaufgaben wahrgenommen, sondern »sich vielmehr auf Aktionen gegen die hiesigen Juden beschränkt«. Nostitz habe offenbar bereits bei seinem Eintreffen beabsichtigt, »etwas gegen die Judenschaft als *Ganzes* zu unternehmen. Wieweit der Standartenführer hierzu Weisungen von einer *nicht* militärischen Stelle erhalten hat, kann ich nicht übersehen.«[1026]

Zu dieser Beschwerde scheint Böhm-Tettelbach vor allem die vermutete

1019 Oberstaatsanwalt a. D. Rittau, Schreiben, 18. 9. 1959, BAL, 2 AR-Z 324/59.

1020 Gen. der Pz.-Truppe Smilo Freiherr von Lüttwitz, Eidesstattliche Versicherung, 26. 2. 1948, NA, RG 238, M-989 (High Command Case), R. 44, Fr. 145.

1021 Auch als 2. SS-Totenkopfstandarte bezeichnet.

1022 Zum Werdegang von Paul Nostiz in den 1930er Jahren vgl. Kwiet, Erziehung, S. 439–440.

1023 Ebd., S. 441.

1024 »Die Oberleitung der Säuberungsaktion hat Gruppenführer Eicke, der sie nach den ihm vom O.Qu. erteilten Weisungen in enger Verbindung mit dem Korück [581] durchführt«, XIII. AK, Bes. Anordn. Nr. 23 f. d. Vers., 16. 9. 1939, BA-MA, RH 24-13/185.

1025 Funktionstüchtige Waffen konnten bei den Haussuchungen allerdings kaum gefunden werden, SS-Staf. Nostitz, Tät.Ber., 28. 9. 1939 an d. Generalinspekteur der SS-Totenkopfstandarten, NA, RG 242, Records of the BDC, file of Paul Nostitz, A 3343 SSO-353A, Fr. 538. Zur 2. Totenkopfstandarte in Leslau vgl. des Weiteren Rossino, Hitler, S. 110–114.

1026 Korück 581, Meldung an AOK 8, 25. 9. 1939, NA, RG 242, T-312, R. 45, Fr. 7557539–7557540. Hervorhebungen im Original.

Existenz eines ihm nicht bekannt gegebenen Sonderauftrages des Standartenführers veranlasst zu haben, denn »Aktionen« gegen die Juden durch die Besatzungstruppen waren in Leslau bereits in der Woche vor dem Eintreffen der Totenkopfstandarte »Brandenburg« am 22. September an der Tagesordnung. Jüdische Geschäfte wurden geplündert, Juden wurden aus den Warteschlangen vor den Bäckereien gezerrt, geprügelt und gedemütigt, man zwang sie, Toiletten mit bloßen Händen zu reinigen, die Synagogen und Gebetshäuser von Leslau wurden geschlossen.[1027] Wehrmachtsoldaten übergaben Männern der soeben eingetroffenen Totenkopfstandarte am 22. September einige Juden, die sie »bei einer Versammlung« angetroffen hatten.[1028] Nachdem ein Feldkriegsgericht der Wehrmacht festgestellt hatte, dass es sich bei der angeblichen »bösartigen ›Zusammenrottung‹« in Wahrheit um eine Feierlichkeit anlässlich des jüdischen Laubhüttenfestes gehandelt hatte, wurden die Gefangenen offenbar wieder auf freien Fuß gesetzt.[1029]

Am 24. September – dem jüdischen Versöhnungstag Jom Kippur – übernahm die Totenkopfstandarte »Brandenburg« in Leslau die Initiative. Sie brannte beide Synagogen der Stadt sowie zwei Häuser nieder und verhaftete etwa 800 Juden als angebliche Brandstifter; zwei Juden wurden dabei »auf der Flucht« erschossen, einer verwundet. Dem Quartiermeister beim Stab des Korück 581, Oberst Wilck, erklärte Nostitz kurz nach Anlaufen der Aktion, er beabsichtige, sämtliche Juden der Ortschaft – in Leslau lebten zu der Zeit etwa 13 000 Juden[1030] – festzusetzen. Auf die Unmöglichkeit dieses Vorhabens hingewiesen, antwortete der Standartenführer unverblümt, »im Übrigen würden [die Juden] ja doch totgeschossen«. Oberst Wilck genehmigte in Vertretung des Stadtkommandanten die Verhaftung nachträglich, »weil die Aufhebung einer eben erst begonnenen Handlung dem Ansehen der Wehrmacht bzw. der SS schaden würde«. Die angekündigte Erschießung sämtlicher Juden der Stadt dagegen sei »wohl kaum im Sinne des Führers«.[1031] Sie blieb den Leslauer Juden letztendlich erspart. Alte Männer und Jugendliche waren bereits am 26. September wieder auf freiem

---

1027 Noch während des Krieges berichteten Überlebende, denen die Flucht aus Polen gelungen war, von den Übergriffen in Leslau, vgl. Lustiger, Black Book, S. 10–12; zu den Übergriffen in der ersten Woche der Besatzung vgl. ebd., S. 10.
1028 2. Totenkopfstandarte, Meldung an Korück 581, 22. 9. 1939, NA, RG 242, T-312, R. 45, Fr. 7557538.
1029 Korück 581, Meldung an AOK 8, 24. 9. 1939, NA, RG 242, T-312, R. 45, Fr. 7557537.
1030 Kwiet, Erziehung, S. 442.
1031 Korück 581, Meldung an AOK 8, 25. 9. 1939, BA-MA, NA, RG 242, T-312, R. 45, Fr. 7557539.

Fuß, 300 Männer wurden dagegen zurückbehalten und zu Straßenarbeiten gezwungen.[1032] Nach einigen Wochen, während derer sie schweren Misshandlungen ausgesetzt waren, wurden sie wieder auf freien Fuß gesetzt.[1033]

Offenbar machten sowohl Mannschaftssoldaten als auch Offiziere der Wehrmacht in Leslau bereitwillig mit, wenn es darum ging, Juden zu malträtieren. Auch die Plünderungen, die die Verhaftungsaktion der Totenkopfstandarte »Brandenburg« vom 24. September begleiteten, sollen von Wehrmachtsoldaten durchgeführt worden sein.[1034] Die Verstimmung Generalleutnants Böhm-Tettelbach lag in erster Linie darin begründet, dass er über die wahre Natur des Einsatzes der Standarte nicht vorab informiert worden war. Die ursprünglich ins Auge gefasste Erschießung tausender Juden jedoch wurde nach dem Abmarsch der Standarte nicht in die Tat umgesetzt – ein entsprechender Auftrag war den Besatzungsbehörden schließlich nicht erteilt worden. Beim AOK 8 bedauerte man Ende September die Abberufung der SS-Totenkopfstandarte »Brandenburg« aus dem rückwärtigen Armeegebiet 581, hob »das ruhige und scharfe Zugreifen und die einwandfreie Art der Aburteilung und der Exekution« der Einheit lobend hervor und stellte dabei insbesondere »das einwandfreie und zurückhaltende sowie tadellose Benehmen gegenüber der Zivilbevölkerung als musterhaft dem weniger guten der rückwärtigen Wehrmachtteile« gegenüber.[1035]

Im Operationsgebiet der Heeresgruppe Nord marschierte die Panzerdivision Kempf[1036] von Ostpreußen südwärts in die Gegend östlich von Warschau. In ihren Reihen waren neben dem SS-Artillerieregiment das SS-Regiment »Deutschland«, der SS-Aufklärungssturmbann und ein Panzerregiment des Heeres eingesetzt. Der Verband machte durch Übergriffe gegen Juden von sich reden, an denen sowohl SS-Männer als auch Wehrmachtangehörige beteiligt waren.

Ob die Soldaten der Panzerdivision Kempf, die am 3. September Przasnysz erreichten[1037], am nächsten Tag auch die örtlichen Juden in die evangelische Kirche sperrten und die Synagoge niederbrannten[1038], ist nicht sicher;

1032 Niederschrift über die Besprechung des MB Danzig-Westpreußen mit den Kommandeuren der Abschnitte am 26. 9. 1939, NA, RG 242, T-501, R. 230, Fr. 1077.

1033 Lustiger, Black Book, S. 11–12. Die alten Männer unter den Gefangenen wurden nach 24 Stunden aus der Haft entlassen, die übrigen erst nach 8 Wochen, ebd., S. 11.

1034 Kwiet, Erziehung, S. 444.

1035 Chef RSHA an RFSS, 30. 9. 1939, BAB, R19/334.

1036 Den Namen trug die Division, die sonst auch als 6. PD oder als »Panzerverband Ostpreußen« bezeichnet wurde, nach ihrem Kdr. Gen.Maj. Werner Kempf.

1037 »In Przasnysz Zusammentreffen mit der PD Kempf«, Oberst-Lt. i. G. Otto-Wilhelm von M., 1. Kav.-Brigade (persönliches KTB), 3. 9. 1939, BA-MA, RH29–1/59.

1038 Datner, 55 dni, S. 72.

die Ereignisse der kommenden Tage lassen es zumindest vermuten. Im benachbarten Krasnosielc jedenfalls veranstalteten sie am 5. September eine Jagd auf jüdische Männer, die die Brücke über den Orzyc instand setzen sollten.[1039] »›Wo sind die Juden?‹ – fragten sie. Der Mann der Rajczkowa versteckte sich im Keller. Sie führten eine Haussuchung durch. Zogen ihn aus dem Keller. Den Bart, den er trug, säbelten sie ihm ab. Es floss Blut.«[1040]

Innerhalb der jüdischen Gemeinde von Krasnosielc war man besorgt, als die Männer, die den ganzen Tag über an der Brücke zur Arbeit gezwungen worden waren, nicht nach Hause zurückkehrten. Anrainer der örtlichen Synagoge hatten abends von dort Schüsse gehört.[1041] Die Salven waren unter anderem von einem Sturmmann des SS-Artillerieregiments und einem Polizeiwachtmeister der Geheimen Feldpolizei abgegeben worden. Beide hatten zusammen mit anderen SS- und Wehrmachtsoldaten[1042] am 5. September »etwa 50 Juden, die tagsüber zur Ausbesserung einer Brücke herangezogen [worden] waren, nach Beendigung der Arbeit abends in einer Synagoge zusammengetrieben und *grundlos* zusammengeschossen«.[1043] Überlebende berichteten nach dem Krieg, das Massaker sei auf Intervention von Soldaten einer nicht näher zu bestimmenden deutschen Einheit gestoppt worden. Unter ihnen befand sich ein Sanitäter, der die Verwundeten notdürftig versorgte.[1044]

In Goworowo bei Różan verübten Männer der Panzerdivision am 6. September einen Pogrom[1045], weil ein Angehöriger des Reichsarbeitsdienstes dort von einem Haus aus erschossen worden war, das angeblich ausschließlich von Juden bewohnt gewesen sei.[1046] Generalmajor Werner Kempf erinnerte sich nach dem Krieg, dass zumindest unter den seinem Kommando unterstehenden SS-Leuten damals die Vorstellung verbreitet war, die polni-

1039 Die Brücke war von einer polnischen Patrouille gesprengt und in der Nacht vom 4. auf den 5. 9. 1939 vom deutschen Pi 305 zunächst notdürftig repariert worden, Bondarczuk, Piątnego dnia, S. 25–26.

1040 Ebd., S. 26.

1041 Ebd., S. 27.

1042 Werner Kempf, Eidesstattliche Versicherung, 6. 4. 1948, BA-MA, N184/3, Bd. 1.

1043 Dieses Zitat aus einem Fernschreiben des Chefs des Heeresjustizwesens findet sich in einer Aktennotiz des OKH von Mitte Sep. 1939, die als Dokument 421-D im Prozess gegen das OKW verwandt wurde. Abgedruckt in Poliakov/Wulf, Das Dritte Reich, S. 425. Hervorhebung im Original.

1044 Bondarczuk, Módlcie się, S. 26.

1045 Krasnosielc und Goworowo liegen beide in der Nähe von Różan. In der Vergangenheit wurden die beiden antisemitischen Übergriffe irrtümlicherweise zu einem einzigen Massaker zusammengefasst, zuletzt bei Rossino, Hitler, S. 105–107.

1046 Rossino, Hitler, S. 105.

schen Juden beteiligten sich am Kampf und stellten daher eine Gefahr für die deutschen Truppen dar.[1047] Die Einwohner von Goworowo wurden auf dem Marktplatz zusammengetrieben und aufgeteilt: Die Christen wurden in die Ortskirche, die Juden in die Ortssynagoge gesperrt, in deren Innenhof die Leichen bereits erschossener Juden lagen. Das Gebäude wurde anschließend in Brand gesetzt.[1048] Ein Wehrmachtoffizier, der zufällig am Ort des Geschehens eintraf, verhinderte das Schlimmste: »Das ist zu grausam!«, rief er aus, gab Befehl, die Türen der Synagoge zu öffnen und die Gefangenen freizulassen.[1049] SS-Männer und Wehrmachtsoldaten der Panzerdivision Kempf mordeten in der ersten Kriegswoche in Krasnosielc und Umgebung offenbar nicht ausschließlich aus antisemitischen Motiven, denn auch polnische Bauern waren ihnen zum Opfer gefallen.[1050]

Die Kunde von Übergriffen des SS-Artillerieregiments und anderer Einheiten des Panzerverbandes verbreitete sich rasch. Die 3. Armee schlug am 8. September vor, »die Panzerdivision Kempf aufzulösen [...]. Organisation und Ausbildung des Verbandes haben Schwächen gezeigt, die sich trotz besten Willens der Truppenführer nicht schnell beheben lassen und die Verwendungsmöglichkeit der Einheit einschränken.«[1051] Am 9. September war bis zum Oberbefehlshaber der Heeresgruppe Nord, Generaloberst Fedor von Bock, durchgedrungen, »dass Leute der SS-Artillerie Juden zusammengetrieben und ermordet haben«. Die 3. Armee habe ein Kriegsgericht eingesetzt.[1052] »Ein Verband wird schlecht geführt [...]. SS-Artillerie des Panzerkorps hat Juden in eine Kirche [sic] zusammengetrieben und ermordet. Kriegsgericht hat ein Jahr [sic] Zuchthaus ausgesprochen. Küchler hat Urteil nicht bestätigt, weil *strengere Strafen fällig*. Verband wird OKH angeboten«, notierte Generalstabschef Halder tags darauf in seinem Tagebuch.[1053] Knapp zwei Wochen später hielt der Leiter der Abteilung z. b. V. des Generalstabs in seinen privaten Aufzeichnungen fest: »Bei Pułtusk sind 80 Juden durch die Truppe niedergeknallt in viehischer Weise. Kriegsgericht ist eingesetzt.«[1054] Tatsächlich standen im September 1939 nur die beiden Haupttäter von Krasnosielc vor Gericht. Der Befehlshaber der 3. Armee, General Georg von Küchler, lehnte das Urteil des Feldkriegsgerichts

1047 Ebd., S. 106.
1048 Ebd., S. 107.
1049 Grynberg, Żydzi, S. 29; Rossino, Hitler, S. 107.
1050 Juszkiewicz, Z dziejów, S. 263–265.
1051 AOK 3, Schreiben an HGR Nord, 8. 9. 1939, BA-MA, RH19-II/9, Bl. 159.
1052 Gerbet, Bock, S. 47.
1053 Jacobsen, Halder (Bd. 1), S. 67 (10. 9. 1939). Hervorhebung im Original.
1054 Krausnick/Deutsch, Groscurth, S. 276.

der Panzerdivision Kempf vom 6. September 1939 (drei Jahre Gefängnis für den SS-Mann[1055] und neun Jahre Zuchthaus für den Polizeiwachtmeister) als »lächerlich milde« ab.[1056] Seine Bemühungen, in einem neuen Verfahren härtere Urteile zu erwirken, wurden durch Heinrich Himmler vereitelt[1057], der Küchler noch im Frühjahr 1940 dessen Bemerkung schwer verübelte, die »SS-Einheit (bei Kempf) sei Schandfleck der Armee«.[1058] Bereits am 4. Oktober 1939 wurden die Urteile gegen die Täter von Krasnosielc im Rahmen einer Generalamnestie wieder aufgehoben.[1059]

Bei Übergriffen der eigenen Truppen, die sich direkt im Anschluss an die Kampftätigkeit ereigneten, zeigte sich das Korps Wodrig[1060], in dessen Reihen die Panzerdivision Kempf eingesetzt war, dagegen weitaus verständnisvoller. Das ihm unterstellte Infanterieregiment 22 hatte am 10. September bereits »fünf Stück« Juden niedergeschossen, da man sie für Partisanen gehalten hatte.[1061] Am 17. September stand das Regiment im Kampf um die Ortschaft Łaskarzew. Über die in seinen Reihen verbreitete Einstellung gegenüber der polnischen Bevölkerung geben zwei Vermerke im Kriegstagebuch des 9. Bataillons vom Vortag ein bezeichnendes Bild. Auf seinem Marsch nach Südwesten passierte die Einheit eine Kirche, in der polnische Gefangene[1062] festgehalten wurden: »Auf unsere Frage, was die Gefangenen darin machten, antwortete der Posten: ›Die knien vor ihren Muttergottesbildern und zittern.‹ Darauf allgemeines Gelächter.«[1063] Beim Eintreffen

---

1055 Dem SS-Sturmmann Ernst waren mildernde Umstände zugebilligt worden, »weil er durch einen Unteroffizier durch Überreichung eines Gewehres veranlasst wurde, sich an Erschießung zu beteiligen. Durch zahlreiche Gräueltaten der Polen gegen Volksdeutsche im Reizzustand gewesen. Als SS Mann in besonderem Maße beim Anblick der Juden die deutschfeindliche Einstellung des Judentums empfunden, daher in jugendlichem Draufgängertum völlig unüberlegt gehandelt. Tüchtiger Soldat unvorbestraft«, Aktennotiz (wie Anm. 1043), Poliakov/Wulf, Das Dritte Reich, S. 426.

1056 Rossino, Hitler, S. 107.

1057 Ebd.

1058 Gen.Maj. v. Tippelskirch, Tagesnotizen, 20. 2. 1940, zit. n. Müller, Vorgeschichte, S. 113.

1059 Siehe S. 153–154; Krausnick/Wilhelm, Truppe, S. 82. Ulrich von Hassell, zentrale Figur des deutschen Widerstandes, vermerkte zu diesem Vorgang: »Wenn aber Leute die in einer Synagoge zusammengetriebenen Juden mit Revolvern zusammenknallen, so kann man sich nur schämen. Ein mildes Kriegsgerichtsurteil gegen solche Halunken ist durch Brauchitsch aufgehoben worden, ein zweites, nochmals mildes, durch die unerhörte allgemeine Amnestie Hitlers für solche Taten erledigt worden«, Gaertringen, Hassell-Tagebücher, S. 130 (22. 10. 1939).

1060 Auch XXVI. AK.

1061 Siehe S. 190.

1062 Vermutlich Zivilisten, da die Wehrmacht damals Zivilgefangene bevorzugt in den örtlichen Gotteshäusern – Kirchen oder Synagogen – internierte, während Kriegsgefangene Gefangenensammelstellen zugeführt wurden.

1063 Die 9. Kp. (IR 22) während des Feldzuges in Polen, 16. 9. 1939, BA-MA, RH37/7379, Bl. 40.

in Żelechów, der Nachbarortschaft von Łaskarzew, bemerkte der Tagebuchschreiber des 9. Bataillons unter den Einwohnern von Żelechów »naturgemäß viele Juden«.[1064] Während des Kampfes um Łaskarzew, »in den auch die Zivilbevölkerung eingriff und der mit der völligen Vernichtung des Feindes und Einäscherung des Dorfes endete«[1065], hatte das Infanterieregiment 22 laut einer Eintragung im Kriegstagebuch des Korps Wodrig »scharf durchgegriffen« und »eine stärkere Feindgruppe [...] nach erbittertem Ortskampf, an dem sich auch Zivilpersonen beteiligten, und bei dem dementsprechend scharf durchgegriffen werden musste, vom IR [Infanterieregiment] 22 vernichtet«.[1066] An diesem Tag wurden in Łaskarzew »aus nicht festgestellten Gründen« 24 Polen und 30 Juden nach beendetem Kampf erschossen.[1067] Drei Tage zuvor hatte man beim Korpskommando angeregt, das Verfahren ordnungsgemäßer kriegsgerichtlicher Untersuchungen einzuschränken.[1068]

Wehrmacht und »Volksdeutscher Selbstschutz«

Innerhalb des von der Wehrmacht eroberten Gebietes kam es in den ersten Septembertagen vielerorts zu spontanen Gründungen von Milizen aus den Reihen der deutschen Minderheit. Obwohl reichsdeutsche SS-Männer, die mit der Wehrmacht in Polen einmarschiert waren, sich bisweilen an deren Aufstellung beteiligten, ist eine vorherige zentrale Planung durch die SS wenig wahrscheinlich.[1069] Die Gruppen sollten neben dem Schutz der deutschen Minderheit vor polnischen Übergriffen bis zum Aufbau einer geregelten Verwaltung polizeiliche Aufgaben wie etwa Objektschutz und Verkehrsregelung übernehmen. Häufig erfolgte ihre Einsetzung und Bewaffnung durch Ortskommandanten der Wehrmacht, die in Ermangelung anderer Kräfte auf die Unterstützung von der deutschen Sprache mächtigen Zivilisten angewiesen waren.[1070]
Dem provisorischen Charakter der Hilfstruppe wurde allerdings bereits nach Ablauf der ersten Kriegswoche ein Ende bereitet: In einer geheimen

---

1064 Ebd.; siehe Anm. 183.
1065 Das Korps Wodrig (Ia z. b. V.) im PF, 17. 9. 1939, RH24-26/275, Bl. 53.
1066 XXVI. AK, Abt. Ia (KTB), 17. 9. 1939, BA-MA, RH24-26/2, Bl. 48.
1067 Datner, 55 dni, S. 417–418.
1068 Umbreit, Militärverwaltungen, S. 183, Anm. 471.
1069 Jansen/Weckbecker, »Selbstschutz«, S. 42–47, im Gegensatz zu Skorzyński, Selbstschutz.
1070 Umbreit, Militärverwaltungen, S. 173–174.

Besprechung im Führerhauptquartier, an der die oberste SS-Führung unter Vorsitz Himmlers teilnahm, verkündete dieser den Entschluss Hitlers, die Heimwehren zu systematisieren und somit eine Truppe unter der Obhut der SS zusammenzustellen, die den Schutz der deutschen Minderheit in Polen garantiere. Zu diesem Zweck sei sie mit Beutewaffen auszustatten.[1071]

Der »Volksdeutsche Selbstschutz«, wie die nun zentral organisierte Einheit genannt wurde, tat sich allerdings in der Folgezeit keineswegs als Garant von Ruhe und Ordnung hervor. Wie der spätere Gauleiter von Danzig-Westpreußen, Albert Forster, in seiner Eigenschaft als Chef der Zivilverwaltung[1072] bei der 3. Armee in einer Dienstbesprechung in der zweiten Septemberwoche ausführte, sollten die ihm unterstehenden paramilitärischen Einheiten – zu denen zum damaligen Zeitpunkt auch noch der »Selbstschutz« zählte – »sämtliche gefährliche Polen, alle Juden und polnische Geistliche« aus seinem Gebiet entfernen, um einem möglichen Aufstand vorzubeugen.[1073]

Federführend bei der Umformung der Milizen zu einem Terrororgan der SS war der erste Adjutant Himmlers, Ludolf-Hermann von Alvensleben. Unter seiner Ägide nahm der »Selbstschutz« nun verstärkt eine Doppelfunktion wahr: Erstens dessen Ausbau zu einer alle »SS-tauglichen« Männer umfassenden Organisation[1074], und zweitens »Vergeltung für die Geschehnisse am so genannten Bromberger Blutsonntag sowie für die übrigen Ausschreitungen der Polen vor dem Einmarsch der Wehrmacht«.[1075] Die Unterweisung der Einheiten in Sachen Völkermord erfolgte mündlich auf Einsatzbesprechungen, die nicht protokolliert werden durften.[1076] In den ersten Monaten der Besatzung ermordeten die Todesschwadronen des »Volksdeutschen Selbstschutzes« zwischen 20 000 und 30 000 polnische Staatsbürger.[1077]

1071 Jansen/Weckbecker, »Selbstschutz«, S. 48.

1072 Den fünf in Polen einmarschierenden Armeen waren jeweils fünf »CdZ Feindesland« zugeteilt, denen offiziell die Verwaltung der besetzten Gebiete oblag. Gleichzeitig erhielten sie jedoch Weisungen von vorgesetzten Reichsbehörden und waren mit der Verwirklichung volkstumspolitischer Ziele noch zur Zeit der Militärverwaltung beauftragt, Umbreit, Weg, S. 8–11. Manchem MB kam diese Arbeitsteilung zupass. So ersuchte Gen.-Obst. List, OB der 14. Armee, am 6. 9. 1939 den Krakauer Stadtkommandanten, »von Maßnahmen gegen Juden [...] bis zur Übernahme durch den CdZ [Ministerialdirektor Gottlob Dill vom Amt des Reichsstatthalters in Wien] abzusehen«, KTB der Abt. O.Qu. Nr. 1 der 14. A., BA-MA, RH20-14/128.

1073 Bei dieser Gelegenheit soll ihm vom anwesenden Präsidenten des Oberlandesgerichtes in Danzig Wohler vorgeschlagen worden sein, zunächst keine Richter in das Einsatzgebiet zu entsenden, Schenk, Mann, S. 147.

1074 Aus ihr sollte die zukünftige SS in den besetzten Gebieten gebildet werden.

1075 Jansen/Weckbecker, »Selbstschutz«, S. 86.

1076 Ebd., S. 86–88.

1077 Ebd., S. 155.

Als Inhaberin der vollziehenden Gewalt im eroberten Gebiet kam der Wehrmacht zumindest formal auch die Verantwortung für die Mordexzesse des »Selbstschutzes« zu. *De facto* agierte dieser weitgehend unbehelligt von militärischen Stellen und sogar unabhängig von den den einzelnen Armeen zugeteilten Chefs der Zivilverwaltung[1078], in deren Kompetenzbereich »volkstumspolitische Fragen« eigentlich fielen. Zur endgültigen Klärung des Status der Formation setzte Himmler Ende September sowohl die Militärbefehlshaber als auch die Chefs der Zivilverwaltung davon in Kenntnis, dass der »Selbstschutz« als Organisation der Polizei dem Befehlshaber der Ordnungspolizei und somit – zumindest mittelbar – ihm persönlich unterstehe.[1079]

Vereinzelt gab es Widerstand seitens örtlicher Befehlshaber gegen das Vorgehen des »Selbstschutzes«: »Die Arbeit macht, Reichsführer, wie Sie sich ja denken können, eine riesige Freude. [...] Leider wird nicht so durchgegriffen, wie es nötig wäre, und zwar liegt das [...] an den Ortskommandanten der Wehrmacht, die Reserveoffiziere und aufgrund ihrer bürgerlichen Berufe zu schwach sind«, schrieb von Alvensleben Mitte September an seinen Chef.[1080] Die offizielle Linie der Wehrmacht bestand jedoch darin, über die brutalen Erschießungen des »Selbstschutzes« im Spätsommer 1939 hinwegzusehen und gleichzeitig logistische Hilfe zu leisten. Der Oberbefehlshaber des Heeres legte »Wert auf gutes Zusammenarbeiten [...]. Zur Ausbildung des Selbstschutzes mit der Waffe sind über Anforderungen durch den Kreisführer des Selbstschutzes geeignete Unteroffiziere zu stellen.«[1081] Zugleich unterstrich das OKH, die Truppe habe in »Unternehmungen des Selbstschutzes« in keiner Weise einzugreifen. Des Weiteren seien »Selbstschutz-Führer [...] auf keinen Fall zur Meldung über stattgefundene oder beabsichtigte Unternehmungen aufzufordern«.[1082]

Die so offen zutage getragene Indifferenz seitens ihrer obersten Führung spiegelt sich auch in dem Verhalten einfacher Mannschaftssoldaten wider, die sich trotz der teilweise an den Tag gelegten Bestialität der Übergriffe vor Ort nicht zum Einschreiten genötigt sahen. Am 7. und 8. Oktober 1939 wurden in der nahe Bromberg gelegenen Kleinstadt Schwetz auf dem jüdischen

---

1078 Ebd., S. 166.
1079 Ebd., S. 51.
1080 Schenk, Mann, S. 157. Vgl. hierzu Jansen/Weckbecker, »Selbstschutz«, S. 172–178.
1081 OKH, Geheimbefehl an alle Festungs-, Rgt.- und Btl.-Kdr., 14. 10. 1939, zit. nach Jansen/Weckbecker, »Selbstschutz«, S. 169.
1082 OKH, Merkblatt, 20. 10. 1939, zit. nach ebd.

Friedhof zwischen 60 und 90 polnische und jüdische Männer, Frauen, Kinder und Säuglinge durch den »Selbstschutz« erschossen.[1083] Um Geheimhaltung war man dabei nicht bemüht. »Das Gespräch über die bevorstehende Erschießung war unter den in Schwetz untergebrachten Soldaten allgemein«, gab der Gefreite Kluge der 5. Kompanie der Krankentransportabteilung 581 zu Protokoll.[1084] Die Exekution am 7. September wurde von vier Männern unter der Aufsicht des Bromberger Selbstschutz-Kreisführers, SS-Sturmbannführer Josef Meier (genannt »Blutmeier«[1085]), durchgeführt. »Fleisch, Gehirn und Sand spritzte dabei über die Grabesböschung hinaus und beschmutzte zum Teil die Kleidung der zuschauenden Soldaten.«[1086] Die zu dem Vorgang vernommenen Gefreiten Roschinski und Kluge schätzten die Zahl der untätig umherstehenden schaulustigen Soldaten auf 200 bis 300.

Die Opfer in Schwetz waren aller Wahrscheinlichkeit nach Insassen der örtlichen Nervenheilanstalt, die man als »unheilbar« einstufte. Im Rahmen der »Euthanasieaktion« in Danzig-Westpreußen wurden 500 bis 700 Insassen psychiatrischer Anstalten zwischen Ende September und Mitte Oktober 1939 unter Beteiligung des aus Danziger Zivilisten aufgestellten »Wachsturmbannes Eimann« vom »Selbstschutz« ermordet. Busse und Fahrer wurden dabei von der Wehrmacht gestellt.[1087]

Wehrmacht und paramilitärische Verbände 1939

Die häufig bemühte Dichotomie »verbrecherische SS« versus »anständige Wehrmacht« ist weit von der Realität entfernt und verliert bereits im ersten kriegerischen Einsatz von Wehrmacht und SS im Zweiten Weltkrieg bei

1083 Jansen/Weckbecker, »Selbstschutz«, S. 119, gehen von 83 bis 93 Opfern aus. Datner, 55 dni, S. 519–521, nennt namentlich 10 Polen und 48 Juden, darunter 5 ältere Menschen, 28 erwachsene Frauen, 8 Kinder und 6 Kleinkinder.
1084 Vern. des Gefr. Paul Kluge durch Stabsarzt und Kp.-Führer der Krankentransport-Abt. 581, 5. Kp., zit. nach Krausnick/Deutsch, Groscurth, S. 406–407.
1085 Schenk, Mann, S. 157.
1086 Vern. des Gefr. Paul Roschinski durch Stabsarzt und Kp.-Führer der Krankentransport-Abt. 581, 5. Kp., zit. nach Jansen/Weckbecker, »Selbstschutz«, S. 118.
1087 Rieß, Radikalisierung. Vgl. des Weiteren Rieß, Anfänge; Aly, Intelligentsia; ders., Aktion T4. Da die Aktivitäten des »Volksdeutschen Selbstschutzes« nicht zuletzt wegen der desolaten Quellenlage – es existieren kaum zeitgenössische Dokumente zu Aufstellung und Einsatz des »Selbstschutzes«, die Monographie von Jansen/Weckbecker, »Selbstschutz« stützt sich zum größten Teil auf Nachkriegsaussagen – nach wie vor nicht breit erforscht sind, lassen sich über das Ausmaß der Kooperationsbereitschaft der Wehrmacht bei Mordexzessen der Einheiten im Herbst 1939 keine quantifizierenden Aussagen machen.

näherer Betrachtung ihre Gültigkeit.[1088] Vom später postulierten, angeblich von Rivalität und gegenseitiger Verachtung geprägten Verhältnis der Wehrmacht zur SS war auf dem polnischen Kriegsschauplatz wenig zu spüren. In den ersten Wochen des Polenkrieges ist ein zumindest als ambivalent zu bezeichnendes Verhältnis der Wehrmacht zu den hinter und neben der Truppe eingesetzten paramilitärischen Einheiten zu verzeichnen. Aus einem traditionellen militärischen Ehrenkodex heraus betrachtete man im Offizierskorps die sinnlose Misshandlung und Tötung von wehrlosen Menschen nicht nur als verwerflich. Von solcherart Exzessen gingen zugleich Gefahren für die Truppe aus, da sie einen Verrohungsprozess einzuleiten drohten, der sich nachteilig auf die Disziplin auswirken konnte. Zugleich befürchtete man, eine gerade in der Entstehung begriffene polnische Widerstandsbewegung werde durch eine über die Maßen brutale Behandlung der Zivilbevölkerung erst recht Zulauf erhalten. Widerstände einzelner Offiziere vor Ort lagen daher in einer Gemengelage unterschiedlicher Motive begründet, die sich im Nachhinein häufig nicht mehr genau rekonstruieren lassen. Entscheidend für die Einstellung der Wehrmacht zu den Exzessen von SS-Verbänden, Einsatzgruppen und »Selbstschutz« ist jedenfalls, dass es erstens überhaupt zu solcherart Widerstand kam und dass dieser zweitens tatsächlich Menschenleben retten und Sanktionen für die Verantwortlichen nach sich ziehen konnte. Dabei kam es besonders auf die Haltung der vorgesetzten Dienststelle an. Eine nicht unbedeutende Rolle spielte die Tatsache, dass die kritisierten Einheiten zwar formal der Wehrmacht unterstellt waren, sich zur Rechtfertigung ihres Vorgehens aber häufig auf einen höheren Befehl beriefen und somit die militärische Hoheitsausübung im Einsatzgebiet ernsthaft in Frage stellten. Das konnte sich kein verantwortungsbewusster Kommandeur bieten lassen, solange er nicht von höherer Stelle angewiesen wurde, die Mordkommandos gewähren zu lassen.

Paradoxerweise ist es genau diese ambivalente Haltung auf den unterschiedlichen hierarchischen Ebenen der Wehrmacht, die westliche Historiker in der Vergangenheit dazu verleitet hat, ein scheinbar recht eindeutiges Bild der Wehrmacht im ersten Kriegshalbjahr zu zeichnen: Demnach hatte

---

1088 So berichtete etwa ein ehemaliger Angehöriger der 6. Kompanie des IR 15 nach dem Krieg, wie ein deutscher Soldat in der Nähe der Ortschaft Ciepiełów wahllos Juden erschoss und ihm erst durch einen hinzueilenden SS-Mann Einhalt geboten wurde, ZA Julius T., 1. 10. 1969 auf dem Hessischen LKA Wiesbaden, z.Zt. Kassel, BAL, I-302AR-Z96/71, Bd. 1, Bl. 92–93. T. besaß nach eigenen Angaben bis 1943 eine Aufnahme der Exekution, die er seinen Regimentskameraden gezeigt haben will, ebd. Bl. 93. Zu einer Revision des Mythos der im Gegensatz zur SS anständig gebliebenen Wehrmacht vgl. Rüß, Wehrmachtkritik.

sie es von Anfang an versäumt, die im Hinterland agierenden Einsatzgruppen der Sicherheitspolizei, die Verbände der Waffen-SS und des
»Volksdeutschen Selbstschutzes« im Zaum zu halten. Und sie entzog sich,
nachdem energische Proteste gegen die zunächst spontan anmutenden
Ausschreitungen dieser Verbände – die aber offensichtlich durch Hitler und
Himmler gedeckt wurden und sich als Teil einer groß angelegten politischen
und ethnischen »Säuberungsaktion« erwiesen – ungehört verhallten, durch
einen vorschnellen Abbruch der Militärverwaltung allzu bereitwillig ihrer
Verantwortung als Inhaberin der vollziehenden Gewalt im besetzten Gebiet.

Diese Interpretation blendet die Tatsache aus, dass nicht sämtliche Exekutionen an polnischen Staatsbürgern im September hinter der Front von
paramilitärischen Einheiten durchgeführt wurden. In Wirklichkeit blieben
die Wehrmachteinheiten an Brutalität während der militärischen Eroberung
Polens kaum hinter den SS- und Polizeieinheiten zurück. Diesen Schluss
legt bereits eine Beschwerde des Chefs der Sicherheitspolizei vom 8. September 1939 nahe: »Heydrich hetzt weiter in wüstester Weise gegen Armee
– es ginge alles viel zu langsam!!! Täglich fänden 200 Exekutionen[1089] statt.
Die Kriegsgerichte arbeiteten aber viel zu langsam. Er würde das abstellen.
Die Leute müssten sofort ohne Verfahren abgeschossen oder erhängt werden. ›Die kleinen Leute wollen wir schonen, der Adel, die Popen und die
Juden müssen aber umgebracht werden.‹«[1090]

Diese drastische Äußerung ist seit den 1960er Jahren häufig zitiert und
als Beleg dafür angeführt worden, dass bereits zu diesem frühen Zeitpunkt
der Wehrmacht das ganze Ausmaß der nationalsozialistischen »volkstumspolitischen« Zielsetzung bekannt war. Sie impliziert aber gleichzeitig, dass
die Wehrmacht im September 1939 auf polnischem Boden ebenfalls Erschießungen im großen Stil durchführte – auch wenn diese den Ansprüchen
Heydrichs noch nicht genügten.

Als die ersten Massenerschießungen der Einsatzgruppen und des »Volksdeutschen Selbstschutzes« bekannt wurden, trug Admiral Wilhelm Canaris
seine diesbezüglich bereits vor Angriffsbeginn geäußerten Bedenken Generaloberst Wilhelm Keitel erneut vor. Beide befanden sich zu dieser Zeit im
»Führerzug« bei Ilnau (Jełów). Die Antwort des Chefs des OKW kam einem
Offenbarungseid gleich: »Diese Sache [sei] bereits vom Führer entschieden
[…], der dem Oberbefehlshaber des Heeres klar gemacht habe, dass, wenn
die Wehrmacht hiermit nichts zu tun haben wolle, sie es auch hinnehmen

---

1089 Vermutlich meinte Heydrich hiermit die Exekution von etwa 200 Personen täglich.
1090 Krausnick/Deutsch, Groscurth, S. 201.

müsse, dass SS und Gestapo neben ihr in Erscheinung treten.« Die »volkstümliche [sic] Ausrottung« fiele dann eben den Zivilbefehlshabern zu, die neben den Militärbefehlshabern eingesetzt würden.[1091]

Während zwei der obersten deutschen Militärs offen dazu bereit waren, der unter ihren Augen anlaufenden verbrecherischen deutschen »Volkstumspolitik« tatenlos zuzusehen, bemühte sich der Chef der Sicherheitspolizei und des Sicherheitsdienstes Reinhard Heydrich, diese zumindest zum Schein argumentativ mit sicherheitspolitischen Argumenten zu rechtfertigen und der Wehrmacht somit ihre Komplizenschaft etwas zu erleichtern. Hierfür griff er bezeichnenderweise auf den Freischärlermythos zurück, indem er in einem Schnellbrief an die Leiter der Einsatzgruppen am 21. September 1939 hinsichtlich der geplanten Ghettoisierung der polnischen Juden ausführte: »Als Begründung für die Konzentration der Juden in die Städte hat zu gelten, dass sich Juden maßgeblichst an den Franktireurüberfällen und Plünderungsaktionen beteiligt haben.«[1092] Noch am selben Tag teilte Generaloberst von Brauchitsch den Oberbefehlshabern der Heeresgruppen und Armeen mit, die Ausführung ihrer »volkstumspolitische[n] Aufgaben« solle den Kommandeuren der Einsatzgruppen überlassen bleiben und läge außerhalb der Verantwortlichkeit der Oberbefehlshaber.[1093] Gleichzeitig verfügte er in einem Merkblatt an die in Polen eingesetzten Soldaten: »Das Verhalten gegenüber den Juden bedarf für den Soldaten des Nationalsozialistischen Reiches keine[r] besondere[n] Erwähnung.«[1094] Beide Anordnungen des Oberbefehlshabers des Heeres zielten darauf ab, möglichen Widerständen militärischer Stellen gegen die bereits anlaufende nationalsozialistische »Volkstumspolitik« entgegenzuwirken. Wenige Tage

---

1091 Oberst-Lt. Lahousen, Aktenvermerk über die Besprechung im Führerzug am 12. 9. 1939 in Ilnau, BA-MA, N104/3, abgedruckt bei Krausnick/Deutsch, Groscurth, S. 358. Zur Rolle der CdZ siehe Anm. 1072.
1092 CdS, Schnellbrief an d. Leiter der Einsatzgruppen der Sipo, 21. 9. 1939, NA, RG-242, T-501, R. 230, Fr. 20.
1093 OBdH, Schreiben an d. OB der HGR und Armeen »Tätigkeit und Aufgaben der Polizei-Einsatzgruppen im Operationsgebiet«, 21. 9. 1939, BA-MA, RH20-14/178, Bl. 108–109.
1094 Der OBdH, »Merkblatt für das Verhalten der deutschen Soldaten im besetzten Gebiet in Polen«, 19. 9. 1939, BA-MA, RS4/1118. Die im Merkblatt verwendete vage Formulierung wurde im Sommer 1942 wörtlich in das »Merkblatt für das Verhalten des deutschen Soldaten in den besetzten Ostgebieten« übernommen, OKH, Gen. z. b. V. OKH/Heereswes. Abt. 8. 6. 1942, BA-MA, RH28-1/162. Generaloberst Erich von Manstein – in dessen Befehlsbereich sich das Massaker an den Juden von Końskie ereignete (siehe S. 195–197) – hatte kurz zuvor allerdings bereits offen ausgesprochen, was man mittlerweile von der Truppe erwartete: »Für die Notwendigkeit der harten Sühne am Judentum [...] muss der Soldat Verständnis aufbringen. Sie ist auch notwendig, um alle Erhebungen, die meist von Juden angezettelt werden, im Keim zu ersticken«, IMG, Bd. 34 (1949), S. 130–131. Im »Weltanschauungskrieg« ab 1941 nahm man kein Blatt mehr vor den Mund.

zuvor war in Przemyśl und Umgebung das größte antisemitisch motivierte Massaker des ersten Kriegsjahres verübt worden, das offenbar direkt mit der von Einsatzgruppen und Wehrmachteinheiten gemeinsam durchgeführten Vertreibung polnischer Juden in sowjetisch besetztes Gebiet im Zusammenhang stand.[1095]

Zwar führten im Winter 1939/40 einige Kommandeure gegen das brutale Vorgehen paramilitärischer Einheiten in Polen Beschwerde.[1096] Daraus aber auf eine generelle Ablehnung der »Volkstumspolitik« durch die Wehrmachtführung zu schließen, führt in die Irre. Generaloberst Johannes Blaskowitz, der Gerd von Rundstedt am 23. Oktober als Oberbefehlshaber Ost abgelöst hatte, vermerkte in einem ebensolchen Protestschreiben im Februar 1940: »Es ist abwegig, einige 10 000 Juden und Polen, so wie es augenblicklich geschieht, abzuschlachten; denn damit werden angesichts der Masse der Bevölkerung weder die polnische Staatsidee totgeschlagen noch die Juden beseitigt.« Für den hochrangigsten Vertreter der Wehrmacht im besetzten Polen stellten – und damit begab er sich argumentativ auf das Niveau Heydrichs und Himmlers – »der Pole und der Jude, dazu noch besonders unterstützt von der katholischen Kirche« die »Erzfeinde im Ostraum« dar.[1097] Dies deckte sich weitgehend mit der zeitgleich formulierten Einschätzung des Oberbefehlshaber des Heeres, die »für die Sicherung des deutschen Lebensraumes notwendige und vom Führer angeordnete Lösung volkspolitischer [sic] Aufgaben musste schon zwangsläufig zu sonst ungewöhnlichen, harten Maßnahmen gegenüber der polnischen Bevölkerung des besetzten Gebietes führen. Die durch den bevorstehenden Entscheidungskampf des deutschen Volkes erforderliche beschleunigte Durchführung dieser Aufgaben brachte naturgemäß eine weitere Verschärfung dieser Maßnahmen mit sich.« Sorgen bereitete von Brauchitsch in diesem Zusammenhang in erster Linie – wieder einmal – die Aufrechterhaltung der Disziplin.[1098]

Die Vorbehalte der Wehrmachtführung gegenüber den marodierenden SS- und Polizeiverbänden waren nicht in einer generellen Ablehnung der

1095 Siehe S. 212–215.
1096 Krausnick/Wilhelm, Truppe, S. 80–106. Einige der Protestschreiben abgedruckt bei Krausnick/Deutsch, Groscurth, S. 357–359, S. 406–407, S. 426–427, S. 438–440, sowie bei Ueberschär, NS-Verbrechen, S. 157–162.
1097 OberOst, Gen.Obst. von Blaskowitz, Vortragsnotizen v. 6. 2. 1940 anlässlich des geplanten Besuches des OBdH von Brauchitsch in Spała am 15. 2. 1940 betr. Militärpolitische Lage im besetzten Polen, in: BA-MA, RH53-23/23, auszugsweise abgedruckt bei Ueberschär, NS-Verbrechen, S. 159–162.
1098 OBdH, Befehl »Heer und SS« an d. OB der HGR und Armeen, 7. 2. 1940, zit. nach Messerschmidt, Völkerrecht, S. 251–252.

nationalsozialistischen »Volkstumspolitik« in Polen begründet. Der Chef der Sicherheitspolizei Heydrich brachte die Hauptursache des Dissenses zwischen Wehrmacht und SS auf den Punkt, als er rückblickend im Sommer 1940 notierte, »dass die Weisungen, nach denen der polizeiliche Einsatz [in Polen 1939] handelte, außerordentlich radikal waren (z. B. Liquidierungsbefehl für zahlreiche polnische Führungskreise, der in die Tausende ging), dass den gesamten führenden Heeresbefehlsstellen [. . .] dieser Befehl nicht mitgeteilt werden konnte, so dass nach außen hin das Handeln der Polizei und SS als willkürliche, brutale Eigenmächtigkeit in Erscheinung trat.«[1099] Am 13. März 1940 wurde Himmler durch Generaloberst von Brauchitsch dann Gelegenheit gegeben, vor versammelter Generalität klarzustellen, dass die Liquidierungen von Hitler gebilligt worden waren: »In diesem Gremium der höchsten Offiziere des Heeres kann ich es wohl offen aussprechen: Ich tue nichts, was der Führer nicht weiß.«[1100]

Nachdem somit offenkundig geworden war, dass es sich bei den vermeintlich willkürlichen Erschießungen in Wirklichkeit um ein umfangreiches, von Hitler genehmigtes Vernichtungsprogramm handelte, verstummten die kritischen Stimmen. Kurz nach Himmlers Ansprache soll der Oberbefehlshaber des Heeres geäußert haben, bei dem Krieg, in dem man sich momentan befinde, handele es sich »nicht um einen Kampf der Regierungen, sondern um die Austragung von Weltanschauungen«.[1101] Spätestens nach den militärischen Erfolgen des Sommers 1940 waren die Besatzungstruppen in Polen auf Linie gebracht. Generaloberst Georg von Küchler, der im September 1939 noch seine Abscheu gegenüber den von SS-Einheiten und Einsatzgruppen in Polen angewandten Methoden deutlich zum Ausdruck gebracht hatte, verfügte im Juli 1940:

»Ich bitte ferner dahin zu wirken, dass sich jeder Soldat, besonders der Offizier, der Kritik an dem im Generalgouvernement durchgeführten Volkstumskampf, z. B. Behandlung der polnischen Minderheiten, der Juden und kirchlichen Dingen [sic] enthält. Der an der Ostgrenze seit Jahrhunderten tobende Volkstumskampf bedarf zur endgültigen völkischen Lösung einmaliger, scharf durchgreifender Maßnahmen. Bestimmte Verbände der Partei und des Staates sind mit der Durchführung dieses Volkstumskampfes im Osten beauftragt worden. Der Soldat hat sich daher aus diesen Aufgaben an-

1099 Krausnick, Hitler (1963), S. 207. Zum Liquidierungsbefehl vgl. Weitbrecht, Exekutionsauftrag.
1100 Müller, Vorgeschichte. Die Rede Himmlers ist im Wortlaut nicht überliefert. Das Zitat stammt aus den Erinnerung des Gen. a. D. Ulex, zit. nach Krausnick, Hitler (1963), S. 205.
1101 Krausnick/Wilhelm, Truppe, S. 104, Anm. 425.

derer Verbände herauszuhalten. Er darf sich auch nicht durch Kritik in diese Aufgaben einmischen.«[1102] Der Begriff »Behandlung« kann hier angesichts des bereits seit Monaten andauernden Vernichtungsprogramms mit »Ermordung« gleichgesetzt werden und gemahnt in fataler Weise an den später in solchen Zusammenhängen gebräuchlichen Begriff der »Sonderbehandlung«.

Somit erweist es sich als durchaus fraglich, ob aus den energischen Protesten einiger weniger Wehrmachtoffiziere – so sehr sie im Einzelfall unzweifelhaft einer aufrichtigen Empörung Ausdruck gaben – auf eine zur Jahreswende 1939/40 allgemein verbreitete ablehnende Haltung der Wehrmachtführung gegenüber der »Volkstumspolitik« in Polen geschlossen werden kann. Vielmehr liegt es nahe, aus dem Versäumnis der Wehrmachtführung, den Anfängen zu wehren, sowie aus unverblümten Äußerungen des Verständnisses auf eine Affinität zu den nationalsozialistischen Zielsetzungen im gerade eroberten Ostraum zu schließen, die dann im Frühjahr 1941 bei der Ausarbeitung der »Verbrecherischen Befehle« für den Vernichtungskrieg in der Sowjetunion offen zutage treten sollte.[1103]

1102 18. A./Küchler, Befehl vom 22. 7. 1940, abschriftl. in einem Schreiben des Befehlshabers des rückwärtigen Heeresgebietes 550 vom 20. 8. 1940, abgedruckt in Poliakov/Wulf, Diener, S. 385–386.
1103 So auch in der jüngsten Veröffentlichung zum Thema von Wette, Wehrmacht, S. 105: »In Polen [1939] nahm die deutsche Ausrottungs- und Versklavungspolitik, die Missachtung der Menschenwürde und des Völkerrechts [...] ihren Anfang, und nicht erst in der Sowjetunion, wie fälschlich immer angenommen wird.«

Schlussbetrachtung

Zur Zeit der deutschen Militärverwaltung, also vom 1. September bis zum 25. Oktober 1939, hatte die Wehrmacht die vollziehende Gewalt in den besetzten Gebieten inne. Somit war sie für sämtliche Übergriffe verantwortlich, die sich unter ihren Augen abspielten. Dazu zählten die Exekutionen und Exzesse der Einsatzgruppen der Sicherheitspolizei und anderer SS-Formationen, gegen die sich zwar Proteste höherer Militärs regten, die aber dennoch von der Wehrmachtführung nicht unterbunden wurden. Vor allem aber trug die Wehrmacht die unmittelbare Verantwortung für Verbrechen, die von der Truppe selbst begangen wurden.

Die Wehrmacht selber hat kaum Dokumente hinterlassen, aus denen sich das Ausmaß ihrer Beteiligung an Übergriffen im September und Oktober 1939 ablesen ließe. Kriegsgerichtsverfahren gegen einzelne Soldaten wurden nur in Ausnahmefällen eingeleitet. Aufschlussreich an den überlieferten Verfahren ist allenfalls das angesichts der verhandelten Strafsachen auffällig geringe Strafmaß. Die genaue Zahl der polnischen Zivilisten und Kriegsgefangenen, die zur Zeit der deutschen Militärverwaltung ums Leben kamen, lässt sich nicht mehr ermitteln. Polnischen Schätzungen zufolge forderten Luftangriffe und Artilleriebeschuss deutlich über 10 000 zivile Opfer.[1104] Mehr als 3000 polnische Soldaten kamen im September 1939 abseits der Kampfhandlungen ums Leben.[1105] Des Weiteren wurden für diesen Zeitraum 714 Exekutionen ermittelt, in deren Verlauf über 16 000 Zivilisten hingerichtet wurden. 75 Prozent von ihnen wurden bereits im September 1939

1104 Datner, 55 dni, S. 619. Die Bombardierung hunderter polnischer Städte im September 1939, in denen kein polnisches Militär stationiert war – darunter als erste im Morgengrauen des 1. September die Kleinstadt Wieluń –, harrt nach wie vor der Aufarbeitung in Form einer Monographie.
1105 Dies ergibt eine Auswertung von Studien, die sich hauptsächlich auf Nachkriegsaussagen Überlebender stützen, vgl. Datner, Crimes committed by the Wehrmacht; Ders., Crimes of the Wehrmacht; Ders., Crimes against POWs; Ders., 55 dni; Ders./Gumkowski/Leszczyński, Genocide; Szefer, Zbrodnie; Jellenta, Zbrodnie; Krakowski, Fate (1977); Röhr, Okkupationspolitik.

erschossen.[1106] Wie hoch der Anteil der Juden unter den Opfern ist, lässt sich nicht mit Bestimmtheit sagen. Wie viele der Exekutionen von den Einsatzgruppen der Sicherheitspolizei durchgeführt wurden und wie viele von Wehrmachtsoldaten, ist ebenfalls nicht exakt zu bestimmen. Die polnischen Zahlen stützen sich hauptsächlich auf Aussagen von Augenzeugen und Ergebnisse von Exhumierungen. In beiden Fällen ist eine nachträgliche Identifizierung der Täter problematisch.

In den Reihen der Heeresgruppen Nord und Süd marschierten über 1,5 Millionen deutsche Soldaten in Polen ein, während das Personal der Einsatzgruppen aus 2000 Mann bestand. In den überlieferten Kriegstagebüchern von Wehrmachteinheiten aus dem Herbst 1939 wird ein besonders rücksichtsloses Vorgehen der Truppe gegen polnische und jüdische Zivilisten und Kriegsgefangene freimütig eingeräumt. Daher kann davon ausgegangen werden, dass zumindest während des deutschen Einmarsches die Wehrmacht kaum weniger Exekutionsopfer zu verantworten hatte als die polizeilichen Einsatzgruppen oder andere SS-Formationen. Der Chef der Sicherheitspolizei und des Sicherheitsdienstes, Reinhard Heydrich, notierte im Sommer 1940: »Stellt man Übergriffe, Plünderungsfälle, Ausschreitungen des Heeres und der SS und Polizei gegenüber, so kommt [sic] hierbei SS und Polizei bestimmt nicht schlecht weg.«[1107]

Das Auftreten der deutschen Wehrmacht als Invasionsheer und Besatzungsmacht in Polen gab den Einwohnern bereits im Spätsommer 1939 einen bitteren Vorgeschmack auf die kommenden, von Brutalität und Willkür geprägten Jahre deutscher Herrschaft. Durch Bombardements aus der Luft und Erschießungen zu Lande wurde die polnische Bevölkerung in einem weitaus größeren Maße in Mitleidenschaft gezogen, als es unter den Bedingungen einer »herkömmlichen« Kriegsführung der Fall gewesen wäre. Die Gründe hierfür sind vielfältiger Natur. Zunächst einmal spielte die Einstellung deutscher Offiziere und Soldaten gegenüber dem Nachbarland eine entscheidende Rolle. Als besonders schmerzlich und ungerecht wurden die Gebietsverluste nach dem Ersten Weltkrieg empfunden. Hinzu kam eine generell abschätzige Haltung gegenüber Slawen und Juden, die in Deutschland bereits seit Jahrhunderten vorherrschte. In der Zeit zwischen den Kriegen und vermehrt in den Wochen vor Angriffsbeginn mobilisierte die nationalsozialistische Propaganda diese alten Feindbilder, um die deutsche Bevölkerung für den Kampf gegen den neuen Gegner ideologisch zu rüsten.

1106 Datner, 55 dni, S. 619–620. Radziwończyk geht von über 20 000 Exekutionsopfern zur Zeit der deutschen Militärverwaltung aus, Radziwończyk, Zarząd, S. 140.
1107 Krausnick, Hitler (1963), S. 207.

Die Wirkung dieser Feindbilder lässt sich unmittelbar an den abschätzigen Äußerungen in Polen einmarschierender deutscher Soldaten ablesen. Die polnische Landschaft, die polnischen Ortschaften und ihre Bewohner schienen ihnen eine unmittelbare Bestätigung ihrer chauvinistischen und rassistischen Ressentiments. Von den ärmlichen Lebensverhältnissen, auf die sie dort häufig trafen, schlossen sie auf eine innere Disposition der Bevölkerung, die ihnen vor allem in einer generellen Feindseligkeit gegenüber den deutschen Eroberern zum Ausdruck zu kommen schien. Diese Einschätzung generierte wiederum einen Generalverdacht gegen die polnische Bevölkerung, der sich mit den unmittelbar vor dem Angriff verlesenen Warnungen vor der »Heimtücke« von Polen und Juden zu einem Ganzen fügte.

Vor diesem Hintergrund ist die Frage, was Wehrmachtsoldaten im Osten dazu bewegte, sich an der Tötung breiter Bevölkerungsschichten zu beteiligen, neu zu stellen. Die herkömmlichen situativen Erklärungsansätze einer Brutalisierung des Krieges, der Zerstörung der soldatischen Primärgruppen, des Einflusses von Obrigkeitshörigkeit, Karrieredenken und Anpassungsdruck lassen sich auf die mehrere Jahre während Kriegsführung in der Sowjetunion ab Sommer 1941 anwenden, nicht aber auf den kurzen Zeitraum der Eroberung Polens im September 1939. Die gedankliche Konstruktion hinterhältiger Slawen und Juden, die in kulturell zurückgebliebenen Landstrichen hausten und nur darauf warteten, die Angreifer aus dem Hinterhalt anzufallen, lieferte den deutschen Soldaten im Polenkrieg vielmehr in ungewohnten Situationen scheinbar plausible Interpretationsmuster. Nur unzureichend auf die Gegebenheiten des ersten Einsatzes im fremden Land geschult und noch unerfahren im Wald- und Ortskampf erlebten sie Standardsituationen des Krieges als außerordentliche Bedrohung, die in ihren Augen außerordentliche Maßnahmen erforderte.

Übergriffe gegen Zivilisten und Kriegsgefangene erschienen deutschen Soldaten in diesem Licht nicht als Kriegsverbrechen, sondern als legitimes Mittel der Selbstverteidigung. Obwohl sich Vorfälle, in denen sie sich auf dem Vormarsch oder in Unterkünften gegenseitig unter Beschuss nahmen, täglich – und vor allem auch nächtlich – im gesamten Einsatzraum ereigneten, wurden die Urheber unkontrollierter Schusswechsel in den Reihen der ohnehin mit Misstrauen betrachteten Bevölkerung vermutet. Die Vorstellung, in einen allerorts tobenden »Freischärlerkrieg« geraten zu sein, schien die Einleitung korrekter, aber zeitraubender kriegsgerichtlicher Untersuchungen vor Ort obsolet zu machen. Durch die umstandslose Erschießung verdächtiger Personen gedachte man, dem scheinbar aufsässigen Verhalten der Landeseinwohner am ehesten ein rasches Ende zu bereiten.

Hunderte polnischer Ortschaften wurden im deutschen Vormarschstreifen eingeäschert, tausende Zivilisten – alte Menschen, Männer, Frauen und Kinder – kamen durch Feuer, Handgranaten und Maschinengewehrsalven ums Leben.

Die Erschießung polnischer Soldaten unmittelbar nach ihrer Gefangennahme erfolgte dagegen aus einer Vielzahl unterschiedlicher Motive. Zum einen stillten deutsche Soldaten durch solche Gewaltakte häufig ihren Durst nach Rache für erlittene eigene Verluste sowie für polnische Übergriffe gegen Angehörige der deutschen Minderheit, von denen sie oft freilich nur gerüchteweise erfahren hatten. Zum anderen hing die Tötung polnischer Kriegsgefangener ebenfalls mit der Wahnvorstellung eines Partisanenkrieges auf polnischem Boden zusammen. Nicht nur Zivilisten wurden aufgrund dieser Wahrnehmung fälschlicherweise bezichtigt, zu den Waffen gegriffen zu haben, und nicht nur polnischen Bürgerwehren wurde pauschal das Recht abgesprochen, ihre Städte und Ortschaften zu verteidigen. Auch reguläre Einheiten des polnischen Heeres, die sich in unübersichtlichen Ortschaften und Waldgebieten zum Kampf stellten oder hinter die deutschen Linien geraten waren, wurden aufgrund dieser als »unehrlich« empfundenen Kampfweise kurzerhand zu Partisanen erklärt und erschossen.

Eine besondere Variante der Gewalt, die von deutschen Soldaten im Spätsommer 1939 angewandt wurde, richtete sich gegen die polnischen Juden. Aufgrund ihrer traditionellen Kleidung waren sie unschwer auszumachen, und vom ersten Tag der Invasion an wurden sie von Wehrmachtsoldaten zu Freiwild erklärt. Antisemitisch motivierte Demütigungen und Arbeitszwang, Plünderungen, gewalttätige Übergriffe und Morde waren in Polen im Spätsommer 1939 an der Tagesordnung und wurden innerhalb der Truppe als grobe Späße verharmlost oder als Kavaliersdelikte betrachtet. Hier ging die böse Saat eines seit Jahrhunderten bestehenden und durch die nationalsozialistische Ideologie propagierten Antisemitismus auf und schlug in konkrete Gewaltanwendung um.

Vorgesetzte Stellen hatten die deutschen Soldaten weder hinreichend auf die zu erwartenden Begleiterscheinungen ihres ersten Einsatzes vorbereitet, noch lieferten sie ihnen während der Invasion brauchbare Vorgaben, wie sie sich gegenüber den Einwohnern zu verhalten hätten. Aufgrund der Meldungen von der Front war man auch an den Schreibtischen der Kommandobehörden davon überzeugt, dass die polnische Bevölkerung sich an den Kampfhandlungen beteiligte. Diese Einschätzung verband man dort mit einem allgemein chauvinistischen Slawen- und Judenbild und der strategischen Notwendigkeit einer schnellen Eroberung des Landes, die Hitler bereits eine Woche vor dem Überfall unmissverständlich in den Vordergrund der Operationen gestellt hatte.[1108] Infolgedessen wurde in direkter Reaktion eine Reihe von Befehlen erlassen, die zwar allzu drastische Reaktionen auf vermeintliche Angriffe – sofern sie der eigenen Truppe, etwa durch die Zerstörung von Vorräten und Unterkünften, zum Schaden gereichten – unterbinden sollten, überwiegend jedoch einem verschärften Vorgehen gegen die Landeseinwohner Vorschub leisteten. Die bei der 8. Armee als notwendig erachtete umstandslose Erschießung *sämtlicher* Personen, die sich in Häusern aufhielten, aus denen auf die Wehrmacht gefeuert worden war, die bei der Heeresgruppe Nord angeordnete Niederbrennung ganzer Ortschaften als Maßnahme der »Freischärlerbekämpfung«, die Losung »Keine Schonung« für polnische Soldaten im Bzura-Raum, die fälschlicherweise für Gräueltaten in Bromberg kollektiv verantwortlich gemacht wurden – solch radikale Direktiven zeigen deutlich, dass man in den höheren Rängen der Wehrmacht bereits zu Beginn des Zweiten Weltkrieges bereit war, völkerrechtliche Bedenken zugunsten einer als besonders effektiv erachteten »Befriedung« der zu erobernden Landstriche über Bord zu werfen – Landstriche, die ihrer Meinung nach ohnehin nur von als minderwertig erachteten Slawen und Juden bewohnt wurden.

Besonders deutlich kommt die Gleichgültigkeit der Wehrmachtführung gegenüber dem Schicksal der polnischen Bevölkerung durch die Tatsache zum Ausdruck, dass im Nachhinein – bis auf wenige Ausnahmen – keine kriegsgerichtlichen Untersuchungen von Fällen offenkundigen soldatischen Fehlverhaltens eingeleitet wurden. Die im ganzen Land stattfindenden Erschießungen tausender Zivilisten und Kriegsgefangener durch Wehrmachtsoldaten blieben ungeahndet.[1109] Erst die in der zweiten Septemberhälfte überhand nehmende Anzahl der Plünderungen und Vergewaltigungen wurde zum Anlass genommen, die Befehlsgebung zu verschärfen, um marodierende Soldaten im Zaum zu halten. Dies geschah jedoch nicht aus Mitgefühl mit den Not leidenden Landeseinwohnern, sondern aus Sorge um eine fortschreitende Verwilderung der Truppe und das Ansehen der deutschen Wehrmacht.

1108 »Vernichtung Polens im Vordergrund. Ziel ist Beseitigung der lebendigen Kräfte, nicht die Erreichung einer bestimmten Linie«, Zweite Ansprache des Führers am 22. 8. 1939, abgedruckt in ADAP, Serie D (Bd. 5), S. 172.
1109 Auch nach Kriegsende wurde kein ehemaliger Wehrmachtsoldat für Tötungshandlungen belangt, die zur Zeit der Militärverwaltung in Polen begangen worden waren. Zur Rolle deutscher Staatsanwaltschaften bei der Niederschlagung polnischer Amtshilfegesuche Kulesza, Verbrechen.

Zeitgleich mit der Entgrenzung der Gewalt vor Ort sorgte in den Zentren der Macht, wo Partei- und Wehrmachtgrößen aufeinander trafen – in der Reichshauptstadt wie im Führerzug – die Mär der kämpfenden polnischen Bevölkerung für eine weitere Annäherung der militärischen Zielsetzung der Eroberung und Sicherung weiter Räume im Osten an die volkstumspolitischen Pläne einer weitgehenden Ausschaltung von als gefährlich – oder mit den Worten der Täter: »reichsfeindlich« – eingestuften Teilen der dort lebenden Bevölkerung. Mit Hilfe des Franktireurmythos ließ sich die bereits vor Angriffsbeginn konzipierte gnadenlose Verfolgung von Slawen und Juden scheinbar einleuchtend rechtfertigen. In seiner Ansprache an die Bürger des gerade besetzten Danzig führte Adolf Hitler – Oberster Befehlshaber der Wehrmacht und »Führer und Reichskanzler« in Personalunion – aus, die polnische Regierung habe ihre Bevölkerung Anfang September dazu aufgefordert »als Heckenschützen auf unsere Soldaten zu schießen«. Sein Fazit kam einer düsteren Prophezeiung kommender Zeiten im deutsch besetzten Osten gleich: »Wenn man es anders haben will, können wir es auch anders machen.«[1110] Ähnlich verfuhr Reinhard Heydrich, indem er in seinem Schnellbrief an die Leiter der Einsatzgruppen die Ghettoisierung der polnischen Juden mit deren angeblicher Partisanentätigkeit während des deutschen Einmarsches begründete.

Diese Verschränkung avisierter »volkstumspolitischer Maßnahmen« mit scheinbar sicherheitspolitischen Argumenten wurde von der Wehrmacht mitgetragen. Überhaupt war das Verhältnis zwischen der Truppe vor Ort und den in ihrem Gebiet eingesetzten Einsatzgruppen sowie den Einheiten der SS-Verfügungstruppe und der Totenkopfverbände eher harmonisch als getrübt. Einzelne Befehlshaber mochten sich bisweilen über die Vorgehensweise paramilitärischer Formationen empören. Insgesamt aber waren diese bei der »Befriedung« der eroberten Räume und der Verfolgung der polnischen Bevölkerung – wie etwa die Vorgänge in Bromberg in der ersten Woche deutscher Herrschaft belegen – durchaus willkommene Partner. Letztendlich unterschieden sich dabei die Mordorgien von Wehrmachteinheiten auf der einen, die von Polizei- und SS-Einheiten auf der anderen Seite lediglich hinsichtlich ihrer Motivation: hier SS-Schulung und offenkundig höhere Weisung, dort abwertendes Slawen- bzw. Judenbild und »Freischärlerwahn«.

1110 Auszug aus der Rede des Führers am 19. 9. 1939 in Danzig, Anl. 1 zur 29. Lageübersicht des AOK 8, 19. 9. 1939, BA-MA, RH20-8/32.

Der deutsche Angriff auf die Sowjetunion im Sommer 1941 ist in der bisherigen Forschung irrtümlicherweise als Wasserscheide zwischen einer herkömmlichen deutschen Kriegsführung und dem Vernichtungskrieg im Osten interpretiert worden. In Wirklichkeit wies bereits der erste kurze Einsatz der Wehrmacht alle wesentlichen Merkmale des Vernichtungskrieges auf: Die Wehrmacht erschoss dort im großen Stil Zivilisten und Kriegsgefangene, und sie kooperierte mit den Einsatzgruppen im Rahmen der »Befriedung« der eroberten Gebiete und der Ermordung und Vertreibung der polnischen Juden. Proteste einzelner Militärs nach Abklingen der Kampfhandlungen vermögen nicht darüber hinwegzutäuschen, dass wesentliche Konstituenten der nationalsozialistischen »Volkstumspolitik« bereits im Spätsommer 1939 mit der Wehrmacht abgesprochen und mit ihrer Hilfe in die Tat umgesetzt wurden. Die auf dem polnischen Kriegsschauplatz gesammelten Erfahrungen dienten im Vorfeld des deutschen Angriffes auf die Sowjetunion als Raster sowohl für die Verabschiedung der »verbrecherischen Befehle« als auch für die einvernehmliche Regelung der Verwendung der Einsatzgruppen der Sicherheitspolizei. Daher bildete nicht der Angriff auf die Sowjetunion im Sommer 1941, sondern vielmehr der erste Einsatz der Wehrmacht in Polen im September 1939 den Auftakt zum Vernichtungskrieg.

Danksagung

Eine Dissertation entsteht bekanntlich nicht über Nacht. Recherche und Niederschrift stellen den Doktoranden und Autor bisweilen vor Aufgaben, die er kaum alleine zu bewältigen vermag. An dieser Stelle möchte ich mich daher herzlich bei den Menschen bedanken, ohne die ich dieses Buch nicht hätte schreiben können.

Meine Eltern Margarete und Alois Böhler haben mir die Lust am Studieren und Forschen vermittelt und mich permanent ebenso liebevoll wie bedingungslos unterstützt. Es ist vielleicht eine schicksalhafte Fügung, dass über meine Arbeit auch ihr Interesse an der Zeit 1933 bis 1945 neu erwacht ist, in der sie selbst noch Kinder waren. Ich hoffe, dieses Buch ist dazu angetan, ihnen ihre unschätzbare Hilfe zumindest etwas zu vergelten.

Die Disputation der diesem Buch zugrunde liegenden Dissertation zur Doktorprüfung der Philosophischen Fakultät der Universität zu Köln wurde am 15. Dezember 2004 erfolgreich bestanden. Betreuer der Arbeit war Prof. Dr. Jost Dülffer. Er hat mich seit unserer ersten Begegnung vor einem Jahrzehnt immer wieder geduldig gelehrt, den Blick auf das Wesentliche zu richten, und auch dann ohne Zögern keine Mühen gescheut, wenn sein persönliches Engagement gefragt war. Einen Doktorvater und Mentor seines Formates findet man heutzutage – wenn überhaupt – nur ganz selten. Für die Übernahme des Zweitgutachtens danke ich besonders herzlich Prof. Dr. Ralph Jessen.

Die Stiftung Deutsche Geisteswissenschaftliche Institute im Ausland, das Deutsche Historische Institut Warschau, sein Direktor Prof. Dr. Klaus Ziemer und sein wissenschaftlicher Beirat haben mein Forschungsprojekt – an dessen Entwicklung auch Prof. Dr. Hans-Erich Volkmann maßgeblich beteiligt war – jahrelang auf jede nur erdenkliche Weise gefördert. Prof. Dr. Walter H. Pehle war mir ein ebenso verständnisvoller wie verlässlicher Herausgeber und hat mir durch seinen unerschütterlichen Glauben an dieses Buch die Kraft zu seiner Vollendung gegeben.

Stellvertretend für die vielen Archivare und Bibliothekare, die mir meine

Arbeit sehr erleichtert haben, seien Frau Waibl, Frau Notzke und Frau Frischmuth vom Bundesarchiv-Militärarchiv Freiburg im Breisgau, Dr. Jan Bańbor vom Archiv der Neuen Akten und Dr. Andrzej Wesołowski von der Zentralen Militärbibliothek Warschau genannt.

Es ist mir ebenfalls unmöglich, an dieser Stelle alle meine lieben Freunde zu nennen, die mir moralisch, fachlich und praktisch auch in schweren Zeiten zur Seite gestanden haben. Unmittelbar an der Entstehung des Buches beteiligt waren Jürgen Brügger, Peter Kaboth, Dr. Lothar Kittstein, Dr. Andreas Kossert, Prof. Dr. Klaus-Michael Mallmann, Dr. des. Jacek Andrzej Młynarczyk, Hannes Platz, Dr. Dieter Pohl, Stephan Roters, Andrea Schultens und Jens Tiemann. Durch Alexander Brundiers, Daniela Jensen und Daniel Zimmermann wurden meine zahlreichen Archivaufenthalte in Freiburg im Breisgau zu unvergesslichen Erlebnissen.

Meine größte Dankbarkeit – so unendlich weit über die Entstehung dieses Buches hinaus – gilt Susanne Sekula. Ihr ist es in Liebe gewidmet.

Jochen Böhler, Warschau im Februar 2006

Anhang

Abkürzungsverzeichnis

A.	Armee
AA	Aufklärungsabteilung
Abt.	Abteilung
ADAP	Akten zur Deutschen Auswärtigen Politik
AIPN	Archiv des Instituts des Nationalen Gedenkens, Warschau
AK	Armeekorps
Anl.	Anlage, -en
Anordn.	Anordnung, -en
AOK	Armeeoberkommando, -s
AfS	Archiv für Sozialgeschichte
AP Kalisz	Archiwum Państwowe w Kaliszu [Staatliches Archiv Kalisch]
AP Poznań	Archiwum Państwowe w Poznaniu [Staatliches Archiv Posen]
AR	Artillerie-Regiment, -er
Art.	Artillerie
Aufz.	Aufzeichnung, -en
AŻIH	Archiwum Żydowskiego Instytutu Historycznego w Warszawie [Archiv des Jüdischen Historischen Institutes Warschau]
BAB	Bundesarchiv Berlin Lichterfelde
BAK	Bundesarchiv Koblenz
BAL	Bundesarchiv – Außenstelle Ludwigsburg
BA-MA	Bundesarchiv-Militärarchiv Freiburg im Breisgau
Battr.	Batterie
BDC	Berlin Document Center
Ber.	Bericht, -e, -en
Bes. Anordn.	Besondere Anordnungen
BfZ	Bibliothek für Zeitgeschichte Stuttgart
BGK	Biuletyn GK [Bulletin der GK]
BIPN	Biuletyn IPN [Bulletin des IPN]
Btl.	Bataillon, -e, -s
BŻIH	Biuletyn Żydowskiego Instytutu Historycznego w Warszawie [Bulletin des Jüdischen Historischen Institutes Warschau]

CAW	Centralne Archiwum Wojskowe w Rembertowie [Zentrales Militärarchiv Warschau-Rembertów]
CdS	Chef der Sicherheitspolizei
CdZ	Chef, -s der Zivilverwaltung
Div.	Division, -en, -s
EG	Einsatzgruppe, -n
EK	Einsatzkommando
Erf.Ber.	Erfahrungsbericht, -e, -en
Erl.Ber.	Erlebnisbericht, -e, -en
FAZ	Frankfurter Allgemeine Zeitung
GAK	Grenzabschnitts-Kommando
GAR	Gebirgsartillerieregiment
GB	Gebirgsbrigade
GD	Gebirgsdivision, -en
Gef.Ber.	Gefechtsbericht, -e, -en
Gefr.	Gefreiter, -te, -ter
geh.	geheim
Gen.	General
Gen.Kdo	Generalkommando, -s
Gen.Lt.	Generalleutnant
Gen.Maj.	Generalmajor
Gen.Obst.	Generaloberst
GenSt	Generalstab
GenStdH	Generalstab des Heeres
Gen.Qu.	Generalquartiermeister
GJR	Gebirgsjäger-Regiment, -er
GFP	Geheime Feldpolizei
GK	Główna Komisja Badania Zbrodni Hitlerowskich w Polsce [Hauptkommission zur Untersuchung der Naziverbrechen in Polen]
GSR	German Studies Review
GWU	Geschichte in Wissenschaft und Unterricht
HGR	Heeresgruppe
HGS	Holocaust and Genocide Studies
HJ	Hitlerjugend
HLKO	Haager Landkriegsordnung
Hptm.	Hauptmann
HMP	Historia Militaris Polonica
ID	Infanteriedivision, -en
IMG	Internationaler Militärgerichtshof, Nürnberg (siehe Literaturverzeichnis)

Inf.	Infanterie
IPN	Instytut Pamięci Narodowej [Institut des Nationalen Gedenkens Polen, Nachfolgeinstitution der GK]
IR	Infanterieregiment, -er
IZ	Instytut Zachodni (Westinstitut Posen)
JfA	Jahrbuch für Antisemitismusforschung
Jg.	Jäger
JHB	Jahrbuch für Historische Bildungsforschung
Kav.	Kavallerie
Kd.Gen.	Kommandierender General/Kommandierende Generale
Kdr.	Kommandeur, -s, -e
Kdo	Kommando, -s
Koluft	Kommandeur der Luftwaffe
Korück	Kommandant/Kommandantur des rückwärtigen Armeegebietes
Kp.	Kompanie, -n
KTB	Kriegstagebuch
LSAH	Leibstandarte Adolf Hitler
Lt.	Leutnant
Maj.	Major
MB	Militärbefehlshaber
MG	Maschinengewehr, -e
MGFA	Militärgeschichtliches Forschungsamt
MGM	Militärgeschichtliche Mitteilungen
mot.	motorisiert, -e, -en
MP	Maschinenpistole, -en
NA	US National Archives and Records Administration, College Parc, MD
NDP	Najnowsze Dzieje Polski 1939–1945. Materiały i Studia z okresu II wojny swiatowej [Neueste Geschichte Polens 1939–1945. Materialien und Studien aus der Zeit des Zweiten Weltkrieges]
OB	Oberbefehlshaber
OBdH	Oberbefehlshaber des Heeres
Ober-Lt.	Oberleutnant
OberOst	Oberbefehlshaber Ost
Oberst-Lt.	Oberstleutnant
OKH	Oberkommando des Heeres
OKW	Oberkommando der Wehrmacht
OQu.	Oberquartiermeister

Ord. Offz.	Ordonnanz-Offizier
Orpo	Ordnungspolizei
PD	Panzerdivision, -en
PF	Polenfeldzug
Pi	Pionierbataillon
POW	Prisoners of War
PR	Panzerregiment, -er
Prot.	Protokoll, -s, -e
PWA	Polish Western Affairs
PZ	Przegląd Zachodni [Westlicher Beobachter]
Pz.	Panzer
Qu.	Quartiermeister
RAD	Reichsarbeitsdienst
Res.	Reserve
RFSS	Reichsführer-SS
Rgt.	Regiment, -er, -s
RR	Reiterregiment, -er, -s
RS	Blattrückseite
RSHA	Reichssicherheitshauptamt
rückw. Dienste	rückwärtige Dienste
SA	Sturmabteilung
San.	Sanitäts-, Sanitäter
SFZH	Studia nad faszyzmem i zbrodniami hitlerowskimi [Studien zum Faschismus und seinen Verbrechen]
Sipo	Sicherheitspolizei
SR	Schützenregiment, -er, -s
SS	Schutzstaffel
SS-Brif.	SS-Brigadeführer
SS-O.Stubaf.	SS-Obersturmbannführer
SS-Staf.	SS-Standartenführer
SS-Stubaf.	SS-Sturmbannführer
Stapo	Staatspolizei
Tät.Ber.	Tätigkeitsbericht, -e, -en
TB	Tagebuch
Tg.Ber.	Tagesbericht, -e, -en
Uffz.	Unteroffizier
Vern.	Vernehmung, -en
Vers.	Versorgung

VfZ	Vierteljahrshefte für Zeitgeschichte
WASt	Deutsche Dienststelle Berlin [ehem. Wehrmachts-Auskunftsstelle]
WPH	Wojskowy Przegłąd Historyczny [Militärgeschichtlicher Beobachter]
WR	Wehrwissenschaftliche Rundschau
YVS	Yad Vashem Studies
ZA	Zeugenaussage, -n
z. b. V.	zur besonderen Verwendung
ZfG	Zeitschrift für Genozidforschung
ŻIH	Żydowski Instytut Historyczny w Warszawie [Jüdisches Historisches Institut Warschau]

Kurzbezeichnungen für Führungsabteilungen des Heeres

Ia	Führungs-Abteilung
Ib	Quartiermeister-Abteilung
Ic	Feindaufklärung und Abwehr; geistige Betreuung
IVa	Intendant (Rechnungswesen, allgemeine Verwaltung)
IVb	Arzt

Literaturverzeichnis

Absolon, Rudolf: Die Wehrmacht im Dritten Reich (= Schriften des Bundesarchivs; 16), Bd. 1: 30. 1. 1933–2. 8. 1934. Mit einem Rückblick auf das Militärwesen in Preußen, im Kaiserreich und in der Weimarer Republik (2. Aufl.), Koblenz 1998; Bd. 2.: 30. 1. 1933–2. 8. 1934 (Fortsetzung). Mit einem Rückblick auf das Militärwesen in Preußen, im Kaiserreich und in der Weimarer Republik, Koblenz 1971; Bd. 3.: 3. 8. 1934–4. 2. 1938, Koblenz 1975.

Akten zur Deutschen Auswärtigen Politik (ADAP) 1918–1945. Aus dem Archiv des Auswärtigen Amtes, Serie D (1937–1945), Bd. 5: Die letzten Wochen vor Kriegsausbruch August bis September 1939, Baden-Baden 1956.

Aly, Götz (Hg.): Aktion T4. Die »Euthanasie«-Zentrale in der Tiergartenstraße 4, Berlin 1987.

Ders.: The Planning Intelligentsia and the »Final Solution«, in: Bartov, Omer (Hg.): The Holocaust. Origins, Implementations, Aftermath. Rewriting Histories, New York 2000, S. 92–105.

Ders.: Hitlers Volksstaat. Raub, Rassenkrieg und nationaler Sozialismus, Frankfurt am Main 2005.

Balistier, Thomas: Gewalt und Ordnung. Kalkül und Faszination der SA, Münster 1989.

Bartov, Omer: The Eastern Front 1941–1945. German Troops and the Barbarisation of Warfare, New York 1986.

Ders.: Hitlers Wehrmacht. Soldaten, Fanatismus und die Brutalisierung des Krieges, Hamburg 1995.

Ders.: Germany's War and the Holocaust. Disputed Histories, Ithaca/London 2003.

Bašić, Natalija/Welzer, Harald: Die Bereitschaft zum Töten. Überlegungen zum Zusammenspiel von Sinn, Mord und Moral, in: ZfG 2 (2000), S. 78–100.

Baumgart, Winfried: Zur Ansprache Hitlers vor den Führern der Wehrmacht am 22. 8. 1939. Eine quellenkritische Untersuchung, in: VfZ 16 (1968), S. 120–149.

Beck, Birgit: Wehrmacht und sexuelle Gewalt. Sexualverbrechen vor deutschen Militärgerichten 1939–1945, Paderborn 2004.

Berenstein, Tatiana/Rutkowski, A: Prześladowanie ludności żydowskiej w okresie hitlerowskiej administracji wojskowej na okupowanych ziemiach polskich (1. 9.–25. 10. 1939 r.) [Die Verfolgung der Juden zur Zeit der faschistischen Militärverwaltung im besetzten Polen (1. 9.–25. 10. 1939)], Teil 1 in: BŻIH 38 (1961), S. 3–38, Teil 2 in: BŻIH 39 (1961), S. 63–87.

Diess.: Niemiecka administracja wojskowa na okupowanych ziemiach polskich (1 września – 25 października 1939 r.) [Die deutsche Militärverwaltung im besetzten Polen (1. 9.–25. 10. 1939)], in: NDP 6 (1962), S. 45–57.

Diess.: Grabieża polityka gospodarcza hitlerowskiej administracji wojskowej [Die wirtschaftliche Ausbeutungspolitik der faschistischen Militärverwaltung], in: BŻIH 42 (1962), S. 61–87.

Berghahn, Volker: Der Stahlhelm, Bund der Frontsoldaten 1918–1935, Düsseldorf 1966.

Bloch, Marc: Reflections d'un historien sur les fausses nouvelles de la guerre, in: Bloch, Étienne (Hg.): Écrits de guerre 1914–1918, Paris 1997, S. 169–184.

Böhler, Jochen (Red.) »Größte Härte ... « Verbrechen der Wehrmacht in Polen, September/Oktober 1939. Ausstellungskatalog, Osnabrück 2005.

Bojarska, Barbara: Zniszczenie miasta Wielunia w dniu 1 września 1939 r. [Die Zerstörung von Wieluń am 1. September 1939], in: PZ 18 (1962/2), S. 305–317.

Dies.: Zbrodnie Wehrmachtu w Złoczewie [Wehrmachtverbrechen in Złoczew], in: PZ 18 (1962), S. 105–109.

Dies.: Nalot na Sulejów w dniu 4 września 1939 r. [Der Luftangriff auf Sulejów am 4. September 1939], in: PZ 19 (1963), S. 125–136.

Dies.: Zbrodnie Wehrmachtu na szlaku inwazji lewego skrzydła 10 armii niemieckiej we wrześniu 1939 r. [Wehrmachtverbrechen am rechten Flügel der deutschen 10. Armee im September 1939], in: PZ 20 (1964), S. 217–233.

Dies.: Zbrodnie niemieckie na terenie powiatu Świecie nad Wisłą (1939 r.) [Deutsche Verbrechen auf dem Gebiet des Kreises Schwetz an der Weichsel (1939)], in: PZ 22 (1966), S. 96–118.

Dies.: Napaść hitlerowskiego lotnictwa na Wieluń [Der faschistische Luftangriff auf Wieluń], in: BGK 27 (1977), S. 13–25.

Dies.: Zbrodnie Wehrmachtu na obszarze Pomorza, Kujaw i Wielkopolski [Wehrmachtverbrechen auf dem Gebiet Pommerns, Kujawiens und Großpolens], in: BGK 32 (1987), S. 232–250.

Bondarczuk, Mariusz: Piątnego dnia. Rzecz o życiu i zagładzie żydów krasnosielskich [Am fünften Tag. Leben und Sterben der Krasnosielcer Juden], Przasnysz (o. J.).

Ders.: Módlcie się do swego Boga [Betet zu Eurem Gott], in: MÓWIĄ WIEKI 6 (1998), S. 24–28.

Boot, Max: The savage wars of peace. Small wars and the rise of American power, New York 2002.

Broszat, Martin: Nationalsozialistische Polenpolitik 1939–1945, Stuttgart 1961.

Browning, Christopher: Ganz normale Männer. Das Reserve-Polizeibataillon 101 und die »Endlösung« in Polen, Hamburg 1993.

Bruhns, Wiebke: Meines Vaters Land. Geschichte einer deutschen Familie, München 2003.

Chang, Iris: Die Vergewaltigung von Nanking. Das Massaker in der chinesischen Hauptstadt am Vorabend des Zweiten Weltkriegs, Zürich u. a. 1999.

Chiciński, Tomasz: Niemiecka dywersja we wrześniu 1939 r. w londyńskich meldunkach [Die Deutsche Diversion im September 1939 in Londoner Meldungen], in: BIPN 43–44 (2004), S. 31–40.

Cieplewicz, Mieczysław: Polski czyn zbrojny w II wojnie światowej [Die polnischen Streitkräfte im Zweiten Weltkrieg], t. 1: Wojna obronna Polski 1939 [Bd. 1: Der polnische Verteidigungskrieg], Warszawa 1979.

Clark, Christopher: Josef »Sepp« Dietrich, Landsknecht im Dienste Hitlers, in: Smelser, Ronald/Syring, Enrico (Hg.): Die SS. Elite unter dem Totenkopf (2. Aufl.), Darmstadt 2003, S. 119–133.

Cüppers, Martin: Wegbereiter der Shoah. Die Waffen-SS, der Kommandostab Reichsführer-SS und die Judenvernichtung 1939–1945 (= Veröffentlichungen der Forschungsstelle Ludwigsburg der Universität Stuttgart; 4), Darmstadt 2005.

Ders.: »... auf eine so saubere und anständige SS-mäßige Art.« Die Waffen-SS in Polen 1939–1941, in: Mallmann, Klaus-Michael/Musial, Bogdan: Genesis des Genozids. Polen 1939–1941 (= Veröffentlichungen der Forschungsstelle Ludwigsburg der Universität Stuttgart; 3), Darmstadt 2004, S. 90–110.

Ćwierdziński, Jan: O właściwą ocenę działań armii »Łódz« [Zur Beurteilung der Eigenheiten der Armee »Łódz«], in: WPH 4 (1959/1), S. 265–306.

Dalecki, Ryszard: Armia »Karpaty« 1939 [Die »Karpaten«-Armee 1939], Warszawa 1979.

Datner, Szymon: Wehrmacht a ludobóstwo (przyczynek do dziejów drugiej wojny światowej) [Wehrmacht und Völkermord (Beitrag zur Geschichte des Zweiten Weltkrieges)], in: BŻIH 4 (1952), S. 86–155.

Ders.: Zbrodnie Wehrmachtu na jeńcach wojennych armii regularnych w II wojnie światowej [Wehrmachtverbrechen an Kriegsgefangenen regulärer Armeen des Zweiten Weltkrieges], Warszawa 1964.

Ders.: Crimes Committed by the Wehrmacht during the September Campaign and the Period of Military Government (1. 9.–25. 10. 1939), in: PWA 3 (1962), S. 294–338.

Ders.: Crimes of the Wehrmacht in Poland during the September 1939 Campaign and the Period of Military Administration (1. 9.–25. 10. 1939), in: Ders./Gumkowski/Leszczyński: War Crimes, S. 10–40.

Ders.: Crimes against Prisoners-of-War. Responsibility of the Wehrmacht, Warszawa 1964.

Ders.: 55 dni Wehrmachtu w Polsce. Zbrodnie dokonane na polskiej ludności cywilnej w okresie 1. 9.–25. 10. 1939 r. [55 Tage Wehrmacht in Polen. Verbrechen an der polnischen Zivilbevölkerung im Zeitraum vom 1. 9.–25. 10. 1939], Warszawa 1967.

Ders. (Hg.): Zbrodnie Wehrmachtu. Wybór dokumentów [Wehrmachtverbrechen. Dokumentenübersicht] (= Informacja Wewnętrzna GK; 30), Warszawa 1974.

Datner, Szymon/Gumkowski, Janusz/Leszczyński, Kazimierz: War Crimes in Poland. Genocide 1939–1945, Warszawa, Poznań 1962.

Deist, Wilhelm: Überlegungen zur »widerwilligen Loyalität« der Deutschen bei Kriegsbeginn, in: Ders.: Militär, Staat und Gesellschaft. Studien zur preußisch-deutschen Militärgeschichte (= Schriftenreihe des MGFA; 34), München 1991, S. 355–367.

Diamond, Jared: The Third Chimpanzee. The Evolution and Future of the Human Animal, New York 1992.

Dichanz, Horst: Stereotype im Alltag, in: Dichanz, Horst/Hauer, Nadine/Hölzle, Peter/Horn, Imme (Hg.): Antisemitismus in Medien, Bonn 1997, S. 40–47.

Die I. Abt./AR 10 in Polen, Regensburg (o. J.).

Dower, John: War without Mercy. Race and Power in the Pacific War, New York 1986.

Dubiel, Paweł: Wrzesień 1939 na Śląsku, Katowice 1960.

Dülffer, Jost: Regeln gegen den Krieg? Die Haager Friedenskonferenzen von 1899 und 1907 in der internationalen Politik, Berlin 1981.

Ders./Krumeich, Gerd (Hg.): Der verlorene Frieden. Politik und Kriegskultur nach 1918 (= Schriften der BfZ, N. F.; 15), Essen 2002, S. 119–148.

Elble, Rolf: Die Schlacht an der Bzura im September 1939 aus deutscher und polnischer Sicht, Freiburg im Breisgau 1975.

Esman, Tadeusz/Jastrzębski, Włodimierz (Hg.): Pierwsze miesiące okupacji hitlerowskiej w Bydgoszczy w świetle zródeł niemieckich [Die ersten Monate faschistischer Besatzung in Bromberg im Lichte deutscher Quellen], Bydgoszcz 1967.

Faber du Faur, Moritz von: Macht und Ohnmacht. Erinnerungen eines alten Offiziers, Stuttgart 1953.

Feindt, Hendrik (Hg.): Studien zur Kulturgeschichte des deutschen Polenbildes 1848–1939 (= Veröffentlichungen des Deutschen Polen-Instituts Darmstadt; 9), Darmstadt 1995.

Fellman, Michael: At the Nihilist Edge. Reflections on Guerrilla Warfare during the American Civil War, in: Förster, Stig/Nagler, Jörg: On the Road to Total War. The American Civil War and the German Wars of Unification 1861–1871, Cambridge 1997, S. 519–540.

Fleiter, Rüdiger: Die Ludwigsburger Zentrale Stelle und ihr politisches und gesellschaftliches Umfeld, in: GWU 53 (2002), S. 32–50.

Förster, Jürgen: Complicity or Entanglement? Wehrmacht, War, and Holocaust, in: Berenbaum, Michael/Peck, Abraham J.: The Holocaust in History, Bloomington 1998, S. 266–283.

Friedrich, Jörg: Das Gesetz des Krieges. Das deutsche Heer in Rußland 1941–1945. Der Prozeß gegen das Oberkommando der Wehrmacht, München 1993.

Fröhlich, Elke (Hg.): Die Tagebücher von Joseph Goebbels, Teil 1: Sämtliche Fragmente, Bd. 3 (1. 1. 1937–31. 12. 1939), München/London/New York/Paris 1987.

Gaertringen, Friedrich Frhr. Hiller von (Hg.): Ulrich von Hassel. Die Hassel-Tagebücher 1938–1944. Aufzeichnungen vom anderen Deutschland. Nach der Handschrift revidierte und erweiterte Ausgabe, Berlin 1988.

Geiss, Imanuel: Der polnische Grenzstreifen 1914–1918. Ein Beitrag zur deutschen Kriegszielpolitik im Ersten Weltkrieg, Lübeck/Hamburg 1960.

Gerbet, Klaus (Hg.): Fedor von Bock. Zwischen Pflicht und Verweigerung. Das Kriegstagebuch, München/Berlin 1995.

Gerlach, Christian: Kalkulierte Morde. Die deutsche Wirtschafts- und Vernichtungspolitik in Weißrussland 1941 bis 1944, Hamburg 1999.

Ders./Aly, Götz: Das letzte Kapitel. Realpolitik, Ideologie und der Mord an den ungarischen Juden 1944/45, Stuttgart/München 2002.

Godlewski, Jerzy: Bitwy nad Bzurą. Historyczne studium operacyjne [Die Schlacht an der Bzura. Historisch-operative Studie], Warszawa 1973.

Golczewski, Frank: Polen, in: Benz, Wolfgang (Hg.): Dimension des Völkermords. Die Zahl der jüdischen Opfer des Nationalsozialismus, München 1991.

Goldhagen, Daniel Jonah: Hitlers willige Vollstrecker. Ganz gewöhnliche Deutsche und der Holocaust, Berlin 1996.

Goldkorn, Josef: Der Tag des Synagogenbrandes, in: Wiehn, Erhard Roy: Totengebet. 60 Jahre Beginn des Zweiten Weltkriegs und der Schoáh in Polen, Konstanz 1999, S. 69–73.

Gruchmann, Lothar: Totaler Krieg. Vom Blitzkrieg zur bedingungslosen Kapitulation, München 1991.

Grynberg, Michał: Żydzi w Rejencji Ciechanowskiej 1939–1942 [Juden in der Region Ziechenau], Warszawa 1984.

Guderian, Heinz: Erinnerungen eines Soldaten, Heidelberg 1950.

Hartmann, Christian: Verbrecherischer Krieg – verbrecherische Wehrmacht? Überlegungen zur Struktur des deutschen Ostheeres 1941–1944, in: VfZ 52 (2004), S. 1–75.

Ders./Slutsch, Sergej: Franz Halder und die Kriegsvorbereitungen im Frühjahr 1939. Eine Ansprache des Generalstabschefs des Heeres, in: VfZ 45 (1997), S. 467–495.

Haumann, Heiko: Geschichte der Ostjuden, München 1998.

Heer, Hannes: Vom Verschwinden der Täter. Der Vernichtungskrieg fand statt, aber keiner war dabei, Berlin 2004.

Herweg, Dirk: Von der »polnischen Wirtschaft« zur Un-Nation. Das Polenbild der Nationalsozialisten, in: Jahr, Christoph/Mai, Uwe/Roller, Kathrin (Hg.): Feindbilder in der deutschen Geschichte, Berlin 1994, S. 201–223.

Höhne, Heinz: Der Orden unter dem Totenkopf. Die Geschichte der SS, Gütersloh 1968.

Hofer, Walther (Hg.): Die Entfesselung des Zweiten Weltkrieges. Eine Studie über die internationalen Beziehungen im Sommer 1939. Mit Dokumenten, Frankfurt am Main/Hamburg 1960.

Ders.: Der Nationalsozialismus. Dokumente 1933–1945, Frankfurt am Main 1983.

Horne, John: Corps, lieux et nation. La France et l'invasion de 1914, in: Annales. Histoire, Sciences sociales 1 (2000), S. 73–109.

Ders.: Les Civils et la Violence de Guerre, in: Audoin-Rouzeau (Hg.): La violence de guerre 1914–1945. Approches comparées des deux conflits mondiaux, Bruxelles 2002, S. 135–150.

Ders./Kramer, Alan: German »Atrocities« and Franco-German Opinion, 1914: The Evidence of German Soldier's Diaries, in: Journal of Modern History 66 (1994), S. 1–33.

Diess.: War Between Soldiers and Enemy Civilians, 1914–1915, in: Chickering, Roger/Förster, Stig (Hg.): Great War, Total War. Combat and Mobilization on the Western Front, 1914–1918, Cambridge 2000.

Diess.: Deutsche Kriegsgreuel 1914. Die umstrittene Wahrheit, Hamburg 2004.

Hürter, Johannes: Kriegserfahrung als Schlüsselerlebnis? Der Erste Weltkrieg in der Biographie von Wehrmachtgeneralen, in: Thoß, Bruno/Volkmann, Hans-Erich (Hg.): Erster Weltkrieg – Zweiter Weltkrieg. Ein Vergleich. Krieg, Kriegserlebnis, Kriegserfahrung in Deutschland, Paderborn 2002, S. 759–771.

IMG = Der Pozess gegen die Hauptkriegsverbrecher vor dem Internationalen Militärgerichtshof. Nürnberg 14. 11. 1945–1. 10. 1946, 42 Bde., Nürnberg 1948.

Jacobmeyer, Wolfgang: Henryk Dobrzański (»Hubal«). Ein biographischer Beitrag zu den Anfängen der polnischen Résistance im Zweiten Weltkrieg, in: VfZ 20 (1972), S. 63–74.

Jacobsen, Hans-Adolf: Generaloberst Halder. Kriegstagebuch, Bd. 1: Vom Polenfeldzug bis zum Ende der Westoffensive (14. 8. 1939–30. 6. 1940), Stuttgart 1962.

Jansen, Christian/Weckbecker, Arno: Der »Volksdeutsche Selbstschutz« in Polen 1939/40, München 1992.

Jastrzębski, Włodzimierz: Terror i zbrodnia. Eksterminacja ludności polskiej i żydowskiej w rejencji bydgoskiej w latach 1939–1945 [Terror und Verbrechen. Die Vernichtung der polnischen und jüdischen Bevölkerung im Bromberger Raum in den Jahren 1939–1945], Warszawa 1974.

Ders.: Cywilna obrona Bydgoszczy we wrześniu 1939 [Die Zivilverteidigung Brombergs im September 1939], in: Jaszowski, Tadeusz/Jaskowiak, Jerzy (Hg.): Bydgoszcz lato 1939 [Bromberg im Jahr 1939], Bydgoszcz 1985, S. 5–20.

Jellenta, Stefan: Zbrodnie Wehrmachtu na polskich jeńcach wojennych i ich polityczne podłoż e podczas agresji 1939 r. [Wehrmachtverbrechen an polnischen

Kriegsgefangenen und ihr politischer Hintergrund während der Aggression 1939], in: BGK 32 (1987), S. 135–142.

Jurga, Tadeusz: Bitwa w »korytarzu« pomorskim. (Geneza oraz działania wojenne) [Schlacht im pommerschen »Korridor« (Genese und Kriegsgeschehen)], in: NDP 11 (1967), S. 5–23.

Juszkiewicz, Ryszard: Z dziejów zbrodni Wehrmachtu na północnym Mazowszu [Wehrmachtverbrechen in Nordmasowien], in: BGK 32 (1987), S. 262–270.

Kaliski, Tadeusz: Pierwsze dni okupacji hitlerowskiej w Inowrocławiu [Die ersten Tage der faschistischen Besetzung Hohensalzas], in: PZ 10 (1959/5), S. 112–116.

Kees, Thomas: »Polnische Greuel.« Der Propagandafeldzug des Dritten Reiches gegen Polen (= Schriftliche Hausarbeit zur Erlangung des Magistergrades der Philosophischen Fakultät der Universität des Saarlandes), unveröffentlicht (1994).

Kempowski, Walter (Hg.): Das Echolot. Barbarossa '41. Ein kollektives Tagebuch, München 2002.

Kennedy, Robert M.: The German Campaign in Poland (1939) (= German Report Series, Department of the Army; 20–255), Washington 1956.

Kershaw, Ian: Der Überfall auf Polen und die öffentliche Meinung in Deutschland, in: Hansen, Ernst Willi (Hg.): Politischer Wandel, organisierte Gewalt und nationale Sicherheit. Beiträge zur neueren Geschichte Deutschlands und Frankreichs. Festschrift für Klaus-Jürgen Müller (= Beiträge zur Militärgeschichte; 50), München 1995, S. 237–250.

Kesselring, Albert: Soldat bis zum letzten Tag, Bonn 1953.

Kinkel, Lutz: Die Scheinwerferin. Leni Riefenstahl und das »Dritte Reich«, Hamburg u. a. 2002.

Kisielewicz, Danuta: Żydzi polscy w obozach jenieckich Rzeszy Niemieckiej w czasie II wojny światowej [Polnische Juden in Gefangenenlagern des Deutschen Reiches während des Zweiten Weltkrieges], in: BŻIH 191 (1999), S. 3–11.

Dies./Sznotala, Krzystof: Żołnierze Wojska Polskiego wywodzący się z mniejszości narodowych w niewoli niemieckiej (1939–1945) [Soldaten der polnischen Streitkräfte aus den Reihen nationaler Minderheiten in deutscher Gefangenschaft], in: Jeńcy wojenni w latach II wojny światowej [Kriegsgefangene in den Jahren des Zweiten Weltkrieges], in: Łambinowicki Rocznik Muzealny 23, 2000).

Klinkhammer, Lutz: Zwischen Bündnis und Besatzung. Das nationalsozialistische Deutschland und die Republik von Salò 1943–1945, Tübingen 1993.

Klundt, Michael: Geschichtspolitik. Die Kontroversen um Goldhagen, die Wehrmachtsausstellung und das »Schwarzbuch des Kommunismus«, Köln 2000.

Konieczny, Alfred: W sprawie policynych grup operacynych Streckenbacha i von Woyrscha na Górnym Śląsku w wrześniu i październiku 1939 r. [In der Sache der polizeilichen Einsatzgruppen Streckenbachs und von Woyrsch' in Oberschlesien im September und Oktober 1939], in: Studia Śląskie. Seria Nowa 10 (1966), S. 225–270.

Kosior, Zygmunt: Armia »Karpaty« w kampanii wrześniowej 1939 r. [Die »Karpaten«-Armee im Septemberfeldzug], in: WPH 5 (1960/1), S. 68–110.

Kossert, Andreas: Masuren. Ostpreußens vergessener Süden, Berlin 2001.

Kosztyła, Zygmunt: Oddział wydzielony wojska polskiego majora »Hubala« [Die aus den polnischen Streitkräften hervorgegangene Einheit des Majors »Hubal«], Warszawa 1987.

Kotarba, Ryszard: Zbrodnie Wehrmachtu w Krakowskiem [Wehrmachtverbrechen in Krakau], in: BGK 32 (1987), S. 169–180.

Kotze, Hildegard von (Hg.): Heeresadjutant bei Hitler, 1938–1943. Aufzeichnungen des Major Engel, Stuttgart 1974.

Krakowski, Shmuel: The Fate of Jewish Prisoners of War in the September 1939 Campaign, in: YVS 12 (1977), S. 296–333.

Ders.: The Fate of the Jewish Prisoners of War of the Soviet and Polish Armies, in: Cohen, Asher/Cochavi, Yehoyakim/Gelber, Yoav: The Shoah and the War, New York 1992, S. 216–231.

Kramer, Allen: »Greueltaten«. Zum Problem der deutschen Kriegsverbrechen in Belgien und Frankreich 1914, in: Hirschfeld, Gerhard/Krumeich, Gerd (Hg.): »Keiner fühlt sich hier mehr als Mensch ...« Erlebnis und Wirkung des Ersten Weltkrieges, Essen 1993, S. 85–114.

Krannhals, Hans von: Die Judenvernichtung in Polen und die »Wehrmacht«, in: WR 15 (1965), S. 570–581.

Krassnitzer, Patrick: Die Geburt des Nationalsozialismus im Schützengraben. Formen der Brutalisierung in den Autobiographien von nationalsozialistischen Frontsoldaten, in: Dülffer/Krumeich, Frieden, 2002, S. 119–148.

Krausnick, Helmut: Hitler und die Morde in Polen. Ein Beitrag zum Konflikt zwischen Heer und SS um die Verwaltung der besetzten Gebiete, in: VfZ 11 (1963), S. 196–209.

Ders.: Hitler und die Befehle an die Einsatzgruppen im Sommer 1941, in: Jäckel, Eberhard/Rohwer, Jürgen (Hg.): Der Mord an den Juden im Zweiten Weltkrieg. Entschlußbildung und Verwirklichung, Stuttgart 1985, S. 88–124.

Ders./Deutsch, Harold C.: Helmuth Groscurth. Tagebücher eines Abwehroffiziers, Stuttgart 1970.

Ders./Wilhelm, Hans-Heinrich: Die Truppe des Weltanschauungskrieges. Die Einsatzgruppen der Sicherheitspolizei und des SD 1938–1942, Stuttgart 1981.

Kriegsbericht des Maschinengewehr-Bataillons 7 vom Polenfeldzug 1939, (o. O., o. J.).

Kriegstagebuch Ost 1939 der I./AR 27 Kempten, (o. O., o. J.).

Kroener, Bernhard R.: Die personellen Ressourcen des Dritten Reiches im Spannungsfeld zwischen Wehrmacht, Bürokratie und Kriegswirtschaft 1939–1942, in: Ders./Rolf-Dieter Müller/Hans Umbreit (Hg.): Organisation und Mobilisierung des deutschen Machtbereichs, Bd. 1: Kriegsverwaltung, Wirtschaft und personelle Resourcen 1939–1945 (= Das Deutsche Reich und der Zweite Weltkrieg; 5/1), Stuttgart 1988, S. 726–727.

Król, Cesary Eugeniusz: Besatzungsherrschaft in Polen im Ersten und im Zweiten Weltkrieg. Charakteristik und Wahrnehmung, in: Thoß, Bruno/Volkmann, Hans-Erich (Hg.): Erster Weltkrieg – Zweiter Weltkrieg. Ein Vergleich. Krieg, Kriegserlebnis, Kriegserfahrung in Deutschland, Paderborn 2002, S. 579–591.

Ders.: Leni Riefenstahl – Życie i twórczość. Przyczynek do dyskusji o miejscu i roli artysty w państwie totalitarnym [Leni Riefenstahl – Leben und Wirken. Beitrag zur Diskussion zu Verortung und Rolle der Künstlerin im Totalitären Staat], in: SFZH 24 (2001), S. 337–377.

Krumeich, Gerd: The Myth of Gambetta and the »People's War« in Germany and France, 1871–1914, in: Förster, Stig/Nagler, Jörg: On the Road to Total War. The American Civil War and the German Wars of Unification 1861–1871, Cambridge 1997, S. 641–655.

Kuby, Erich: Als Polen deutsch war. 1939–1945, München 1986.

Kühne, Thomas: Der nationalsozialistische Vernichtungskrieg und die »ganz normalen« Deutschen. Forschungsprobleme und Forschungstendenzen der Gesellschaftsgeschichte des Zweiten Weltkrieges. Erster Teil, in: AfS 39 (1999), S. 580–662.

Kulesza, Witold: Verbrechen der Wehrmacht in Polen, September-Oktober 1939, in: Böhler, »Größte Härte...«, S. 39–48.

Kulesza, Władysław: Nad Prosną, Wartą i Widawką. Z walk 28 DP w kampanii 1939 r. [An Prosna, Warthe und Widawka. Aus den Kämpfen der 28. ID im Feldzug 1939], in: WPH 16 (1971/3), S. 161–192.

Kwiet, Konrad: »Juden und Banditen«. SS-Ereignismeldungen aus Litauen 1943/44, in: JfA 2 (1993), S. 405–420.

Ders.: Erziehung zum Mord. Zwei Beispiele zur Kontinuität der deutschen »Endlösung der Judenfrage«, in: Grüttner, Michael/Hachtmann, Rüdiger/Haupt, Heinz-Gerhard (Hg.): Geschichte und Emanzipation. Festschrift für Reinhard Rürup, Frankfurt am Main/New York 1999, S. 435–457.

Langenhove, Fernand van: Comment nait un cycle de légendes. Francs-tireurs et atrocités en Belgique, Lausanne/Paris 1916.

Latzel, Klaus: Deutsche Soldaten – nationalsozialistischer Krieg? Kriegserlebnis – Kriegserfahrung 1939–1945, Paderborn/München/Wien/Zürich 1998.

Ders.: Tourismus und Gewalt. Kriegswahrnehmungen in Feldpostbriefen, in: Heer, Hannes/Naumann, Klaus (Hg.): Vernichtungskrieg. Verbrechen der Wehrmacht 1941–1945, Hamburg 1995, S. 447–459.

Laun, Rudolf (Hg.): Die Haager Landkriegsordnung. Das Übereinkommen über die Gesetze und Gebräuche des Landkriegs (5. Aufl.), Hannover 1950.

Levene, Mark: Introduction, in: Levene, Mark/Roberts, Penny, The Massacre in History, New York, Oxford 1999, S. 1–38.

Liulevicius, Vejas Gabriel: Kriegsland im Osten. Eroberung, Kolonisierung und Militärherrschaft im Ersten Weltkrieg, Hamburg 2002.

Longerich, Peter: Politik der Vernichtung. Eine Gesamtdarstellung der nationalsozialistischen Judenverfolgung. München/Zürich 1998.

Lukas, Richard C.: The Forgotten Holocaust. The Poles under German Occupation 1939–1945, Lexington, KY, 1986.

Lustiger, Arno: The Black Book of Polish Jewry. An Account of the Martyrdom of Polish Jewry under the Nazi Occupation (2. Aufl.), Bodenheim 1995 [1. Aufl. New York 1943].

Łuczak, Czesław: Obrona Mogilna i Trzemeszna we wrześnu 1939 r. [Die Verteidigung Mogilnos und Tremessen im September 1939], in: BGK 33 (1991), S. 72–78.

Ders.: Położenie ludności polskiej w tzw. Kraju Warty w okresie hitlerowskiej okupacji,wybór źródeł [Die Lage der polnischen Bevölkerung im sog. Warthegau zur Zeit der deutschen Besatzung. Eine Quellenauswahl], (= Documenta Occupationis; 13), Poznań 1990.

MacDonald, Callum: »Kill All, Burn All, Loot All.« The Nanking Massacre of December 1937 and Japanese Policy in China, in: Levene, Mark/Roberts, Penny: The Massacre in History, New York, Oxford 1999, S. 223–245.

Madajczyk, Czesław: Polityka III Rzeszy w okupowanej Polsce [Die Politik des Dritten Reiches im besetzten Polen], Warszawa 1970.

Ders.: Die Verantwortung der Wehrmacht für die Verbrechen während des Krieges mit Polen, in: Wette, Wolfram/Ueberschär, Gerd R. (Hg.): Kriegsverbrechen im 20. Jahrhundert, Darmstadt 2001, S. 113–122.

Malinowski, Stephan: Vom König zum Führer. Sozialer Niedergang und politische Radikalisierung im deutschen Adel zwischen Kaiserreich und NS-Staat, Berlin 2003.

Mallmann, Klaus-Michael: Die Türöffner der »Endlösung«. Zur Genesis des Genozids, in: Paul, Gerhard/Mallmann, Klaus-Michael (Hg.): Die Gestapo im Zweiten Weltkrieg. »Heimatfront« und besetztes Europa, Darmstadt 2000, S. 437–463.

Ders.: »... Mißgeburten, die nicht auf diese Welt gehören.« Die Ordnungspolizei im besetzten Polen 1939–1941, in: Mallmann, Klaus-Michael/Musial, Bogdan: Genesis des Genozids. Polen 1939–1941 (= Veröffentlichungen der Forschungsstelle Ludwigsburg der Universität Stuttgart; 3), Darmstadt 2004, S. 71–89.

Manoschek, Walter: »Serbien ist judenfrei!«. Militärische Besatzungspolitik und Judenvernichtung in Serbien 1941/42 (= Schriftenreihe des MGFA; 38), München 1993.

Ders.: Kriegsverbrechen und Judenvernichtung in Serbien 1941/42, in: Wette, Wolfgang/Ueberschär, Gerd R. (Hg.): Kriegsverbrechen im 20. Jahrhundert, Darmstadt 2001, S. 123–136.

Manstein, Erich von: Verlorene Siege, Bonn 1955.

Mauch, Hans-Joachim: Nationalsozialistische Wehrorganisationen in der Weimarer Republik. Zur Entwicklung und Ideologie des »Paramilitarismus« (= Europäische Hochschulschriften, Reihe XXXI Politikwissenschaft; 32), Frankfurt am Main/ Bern 1982.

Mayer, Arno J.: Der Krieg als Kreuzzug. Das Deutsche Reich, Hitlers Wehrmacht und die »Endlösung«, Hamburg 1989.

Mazower, Mark: Militärische Gewalt und nationalsozialistische Werte. Die Wehrmacht in Griechenland 1941–1944, in: Heer, Hannes/Naumann, Klaus (Hg.): Vernichtungskrieg. Verbrechen der Wehrmacht 1941–1945, Hamburg 1995, S. 157–190.

Messerschmidt, Manfred: Die Wehrmacht im NS-Staat. Zeit der Indoktrination, Hamburg 1969.

Ders.: Revision, Neue Ordnung, Krieg. Akzente der Völkerrechtswissenschaft in Deutschland 1933–1945, in: MGM 9 (1971), S. 61–95.

Ders.: Völkerrecht und »Kriegsnotwendigkeit« in der deutschen militärischen Tradition seit den Einigungskriegen, GSR 6 (1983), S. 237–269.

Ders.: Der Reflex der Volksgemeinschaftsidee in der Wehrmacht, in: Ders.: Militärgeschichtliche Aspekte der Entwicklung des deutschen Nationalstaats, Düsseldorf 1988, S. 197–220.

Meyer, Ahlrich: Die deutsche Besatzung in Frankreich 1940–1944. Widerstandsbekämpfung und Judenverfolgung, Darmstadt 2000.

Müller, Klaus-Jürgen: Zu Vorgeschichte und Inhalt der Rede Himmlers vor der höheren Generalität am 13.3. 1940 in Koblenz, in: VfZ 18 (1970), S. 95–120.

Ders.: Armee und Drittes Reich 1933–1939. Darstellung und Dokumentation. Unter Mitarbeit von Ernst Willi Hansen, Paderborn 1987.

Ders.: Deutsche Militär-Elite in der Vorgeschichte des Zweiten Weltkrieges, in: Broszat, Martin/Schwabe, Klaus (Hg.): Die deutschen Eliten und der Weg in den Zweiten Weltkrieg, München 1989, S. 238–239.

Müller, Reinhard: Hitlers Rede vor der Reichswehrführung 1933. Eine neue Moskauer Überlieferung, in: Mittelweg 36 10 (2001/1), S. 73–90.

Müller, Rolf-Dieter/Ueberschär, Gerd R.: Hitlers Krieg im Osten 1941–1945. Ein Forschungsbericht. Erweiterte und vollständig überarbeitete Neuausgabe der 1997 auf Englisch erschienenen Fassung, Darmstadt 2000.

Musial, Bogdan: »Konterrevolutionäre Elemente sind zu erschießen.« Die Brutalisierung des deutsch-sowjetischen Krieges im Sommer 1941, Berlin/München 2000.

Ders. (Hg.): »Aktion Reinhardt«. Der Völkermord an den Juden im Generalgouvernement 1941–1944, Osnabrück 2004.

Nawrocki, Stanisław: Hitlerowska okupacja Wielkopolski w okresie zarządu wojskowego. Wrzesień-październik 1939 r. [Die faschistische Besetzung Großpolens zur Zeit der Militärverwaltung. September–Oktober 1939] (= Badań nad okupacja niemiecka w Polsce; 8), Poznań 1966.

Ders.: Terror policyjny w »Kraju Warty« [Polizeilicher Terror im »Warthegau«] 1939–1945, Poznań 1973.

Nayhauss-Cormons, Mainhardt Graf von: Zwischen Gehorsam und Gewissen. Richard von Weizsäcker und das Infanterieregiment 9, Bergisch Gladbach 1994.

Newman, Leonard S.: What is a »Social-Psychological« Account of Perpetrator Behaviour? The Person Versus the Situation in Goldhagen's »Hitler's Willing Executioners«, in: Newman, Leonard S./Erber, Ralph (Hg.): Understanding genocide. The Social Psychology of the Holocaust, Oxford 2002, S. 43–67.

Nolte, Erich: Der Faschismus in seiner Epoche. Action française, Italienischer Faschismus, Nationalsozialismus, München 1995 [1. Aufl. 1963].

Ders.: Vergangenheit, die nicht vergehen will. Eine Rede, die geschrieben, aber nicht gehalten werden konnte. FAZ, 6.6. 1986.

Oberkommando der Wehrmacht (Hg.): Die Wehrmacht. Der Freiheitskampf des großdeutschen Volkes, Berlin 1940.

Ogorrek, Ralf: Die Einsatzgruppen und die »Genesis der Endlösung«, Berlin 1996.

Orłowski, Hubert: »Polnische Wirtschaft«. Zum deutschen Polendiskurs der Neuzeit, Wiesbaden 1996.

Pakentreger, Aleksander: Dzieje Żydów Kalisza i powiatu kaliskiego w okresie okupacji hitlerowskiej (Część I – do grudnia 1939) [Geschichte der Juden der Stadt und des Kreises Kalisch während der faschistischen Besatzung (Teil I – bis Dezember 1939)], in: BŻIH 111 (1979), S. 77–95.

Petri, Franz/Schöller, Peter: Zur Bereinigung des Franktireurproblems vom August 1914, in: VfZ 9 (1961), S. 234–249.

Pietrzykowski, Jan: Hitlerowcy w Częstochowie w latach 1939–1945 [Faschisten in Tschenstochau in den Jahren 1939–1945], Poznań 1959.

Ders.: Cień swastyki nad Jasną Górą [Der Schatten des Hakenkreuzes über dem Hellen Berg], Katowice 1985.

Podhorski, Zygmunt: Bitwa pod Kockiem grupy operacyjnej »Polesie« od 1 do 5 października 1939 r. [Die Schlacht bei Kock der Operationsgruppe »Polesien« vom 1. bis zum 5. Oktober 1939], in: Bellona 36 (1954).

Pöhlmann, Markus: »Dass sich ein Sargdeckel über mir schlösse.« Typen und Funktionen von Weltkriegserinnerungen militärischer Entscheidungsträger, in: Dülffer/Krumeich, Frieden, 2002, S. 149–170.

Ders.: Von Versailles nach Armageddon. Totalisierungserfahrungen und Kriegserwartung in deutschen Militärzeitschriften, in: Förster, Stig (Hg.): An der Schwelle zum Totalen Krieg. Die militärische Debatte über den Krieg der Zukunft 1919–1939, Paderborn/München/Wien/Zürich 2002, S. 323–391.

Ders.: Yesterday's Battles and Future War. The German Official Military History, 1918–1939, in: Chickering, Roger/Förster, Jürgen (Hg.): The Shadows of Total War. Europe, East Asia, and the United States, 1919–1939, Cambridge 2003, S. 223–238.

Pohl, Dieter: Die Holocaust-Forschung und Goldhagens Thesen, in: VfZ 45 (1997), S. 1–48.

Ders.: Von der »Judenpolitik« zum Judenmord. Der Distrikt Lublin des Generalgouvernements 1939–1944, Frankfurt am Main 1993.

Poliakov, Léon/Wulf, Joseph: Das Dritte Reich und seine Diener. Auswärtiges Amt, Justiz und Wehrmacht, Berlin 1956.

The Polish Ministry of Information (Hg.): The German Invasion of Poland. Polish Black Book containing documents, authentical reports, and photographs, London (o. J.) [1940].

Dass. (Hg.): The German New Order in Poland, London 1941.

Dass. (Hg.): The Black Book of Poland, New York 1942.

Pospieszalski, Karol Marian: Dzień 2 września 1939 r. w Torzeńcu i Wyszanowie [Der 2. September in Torzeniec und Wysznów], in: PZ, 11 (1955), S. 730–743.

Ders.: Z masowych egzekucji we wrześniu 1939 [Massenexekutionen im September 1939], in: PZ 11 (1955), S. 223–231.

Ders.: Sprawa 58 000 volksdeutschów. Prostowanie hitlerowskich oszczerstw w sprawie strat ludności niemieckiej w Polsce w ostatnich miesiącach przed wybuchem wojny i w toku kampanii wrześniowej [In der Angelegenheit der 58 000

Volksdeutschen. Richtigstellung der faschistischen Verleumdungen hinsichtlich der Verluste innerhalb der deutschen Minderheit in den letzten Monaten vor dem Kriegsausbruch und im Verlauf des Septemberkrieges] (= Documenta Occupationis; 7), Poznań 1981.

Ders./Serwański, Edward: Materiały do sprawy eksterminacji w tzw. Kraju Warty [Materialien zu den Vernichtungsaktionen im sog. Wartheland], in: PZ 11 (1955), S. 298–354.

Pross, Harry (Hg.): Die Zerstörung der deutschen Politik, Dokumente 1871–1933, Frankfurt am Main 1959.

Przemsza-Zieliński, Jan: Bitwy śląskiego Września [Die Schlachten des schlesischen September], in: Wrzesiński, Wojciech (Hg.): Śląsk wobec wojny polsko-niemieckiej 1939 r. [Schlesien im polnisch-deutschen Krieg 1939], Wrocław 1990, S. 151–164.

Radkau, Joachim: Das Zeitalter der Nervosität. Deutschland zwischen Bismarck und Hitler, München/Wien 1998.

Radomski, Jerzy: Kampania wrześniowa na Ziemi Sądeckiej [Der Septemberkrieg im Raum Sandez], in: Rocznik Sądecki 12 (1971), S. 259–293.

Radziwończyk, Kazimierz: Die deutsche Wehrmacht und die Nationalsozialistischen Gewaltverbrechen in Polen im September 1939, in: HMP 1 (1974), S. 237–259.

Ders.: Okupacyjny zarząd i zbrodnie wojenne Wehrmachtu podczas agresji na Polskę, 1. 9.–25. 10. 1939 [Okkupation und Kriegsverbrechen der Wehrmacht während des Angriffs auf Polen, 1. 9.–25. 10. 1939], in: WPH 18 (1973/1), S. 98–141.

Rass, Christoph: »Menschenmaterial«. Deutsche Soldaten an der Ostfront. Innenansichten einer Infanteriedivision 1939–1945, Paderborn/München/Wien/Zürich 2003.

Reemtsma, Jan Philipp: Tötungslegitimationen. Die mörderische Allianz von Zivilisation und Barbarei, in: Koch, Gertrud (Hg.): Bruchlinien. Tendenzen der Holocaustforschung, Köln u. a. 1999, S. 85–103.

Reich-Ranicki, Marcel: Mein Leben, Stuttgart 1999.

Reitlinger, Gerald: Die Endlösung. Hitlers Versuch der Ausrottung der Juden Europas 1939–1945, Berlin 1956.

Reynolds, Nicholas: Der Fritsch-Brief vom 11. 12. 1938, in: VfZ 28 (1980), S. 358–371.

Rhode, Horst: Hitlers erster »Blitzkrieg« und seine Auswirkungen auf Nordosteuropa, in: Maier, Klaus A./Rhode, Horst/Stegmann, Bernd/Umbreit, Hans (Hg.): Die Errichtung der Hegemonie auf dem europäischen Kontinent (= Das Deutsche Reich und der Zweite Weltkrieg; 2), Stuttgart 1979, S. 79–158.

Richter, Timm C.: Die Wehrmacht im Partisanenkrieg in den besetzten Gebieten der Sowjetunion, in: Müller, Rolf-Dieter/Volkmann, Hans Erich: Die Wehrmacht. Mythos und Realität, München 1999, S. 837–857.

Riefenstahl, Leni: Memoiren. München u. a. 1987.

Rieß, Volker: Die Anfänge der Vernichtung »lebensunwerten Lebens« in den Reichsgauen Danzig-Westpreußen und Wartheland 1939/40, Frankfurt am Main u. a. 1995.

Ders.: Zentrale und dezentrale Radikalisierung. Die Tötungen »unwerten Lebens« in den annektierten west- und nordpolnischen Gebieten 1939–1941, in: Mallmann, Klaus-Michael/Musial, Bogdan: Genesis des Genozids. Polen 1939–1941 (= Veröffentlichungen der Forschungsstelle Ludwigsburg der Universität Stuttgart; 3), Darmstadt 2004, S. 127–144.

Röhr, Werner u. a. (Hg.): Die faschistische Okkupationspolitik in Polen (1939–1945) (= Nacht über Europa. Die Okkupationspolitik des deutschen Faschismus; 2), Berlin 1989.

Ders.: Zum Zusammenhang nazistischer Okkupationspolitik in Polen und dem Völkermord an den europäischen Juden, in: Ders. (Hg.): Faschismus und Rassismus. Kontroversen um Ideologie und Opfer, Berlin 1992.

Roschke, Carsten: Der umworbene »Urfeind«. Polen in der nationalsozialistischen Propaganda 1934–1939, Marburg 2000.

Ross, Jan: Von Blaskowitz wkracza do Kępna. Uwagi o Niemcach na tle wspomnień z 1939 r. [Von Blaskowitz kommt nach Kępno. Anmerkungen zu den Deutschen auf der Grundlage von Erinnerungen aus dem Jahr 1939], Kraków (o. J.) [1946].

Rossino, Alexander B.: Destructive Impulses. German Soldiers and the Conquest of Poland, in: HGS 7 (1997), S. 351–365.

Ders.: Nazi Anti-Jewish Policy During the Polish Campaign. The Case of the Einsatzgruppe von Woyrsch, in: GSR 24 (2001), S. 35–54.

Ders.: Hitler strikes Poland. Blitzkrieg, Ideology, and Atrocity, Kansas City 2003.

Rother, Rainer: Leni Riefenstahl. Die Verfügung des Talents, Berlin 2000.

Rómmel, Juliusz: Armia »Łódź« w kampanii wrześniowej, in: WPH 3 (1958/3).

Rüß, Hartmut: Wehrmachtkritik aus ehemaligen SS-Kreisen nach 1945, in: ZfG 48 (2001), S. 428–445.

Runzheimer, Jürgen: Die Grenzzwischenfälle am Abend vor dem deutschen Angriff auf Polen, in: Benz, Wolfgang/Graml, Hermann (Hg.): Sommer 1939. Die Großmächte und der Europäische Krieg (= Schriftenreihe der VfZ; Sondernummer), Stuttgart 1979, S. 107–147.

Rusinek, Bernd A.: Der Kult der Jugend und des Krieges. Militärischer Stil als Phänomen der Jugendkultur der Weimarer Zeit, in: Dülffer/Krumeich, Frieden, 2002, S. 171–197.

Sauer, Bernhard: Vom »Mythos eines ewigen Soldatentums«. Der Feldzug deutscher Freikorps im Baltikum im Jahre 1919, in: ZfG 10 (1995), S. 869–902.

Schattkowsky, Ralph: Deutschland und Polen von 1918/19 bis 1925. Deutsch-polnische Beziehungen zwischen Versailles und Locarno, Frankfurt am Main/Berlin u. a. 1994.

Schenk, Dieter: Hitlers Mann in Danzig. Gauleiter Forster und die NS-Verbrechen in Danzig-Westpreußen, Bonn 2000.

Schindler, Herbert: Mosty und Dirschau. Zwei Handstreiche der Wehrmacht vor Beginn des Polenfeldzuges, Freiburg im Breisgau 1971.

Schubert, Günter: Das Unternehmen »Bromberger Blutsonntag«. Tod einer Legende, Köln 1989.

Schulze, Hagen: Freikorps und Republik 1918–1920, Boppard 1969.

Schumann, Dirk: Politische Gewalt in der Weimarer Republik 1918–1933. Kampf um die Straße und Furcht vor dem Bürgerkrieg, Essen 2001.

Sedlatzek, Karl: Gewitter über Polen, Düsseldorf 1940.

Skibiński, Franciszek: 10 brygada kawalerii w kampanii wrześniowej. Wspomnienia szefa sztabu [Die 10. Kavalleriebrigade im Septemberfeldzug. Erinnerungen des Stabschefs], in: WPH 4 (1959/1), S. 223–250.

Skorzyński, Józef: Selbstschutz – V kolumna [Selbstschutz – Die V. Kolonne], in: BGK 10 (1958), S. 5–16.

Sławiński, Kazimierz: Bitwa o Pomorze 1939 [Die Schlacht um Pommern 1939], Warszawa 1974.

Spieß, Alfred/Lichtenstein, Heiner: Das Unternehmen Tannenberg. Der Anlaß zum Zweiten Weltkrieg, Wiesbaden 1979.

Stahlmann, Hans/Atzesberger, Michael (Hg): Marsch und Einsatz des Infanterieregiments 42, Bayreuth 1985.

Steinbacher, Sybille: »Musterstadt« Auschwitz. Germanisierungspolitik und Judenmord in Ostoberschlesien (= Darstellungen und Quellen zur Geschichte von Auschwitz, hg. vom Institut für Zeitgeschichte; 2), München 2000.

Strachan, Hew: Der Erste Weltkrieg. Eine neue illustrierte Geschichte, Kempten 2004.

Strecker: Polnischer Feldzug. TB des III./Infanterieregiment 48, Bonn (o. J.) [1939], S. 21.

Streit, Christian: Keine Kameraden. Die Wehrmacht und die sowjetischen Kriegsgefangenen 1941–1945 (3. Aufl.), Bonn, 1991 [1. Aufl. 1978].

Strzembosz, Tomasz: »Hubal« i inni. Interview [»Hubal« und andere. Interview], in: Rok Armii Krajowej i Powstania Warszawskiego [Das Jahr der Heimatarmee und des Warschauer Aufstandes], Dodatek Specjalny Nr. 1, S. 21–22, RZECZPOSPOLYTA, 29./30. 5. 2004.

Sywottek, Jutta: Mobilmachung für den totalen Krieg. Die propagandistische Vorbereitung der deutschen Bevölkerung auf den Zweiten Weltkrieg, Opladen 1976.

Szarota, Tomasz: Poland and Poles in German Eyes during World War II, in: PWA 19 (1978), S. 229–254.

Szefer, Andrzej: Akcja »Tannenberg«. Prowokacje hitlerowskie w Gliwicach, Stodołach i Byczynie 31 sierpnia 1939 roku [Das Unternehmen »Tannenberg«. Die faschistischen Provokationen in Gleiwitz, Hochlinden und Pitschen am 31. August 1939], Katowice 1983.

Ders.: Zbrodnie hitlerowskie na Górnym Śląsku we wrześniu 1939 r. [Faschistische Verbrechen in Oberschlesien im September 1939], in: BGK 32 (1987), S. 162–168.

Ders.: Dywersyjno-sabotażowa działalność Wrocławskiej abwehry na ziemiach polskich w przededniu agresji hitlerowskiej w 1939 r. [Die subversiven Sabotageaktionen der Breslauer Abwehr auf polnischem Boden am Vorabend des faschistischen Angriffs 1939], in: BGK 32 (1987), S. 271–372.

Sziling, Jan: Niektóre problemy okupacji hitlerowskiej w Grudziądzu 1939–1945 [Einige Probleme der faschistischen Besatzung in Graudenz 1939–1945], in: Rocznik Grudziądzki 5/6 (1970), S. 447–460.

Sznee, Wacław: Sądecczyzna we wrześniu 1939 r. [Der Raum Sandez im September

1939], in: GK (Hg.): Okupacja w Sądecczyźnie. Praca zbiorowa [Besatzung im Raum Sandez. Sammelband], Warszawa 1979.

Szpilman, Władysław: Das wunderbare Überleben, Warschauer Erinnerungen 1939–1945, München 1998.

Szymański, Marek: Oddział majora Hubala [Die Einheit des Majors Hubal], Warszawa 1972.

Tenorth, Heinz-Elmar: Pädagogik der Gewalt. Zur Logik der Erziehung im Nationalsozialismus, in: JHB 9 (2003), S. 14–15.

Theweleit, Klaus: Männerphantasien. Freikorpsliteratur, Bd. 1: Frauen, Fluten, Körper, Geschichte, Frankfurt am Main 1977; Bd. 2: Männerkörper. Zur Psychoanalyse des weißen Terrors, Frankfurt am Main 1978.

Thies, Jochen: Architekt der Weltherrschaft. Die »Endziele« Hitlers, Düsseldorf 1976.

Trotha, Trutz von: Forms of Martial Power. Total Wars, Wars of Pacification, and Raid. Some Observions on the Typology of Violence, in: Elwert, Georg/Feuchtwang, Stephan/Neubert, Dieter (Hg.): Dynamics of Violence. Processes of Escalation and De-Escalation in Violent Group Conflicts, Berlin 1999, S. 35–60.

Ueberschär, Gerd R. (Hg.): NS-Verbrechen und der militärische Widerstand gegen Hitler, Darmstadt 2000.

Umbreit, Hans: Deutsche Militärverwaltungen 1938/39. Die militärische Besetzung der Tschechoslowakei und Polens, Stuttgart 1977.

Ders.: Auf dem Weg zur Kontinentalherrschaft, in: Kroener, Bernhard R./Müller, Rolf-Dieter/Umbreit, Hans (Hg.): Organisation und Mobilisierung des deutschen Machtbereichs, Bd. 1: Kriegsverwaltung, Wirtschaft und personelle Resourcen 1939–1945 (= Das Deutsche Reich und der Zweite Weltkrieg; 5/1), Stuttgart 1988, S. 1–135.

Vogel, Thomas (Hg.): Wilm Hosenfeld. »Ich versuche jeden zu retten.« Das Leben eines deutschen Offiziers in Briefen und Tagebüchern, München 2004.

Vogelsang, Thilo: Neue Dokumente zur Geschichte der Reichswehr 1930–1933, in: VfZ 2 (1954), S. 434–435.

Vormann, Nikolaus von: Der Feldzug 1939 in Polen. Die Operationen des Heeres, Weißenburg 1958.

Wagner, Elisabeth (Hg.): Der Generalquartiermeister. Briefe und Tagebuchaufzeichnungen des Generalquartiermeisters des Heeres, General der Artillerie Eduard Wagner, München/Wien 1963.

Waite, Robert G. L.: Vanguard of Nazism. The Free Corps Movement in Postwar Germany, Cambridge 1952.

Wegner, Bernd: Hitlers politische Soldaten. Die Waffen-SS 1933–1945. Studien zu Leitbild, Struktur und Funktion einer nationalsozialistischen Elite, Paderborn 1982.

Weiß, Hermann: Ideologie der Freizeit im Dritten Reich. Die NS-Gemeinschaft »Kraft durch Freude«, in: AfS 33 (1993), S. 289–304.

Weitbrecht, Dorothee: Der Exekutionsauftrag der Einsatzgruppen in Polen, Filderstadt 2001.

Wette, Wolfram: Ideologien, Propaganda und Innenpolitik als Voraussetzung der Kriegspolitik des Dritten Reiches, in: Deist, Wilhelm/Messerschmidt, Manfred/Volkmann, Hans-Erich (Hg.): Ursachen und Voraussetzungen der deutschen Kriegspolitik (= Das Deutsche Reich und der Zweite Weltkrieg; 1), Stuttgart 1979, S. 23–173.

Ders.: Die Wehrmacht. Feindbilder, Vernichtungskrieg, Legenden, Frankfurt am Main 2002.

Wheeler-Bennett, John W.: Die Nemesis der Macht. Die deutsche Armee in der Politik 1918–1945, Düsseldorf 1954.

Wildt, Michael: Generation des Unbedingten. Das Führungskorps des Reichssicherheitshauptamtes, Hamburg 2002.

Witte, Peter/Wildt, Michael/Voigt, Martina (Hg.): Der Dienstkalender Heinrich Himmlers 1941/42, Hamburg 1999.

Wrochem, Oliver von: Der Fall Manstein. Aufarbeitung von Wehrmachtverbrechen und Kriegsverbrecherfrage im Schatten des Kalten Krieges 1947–1953, Hamburg 1995.

Zabierowski, Stanisław: Zbrodnie Wehrmachtu w południowo-wschodniej części Polski [Wehrmachtverbrechen im südöstlichen Teil Polens], in: BGK 32 (1987), S. 181–190.

Zayas, Alfred-Maurice de: Die Wehrmacht-Untersuchungsstelle. Deutsche Ermittlungen über alliierte Völkerrechtsverletzungen im Zweiten Weltkrieg, München 1980.

Ziemann, Benjamin: Das »Fronterlebnis« des Ersten Weltkrieges – eine sozialhistorische Zäsur? Deutungen und Wirkungen in Deutschland und Frankreich, in: Mommsen, Hans (Hg.): Der Erste Weltkrieg und die europäische Nachkriegsordnung. Sozialer Wandel und Formveränderung der Politik, Köln/Weimar/Wien 2000, S. 43–82.

Ders.: »Vergesellschaftung der Gewalt« als Thema der Kriegsgeschichte seit 1914. Perspektiven und Desiderate eines Konzeptes, in: Thoß, Bruno/Volkmann, Hans-Erich (Hg.): Erster Weltkrieg – Zweiter Weltkrieg. Ein Vergleich. Krieg, Kriegserlebnis, Kriegserfahrung in Deutschland, Paderborn 2002, S. 735–758.

Żerko, Stanisław, Stosunki polsko-niemieckie 1938–1939 [Die polnisch-deutschen Beziehungen 1938–1939], Poznań 1998.

Verzeichnis der Karten

Namenregister*

Albath, Walter *220*
Albrycht, Wojciech 137
Alvensleben, Ludolf-Hermann von 232f.
Aussenberg, Helena *190*

Balcerek, Agnieszka *119f.*
Bartov, Omer 12, 17–78
Baudisch, Siegfried 199
Baumatz, Usiel 189
Bechtolsheim, Gustav Freiherr von *s. Mauchenheim*
Best, Werner 163, *203*
Berenstein, Tatiana 13f.
Beutel, Lothar *205*
Bischoff, Helmut 139, 205f., *138f., 205f.*
Blaskowitz, Johannes 238, *238*
Bloch, *Hauptmann 120*
Block, Lothar von *137*
Blomberg, Werner von 28, 35f., *28*
Bock, Fedor von 131, 152, 166, 229
Böckmann, Herbert von *219*
Böhm-Tettelbach, Alfred 225, 227
Bojarska, Barbara 13, *86*
Bornsztajn, Lajb *189*
Braemer, Walter 206–208, *206*
Brauchitsch, Walther von 31, 179, 183, 185, 214, 237ff., *31, 230, 238*
Breyer, Hans-Joachim *39*
Broszat, Martin 12
Browning, Christopher 17–78, 156

Canaris, Wilhelm Franz 203f., 214, 236, *203*
Chiciński, Tomasz *136*
Ciepliewicz, Mieczysław 14
Cierpiał, Franciszek 102, *102*
Cochenhausen, Conrad von 125, *120f.*
Cranz, Friedrich-Karl *87*

Craushaar, Harry von 182, *182*
Czajka, Anna 82
Czajka, Jan 82
Czech, Wiktoria 107

Daluege, Kurt 222, *205*
Damzog, Ernst Paul 219
Datner, Szymon 13, *120*
Diamant, Henoch 105, *105*
Dietrich, Josef (Sepp) 224, *224*
Dill, Gottlob 182, *182f., 232*
Dobija, Antoni *172*
Dobrzański, Henryk, *genannt »Hubal«* 58, *58*
Dower, John 156
Dyrek, Anna 82

Eicke, Gruppenführer *225*
Elble, Rolf 108, *57, 108*
Engelberg, Hersz *193*
Ernst, *SS-Sturmmann* 230

Faber du Faur, Moritz von *97*
Fiedler, Konrad 138
Förster, Jürgen 12
Forster, Albert 232
Freisler, Roland 153
Fritsch, Werner Freiherr von 29
Froese, Franz *139, 205*

Gablenz, Eccard Freiherr von 138, 145, 205
Gambetta, Léon 159
Gayl, Wilhelm Freiherr von 26f.
Goebbels, Joseph 38, 158, 163, *158*
Goldhagen, Daniel Jonah 16–18
Golla, *Hauptwachtmeister* 175
Gollwitzer, Friedrich 116ff., 125, *116, 118, 125*
Goltz, Colmar Freiherr von der 167

---

* Kursive Seitenzahlen beziehen sich auf Nennungen von Namen in den Fußnoten.

Wagner, Eduard 32, 203 f., 215, 217, 220, 222, *203*
Waldersee, Alfred Graf von 159
Weichs, Maximilian Freiherr von *125*
Weizsäcker, Richard von *134*
Wessel, Walter 172, *173*
Wette, Wolfram 30
Wieczorek, Zofia 86, *86 ff.*

Wilck, *Oberst* 226
Wohler, Walter 232
Wojciechowski, Józef *107*, *171*
Woś, Stanisława 119, *119 f.*
Woyrsch, Udo von 210–015, *210 f.*

Zając, Pinchas 191
Zylberberg, Chemia *191*

Ortsregister*

* Kursive Seitenzahlen beziehen sich auf Nennungen von Orten in den Fußnoten.